幼儿行为观察与指导这样做

第二版

侯素雯　林建华◎主编

 华东师范大学出版社
·上海·

图书在版编目（CIP）数据

幼儿行为观察与指导这样做 / 侯素雯，林建华主编
. —2 版. —上海：华东师范大学出版社，2019
ISBN 978 - 7 - 5675 - 9124 - 0

Ⅰ.①幼… Ⅱ.①侯… ②林… Ⅲ.①学前教育-教
学研究 Ⅳ.①G610

中国版本图书馆 CIP 数据核字(2019)第 085295 号

幼儿行为观察与指导这样做（第二版）

主　　编　侯素雯　林建华
责任编辑　余思洋
责任校对　陈　易
版式设计　孔薇薇　俞　越
封面设计　卢晓红　俞　越

出版发行　华东师范大学出版社
社　　址　上海市中山北路 3663 号　邮编 200062
网　　址　www.ecnupress.com.cn
电　　话　021 - 60821666　行政传真 021 - 62572105
客服电话　021 - 62865537　门市(邮购)电话 021 - 62869887
地　　址　上海市中山北路 3663 号华东师范大学校内先锋路口
网　　店　http://hdsdcbs.tmall.com

印 刷 者　浙江临安曙光印务有限公司
开　　本　787 毫米×1092 毫米　1/16
印　　张　22.5
字　　数　516 千字
版　　次　2019 年 10 月第 2 版
印　　次　2024 年 5 月第 10 次
书　　号　ISBN 978 - 7 - 5675 - 9124 - 0
定　　价　54.00 元

出 版 人　王　焰

（如发现本版图书有印订质量问题,请寄回本社客服中心调换或电话 021 - 62865537 联系）

编　委　会

前　言

2012 年颁布的《幼儿园教师专业标准(试行)》明确指出:"幼儿园教师是履行幼儿园教育工作职责的专业人员。"专业的幼儿园教师要履行保育和教育幼儿的重要责任,就需要不断了解幼儿。观察是了解幼儿首要的,也是最重要的手段之一。观察可以帮助教师更好地了解幼儿的能力、兴趣和需要,发现幼儿之间的个体差异,探究幼儿行为背后的意义。观察是了解幼儿的途径,而不是教育的最终目的。教师必须敏锐地观察幼儿,严谨地分析他们的行为,才能对他们进行适时、适当的指导。

为了探索如何培养教师观察幼儿的能力,上海行健职业学院的侯素雯老师与上海市黄浦区教育学院的林建华老师合作开展了"基于观察的幼儿行为指导"课题研究。[①] 在课题开展的过程中,适逢教育部颁发《3—6 岁儿童学习与发展指南》(以下简称《指南》)。《指南》由学习与发展领域、子领域、目标以及若干典型表现构成,为教师全面、深入观察和了解幼儿提供了清晰的框架。因此,本书的编写就是为了和更多教师分享参与课题的幼儿园教师以《指南》为参照观察和了解幼儿、提升指导幼儿行为能力的研究、经验和智慧。同时,本书并不局限于实践案例的堆砌呈现,而是以案例为切入点,通过细致的分析和翔实的指导策略来启发教师对于幼儿行为观察与指导的进一步思考。

1. 本书编写基于以下主要观点

(1)幼儿园教师不仅需要掌握观察与指导幼儿的方法,更重要的是要愿意在实践中观察幼儿。

(2)教师要全面关注班级中的每一个幼儿,既要关注幼儿行为发展的普遍水平,也要关注不同幼儿之间的差异,以及同一名幼儿在不同发展领域之间的差异。

(3)幼儿的行为发展是一个整体,当教师在观察幼儿某一领域的行为时,也需要注意幼儿各个领域发展之间的相互融合、相互渗透。

(4)教师要对幼儿进行全面观察,就要从多方面收集信息,以便更准确地分析幼儿行为产生的原因。

(5)教师要根据幼儿的发展水平和自身特点对其进行适时、适当的指导。

(6)教师在观察与指导幼儿行为的过程中应重视和家长的交流与合作,这样才能更全面地获得有关幼儿行为的信息,更准确地做出分析,更有效地指导幼儿。

---

① 本书为上海市"晨光计划"(上海高校青年科研骨干培养计划)2012 年度立项项目"基于观察的幼儿行为指导的研究"(编号:12CGB13)、上海行健职业学院 2012 年院园合作教材编写项目的研究成果之一。

2．本书的主要内容

本书的内容分为理论与方法篇、实践与策略篇两大部分，旨在向教师展现如何观察、解释幼儿的行为，并在此基础上进行有效指导。

（1）理论与方法篇（第一章至第四章）。该篇主要围绕本书的三个关键概念，即"行为观察""行为解释""行为指导"展开，旨在让教师进一步了解观察的意义，初步掌握观察、解释、指导幼儿行为的具体方法。每单元最后以案例分析的形式展现了基于观察的幼儿行为指导的工作流程，旨在为教师学习实践与策略篇做准备。

（2）实践与策略篇（第五章至第十章）。该篇以《指南》为分析框架，分别介绍在健康、语言、社会、科学、艺术等领域，以及在幼儿游戏中对幼儿行为进行观察与指导的策略。考虑到幼儿学习与发展的整体性，该篇在具体策略中关注了幼儿不同领域的行为之间的相互影响、相互渗透，尽可能避免孤立地进行单个领域的行为观察和指导。为了呼应近年来学前教育对幼儿游戏的日益关注，本书在修订时新增了第十章内容，即"游戏中幼儿行为的观察与指导"。

3．本书的编写体例

幼儿园教师的专业学习一般具有两个特点：第一，教师专业学习的起点是自己已有的经验，只有真正调动教师的已有经验，帮助教师在已有经验和新知识间建立起有意义的联系，教师的学习才是有意义的；第二，教师的学习是在实践中的学习，他们在学习、模仿别人的活动的基础上形成新的思考，创造性地开展自己的实践工作。本书的编写体例充分考虑了教师的学习特点，在调动教师已有经验的基础上促进教师的有意义学习，促使教师不仅在观念上重视观察幼儿的意义，更能够在工作中主动、有效地开展幼儿行为观察与指导。

全书由十章、二十九个学习单元组成，在学习单元下包含了以下五个环节：

（1）体验与思考。提出问题，调动教师关于该单元的已有经验，激发教师的学习兴趣和思考，为后面的学习做好准备。

（2）案例。呈现该单元下教师观察与指导幼儿行为的实践案例。教师在阅读这些案例的时候可以问问自己：我平时关注到幼儿的这些行为了吗？我是怎样观察的？我获得了哪些观察信息？怎样分析案例中幼儿的行为？若我是案例中的那位教师，我会怎样指导幼儿？

（3）案例分析。不仅分析案例中幼儿的行为，同时对案例中教师对幼儿行为的观察、分析和指导的具体做法进行分析。这些分析不求全面，但侧重于培养教师在日常生活中观察幼儿行为的敏锐意识，以及悉心解读并适当指导幼儿行为的能力。

（4）行为解析与指导提示。呈现该单元下幼儿行为观察的要点，从多角度分析幼儿某一行为产生的原因，为教师掌握该单元涉及的基本指导策略提供参考，并启发教师进一步探索和实施这一主题下的幼儿行为观察与指导。

（5）拓展资源。提供与单元相关的资源，拓展教师的专业视野，为教师进一步提升观察与指导幼儿的能力提供线索和帮助。

本书可以作为教师培训和幼儿园教研活动的指导手册，书中的每个学习单元都可以成为一次教师培训或教研活动的基础。同时，本书也可以作为高校学前教育专业学生"幼儿行为观察与指导"课程的学习用书。

近年来，观察之于幼儿园教师工作的重要意义在学界和幼儿园教师群体中已达成共识。2022年教育部颁布的《幼儿园保育教育质量评估指南》，更是将观察、记录、分析、支持幼儿的行为作为幼儿园保育教育质量评估的重要考查内容。我们希望本书能够成为现在的和未来的幼儿园教师观察与指导幼儿实践中的"支架"，帮助教师不断实现专业发展，切实提升幼儿园保育教育质量。

编　者

2023 年

目 录
CONTENTS

理论与方法篇

（注：📖 代表实践与策略篇中的案例分享）

目录

CONTENTS

|目 录|
CONTENTS

目录
CONTENTS

|目录|
CONTENTS

PATR ①

本篇主要围绕本书的三个关键概念,即《行为观察》《行为解释》《行为指导》展开,旨在让教师进一步了解观察的意义,初步掌握观察、解释、指导幼儿行为的具体方法。每单元最后以案例分析的形式展现了基于观察的幼儿行为指导的工作流程,旨在为教师学习实践与策略篇做准备。

理论与方法篇

第一章　观察的意义

第 1 单元
观察是幼儿园教师的专业技能

单元导读

在日常生活中,我们无时无刻不在进行观察:观察天气、观察动植物的生长、观察路人和车辆、观察自己的仪表……对幼儿园教师而言,观察幼儿不再是为了满足日常生活中的兴趣和需要,而是教师必备的专业技能之一。通过本单元的学习,你将:

- 了解日常观察与专业观察的区别;
- 更加明确教师观察幼儿的专业责任。

体验与思考

1. 说说什么是观察?
2. 对教师而言,观察是一种必备的专业技能吗?请说出你的理由。

1　什么是观察

"观察是人类认识周围世界的一个最基本的方法,也是从事科学研究(包括自然科学、社会科学、人文科学)的一个重要手段。观察不仅是人的感觉器官直接感知事物的这么一个过程,而且是人的大脑积极思维的过程。"[①]

1.1　观察的过程

观察的过程具体包括以下四个要素:

(1)注意。注意是观察的开始,当一个人的感官及思考聚焦在某一对象上,使他所有的感知觉、思考、动作反应都针对该对象而作用时,便产生了注意。

(2)焦点和背景。焦点是引起注意的事物,即观察对象,观察对象不可能孤立地存在

---

① 陈向明.质的方法与社会科学研究[M].北京:教育科学出版社,2000:227.

于环境之中,因此,与观察对象相关的刺激便是背景。

(3)主观介入。由于观察者的动机、感情、价值判断各不相同,在观察过程中主观介入是不可避免的。

(4)判断、结论。在观察进行时,根据客观事实和主观想法,给予观察对象一个意义,这便是判断。观察的判断可能是观察过程中暂时有待验证的想法,也可能是最后的结论。

从观察的四要素中可以看出,观察不仅是我们通过感官进行感知的过程,而且是需要我们对信息进行思考和判断的过程。

1.2 观察的对象

观察的对象可分为物、事、人三大类。

(1)物。对物的观察最为简单,这是因为物的变化较少,只需要了解它的外形、结构、功能等信息即可。

(2)事。对事的观察强调观察它的变化过程、影响变化的相关要素,以及各种要素之间相互影响的关系。

(3)人。对人的观察最为复杂,人不断变化、发展、成长,影响人的因素既有外在因素也有内在因素。因此,对人的观察最为困难,容易出现失误。

2 日常观察与专业观察的区别

在生活中,我们随时随地都会进行观察,观察是人的本能之一。这些日常观察一般由好奇心或兴趣引起,是比较随意的。由日常观察形成的判断是否准确不是非常重要,也不需要我们负什么责任。

大多数日常生活中的观察在进行时,观察者只需要针对他感知到的内容作出判断,这个过程可以被理解为"接收信息——主观判断"。接收信息是观察者对他所感兴趣的内容进行收集,主观判断是观察者对所获得的事实进行主观解释。日常观察所收集的信息常常是偶发的、零散的,由此产生的主观判断常常比较武断。观察者很少对所获得的信息是否确实,是否能代表重要的事实,所作出的判断是否仅靠感觉或情绪等问题进行思考。

与日常观察不同,专业观察是为了科学研究或职业要求而进行的,必须以正确了解为目的,必须达到专业客观或专业判断的条件,必须要负起专业的责任。为了达到专业观察的目的,观察的结果不能有过多的失误,必须尽量减少误差。正确观察是专业人员让工作达到专业水平的必备能力。

专业观察需要通过专业的方法去收集、记录、分析事实资料,并尽可能准确地作出解释。因此专业观察的过程就不像日常观察中"接收信息——主观判断"那么简单,而是需要在"接收信息"和"主观判断"之间不断往复来回,直到根据收集到的事实资料作出令人满意、有效的主观判断为止。

表 1-1　日常观察与专业观察的比较

	日 常 观 察	专 业 观 察
观察目的	由好奇心或兴趣引起 不需要对形成的判断负责任	为了科学研究或职业要求而进行 需要负起专业的责任
观察过程	"接收信息——主观判断" 所作出的判断较为武断	"接收信息——主观判断——接收信息" 所作出的判断应符合专业水平

 3　观察是幼儿园教师的专业技能

2012 年颁布的《幼儿园教师专业标准(试行)》明确指出,"幼儿园教师是履行幼儿园教育工作职责的专业人员",强调幼儿园教师应具有观察了解幼儿的能力。可见,幼儿园教师对幼儿的观察属于专业观察的范畴,需要担负专业的责任。

下面我们将以对攻击性行为的观察为例,说明教师对幼儿的专业观察与日常生活中他人对幼儿的观察之间的区别:

> 妈妈带着五岁的女儿玲玲在公园玩滑板车。当玲玲玩得正高兴时,旁边走来一个男孩踹了玲玲一脚,玲玲一下子从滑板车上跌下来。妈妈见状赶紧扶起玲玲,指着男孩说:"你这个孩子怎么这么喜欢打人?"然后带着玲玲气愤地离开。

这是一则日常观察。玲玲妈妈接收到男孩踹了自己女儿的信息,加之自己气愤的情绪,便作出"这个孩子喜欢打人"的主观判断,这情有可原,也不需要承担什么责任。然而,这个男孩是否真的是一个爱打人的孩子呢? 仅凭一次偶然获得的信息是不足以作出准确判断的,也许男孩只是想通过这一行为表达想和玲玲一起玩的意图,但他并未掌握良好的交往方式。

作为一名专业的教师,当你在班上看到一名幼儿攻击另一名幼儿时,不能像玲玲妈妈一样立即作出"这是一个具有攻击性的幼儿"的随意判断。基于你的专业角色,你需要对这名幼儿的行为进行专业的观察。你的观察可以这样开展:

(1) 回顾你对这名幼儿在园表现的已有观察经验,思考该幼儿是常常出现攻击性行为,还是这次经历对他来说是偶发事件。

(2) 如果该幼儿常常出现攻击性行为,那么你需要在不同时间观察幼儿的攻击性行为,获取幼儿攻击性行为出现的情境、攻击对象、攻击方式、攻击结果等信息。你还需要进一步与家长进行沟通,了解幼儿在家庭或其他地方是否也出现过类似的攻击性行为,以及家长用何种策略处理幼儿的这一行为。只有获取全面的信息,你才可以较为准确地分析出这名幼儿的攻击性行为背后的原因。

(3) 如果该幼儿平日里是一个不容易攻击他人的孩子,那么今天他偶发的攻击性行为可能另有原因。也许他受到了别人的侵犯,出于自我保护而攻击他人,这并不说明该幼儿具有攻击性。除此之外,如果在接下来的日子里你常常观察到这名幼儿出现攻击性行为,那么你需要了解他在最近的生活中是否因某种突然变化而产生了压力(如父母离异)。

教师对幼儿行为的观察的特点

教师肩负着专业责任,所以教师对幼儿行为的观察属于专业观察的范畴,具有以下特点。

(1)教师对幼儿行为的观察是在自然条件下开展的。为了了解幼儿行为的真实意义,教师对幼儿行为的观察要在自然的状态下进行,让幼儿的行为在其熟悉的情境中以其本来面目客观地呈现出来。

(2)教师对幼儿行为的观察是有目的、有计划的。一般来说,幼儿行为观察是应有明确目的的,即通过观察了解幼儿的个性、需要、兴趣等方面的信息,以便调整教育行为和教育策略(在第二单元我们将有详尽的叙述)。因此,教师观察幼儿行为用什么方法,在什么地点和时间进行观察都要有所计划。当然,我们并不是否定对幼儿行为进行随机观察的作用。幼儿处于变化发展之中,对幼儿行为进行随机观察所获得的信息将成为教师后续有计划观察的开端。

(3)教师在对幼儿行为进行观察的过程中需要收集多方面的信息。为了尽可能使观察到的事实被真实、完整地记录下来,教师不仅可以用自己的感官来收集幼儿行为信息,还可以用各种工具、仪器(如照相机、录像机、录音笔等)来收集信息。当然,在与幼儿家长的沟通中,教师可以了解幼儿在幼儿园之外的行为表现。这也可以作为收集幼儿行为信息的一种重要辅助方式,增进教师对幼儿在园行为的思考。

案例 1-1

家园合作,观察了解幼儿的学习品质

上海市浦东新区冰场田幼儿园 奚春芳

秋天到了,小班正在进行"苹果和橘子"的主题活动。这几天我们的活动是"橘子拼盘",它需要孩子观察橘子,并自己亲手剥一剥,最后用橘子拼出自己喜欢的图案。

实录一:2017.11.27 15:30—15:40(记录者:带班老师)

在个别化游戏时间,嘉嘉挑选了一个大大的橘子,又拿了一个纸盘,找了一个靠墙的位置坐下来。他先上下翻看橘子,用大拇指在橘子顶部的中央处按出了一个洞。然后他用其他手指帮忙,一片片将橘子皮剥下来放在一边。两分钟后,他把橘子皮全部剥干净了。嘉嘉看到旁边的同伴在用橘子皮拼图案,他自言自语道:

"我拼什么呢？"想了一会儿，他把橘子皮用双手分成了三份，把大的两份放在纸盘的前面，小的一份放在大的后面，又认真地看了看，挥手告诉我："老师你看，我拼了几座山。这是两座高的，还有一座矮的。以前妈妈带我去爬过山。"说完，嘉嘉一副很满足的样子，还主动去给旁边的小朋友介绍。旁边的小朋友在剥橘子时，有两瓣剥不开，嘉嘉主动帮助小朋友剥。

在幼儿园进行了"橘子拼盘"的活动后，我请家长和孩子一起在家中制作"亲子水果拼盆"。嘉嘉回家后，要求妈妈带着他去家附近的超市挑选水果。他在妈妈的帮助下对水果拼盘进行构思、制作。让我惊喜的是，他的妈妈还把制作的过程反馈给了我。

实录二：2017.12.9 9：00—9：30（记录者：孩子家长）

双休日我和嘉嘉一起把从超市买回来的苹果、山楂等清洗干净。在我的帮助下，嘉嘉将猕猴桃、火龙果等切成块。嘉嘉自己动手剥皮，还用模具将火龙果压出各种小动物的图案。一切准备工作就绪后，嘉嘉和我一起讨论做怎样的水果拼盘。嘉嘉问我："我们做一棵树好吗？"我一口答应，在我的帮助下，嘉嘉在胡萝卜上小心地插上了很多根牙签，然后将苹果、猕猴桃、山楂、蓝莓等依次插在牙签上。刚开始时，由于他对力度的掌握不理想，会将水果戳过头，或者让水果掉落下来。但他没有放弃，而是主动寻求我的帮助。在我的鼓励下，嘉嘉渐渐掌握了用适合的力度将水果的中心对准牙签的方法。在不断的努力和坚持下，他终于完成了一棵"树"。看着这棵美丽的"树"，嘉嘉开心地笑了，还请我帮忙拍下了照片。

图 1-1

图 1-2

教师对幼儿行为的分析：

幼儿的学习品质是幼儿学习的倾向、态度、习惯、风格，是幼儿学习与发展必备的素质之一。从嘉嘉在幼儿园和家里做的两次水果拼盘中，我发现嘉嘉的动手能力较强,剥橘子、做拼盘的行为意图性也很强。他没有盲目地跟从其他孩子做相同图案的拼盘,而是将自己爬山的生活经验迁移到了作品创作中,并主动帮助同伴完成剥橘子的任务。

嘉嘉在幼儿园的拼盘活动中积累了操作和创作的经验。因此,在家里做水果拼盘时,从洗水果到剥水果,基本上都是他自己独立完成的,而且他还能在和妈妈的讨论中结合节日的元素,确定制作的主题。他使用工具的能力也比在幼儿园时有了进一步增强。由于要做立体拼盘,他在制作过程中会遇到困难,但在不断的尝试中,他最终掌握了用适合的力度来完成任务的方法。整个过程中嘉嘉具有较好的专注力与坚持性。同时,完成拼盘的过程也体现出他较强的艺术表达意愿和能力。

在上述案例中,家长对幼儿行为的观察记录反馈让教师进一步了解了幼儿在创意、动手能力、专注力和坚持性等方面的发展。

第 2 单元

观察对于幼儿园教师的意义

单元导读

观察的意义不仅在于了解幼儿,更是教育的前提和基础。通过本单元的学习,你将:

- 了解幼儿的能力;
- 发现幼儿之间的个体差异;
- 探寻幼儿行为背后的原因。

体验与思考

1. 观察是如何帮助你更好地了解幼儿的?
2. 观察信息是如何帮助你更好地指导幼儿行为的?

1 了解幼儿的能力

《幼儿园教师专业标准(试行)》指出:"在教育活动中观察幼儿,根据幼儿的表现和需要,调整活动,给予适宜的指导。""有效运用观察、谈话、家园联系、作品分析等多种方法,客观地、全面地了解和评价幼儿。""有效运用评价结果,指导下一步教育活动的开展。"从这些表述中可以看出,"观察是教师了解幼儿的重要途径"以及"观察是教育幼儿的前提"的认识已经得到了国家层面的肯定。

阅读下面的案例,你会对观察之于幼儿园教师的意义有更深入的了解。

案例 1-2

四季的色彩

上海市黄浦区爱童幼儿园　郑凤慧

　　熟悉的音乐声响了起来,每周五我们大班的美术特色活动又开始了。孩子们来到水粉坊。今天的主题是"四季的色彩"。"你最喜欢哪个季节呢?"孩子们就这个问题展开激烈的讨论,各自说出理由。

　　"我喜欢夏天,夏天的裙子可好看了,有各种各样的颜色。"一个女孩说道。

　　"夏天太热了,我喜欢的是冬天。下雪时到处都是白白的,可好看了。"男孩勇勇说。

　　"春天,妈妈带我到公园去玩,我看见花儿都开了,五颜六色的才好看呢。"另一个孩子说。

　　我在一旁静静地听着孩子们的讨论,顺势说:"你们能不能选择几种颜色装扮自己最喜欢的季节呢?"

　　"可以呀,我用红色、黄色和绿色画春天的小花与小草。""我要用紫色、黄色、橙色画夏天的游泳圈、冰激凌和太阳。"……

　　于是,我把事先准备好的水粉颜料按不同的颜色搭配分成几组:第一组是红、黄、玫红、白;第二组是墨绿、淡绿、黄、白、橘黄;第三组是深蓝、淡蓝、紫、白。

　　活动开始了,孩子们围在一起饶有兴趣地画着。当我来到馨馨和曦曦身旁时,她俩的争论引起了我的注意。

　　"大树的衣服是用红色、黄色还有橘黄色配在一起的,也可以加点白色,但不能和蓝色配在一起。"曦曦说。

　　"错错错,红色和蓝色也能配在一起,它们是对比色。"馨馨争辩道。

　　她们互不相让,争执的声音愈来愈响,以致其他孩子也加入了进来,大家你一言我一语,吵得不可开交。当看到我后,曦曦忙说:"老师,我跟馨馨说,她不听,非要说红色与蓝色也能配在一起,你说红色与蓝色能不能配在一起呢?"我不禁对两个孩子的争辩感到惊讶:小小年纪对色彩已经这么敏感了,说起来还那么专业呢!于是,我首先肯定了她俩的说法,并在全班面前表扬了她们肯动脑筋的好习惯。同时,我反思了自己的行为,在材料准备时我是将同一色系的颜料归类,一共分成三组,却忽视了对比、渐变等色彩的关系。我先让她俩自己试一试,看一看红色和蓝色搭配是否合适,然后让全班幼儿来做裁判。

　　于是,两个孩子开始了尝试。曦曦用红色和黄色给自己画的树枝点彩,然后再加上白色和一些玫红色。而馨馨则用红色和蓝色点彩,再加上白色和绿色。当两棵树展示在孩子们面前时,孩子们都惊呼起来:"哇……红蓝配可真漂亮啊!"

　　讨论的时候,孩子们都肯定了红蓝配是一个很好看的搭配,大家觉得除了红蓝配还可以配上白色、玫红色和绿色。我告诉他们,只要愿意试一试,大家都有成功的

 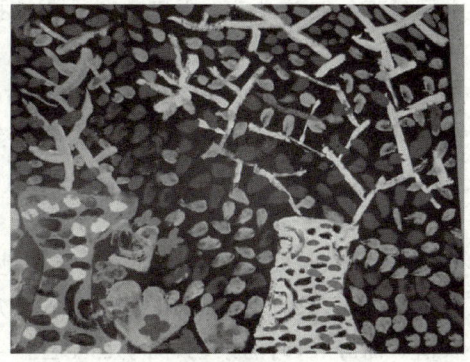

图1-3 　　　　　　　　　　　　　　图1-4

可能。接着,我又及时地调整了策略:除了提供原有的三组色彩搭配方法,还让孩子们按自己的喜好搭配色彩,同时提供了图文并茂的色彩搭配图让孩子们了解各种颜色的搭配。如:除了同色系的颜色搭配,还可以是红与绿、黄与紫、红与蓝、黑与白、蓝与橙等对比色搭配。得到了启发后,孩子们个个像小画家一样大展身手,为大树穿上了色彩各异的"服装",有同色系的渐变,有对比色,还有创意的自由色。在整个活动中,孩子们的绘画创作激情高涨,活动时间到了都舍不得停下手中的笔,意犹未尽。

在案例1-2中,教师在倾听幼儿的争论后发现他们对色彩搭配的敏感度超出了自己的预期。教师进而鼓励幼儿动手尝试,比较各种色彩搭配方法的实际效果,让幼儿在操作中充分感知同种色、对比色等配色方法体现出的和谐之美,也使他们懂得动手实践是解决问题的好方法。这个案例说明,观察能够帮助教师及时发现幼儿的能力,准确地把握回应幼儿的策略。

 发现幼儿之间的个体差异

案例1-3

我想和你一起玩[①]

尹恒远径直走到两个正在看迷宫书的小朋友身后,从他俩背后探出头,用身体挤进去宣布:"我来看书了!"两个小朋友很不满地说:"我们在看,你等一会儿嘛。"尹恒远不屑地离开了,又快速来到正在玩积木的航航面前,抢下航航搭房子用的积

---

① 陶楠.我想和你一起玩[J].幼教园地,2007(3):9.

木玩起来。航航立刻大声制止："不要拿我的玩具！"尹恒远满脸不悦地指着小朋友的方向对我说："老师,他们不让我玩！"

语言区的几个小朋友正聚在一起看一本迷宫书。冉聆言在他们身后走来走去,不时伸长脖子也想看书,但始终看不到。他停在原地愣了一下,转身另外拿了一本书,故意到不远处的另一张桌子上,大声地读起故事来。一旁的张耀文听见了,很有兴趣地凑过去。不一会儿,好几个看迷宫书的小朋友都被他吸引了过去。他们边说着"我要听你讲故事",边迅速地围成一个小圈把他围了起来。冉聆言讲得更带劲了,只见他不时变换语气,模仿角色的对话。随着情节的转变,他脸上的表情时而舒展,时而紧绷,两手也配合内容挥舞着。小朋友们听得特别专心,不时大笑,不时耳语。

通过观察你会发现,在游戏活动中,幼儿尝试参与他人的活动的方式是不同的。案例中的两名幼儿的行为体现出他们不同的社会交往技能。尹恒远的介入经历了用身体的"挤",被人拒绝后的"不屑",不经别人同意的"抢",到满脸不悦的"告状"。他的介入方式是主动的,但却是负面的、无效的介入。冉聆言既没有向教师求助,也没有被动等待或者迎合同伴,而是发挥自己讲故事的特长,吸引了同伴的注意,让同伴主动加入自己的活动。

在幼儿尝试参与他人的游戏活动时,教师不妨先在一旁静静观察,给予幼儿发展社交技能的机会。如果幼儿确实无法参与进去,则可通过隐性指导或直接语言点拨给予幼儿建议帮助。当然,如果幼儿像尹恒远一样,在遇到社交困难时向教师求助,教师可让幼儿思考自己无法参与他人活动的原因。如果幼儿实在想不出来,可以给予明确提示,引导幼儿注意与他人交往的方式方法,尤其注意语言表达的技巧,并让幼儿实践这些方法,最终体验与他人合作游戏的快乐。

探寻幼儿行为背后的原因

案例1-4

她为什么会尿床①

悦悦是我们小班的一个孩子,入园后她常常在午睡时尿床。虽然其他幼儿刚入园时也偶尔尿床,但都没有她这么频繁。

孩子爷爷说只要老师让她午睡前小便,她就不会尿床。我们每天都按这一要

---

① 本案例根据上海市静安区芷江中路幼儿园龙潭分园李华老师口述撰写,编者对内容进行了删改。

求做了,但孩子还是时不时尿床(从家长那里得知孩子晚上还是用尿片的)。孩子的爷爷每次知道孩子午睡尿床后都很委婉地说:"老师,睡觉之前一定要让她尿尿,不然天冷了要着凉的。"我们感觉家长不信任我们的工作。

孩子爷爷后来提出上午别给孩子喝水,下午再让孩子喝水,我们也照做了。当别的孩子喝水时,我就给悦悦倒一点水,午餐喝汤也只给她盛一点。孩子十二点睡下去,我们下午一点给她把尿,有时候能够把到尿,有时一点钟时她已经尿床了。

我们始终找不到能够帮助孩子不尿床的好方法。于是,我和搭班的杨老师进行沟通,决定不再限制悦悦的饮水,而是开始观察记录悦悦每天上午饮水和如厕的具体情况,如她上了几回厕所、喝了几杯水、汤喝了多少,等等,并分析这些情况和她是否尿床之间的关系。一次,我偶然看到她和其他幼儿一起进入厕所后并没有小便,而是转了个圈就跑了出来。我便问:"悦悦,大家都在尿尿,你为什么不尿呢?"她回答说:"我没有尿。"我说:"你不可能没有尿的,你去试一试。"(根据我们对她的观察,她有的时候玩疯了也会尿在身上。)如我所料,悦悦果然尿了一大泡尿。后来,我又持续观察她进厕所后的行为,我发现上午每次老师提醒幼儿尿尿时她都憋着尿,这样午睡之前整个上午的尿液都还存在膀胱内,睡前如厕时尿液无法排净,也就导致了她在午睡期间会尿床。

从那以后,凡是安排幼儿小便时我就会重点关注悦悦,督促她尿尿。只要上午让她尿尿2—3次,下午一点再起床时,她的尿量就很少了。现在,她基本上不尿床了。

在案例1-4中,教师根据家长提示尝试了各种帮助幼儿不再尿床的方法,却总不见效。究其原因,是教师并没有找到幼儿尿床背后的原因。一番受挫后,教师开始对幼儿的饮水和如厕情况进行细致的跟踪观察,终于发现了幼儿如厕时的"小秘密"——因贪玩而并未真正如厕。教师找准"憋尿"才是导致幼儿中午尿床的原因所在,便据此督促幼儿按时如厕,最终解决了幼儿尿床的问题。可见,观察是帮助我们了解幼儿行为背后原因的有效途径。当我们烦恼于幼儿的一些问题行为时,不妨先想想幼儿为什么会这样。通过观察努力寻找行为背后的原因所在,才能有的放矢地指导幼儿行为。

小　结

要执行教育的行动,首先要了解幼儿。和幼儿在一起,我们不妨退后一步,不带偏见地、尽可能客观地看待他们。只有这样,我们才能更好地了解幼儿的真实需求和能力。在此基础上,我们可以通过提供活动、资源或其他支持,促进幼儿的更好发展。这也许就是观察与指导幼儿的真正意义所在。

拓展练习

结合以下案例,和同伴讨论观察对教师实践工作的意义。

做一条 6 米长的大蟒蛇

上海市长宁实验幼儿园　潘烨

"动物大世界"的主题活动在我们大班开始了。孩子们根据兴趣分成了蚕宝宝、小蝌蚪、豹子、蟒蛇和天鹅等 5 个动物探究小组。

蟒蛇组的孩子们进行的自发探索如下：

● **我的观察**

蟒蛇组将一次性纸杯接长,做成蛇的身体,并在杯子外面裹上不同的即时贴,画上眼睛和身子上的花纹,大蟒蛇就完成了。他们找来"小医院"的吊针架,在外面包裹满报纸后涂色做成一棵树,让两条蟒蛇绕在树上。当孩子们成功完成蟒蛇探索后,他们非常高兴,说要把这里变成真正的蟒蛇家园,要做很多的蟒蛇。

● **我的思考：如何有效推动幼儿深入探索蟒蛇**

通过观察孩子们的行为可以发现,他们仅仅关注了蟒蛇的颜色和基本外形特征。那么,如何推动他们深入地探索蟒蛇呢?

● **我的做法：提供知识拓展的相关资料**

午睡前我从孩子们带来的百科全书里选择了一段关于非洲岩蟒的资料和他们分享。当我读到:"非洲岩蟒身长 6 到 9 米,能吞下成年的沼泽鳄和羚羊……"时,孩子们发出惊叹声:"哇! 好厉害!"

午睡后,蟒蛇组聚集在图书角看午睡前我给他们读的那本书,讨论着要在蟒蛇区制作一条真正的非洲岩蟒。

我提醒孩子们:这本书上介绍的关于蟒蛇的资料很有限,建议他们回家后可以查找更多资料。隔日,孩子们带来了几本完整介绍非洲岩蟒的书。对此,我和孩子们商量,确定将这几本书直接放置在他们的研究区域,方便他们随时翻阅,查找资料。

探索中的第一个难题出现了：6 米有多长?

● **我的观察**

孩子们对于 6 米长的非洲岩蟒的研究开始了,他们碰到的第一个问题是:6 米有多长?

幼儿 A:6 米有多长? 比我高吗?

幼儿 B:肯定比你高。

幼儿 A:那比老师高吗?

幼儿 B:可能吧。老师你有多高?

老师:1 米 7。

幼儿 A:6 米比你长。你说 6 米会比我们的教室长吗? 我们的教室装得下 6 米长的蟒蛇吗?

幼儿 B：教室里有身高尺，我们用它量一量就知道了。

幼儿 A：这是多少呢？上面没有 6 米，上面只有 10、20、30……

老师：1 米就是从 0 到 100 的长度。

幼儿 A：6 米就要量 6 次 1 米。

幼儿 A：从哪里开始？做好标记哦！你手不要动哦。

幼儿 A：这是第几次了？

（幼儿分步测量 6 次以后）

幼儿 B：哇，6 米原来有这么长啊！

- **我的思考：通过观察发现幼儿的学习能力**

通过观察，我发现孩子们在探索的过程中展现了很强的学习能力：他们利用生活经验估算 6 米可能有多长，并想办法找到测量工具——身高尺进行测量。当他们发现无法用身高尺一次完成对 6 米的测量时，他们又想办法求助他人。

在探索的过程中，孩子们通过不断尝试，培养了提出假设、解决问题、同伴协作等多种能力。他们也学习了首尾相接的测量方法——知道了测量时要从基线开始，要在终点做好标记，要直线测量，要记住计数等。在探究的过程中孩子们发现问题，相互质疑，收集信息证明自己的观点……这些学习能力的习得都是建立在他们的已有经验和主动学习的基础上的。

探索中的第二个难题出现了：怎样让蛇盘起来？

- **我的观察**

由于找不到合适的材料，孩子们做的蛇直直的、盘不起来。他们找了一根橡皮筋来做非洲岩蟒的脊柱，体现蛇的柔软，但发现这根橡皮筋太细，根本体现不出蟒蛇的凶猛。

- **我的思考：如何填补幼儿的认知能力与表达表现之间的落差**

孩子们知道再粗的蛇的身体都柔软无比，但他们在寻找能表现既粗壮又柔软的蛇的身体的材料时遇到了困难。如何填补孩子们的认知能力与表达表现之间的落差，是我需要推进的。

- **我的推进：把问题还给孩子，组织讨论**

我组织全班幼儿围绕"什么材料适合用来表现蟒蛇的身体"这一问题展开讨论。其他动物探究小组的孩子们给了蟒蛇组很多建议，如：用报纸包住纸芯筒、包住树枝等。

- **孩子探索**

蟒蛇组的孩子们通过实验发现用纸芯筒做的蟒蛇不能像真的蛇一样盘起来。经过不断尝试，他们决定采纳借鉴豹子组的建议，即用报纸揉团、接长来表现蟒蛇的粗壮，并在蛇身中间加上一根柔软的蛇骨（一种柔软的建构材料）来表现蟒蛇的柔软。最终，在一次次尝试后，他们成功了。有趣的是，他们小组的每一个人最后都跟这条大蟒蛇比较了长度，他们发现真正的大蟒蛇有 5 个半自己那么长。这又是一次自然测量的过程。

在整个过程中,孩子们商量制定计划,归纳收集资料,还对小组每天的工作情况进行梳理,并用表格和画画的形式向同伴展示探索的过程、成果。在这个活动中,孩子们做事的条理性,检索资料、表现表达的能力都得到了提高。

拓展资源

- 沃伦·R. 本特森著,于开莲、王银玲译:《观察儿童——儿童行为观察记录指南（第二版）》,人民教育出版社 2016 年版。

该书第一章详细介绍了观察幼儿之所以如此重要的一般原因和特殊原因。

第二章　观察的指引

第 **1** 单元

幼儿行为观察的准备

单元导读

　　观察的准备是指你在进入观察情境前必须做好的各项工作。本单元将为你提供观察幼儿行为的准备行动框架。你可以在这个框架的范围内形成自己的、适用于各种观察情境的设想和行动。有效的观察需要做好以下准备：

- 明确观察目标；
- 制定观察计划。

体验与思考

　　1. 你在开展观察前,是否有明确的观察目标? 你是如何确定观察目标的? 遇到了什么困难?

　　2. 围绕观察目标制定的对幼儿行为的观察计划需要包含哪些要素?

1 明确观察目标

　　新教师常常遇到不知道从什么地方开始观察幼儿的问题。那么,造成这一现象的原因是什么呢?

案例 2-1

　　一位刚毕业的新老师在组织进餐环节时是这么做的：当饭送来时,她组织孩子们洗手,并在盥洗室门口看孩子们洗,然而许多孩子们草草洗完就擦手了,老师没有发现。孩子们陆续坐到位子上吃饭,许多孩子还没有完全掌握拿筷子的正确方法,到各桌巡视的新老师仍然没有发现。孩子们吃得非常香,吃完陆续送回餐具，但再看看碗里盘里，一片狼藉，还有许多饭粒、菜叶没有吃干净。整个进餐环节结束，老师似乎带着孩子们完成了任务。在这一过程中，她一直在看，却什么也没看到。

幼儿园教育是渗透在一日生活中的。教师应不断思考每一个活动、每一个情境能够促进幼儿哪些方面的发展，并思考在这些方面幼儿有何行为表现、需要教师做些什么。盥洗、进餐是幼儿一日生活的一部分，蕴含着许多教育意义，比如节约用水、节约粮食、养成良好的卫生习惯、促进小肌肉的发展等。如果教师依据发展目标明确要观察的内容，就能有针对性地观察幼儿。例如，在幼儿洗手和进餐环节教师应关注以下内容。

- 幼儿洗手。包括：洗手的主动性（主动洗手／在教师提醒下洗手）；洗手的过程（按照步骤认真洗手／随意洗手）；洗手后的行为（洗手后及时把手擦干／不擦干手，是否及时关紧水龙头）。

- 幼儿进餐。包括：餐具使用情况（进餐时是否能够较好地使用餐具）；进餐过程（是否能够认真用餐，是否有挑食现象，进餐速度如何）；进餐的习惯（桌面能否保持整洁）；进餐后的收拾（是否主动收拾餐具和桌面）。

教师通过细致的观察来判断幼儿的盥洗、进餐情况，给予幼儿相应支持。反观案例2-1中的教师，由于没有明确的观察目标，她处于对幼儿的行为视而不见的状态。

很多教师都会随机进行观察，他们把这种观察称为"扫视"。教师往往观察幼儿那些"有意思""冲突"的行为，进而对其进行跟踪观察。但是，教师观察幼儿行为的目的常常是在事件发生之后提取出来的，观察记录对教师开展下一步的工作意义不大。这些现象都反映出教师的多数观察以随机观察为主，缺少有目的的观察。我们并不是说随机观察是无意义的，但如果总是处于发生什么就看什么、毫无计划的状态，就很难保证教育全面、系统、有效地跟进。更何况随机观察需要教师有很好的价值判断能力，这并非一件易事。

基于这些原因，我们倡导教师要进行有目的的观察，提升观察质量。正如我们之前讨论过的，教师的观察是专业的观察。专业观察并非教师随兴趣所致，而常常是事先有目的的。观察目的主要是指所要观察的幼儿发展的领域，而观察目标则是要明确幼儿在这些观察领域中的具体能力或表现，是观察目的的具体展开。在观察之前确定观察目标很重要。确定观察目标是核心任务，其他事情都依赖于目标的确定。观察目标必须非常明确，这样才可以监控观察活动，并保证所观察到的信息有贯穿始终的主题，可以有效用于评价和指导幼儿行为。

有些教师，尤其是新教师，所撰写的观察目标常常范围很大，或过于笼统，例如"观察幼儿语言表达的特点"。这样笼统的目标，对后续观察的实施起不到指导作用。当你无法确立观察目标的时候，不妨尝试从以下两个角度入手。

角度一：把握幼儿行为发展的基本规律和特点。建议从《指南》等相关文件中寻找观察目标的参考要点。[①] 这样，你可以了解幼儿行为发展的不同领域的大致线索，知道不同

---

① 相关文件的参考包括：教育部 2012 年颁布的《3—6 岁儿童学习与发展指南》、上海市教委 2004 年颁布的《上海市学前教育课程指南（试行稿）》等。

年龄段幼儿大致应该知道什么，能做什么，可以达到什么发展水平，并在此基础上确立观察目标。例如，教师可以根据自己所带班级幼儿的语言发展水平，缩小观察范围，从而使得后续的观察有明确的指向性。

　　角度二：探寻幼儿行为背后的原因。当幼儿出现不同于以往的偶发行为，或者出现与其发展水平不相符的特殊行为时，你可以通过观察了解其行为背后的原因。例如，在语言发展方面，教师将幼儿口吃、不说话、自言自语或说不文明用语等特殊表现作为观察目标。

2　制定观察计划

　　在确立观察目标后，你必须制定详尽的观察计划，保证你的观察能够顺利进行。观察计划包括确定观察对象、观察情境、观察内容、观察者角色、观察记录方法等（见下文案例2-2）。

2.1　观察对象

　　你需要考虑观察对象的数量及范围：你要观察一个幼儿还是一群幼儿？如果你要观察的是一个幼儿，那么是任意一个幼儿，还是观察特定的幼儿？如果你要观察一群幼儿，那么是观察任意一群，还是观察特定的一群？

2.2　观察情境

　　一般来说，教师常常在自然环境下观察幼儿。当然，观察情境还需要根据观察目标进行选择或者"设计"。例如，要观察幼儿语言发展领域的表演行为，教师就需要创设表演区，为幼儿提供剧本、用于表演的道具或可供制作道具的材料等，以便激发幼儿表演行为的产生。

2.3　观察内容

　　观察内容是观察目标的具体展开。明确观察内容，将有助于你在观察时更加有的放矢，聚焦你的观察，进一步提升观察质量。如果你一时无从确定观察内容，不妨先用清单的方式罗列将要观察的项目。

2.4　观察者角色

　　幼儿天生富有好奇心，在被观察过程中经常会跑来询问成人在做什么，有时他们也会刻意表现出一些平日不常出现的行为来取悦观察者。

　　一般来说，带班教师是一个参与式观察者，幼儿都能接受教师，这使得教师能够在自然的状态下观察幼儿。但是，在参与幼儿活动的同时开展观察也存在一定困难。虽然我们的注意力可以集中在幼儿身上，但参与活动会妨碍记录。另外，如果参与幼儿的活动，可能会遗漏一些重要信息。

　　因此，对于幼儿园教师来说，你在观察中的角色可能会发生变化。例如，角色游戏开始时，你作为旁观者观察幼儿的社会交往行为。当你发现理发店始终无人光顾，扮演理发师的幼儿无所事事时,你可以顾客的身份光顾理发店,使幼儿得以延续他的游戏,同时启发他思考如何吸引其他幼儿前来消费。当顾客不断前来时,你再回到旁观者的角色,继续观察理发师怎样与其他幼儿进行互动,以及他是否能够更好地扮演角色。

2.5 观察记录方法

观察记录方法主要有以下几类。

(1)叙述的方法。用描述性的语句把观察到的事实记录下来,以便为事后分析所用,包括日记记录、轶事记录、实况记录等。

(2)取样的方法。在一定时间内,在各种背景中选取被观察者的行为样本,包括时间取样和事件取样。

(3)判断导向的方法。对所观察到的行为进行评定或判断,包括检核表法和等级评定量表法。

除此之外,还有图示的方法,以及照片、视频、录音等辅助观察记录的方法。

选用上述观察方法时,你首先要考虑你计划观察的幼儿的年龄和发展水平,如果你观察的幼儿是一个5岁的幼儿,那么你必须使你的检核表、事件取样等记录工具适应该幼儿能够表现的行为能力和发展水平。如果运用轶事记录则不需要这样事先计划,因为在这种记录形式下,幼儿所做的每件事情都可以成为你分析的问题。

除了幼儿的发展水平外,你还需要考虑其他两个因素。第一,是否要保留原始信息。如果需要,那么采用实况记录、事件取样、轶事记录或日记记录等方法就比较合适;如果你只想了解某一行为是否发生,或者幼儿是否掌握了某种技能,并且你对细节或者行为、技能产生的情境不是很感兴趣,那么你就可以采用时间取样、检核表法等方法。第二,你想要记录多长时间,记录方法是否便于使用,以及采用每种方法之前你需要做多少准备等。例如,实况记录和事件取样就需要事先进行计划,包括你要计划观察谁、什么时候观察以及到哪里观察。不过,完成这些工作可能要比设计一个合适的观察表格更省事。

具体的记录方法在本书后续的内容中会有详细的介绍。

案例2-2

幼儿语言发展领域的行为观察计划

观察目标: 观察大班幼儿在表演区运用道具表演熟悉的故事的能力

观察者: 王老师

观察时间: 2017.10.15

观察者角色: 旁观者

观察对象: 6名大班幼儿

观察环境创设:

供幼儿表演的故事,即绘本《我也要搭车》

表演区背景创设：森林、草地、小河

道具：动物旅游车、木屋、方向盘

材料：

高结构——动物头饰、面具、扮演动物用的简易服饰、录音机

低结构——废旧纸箱、饮料瓶、纱巾、大小盒子、积木、小椅子、塑料袋等

观察内容：

观察幼儿表演故事《我也要搭车》时的行为表现，具体包括以下内容：

- 对故事主要元素的表现，包括时间、地点、角色、事件等
- 故事的情节变化
- 角色的独白和对话
- 故事角色的表情、动作
- 故事时间概念的呈现

观察记录方法：实况记录

案例2-2展示了一个完整的行为观察计划，包括了观察的对象、时间、内容等多个要素。

拓展资源

- 蔡春美、洪福财主编：《幼儿行为观察与记录》，华东师范大学出版社2013年版。

该书的第二章详细介绍了观察与记录前的准备。具体包括：观察人员的准备、工具的准备和观察者应具备的态度等。

- 沃伦·R.本特森著，于开莲、王银玲译：《观察儿童——儿童行为观察记录指南（第二版）》，人民教育出版社2016年版。

该书的第三章和第四章详细介绍了观察前的准备，包括观察目标、观察时长、观察对象、记录方法等。

第 2 单元

观察和记录幼儿行为的方法

在观察的准备单元,我们已经简要介绍了开展观察记录的三类主要方法。通过本单元的学习,你将:

- 进一步学习各种观察记录幼儿行为的方法;
- 认识各种方法的优点与不足;
- 根据观察目标所需,选择合适的观察记录方法。

体验与思考

1. 在观察幼儿的过程中,你通常使用哪些观察记录的方法?这些方法的效果如何?

2. 你在观察记录的过程中,最常遇见的问题是什么?

1 叙述的方法

叙述的方法是教师最易于掌握的一类方法。叙述的方法具体包括:日记记录、轶事记录和实况记录等。这些方法的共同特点是观察者将对幼儿行为的观察用叙述性的语言记录下来,供日后分析使用。

1.1 日记记录

日记记录可以算是研究儿童发展问题的一种最古老的观察方法。它是对某一个幼儿进行长期的跟踪观察,有选择性地记录幼儿生长和发展的某些方面的信息的方法。它的目标是按顺序记录观察对象,通常是幼儿行为流中新的行为事件。我国著名教育家陈鹤琴就采用了日记记录的方法进行观察研究。他对自己的第一个孩子连续跟踪观察 808 天(从出生之日起),详细记录下幼儿的身心发展变化以及对各种刺激的反应情况,并且拍了几百张照片。在大量原始资料的基础上，陈鹤琴于1925年写成了《儿童心理之研究》一书。

日记记录的优点在于观察者能系统地获得对象发展的连续变化。然而，由于日记记录只是对个别对象进行观察，缺乏代表性。同时，由于带有照料者的情感因素，观察记录易带主观倾向性。此外，日记记录需要观察者与幼儿保持持续的亲密接触。

日记记录在托幼机构中常常被用于观察一些比较特别的幼儿。如案例2-3中的教师通过日记记录观察到了幼儿在教师的不断鼓励下提高了社会交往能力。

案例2-3

日记记录举例①

尽管多米在幼儿园小班已经有一个学期了，但老师通过平时的观察发现他几乎不与同伴互动交流，基本上都是一个人呆呆地坐着或者看着其他小朋友玩。新学期开始，老师对多米采用日记记录的方法进行观察。

2月13日

利用小朋友分享假期趣事的机会，我鼓励多米也来说说他的趣事。一开始，他只是冒出了"停车场"三个字，随后就没了声音。在我的提醒和帮助下，他又多说了几个字，提到了海门、广州等地方。午饭时，一个偶然的机会我拉住了多米，并和他继续说了假期的事情，边说还边让他撑着我的手站起来……未曾想，就是我的这一举动，他开始破天荒地告诉我一些他家里的事情：和爸爸一起去游泳了，妈妈只是在边上看，还带着游泳圈……接下来的整个下午他都很开心。

2月18日

今天多米来到幼儿园时，心情不错。吃早餐点心时，他竟然主动告诉我一些事情，例如穿了溜冰鞋，在家打保龄球等，边说还边做动作。另外，在周围的小朋友说起各自的经历时，他很明显在听，并且在别人讲完后，他也会说自己的溜冰鞋的故事。

运动时，他明显放开了自己，开始做一些跷腿的动作。尽管在"红绿灯"活动时，他并没有照做，但看得出来，其实他已经在关注这个活动了，并且还会时不时地做出一些奇怪的动作……这一表现和举动让我再次对他刮目相看，并且对他能够变得活泼开朗也越来越有信心了。

2月24日

"这是妈妈给我买的新皮鞋"，在没有任何暗示和鼓励的情况下，多米利用自由活动的时间主动和我说了使他感到开心的事情。在手工操作活动时，他认真完成了自己的作品，还主动交给了我。与此同时，他还告诉我"边介然把纸撕坏了"——这说明他已经在关注同伴的表现了，并且还能够讲出来，很不错！

午饭时，他吃完饭后，主动把空碗拿给我看，这说明他与人交往的主动意识越来越强了。在进行"双脚跳"的游戏时，多米不但积极参与，而且还有不错的表现。

---

① 案例由上海市闵行区七宝中心幼儿园马玉彩老师提供。

活动结束后,他和旁边的小朋友抱在一起嬉戏、玩耍。

3月5日

本周开始,我发现多米与老师交流的主动性提高了,尤其在活动时,会提醒我"拍照片发给妈妈看",并且会抓住一些小事情与我沟通交流,如午餐时会告诉我饭菜吃光了,自由活动时告诉我要邀请老师和小朋友一起去打保龄球。他边说还边做动作。

户外活动时,他不再是一个"看客",而是一个积极主动的"参与者",会和同伴一起玩,表现得很积极活跃。平时即使没有什么事情,他也会看看老师或者靠近老师,而这在以前是根本不可能的。以前即使无意中和老师有眼神接触,他也会立刻转过头去,假装什么都没发生。

1.2 轶事记录

"轶事"是指独特的事件。轶事记录是观察者将感兴趣的,并且认为是有价值的、有意义的幼儿的行为和反应,以及可表现幼儿个性的行为事件,用叙述性的语言随时记录下来,供日后分析用的一种观察方法。

轶事记录可以让教师在实践中兼顾对全体幼儿和个体幼儿的观察。教师可以在和全体幼儿、分组幼儿、个别幼儿互动后,将自己观察到的比较特殊的幼儿行为事件记录下来,也许每天不只针对一个幼儿,每天记录的对象也不一定都一样。那些行为比较特殊的幼儿被记录的机会可能较多,而一般幼儿在出现比较突出的行为时,也可能成为轶事记录的主角。

案例 2 - 4

轶事记录举例[1]

户外活动回来后,小朋友都自觉排队如厕,而宸宸独自一人跑去洗手。我轻轻走过去,摸了摸她的头说:"这么快就洗手了? 等会小便后不是又脏了吗? 我们先小便好不好啊?"宸宸:"谁说我有尿了。"过了一会儿,教室里传来一阵阵吵闹声,我闻声走了过去。小雨说:"你看,你又尿到裤子里了。"高川说:"老师说了,不能憋尿的,你怎么又这样啊!"说完就大叫一声:"老师,宸宸又尿裤子了。"我刚好走到宸宸身边,连忙说:"宸宸是不小心的吧! 来,老师带你去换裤子。"我带她走到书包柜前,乘没有人的机会轻轻问她:"宸宸,你刚才不是说没有尿吗? 怎么又尿裤子了。"她满不在乎地说:"没事的,在家我也是这样上厕所的,湿了就换啊!"

---

[1] 案例由上海市黄浦区城市花园幼儿园杨谨屹老师提供。

完成轶事记录并不是一件容易的事情，在你努力观察周围发生的每一件事情的同时，还要把这一切都记录下来实在太难了，而且你在记录的时候还可能错失和幼儿的重要互动。因此，你可以随身带一些用于记录的卡片或记录本作为记录工具，还可以"创造"一些代码来提高记录速度，例如：

人物代号	动作代号
目标幼儿：TC	目标幼儿自言自语：TC→TC
其他幼儿：ch	目标幼儿对另一名幼儿说话：TC→C
其他几位幼儿：chs	目标幼儿与其他人平行游戏：TC＝
老师：T	目标幼儿与其他人群体游戏：TC&
成人：A	

进行轶事记录时要注意确保所记录的信息客观、完整。

客观：观察者的主观评价和解释与对客观行为事实的描述要严格地区分开来，以免将客观行为事实与主观判断相互混淆。由于轶事记录往往是在事件发生后的追记，因此一定要及时记录，以免时间长了因记忆误差影响所记事实的客观性。为了提醒自己在记录时区分客观行为事实和主观判断，你可以选用以下观察记录的草稿格式。

表2－1　轶事记录的观察记录草稿

观察对象		观察时间	
观察情境			
客观行为事实		**主观判断**	

在观察结束后，应尽早通读记录下来的草稿，尽快将草稿补充完整。这样，观察记录就变得更容易完成了。

完整：轶事记录不仅要观察幼儿的行为、言谈，还要记录幼儿行为发生时的情境以及与之相联系的其他在场幼儿的活动，记录的词句要准确、客观，要如实反映情况。下面的"5w法"有助于你完整记录观察信息。

"5w法"
谁（who）：所观察的幼儿。

和谁（whom）：所观察的幼儿和谁产生行为或语言的互动。

时间（when）：事件发生的日期以及具体时间段。

何地（where）：事件在什么地方，或哪一个区域发生。

什么（what）：幼儿做了什么动作，说了什么话，表情、姿势如何。

轶事记录方便、灵活，可以随时随地进行记录。因此，对教师来说它是最简便易行的一种方法。它虽然简略，但能反映幼儿行为的背景及情境，为教师提供了一种记录幼儿行为变化的手段。教师可以借此进行一些连续性的记录，帮助自己通过特定的情境了解幼儿的行为，同时不断比较幼儿行为，了解幼儿的成长和发展，探讨影响幼儿发展的各种因素，以便有针对性地对幼儿进行教育干预。

轶事记录也存在一些不足。由于轶事记录是记录观察者认为有意义的事件，所记录的事件常会带有主观倾向。轶事记录往往不是现场记录，而是事后追记，回忆的内容与事实可能会有出入。此外，由于在记录时常使用简略语句，可能会使读者误解幼儿，对幼儿产生消极的价值判断。

1.3 实况记录

实况记录是指观察者忠实地按照时间顺序，尽可能详细、完整地记录观察对象在某一段时间内的每一个行为及相关情境，然后对所收集的原始资料进行分类，并加以分析的方法。实况记录是由日记、轶事记录引发出来的。和轶事记录相比，实况记录要更为完整和翔实。实况记录也不同于对个别幼儿进行纵向记录的日记记录，它既可以对单个幼儿的行为进行记录，也可以对群体幼儿的行为进行记录。教师运用课堂观察技术进行的现场记录也是一种实况记录。

在实况记录的实施过程中，观察的内容包括观察对象、观察对象与他人互动时所做的每一件事和所说的每一句话，以及观察对象所处的背景、环境场所等，它就犹如绘画中的素描。传统的实况记录多在观察现场采用手工纸笔的方式记录；现代的实况记录还可以利用录音、录像等设备，将观察到的行为和事件全部摄录下来，再转换成文字进行分析。这种方法的好处是，摄录后的内容可以反复观看，不会因记录速度的问题而遗漏一些信息。然而，由于摄录内容并不一定能够完全反映当时发生的情况，因此要使用摄录的方法还需要经过一定的训练。

实况记录具有以下几个优点：

● 开放性和非选择性。在观察幼儿行为的过程中，实况记录能提供观察当时所发生的详尽的行为信息和行为发生的背景信息。通过这些记录信息，我们可以更为深入地了解幼儿行为发生的原因以及可能产生的后果。

● 持久性。实况记录由于技术的优势，可以永久保留资料。不同于其简略性可能使得之后阅读的人不知其所以然的轶事记录，实况记录保留的时间越长越有价值，因为观察者可以将前后的记录进行对比，以了解幼儿行为是如何随时间地点变化而变化的。

除了这些优点之外，实况记录也存在着一些不足：

● 记录幼儿的每一个动作、表情、语言，教师都需要花费大量的时间和精力。如果教师要获得的是幼儿具有代表性的行为，实况记录就显得效率较低。例如，教师要了解班级中幼儿社会交往的典型情况,用实况记录就不如用社会交往行为的检核表观察记录来得方便有效。

- 如何恰到好处地描述幼儿的行为,使得阅读者有身临其境之感且避免发生歧义,这对教师的观察能力和文字表述能力提出了较高的要求。
- 用实况记录收集一大堆资料后,如何处理这些资料是摆在教师面前的一个难题。

案例 2-5

实况记录举例:娃娃家风波

观察时间:2017.5.19

观察者:侯素雯(旁观者)

观察目标:了解中班幼儿与同伴发生冲突时的行为表现

观察对象:佳佳(女)、潘潘(男)、囡囡(女)、小鱼(女)、丁丁(男)、带班老师王老师

幼儿背景介绍:

佳佳:个性非常强,很强势,她想要的东西一定要得到。

潘潘:中班才开始进入幼儿园,规则意识较薄弱,会因为各种事情向老师告状。

小鱼:小班时由于声带发育不成熟而不太能说话,进入中班虽愿意说话,但是每次说话要用很大的声音说,渐渐地有些幼儿不愿和她一起玩,觉得她太凶了。

采用的观察方法:实况记录

场景描述:

角色游戏马上就要开始了,老师先询问幼儿每个角色区需要的人数,并为每组选定一个小组长(角色区及所需人数:医院 2 人、机舱 4 人、花店 2 人、娃娃家 3 人、理发店 2 人)。当老师选完组长后,组长迅速站到相应的角色区内,同时其他幼儿迅速走到自己想玩的角色区旁。

实况记录:

在娃娃家中,一下子来了七八个幼儿。不一会儿佳佳就自封为妈妈,她又迅速安排了丁丁和囡囡充当娃娃家中的爸爸和宝宝。三人迅速把娃娃家的大门竖了起来,佳佳说:"娃娃家还没有开放,谁都不能进来。"其他幼儿纷纷离开娃娃家,只有潘潘和小鱼还继续留在娃娃家中。

一会儿,潘潘跑到老师面前说:"王老师,我想做爸爸。"

王老师:"那你们自己商量。"

潘潘听了,迅速走回娃娃家,他大声和丁丁说:"我们来玩剪刀石头布吧。谁赢了,谁就做爸爸。"

丁丁爽快地答应了。三局过后,潘潘赢得了胜利,但丁丁却不肯放弃自己爸爸的角色,留在了娃娃家中,一场僵持就此展开。

丁丁没有办法,对作为妈妈的佳佳说:"妈妈,潘潘要当爸爸。"

佳佳走了过来说:"丁丁是爸爸。"

潘潘:"可是我们剪刀石头布,他输了,应该我做爸爸。"

佳佳:"我没有看到你们剪刀石头布。"

僵持还在继续,两个男孩谁也不肯让步。

佳佳见状,说:"我们叫警察,把他(指的是潘潘)抓走。"

不一会儿,警察来了,在众人的推搡和警察的帮助下,潘潘被轰出了娃娃家。

在关于谁做爸爸的争执进行着的同时,另一场关于谁做宝宝的争吵也在进行着。

小鱼之前恳求妈妈让她做宝宝,但作为妈妈的佳佳早已有了自己心目中的宝宝因因,任凭小鱼说什么都不为所动。

小鱼急了,大声说:"我要做宝宝。"

佳佳还是不理不睬。小鱼没有办法只得走出娃娃家。

正巧王老师走过娃娃家,小鱼见到王老师,大哭起来:"我要做宝宝,他们不让我在娃娃家。"

潘潘也在不远处抹着眼泪。

王老师把小鱼带到一旁,温和地对她说:"你做不成宝宝可以做娃娃家的客人呀。客人到你家玩时,都带些什么呀? 我们一起去超市买些东西再来娃娃家做客人好吗?"

小鱼一边继续哭泣,一边大声说:"我不要在娃娃家玩了!"

于是,王老师拉着小鱼的手来到了理发店。这里的理发师安迪正一个人坐在椅子上等待着客人的到来。

王老师对安迪说:"安迪,来客人了,你怎么招呼客人呀?"

安迪连忙从座位上起来,把位置让给了小鱼,帮小鱼弄起了发型。

小鱼仍在抽泣,似乎没有从悲伤的情绪中走出来。

而此时的潘潘却又回到了娃娃家。与之前不同的是,他不再执着于当爸爸,而是做起了小客人。

这则实况记录提供了幼儿此次游戏行为的详尽信息。从中我们可以了解到幼儿游戏时冲突产生的原因,以及不同立场的幼儿是如何捍卫、争取自己的游戏权利的。同时,我们还可以了解到幼儿在被排斥的情况下采取的不同的应对策略。

2 取样的方法

行为观察是通过对行为事实的收集,再针对主题作解释及判断。但是,要把观察对象的所有行为都收集到是不可能的,观察者不可能时刻注意被观察者的一言一行而不休息。同时,真正可以解释主题行为的也只有一小部分重要事件。因此,取样是必要的,这样便能够收集到可以代表主题意义的重要行为,还可简化资料收集的复杂过程。取样的方法主要有两种,分别是时间取样和事件取样。

2.1 时间取样

时间取样是以一定的时间间隔为取样的标准,来观察记录预先确定的行为是否出现以及出现次数的一种方法。时间取样的方法和叙述的方法的区别在于,它不必详尽描述、记录幼儿的行为表现,只需在预先规定的时间段内观察记录确定的行为是否发生、发生次数以及持续时间。观察记录的时间间隔取决于观察的目标。时间取样适合于记录那些快速、连续、经常发生的行为,如:幼儿间的互动行为、专注行为、情绪行为、习惯动作等。

要进行时间取样的观察记录必须注意以下几个问题。

第一,在进行观察之前,需要先确定观察的目标行为。例如,如果你的目标是要了解班上幼儿在集体教学活动中对于活动内容是否持续专注,那么就需要先明确有哪些注意力集中或者不集中的行为。

第二,确定观察时间,即明确观察的时间长度、两个时间长度之间的间隔时间,以及准备观察多少个时间单位。例如,在确定观察幼儿参加集体教学时的注意力这一目标后,可以将集体教学活动时间划分为 5—6 个观察时间段,每个时间段大致持续 5 分钟。

第三,选择记录的方式,可以用检核或计数的方式记录行为。检核即判断在观察时段内行为是否出现,计数即记录行为出现的次数。

表 2‑2　幼儿注意力的观察记录表

观察对象:天天(男孩,中班)
观察者:尤益
观察时间:2017 年 4 月 24 日上午 9:35—10:00
观察记录方法:时间取样

行为表现	9:35—9:40	9:40—9:45	9:45—9:50	9:50—9:55	9:55—10:00
举手	√	√	√	√	√
发言	×	×	√	√	×
离开座位	×	×	×	×	×
私语	×	×	×	√	√
干扰他人	×	×	×	×	×
姿势不端正	×	×	×	×	×
发出声音	√	√	√	√	√
发呆	×	×	×	×	×
其他	×	×	×	×	×

从表 2‑2 中可以发现,该幼儿在当天的集体教学活动时注意力较为集中,常主动举手发言。但是他在上课时始终发出声音,这样容易干扰正常的教学秩序,教师需要提醒并

纠正这一行为。接着,可再对观察表进行调整,观察班级中不同幼儿在各类活动中的注意力集中情况,掌握班级中幼儿注意力集中的总体情况。如果大部分幼儿在集体活动时出现注意力不集中的现象,教师就要反思所安排的活动内容是否符合幼儿的兴趣、需要和他们各方面发展的一般水平,并调整后续的活动安排。

时间取样非常节约时间和精力,因为它预先规定了所要观察的时间和内容。这样观察者能在短时间内收集到大量的资料,特别是需要对一群幼儿进行观察时更是如此。但是,时间取样只能观察那些发生频率较高的外显行为和事件,而对于一些发生频率较低的、内显的行为(包括同情、成功等),则不能用时间取样进行观察。此外,因为时间取样只记录行为的发生频率,不记录行为和行为发生情境的详细信息以及行为的变化,所以如要研究这些更为详细的内容,时间取样的方法必须结合叙述的方法使用(见案例2-6)。

案例2-6

时间取样举例:幼儿情绪行为的观察

观察时间: 2017年4月28日 14:30—14:40
观察者: 周丹
观察对象: 小张(4岁)
观察目标: 观察小张午睡后起床穿衣服时的情绪变化
观察记录:

表2-3 幼儿情绪行为的观察记录表

时　间	行　为　表　现
14:30—14:32	听到起床音乐后,他慢慢爬起来,拿起裤子尝试把两条腿都伸进裤脚管里,但没有成功。
14:32—14:34	尝试几次后,他换了种方法:先把左腿伸进裤脚管里,这次一条腿穿好了,可是另一条腿却怎么也伸不进去。他生气地甩了甩另一只裤脚管,放弃穿裤子,改穿衣服了。
14:34—14:36	他拿起枕头边的衣服,把衣服放在面前,把一只手套进袖管里。当他想把另一只手伸进袖管的时候,却怎么也伸不进去。
14:36—14:38	他看到大家都穿好衣服了,自己的衣服裤子却都没穿好,生气地把衣服扔在了地上,不愿意穿了,并且大哭起来。
14:38—14:40	他试图找保育员帮他穿衣服,但是保育员忙着叠被子没有注意到他的这一举动。他便哭得更大声了,并且在地上打滚。老师看到后教他自己穿衣服,可是他不想穿。最后是老师一边教一边帮他穿上衣服,而他却边哭边想甩掉衣服。

将时间取样和叙述的方式相结合,我们不仅可以了解取样时距内幼儿是否发生目标行为和行为发生的次数,更可以了解行为发生的背景信息和行为的变化,以便深入地分析

行为发生的原因。在案例2-6中,幼儿由于没有穿上衣裤,他生气、大哭,情绪反应更加剧烈,最终用打滚的方式以期获得教师的帮助。反思教师的行为,在今后幼儿发脾气时要适当对其进行冷处理,以避免其把发脾气当作可以依赖的手段。同时,平时应为幼儿创设游戏化的练习机会。在幼儿穿脱衣裤的时候,即使其速度慢、穿着效果不佳,教师都应及时给予鼓励,帮助幼儿树立有关自理能力的信心。

2.2 事件取样

与时间取样不同,事件取样适用于有明确开始和结束、发生频率低的行为,如:进食行为、争执行为等。观察者在每一次事件自然发生时将事件记录下来,记录内容可包括行为发生的背景、原因,行为的变化,行为的结果等信息。

事件取样只观察事先选定好的特定事件。当事件发生时,观察者可以对事件进行详细描述,也可以事先设计好观察项目,用代码或符号将事件记录下来。例如,一位对幼儿生活自理能力感兴趣的教师,会事先决定要观察幼儿的如下行为(见表2-4)。

表2-4 幼儿生活自理能力的观察记录

幼儿姓名	独立上厕所	洗 手	扣纽扣	穿 鞋	系鞋带

这位教师可以进行观察,记下每位幼儿学到这些技能的日期。这种事件取样常见于教师自行设计的检核表中,如表2-4,教师可根据要观察的行为项目决定表格列数,根据幼儿人数决定行数,并在其上记录幼儿表现出已掌握这些技能的日期。使用这种记录方法,教师便可以认知某一幼儿或某群幼儿出现这些行为的频率。

又如,若想用事件取样对一名幼儿的攻击性行为进行观察,可以采用以下记录格式(见表2-5):

表2-5 幼儿攻击性行为的观察记录

时 间	事 件	之前发生的事	在场的人	之后发生的事	评 论

每当发现幼儿出现一次攻击性行为,便可以在表格中进行记录。通过这张观察表,教师可以了解事件发生的前后有什么现象,看看幼儿攻击性行为的发生有何模式,以便有针

对性地制定指导幼儿行为的策略。另外,也可以通过细化观察目的的方式对记录的内容进行调整,缩短记录时间,提高记录的效率,如表 2-6 所示。

表 2-6 幼儿攻击性行为的观察记录

目标幼儿:思思 幼儿年龄:3 岁零 8 个月
观察者:李婧
观察时间:2017.04.26
观察记录方法:事件取样

项目		第一次 8:47	第二次 9:01	第三次 9:10	第四次 10:15	第五次 15:40
行为原因	与人争吵				✓	✓
	受人指使					
	被人无心碰到		✓			
	争游乐器材	✓		✓		
	其他					
角色	攻击者	✓		✓	✓	✓
	被攻击者		✓			
行为反应	哭					✓
	打人	✓			✓	✓
	吵架				✓	
	找老师帮忙		✓		✓	
	找小朋友帮忙					
	其他					
结果	互不理会	✓		✓	✓	
	言归于好					
	僵持不下					✓
	互相道歉		✓			
	其他					

　　事件取样比较实用,可以用来研究各种行为和事件,不像时间取样要严格受限于行为发生的频率。它可以使用高效率的编码系统,也可以详细描述行为。

　　事件取样也有不足。不论何时,只要行为事件发生了便可以记录,所以有可能这些观察到的行为在不同情境下具有不同的性质。因此,运用事件取样时,应特别注意记录与分析事件发生当时的情境或背景。同时,事件取样在记录时可能会中断行为的自然连续性,这种方法只是记录了事件从发生到结束的过程,一些与事件发生有关但时间上间隔较远的内容就无法被记录,因此事件取样不能保证行为的完整性。

 判断导向的方法

叙述的方法主要运用文字记录,取样的方法运用文字和符号记录,两者共同的不足之处在于记录的难度大,而且对记录资料也比较难以分析和统计。于是人们运用另外一些简便的方法进行观察记录,这便是判断导向的方法。判断导向的方法主要包括检核表法和等级评定量表法两种,它们共同的特点是观察者不仅要观察,还要对观察到的行为作出判断。

3.1 检核表法

检核表法,即事先将要观察的行为项目排列成清单式的表格,然后通过观察,检查核对该行为是否呈现的方法。一般来说,记录的方式是二选一,即用"有"或"无"、"是"或"否"来提醒我们观察的目标行为是否出现。检核表法是教师最常用的观察记录方法之一,因为它有较强的实用性,教师可以不受情境的限制,随时进行记录。检核表法可用来观察一群幼儿某一方面的行为能力,也可用来观察个别幼儿。检核表法可以用于对幼儿行为的现场观察,也可以用于非现场观察。

运用检核表法前必须制定观察表格,即观察清单,列出要观察的具体项目。我们可以根据以下两种路径制定行为指标。

（1）根据幼儿行为发展的常模制定检核的行为指标。

《指南》中提出了在 3—4 岁、4—5 岁、5—6 岁每个年龄段末期,幼儿在健康、语言、社会、科学和艺术等领域应该知道什么、能做什么、大致可以达到什么发展水平。我们可以据此设计出相应的幼儿行为检核表(见表 2-7),并通过观察了解幼儿在各个领域的发展状况。

表 2-7　小班幼儿社会交往行为检核表[①]

行　为　表　现		是	否
喜欢交往	喜欢和小朋友一起游戏。		
	喜欢与熟悉的长辈一起活动。		
与同伴友好相处	想加入同伴的游戏时,能友好地提出请求。		
	在成人指导下,不争抢、不独霸玩具。		
	与同伴发生冲突时,能听从成人的劝解。		
具有自尊、自信、自主的表现	能根据自己的兴趣选择游戏或其他活动。		
	为自己的好行为或活动成果感到高兴。		
	自己能做的事情,愿意自己做。		
	喜欢承担一些小任务。		

---

①　根据《指南》中儿童人际交往发展目标改编。

行　为　表　现		是	否
关心尊重他人	长辈讲话时能认真听,并能听从长辈的要求。		
	身边的人生病或不开心时,对他们表示同情。		
	在提醒下能做到不打扰别人。		

通过上述这份检核表,可以观察了解小班幼儿人际交往发展水平的概貌,同时也可以发现班级中幼儿在人际交往中存在哪些困难。例如,我们会发现班级中哪些幼儿在社会交往中常表现出退缩行为。如果要更细致深入地了解幼儿的退缩行为,需要将注意力聚焦在这一行为上,并设计更为细致的观察表格(见路径二)。

(2) 根据工作经验从了解行为发生的前因后果的角度制定行为指标。

当你想了解某个幼儿在游戏中的退缩行为时,可从以下三个角度开展对该幼儿这一行为的检核,即:

- 在游戏活动中,其他幼儿互动时他在干什么?
- 当其他幼儿发起和他的游戏时,该幼儿有何反应?
- 当该幼儿偶尔与其他幼儿产生互动时,这些幼儿是谁?

然后把将要观察的每一个角度细化为若干目标行为,如将上述第一个角度"在游戏活动中,其他幼儿互动时他在干什么"细化为以下三个目标行为:

- 只玩可以独自操作的玩具或材料;
- 跟在教师身边;
- 什么事情都不做,只是站在或坐在一边。

按照观察角度细化出所有目标行为后,可将这些信息整理成一张完整的检核表(见表2-8),并对幼儿是否出现目标行为进行判断。

表2-8　幼儿退缩行为检核表

观察目标:观察幼儿在游戏活动中的退缩行为
观察对象:双双(4岁零1个月)
观察者:李婧
观察时间:2017.04.28
观察记录方法:检核表法

检　核　项　目		是	否
1. 在游戏活动中,其他幼儿互动时他在干什么?	(1) 只玩可以独自操作的玩具或材料。		√
	(2) 跟在教师身边。		√
	(3) 什么事情都不做,只是站在或坐在一边。	√	
2. 当其他幼儿发起和他的游戏时,该幼儿有何反应?	(1) 忽略其他幼儿。		√
	(2) 作简短回应。	√	
	(3) 走到别处。		√

检　核　项　目		是	否
2. 当其他幼儿发起和他的游戏时,该幼儿有何反应?	(4) 显得不自在。	✓	
	(5) 显得轻松。		✓
	(6) 变得有攻击性。		✓
	(7) 提供他正在玩的物品给其他幼儿分享。		✓
	(8) 找老师介入。		✓
3. 当该幼儿偶尔与其他幼儿产生互动时,这些幼儿是谁?	(1) 班级中首先接近他的任一幼儿。		✓
	(2) 班级中年龄较小或个子较小的幼儿。	✓	
	(3) 班级中年龄较大或个子较大的幼儿。		✓
	(4) 男孩。		✓
	(5) 女孩。	✓	

　　检核表法的优点在于它可以让观察者快速而有效地记录行为是否出现,操作起来方便易行。观察记录的内容既可以用来判断幼儿身心发展各方面的状况,也可以用来测量教育指导后产生的效果。教师可以经常用检核表告诉家长幼儿在托幼机构中的发展情况,让家长看到幼儿的进步和不足。

　　同时,检核表法的适用范围较广,它可以与其他观察方法结合使用,如时间取样、事件取样、调查法等。如在事件取样部分介绍的"幼儿攻击性行为的观察记录(表2-6)"便是事件取样和检核表法结合使用的案例。

　　虽然检核表法有诸多优点,但是由于其只判断行为呈现与否,而不能提供行为发生的原始资料,如"在什么情况下发生""开始如何""后来又怎样",在使用这种方法时,需要根据观察目标谨慎地结合其他观察方法,以提高观察效果。

3.2　等级评定量表法

　　运用检核表法能帮助我们了解幼儿的行为是否发生。但是如果想要了解行为发生的程度、频率,检核表法则无法提供相应帮助。为了细致了解这些情况,就需要运用等级评定量表法。等级评定量表法是在对观察对象进行观察后,对其行为所达到的水平进行评定,判断行为质量的高低的一种方法。等级评定量表法为我们提供了快速、方便地概括出观察印象的途径,因此,常常被运用在观察中。

　　运用等级评定量表法时不必对每次观察的具体事实都进行描述或记录,而是在观察之后,按评定量表规定的项目,用回忆或反省的方法评定观察对象的行为的程度。从严格意义上说,等级评定量表法不是一种观察方法,而是一种评估的方法。

　　等级评定量表的制定方式类似于检核表。不同的是,检核表是用来判断行为是否出现的,而在使用等级评定量表的过程中,关键是确定等级评定的标准。一般来说,等级评定量表有四个或以上的等级,观察者可以从行为发生的频率或强弱程度等角度来制定等级标准,如:频率选项可分为总是、经常、有时、极少、从未,强度选项可分为非常、相当、尚可、相当不、非常不,见表 2-9。

表 2-9 幼儿饮食行为等级评定量表

观察目标:观察幼儿在进餐中的行为表现
观察对象:候候(女孩,中班) 观察者:陆晓雯
观察方法:等级评定量表法 观察记录时间:2017.4.26

类 目	项 目	经常	偶尔	很少	从不
进餐前	认真洗手	√			
	安静等待吃饭		√		
进餐中	正确使用餐具	√			
	掌握正确的就餐姿势		√		
	不挑食,不偏食		√		
	自觉快速吃完饭			√	
	不乱扔残渣				√
进餐后	将饭桌收拾干净	√			
	擦嘴		√		

运用等级评定量表法需要注意:

● 应在多次观察的基础上进行。观察者最好与幼儿有较长时间的直接接触,以尽量避免观察的偶然性和片面性,增强观察的客观性和可靠性。一般来说,接触时间越长,观察次数越多,就越能全面认识观察对象,评定的等级也越准确。

● 最好由两个或两个以上条件相当的评定者进行评分。如果两个评定者给出的评分有差异,可通过第三者重新评定,或两者商量讨论,最终达成一致。多个评定者的评分差异,可采用平均分来平衡,也可去掉一个最高分,去掉一个最低分,再求平均分。

● 要防止评分过高或过低,或都给予平均分的倾向。避免会使评定者产生主观偏见的影响因素。

等级评定量表法适用范围广泛,操作简单,比较经济。但是,等级评定量表法本质上是主观的,常会伴有观察者的主观偏见。另外,由于观察者对等级评定标准的理解不一致,容易造成评定等级的误差。

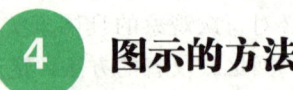

4 图示的方法

观察者可以运用图示的方法使观察记录的信息更加直观、清晰地体现出来。图示的方法具体包括:流程图、社会交往图、直方图、饼图等。从严格意义上说,这几种图示法都是对观察信息进行整理后的呈现。

4.1 流程图

流程图也被称为追踪观察，它可以用来记录幼儿活动的轨迹，说明目标幼儿选择了哪些活动，在每项活动中花了多少时间。

在实施追踪观察前，需要考虑以下几个方面：

- 明确观察目标，以及对这些目标进行观察；
- 对自己将在什么地方观察幼儿有一个计划；
- 计划怎样来记录幼儿的移动，比如运用一些代码、线条或文字等。

小班幼儿户外活动观察记录

观察目标：观察幼儿在户外活动中活动的情况

观察对象：多多（男孩，小班）　　观察者：张丹红

观察时间：2018.4.26　　　　　　观察方法：流程图（追踪观察）

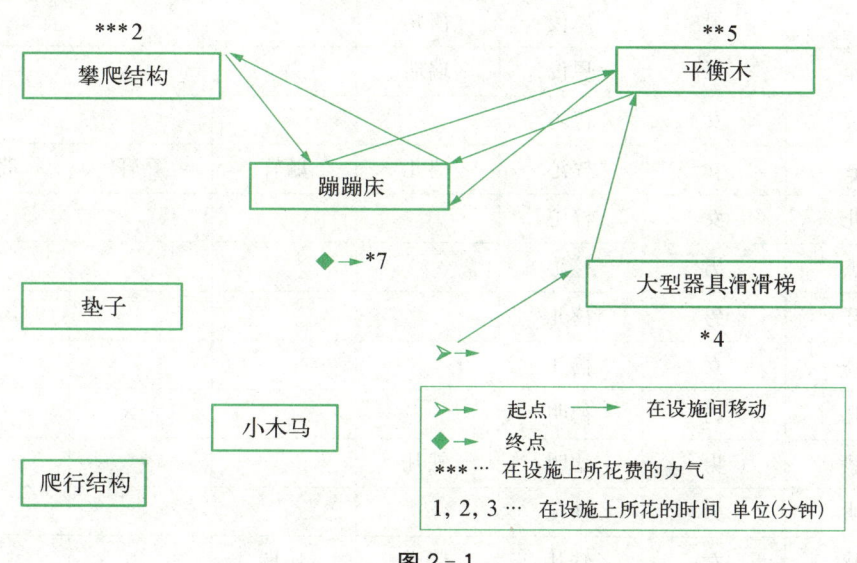

图 2-1

从上述追踪观察（图 2-1）中可以明显看出，该幼儿更喜欢蹦蹦床、滑滑梯和平衡木，而避开了垫子，小木马和爬行结构。另外，该幼儿在攀爬结构的器具上活动有一定的困难。因此，在后续活动中教师应重点鼓励该幼儿参与攀爬类活动，使他的动作能力均衡发展。

4.2 社会交往图

社会交往图可以记录单个幼儿和他人的社会性接触，或是一个群体中幼儿的交往情况。运用这种方法看上去很直观，可以一目了然地把握幼儿的交友网络，但容易受到主观判断的影响。总是外向、活泼的幼儿也可能一个人一天都玩得很开心，幼儿与他人建立友谊或产生摩擦都比较容易，这些情况在得出结论时都应该考虑到。

让幼儿用"同伴提名法"说出他们最要好的几个朋友，并将记录的信息整理成相应的表格。表 2-10 列出了询问的结果，表格中的最左列是全班幼儿的姓名，每个幼儿姓名旁

边的名字则是选了该幼儿为好友的幼儿的名字。

表 2-10 大班幼儿友谊状况统计表

观察目的：了解男孩女孩的择友情况，并了解在友谊关系中表现突出的幼儿。
记录日期：2018.3.20 年龄班：大班 记录人：马玉彩
观察记录的方法：单独询问班级中的每一个幼儿，请他们说出自己的好朋友是谁。

幼儿姓名	性别	1	2	3	4	5
池勋	男	浩杰	德明	晗晗	紫诺	瑞瑞
恩俊	男	浩杰				
嘉轩	男	恩俊	毅毅	禧儿	怡辰	
宇豪	男	恩俊	梓沁			
锦元	男	恩俊	禧儿			
锦泽	男	恩俊	瑞瑞			
佳莹	女	梓沁				
怡辰	女	梓沁	禧儿	毓轩	嘉轩	瑞瑞
禧儿	女	梓沁				
浩杰	男	梓沁				
毓轩	男	禧儿				
辰旖	女	禧儿				
轶凡	男	德明				
毅毅	男	德明	轶凡			
德明	男	轶凡				
晗晗	女	轶凡	紫诺	瑞瑞		
紫诺	女	池勋				
智宸	男	池勋				
梓沁	女	紫诺	恺泽			
宜冉	女	紫诺	宇豪			
艳丽	女	宜冉	宇豪			
媛媛	女	宜冉	瑞瑞	梓沁		
瑞瑞	男	丰泽	锦泽			
月雯	女	锦元				
丰泽	男	艳丽				
恺泽	男	辰旖				
俊鹏	男	辰旖	恺泽			

从表 2-10 可以看出,池勋和怡辰在班中被同伴提及的次数最多,均为五次。平时的观察显示:池勋和怡辰经常主动关心帮助别人,解决问题的能力较强,在同伴中有一定的威信,具有号召力。

4.3　直方图、饼图

直方图是记录幼儿完成某项任务的能力的方法之一,例如在一段时间内幼儿跳绳的次数、接球的次数等,得出的结论可帮助教师了解幼儿的动作发展水平,如图 2-2 所示。

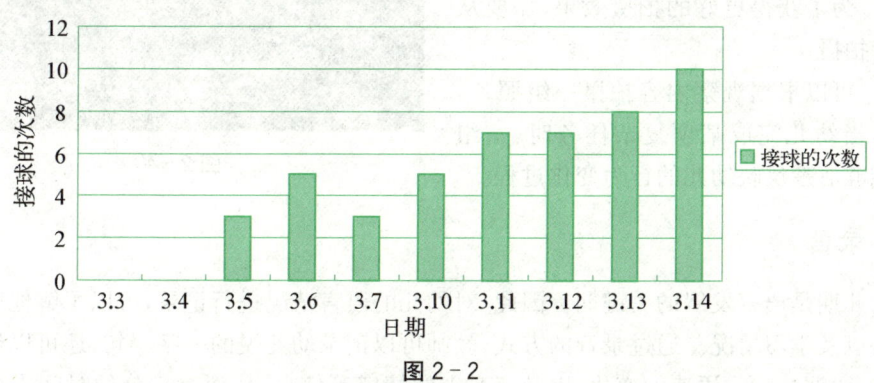

图 2-2

直方图也可以用来直观地表现幼儿在一日活动中用在不同活动上的时间或次数。直方图反映的数量信息如果用百分比的形式体现,便成了饼图。如图 2-3 是教师在游戏活动时对一名幼儿的行为进行观察后所做的记录,教师记录下了该幼儿在游戏时用在四类行为上的时间,并将其统计成饼图。这样可以更直观地了解幼儿游戏活动的质量。

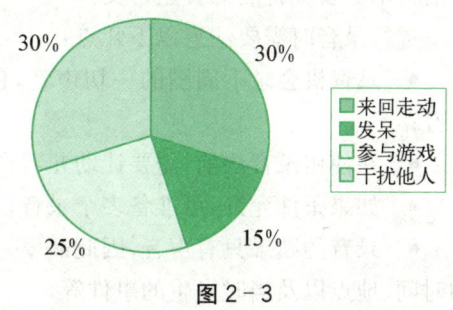

图 2-3

5　其他辅助的方法

除了用纸、笔观察记录外,你还可以利用拍照、录音、录像等技术手段进行现场记录。这些记录不受观察者记录水平的限制,可以生动、真实地记录幼儿行为的各种信息。

5.1　拍照

拍摄留下的照片是保存和展示幼儿行为的一种有效途径。教师在观察幼儿的过程中,用拍照的方式,将幼儿的一些行为表现记录下来,然后从照片中寻找各种信息。这一方法的一大优点就是它将幼儿动态的行为表现和其所在的情境“凝固”下来,教师可以借此反复观察幼儿的行为,并提升自己的观察能力。同时,照片比文字记录更具有完整性和细节性,教师可以将其作为文字记录的提示,并对细节加以描述。虽然照片是静止的图像,但是如果教师持续拍下事前、事后和一系列事件,便可以呈现整个活动过程,从而反映幼儿的发展。

用拍照的方法记录幼儿的行为时要注意以下几点:

● 根据观察记录的目的和内容拍照;

● 照片一般以近景为主,需要能够反映幼儿的面部表情、动作及其周围的背景信息;

● 为了获得更好的拍摄效果,需要从多角度拍摄;

● 可以根据观察内容拍摄一组照片,尤其是当幼儿完成某项复杂任务时,一组照片能够清楚反映幼儿的行为变化过程。

图 2 - 4①

5.2 录音

幼儿期是语言发展的关键期。因此,对幼儿的语言情况进行记录,可以了解他们的语言发展以及学习情况。通过录音的方式,教师可以记录幼儿说的一字一句,还可以记录他们语音、语调、声音、语速的变化,以及声音中的情感等信息,从而有充分的时间去分析这些语言本身及其背后的真正含义。

进行录音时需要注意以下几点:

● 录音机会录下周围的一切声音,包括噪音,因此,最好选择一个比较安静的场所录音;

● 在使用录音法前,需要让幼儿习惯身边有一个录音设备的存在;

● 如果条件允许,可准备多个录音设备,以便随时录音;

● 录音的结果只有声音,因此需要一边录音,一边进行文字记录,内容包括行为发生的时间、地点以及当时发生的事件等。

5.3 录像

录像可以最大程度地保留幼儿行为和事件发生的情境,并且录像是动态的、声情并茂的资料。录像内容可以保留较长时间,同时它可被定格、回看,也可很多人一起看,适合观察训练和用作分析资料。通过录像,教师可更仔细地分析幼儿行为。

进行录像时需要注意以下几点:

● 录像的画面应清晰、不摇晃;

● 如果条件允许,可放置两台摄像机,一台用来拍幼儿活动的全景,一台用来拍幼儿行为的近景或特写;

● 及时调整镜头,注意避免背光;

● 预先设计拍摄的理想距离,拍摄距离过远,画面清晰度会受到影响,拍摄距离过近,虽然可以获得幼儿的细节动作、表情、对话等信息,但是画面可能无法包含所有有价值

---

① 照片由上海市黄浦区思南新天地幼儿园谢舫提供。

的信息,同时也会在一定程度上影响幼儿的活动。

在使用上述这些技术手段时要注意,在进行记录后要及时对这些资料进行处理,并补充包括日期、时间、地点、幼儿姓名等在内的基本信息。同时要记住,对记录数据作出解释的是观察者而非辅助工具,以有意义的方式观看资料的是我们的头脑而不是眼睛和耳朵,因此在理解幼儿行为时,辅助工具的重要性远不及观察者本身。过度依赖工具可能会限制我们在观察现场的活动和"在行进间"观察的能力。

拓展练习

(1)确定你的观察目标,选择一种叙述的观察记录方法对幼儿行为进行记录。完成记录后,请和你的同伴分享用各种叙述观察方法记录下的内容,进一步体会三种叙述的观察记录方法各自的适用范围。

(2)选取一个自由活动时间,用时间抽样的方法对幼儿间的互动行为进行观察。

(3)制定一张关于幼儿社会性发展的检核表,并进行你的观察记录。

拓展资源

- 芭芭拉·安·尼尔森著,叶平枝等译:《一周又一周——儿童发展记录(第三版)》,人民教育出版社 2011 年版。

该书根据观察的内容将儿童的发展分成不同的领域,在介绍各个领域的观察时只着重介绍一种最适宜的方法,然后回顾儿童在某一发展领域的发展,以及此领域的发展阶段和里程碑式的进步,以便于教师组织观察记录的资料,进行有效的评价。这样,评价就成为通过观察记录的方法来呈现儿童特定领域发展或整体发展的动态过程,评价的手段、内容和结果也就内在而有机地结合起来了。

- 蔡春美、洪福财主编:《幼儿行为观察与记录》,华东师范大学出版社 2013 年版。

该书的第三章至第九章详细介绍了各种观察记录的方法,并附有详细的实例,便于理解。

第 3 单元

影响观察的因素及注意事项

单元导读

在制定和实施观察计划的过程中,会出现一些容易疏忽的问题。这些问题不仅会影响你的观察结果,甚至会影响到幼儿的身心发展,必须引起你的足够重视。通过本单元学习,你将:

- 意识到哪些因素会影响你的观察,并尽可能减少它们对观察的影响;
- 进一步了解观察过程中的各种注意事项。

体验与思考

1. 请回顾:哪些因素影响了你的观察?
2. 在观察的过程中,需要注意些什么?

 影响观察的因素

进行有意义和有效的观察并不容易,因为观察过程会受到很多因素的影响。因此,你必须意识到那些影响你进行观察的因素,并尽可能减少它们的影响。

1.1 敏感性和意识

我们对幼儿行为的敏感性和意识会随着经验的积累和受到的训练而改变。如我们之前所讨论的,一位新教师在工作场景中可能一直在"看",却常常不知道看什么,这往往是由于新教师没有明确的观察目标,缺乏对幼儿行为观察的敏感性和观察意识而造成的。通过经验的积累和长期的练习,教师能够较好地确立观察目标,同时在一日生活中随机捕捉幼儿的点滴行为,获得各种有价值的教育信息。

例如,一位没有受过训练的观察者到一个大班教室观察"教室氛围",并做了流水账记

录,五分钟后他的记录可能是这样的:①

> 墙角有一位男孩在哭。
>
> 男孩对他的玩伴生气,因为他的积木城堡被玩伴弄垮了。
>
> 男助教正试着处理问题,而老师却无视上述两组幼儿的反应。
>
> 教室很拥挤。
>
> 没有人使用美劳材料。
>
> 女孩们在娃娃角扮家家。

另一位接受过系统化训练的观察者对于同一情景会有不同的流水账记录:由于这次观察的目的在于观察"教室氛围",受过训练的观察者首先会定义"教室氛围"所包含的内容(如场所、幼儿及教师行为),并使用一套简易的观察方法来观察上述内容,然后有系统地在预定的时间范围内,抽样观察上述的各项内容。

场所及人员:

> 有十五名幼儿在场(男孩八名,女孩七名)。
>
> 女教师有一位男助教(他可能是实习教师)。
>
> 教室里有各种活动区:绘画角、娃娃角、积木角、玩水桌、图书角等。

学生及教师的行为:

> 教室内的晾衣绳上挂着八张图画,表示幼儿可能不久之前画过画。
>
> 五个活动区中,每个区至少有两名幼儿。
>
> 教师在办公桌前处理文件。
>
> 男助教在积木角对哭泣的幼儿说话。

虽然上述两位观察者所做的记录有相同的部分,但很明显,受过训练的观察者所做的系统化观察记录为我们提供了更为准确的信息。

1.2 疲劳、疾病或身体不适

疲劳、疾病、身体不适等都是影响观察的因素。它们会干扰你,让你不能专注于手头的观察工作。你还可能因心理困扰而分心,如个人问题、焦虑、恐惧,或试图在某一时间做过多的事。有的时候,困扰也可能来自外部环境并限制你的观察,例如噪音、光线太暗、拥挤,等等。有些因素超出了你的控制范围,但你需要意识到这些因素对你的影响。你要能够判断哪些因素可能使你分心和犯错误,同时尽可能消除这些不利影响。

消除这些不利影响的一个有效办法是尽量避开这些因素。例如,在疲劳、生病、身体不适的情况下,可以推迟观察,直到这些状况消除。如果这种做法不可能或不可行,那么也可以尝试在不同时间进行多次观察。这些做法都会使你的观察和书面报告更加客观和准确。当然,作为观察对象的幼儿也会因疲劳、疾病、身体不适而受到不利影响。

---

① 安·波姆. 儿童行为观察——课室经营之钥[M]. 廖凤瑞等译,台北:光佑文化视野股份有限公司,1998:18—20,有改动。

1.3　个性的影响

一个人的个性是影响观察的最大因素之一。事实上，我们的个人经验、态度、需要、愿望等不仅影响着我们观察的过程，而且影响着我们首先注意到的事物。每个观察者都倾向于把自己的个人感受投射到幼儿身上。例如，一个观察者可能认为幼儿感觉到的是他自己在幼年时曾经感觉到的，或者是在当前情境下他自己可能感觉到的。

> 我最难忘的是每天在幼儿园的午睡。也许是因为本人精力充沛，每到中午我总是翻来覆去睡不着觉。为了消磨时间，我总是自娱自乐地拆被角、拆丝袜。除此以外，就是和对床的同伴聊天。然而这样做风险极大，我因此经常被老师叫到墙角罚站，或是当别人睡觉时就被关在厕所里待着……这些事情我至今记忆犹新。在带班的过程中，每当我观察到有个别幼儿不爱睡午觉时，我会及时提醒自己：幼儿不爱睡午觉并不是他想和老师作对，我以前也是一个不爱睡午觉的幼儿。[①]

再如，观察者可能喜欢或不喜欢具有某种特征或表现出某种行为的幼儿。这些偏见可能影响教师或观察者，使他们关注不到或过多关注幼儿行为或个性的某些方面，忽略其他同样重要的特征。当某些行为或特征为观察者所不喜欢，或被认为应该受到禁止时，这种偏见的影响会更加明显。在这种情况下，观察者会有意无意地回避对这些幼儿的观察。这种消极反应会对你如何看待和解释这个幼儿的行为产生重要的影响。

1.4　情境的影响

情境的影响包括：物理空间的大小和布局；幼儿或者你自己可以利用的设备和材料；幼儿的特征、技能、个性等。物理空间的大小和布局会限制你的观察，让你很难接近某个幼儿，或者让你很难保持隐蔽。设备和材料为幼儿发展技能和参与自己感兴趣的活动提供了条件。幼儿的特征、技能、个性决定了他们可能表现出哪些类型的行为，也会影响你在观察场景中的举动。例如，一名幼儿在游戏中总是表现出退缩行为，这种表现会为你了解他的自我概念、社交技能或他在同伴中的地位等提供非常有价值的信息。但如果你的目标是观察正常的社交行为或互动，那你可能只能选择观察其他幼儿。

 ## 2　观察过程中的注意事项

2.1　避免引起注意

在对幼儿行为的观察中，大多数观察者是托幼机构的教师或是其他幼儿熟悉的人员，这样就为观察创造了一个相对宽松和不受干扰的环境。但是，当一个陌生人出现在幼儿的活动现场时，难免会引起幼儿与平时不一样的反应。因此，如果你是一个外来的观察者

---

① 朱小娟.幼儿园教师反思能力培养研究[M].北京：教育科学出版社，2008：38，有改动。

（如见习、实习教师），为了尽量避免你的出现给幼儿的行为、情绪等带来影响，你可以尝试以下做法：

- 坐在或站在一个不容易被幼儿看到的位置；
- 不要急于记录观察到的情况，等到幼儿熟悉了你的存在、对你的活动失去兴趣后再进行记录。

2.2 伦理道德问题

伦理道德问题是所有观察中均不可忽视的问题，它包括以下三方面。

（1）得到许可。幼儿的父母有权利同意或拒绝幼儿被观察，因此，进行观察前最好首先获得幼儿父母的同意。必要时，要与家长有清楚的协议，让家长和幼儿了解他们能从观察中获得什么以及需要完成什么任务。另外，观察者在使用任何观察资料前都应该得到主管人员如园长、保教主任等的许可。

（2）尊重自尊。观察者须留意幼儿的感受，避免将被观察的幼儿和其他幼儿作比较。

（3）保障隐私权。在书写或口头报告观察结果时，除非有必要用真名，否则对于观察对象应以代号或化名呈现，避免记载或透露幼儿的真实姓名。观察数据须小心收存，不要将记录留在任何人可以随意拿取的地方。观察记录仅提供予"必要知悉"的人士，如教师、家长、社工人员等，其他人士必须事先获得家长的书面同意后才可以看到。

除观察伦理的考虑外，向幼儿父母说明观察结果时，尤其需要根据专业知识进行明确说明，不宜滥用知识，应严守各专业角色间之分界，避免逾越界限扮演了诊断者或专业治疗者的角色。

第三章 幼儿行为的观察与解释

第 **1** 单元

幼儿的行为

单元导读

在探讨幼儿行为观察之前,我们首先要探讨观察的主题——行为。通过本单元的学习,你将:

- 了解行为的含义;
- 了解人类行为的共性与差异性;
- 了解幼儿行为的分类。

体验与思考

行为指的就是外在的行为表现吗? 为什么?

 行为的含义

行为是心理学、教育学中一个非常重要的概念,也是一个复杂的概念。心理学中对行为的定义有两种。狭义理解时,行为指的是个人的外在的、且能够被直接观察记录或测量的活动及表现。一个人的一言一行、一举一动都是行为。广义理解时,行为就不局限于可直接观察的外在活动了,还包括通过观察可见的行为线索,进而间接推知的内在的心理活动及心理活动的历程。一个人的动机、态度、思考、情绪等也都是行为。

本书中的行为采用广义的行为概念。基于这一概念,我们认为在观察幼儿时,教师常常是通过幼儿外在的行为表现去推测、解释及验证幼儿行为背后的意义的。

 人类行为的共性与差异性

人类行为的发展是通过相同的人类发展模式,再加上人类共同的社会文化环境影响而进行的。因此,人类的很多行为都有其共同的意义。但每个人也有其独特的人格特质、生活经验和学习经验等,因此个体的行为也有其特殊的意义。

一般来说,情绪、好奇心、探索、亲子爱护等都是人类共同的行为表现,有共同的意义,通过表面的观察就能够对这些行为作出正确的行为意义判断。然而,个人的特征经验、生活习惯、兴趣、能力等有其特殊性,如果用行为的通用原则来解释,往往会导致错误的判断。

就幼儿的行为而言,相同年龄段的幼儿一般都有与其发展阶段相一致的共同行为特征。然而,由于幼儿的个性特征、家庭教养环境、所处文化背景等的不同,幼儿的行为表现也体现出其各不相同的一面。因此,我们在观察幼儿时既要把握幼儿发展的年龄特征,又要把握幼儿行为的个体差异。

 # 幼儿行为的分类

幼儿的行为是一个整体。为了帮助你更好地形成关于幼儿的行为的认识框架,便于你观察幼儿的行为,本书将幼儿的行为进行了划分。从不同视角来看,幼儿的行为的划分结果不尽相同。

3.1 从幼儿身心发展的角度①

从身心发展的角度来看,幼儿的行为可以分为身体发育和运动技能、认知、语言、社会性与情感等。

(1)身体发育和运动技能发展:身体的大小、比例、结构等特点,大肌肉、小肌肉的运动和相关能力。

(2)认知发展:知觉能力、观察力、注意力、记忆力、概念掌握、想象力、创造力、问题解决等。

(3)语言发展:语音、语义、语法、语用能力等。

(4)社会性与情感发展:情绪发展、自我了解、社会理解、道德发展等。

3.2 从幼儿活动类型的角度

从幼儿园一日活动的主要类型看幼儿的行为,可将主要活动归为四类,即生活活动、运动、学习活动和游戏活动。②

(1)生活活动主要指生活自理、交往礼仪、自我保护、环境卫生、生活规则等方面的活动。

(2)运动主要指体操、器械运动、自然锻炼等活动。

(3)学习活动主要指讨论、阅读、欣赏、制作、表演、实地参观、收集信息等活动。

(4)游戏活动主要指幼儿自发、自主、自由的活动。

---

① 这种分类方式综合了劳拉、贝克等人对儿童发展的分类方式。
② 这种分类方式参考了《上海市学前教育课程指南(试行稿)》中的分类方式。

3.3 从幼儿学习与发展的角度

幼儿的学习与发展可分为健康、语言、社会、科学、艺术五个领域。[1]

(1) 健康领域：身心状况、动作发展、生活习惯与生活能力等方面。

(2) 语言领域：倾听与表达、阅读和书写准备等方面。

(3) 社会领域：人际交往和社会适应等方面。

(4) 科学领域：科学探究和数学认知等方面。

(5) 艺术领域：感受与欣赏、表现与创造等方面。

在本书中，我们将从幼儿学习与发展的角度，把幼儿的行为划分为健康、语言、社会、科学、艺术五个领域。需要强调的是，以上五个领域是相互渗透和整合的，它们从不同角度促进幼儿的全面协调发展（如图3-1所示）。

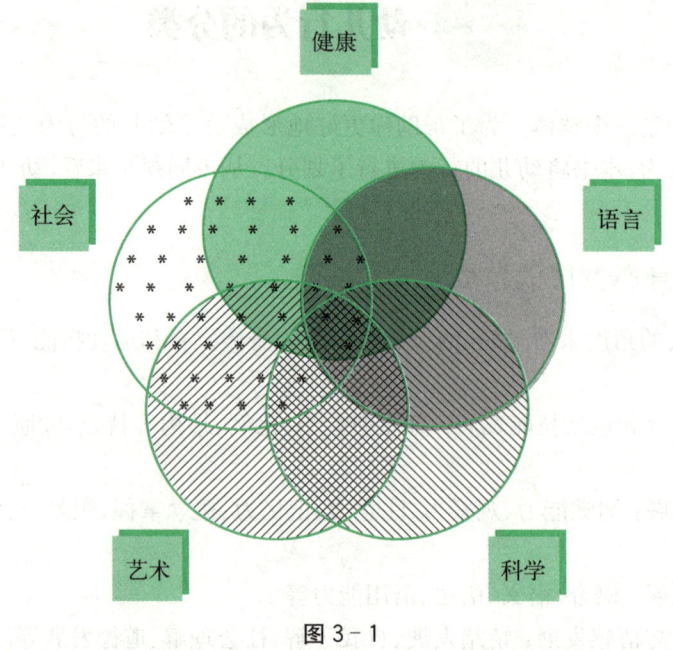

图 3-1

- 幼儿期是个体身体发育和机能发展极为迅速的时期，也是形成安全感和乐观态度的重要阶段。发育良好的身体、愉快的情绪、强健的体质、协调的动作、良好的生活习惯和基本的生活能力是幼儿身心健康的重要标志，也是其他领域学习与发展的基础。

- 幼儿期是语言发展，特别是口语发展的重要时期。幼儿语言的发展贯穿于身心发展的各个领域，对其他领域的发展有至关重要的影响。

- 幼儿期是社会性发展的关键时期，良好的人际关系和社会适应能力对幼儿身心健康发展以及知识、能力和智慧的发展具有重要影响。

- 幼儿在对自然事物的科学探究和运用数学解决实际生活问题的过程中，不仅获得丰富的感性经验，充分发展形象思维，而且在感知具体事物的基础上初步尝试归类、排序、

---

① 这种分类方式参考了《3—6岁儿童学习与发展指南》中的分类方式。

概括、抽象,逐步发展逻辑思维能力,为其他领域的深入学习奠定基础。

- 幼儿审美能力的发展是以他们对事物的感知经验为基础的。幼儿感受、欣赏和创造美的过程可以进一步发展他们感知觉的灵敏度和活跃性,激发其想象力和创造力,发展其语言表达的能力。同时,艺术表现与创造活动是幼儿自我表现、抒发情绪情感的重要途径,对幼儿自信心和积极情感态度的培养具有明显的效果。

幼儿是一个完整的个体。他们的行为也是以整体的方式呈现出来的。怎样给行为分类并不重要,重要的是要认识到幼儿发展的各个方面之间是相互关联、相互依赖的。我们在分析幼儿的行为时,尤其需要意识到这一点。也就是说,幼儿的行为随时受到他们发展的各方面因素及其相互联系的共同影响,只是每种行为受到的影响和程度各不相同。因此,当我们观察幼儿的行为时,要尽可能考虑到幼儿发展的所有方面,避免一叶障目,误解幼儿的行为。幼儿的完整性还体现在领域发展上,即某一领域的发展可促进另一领域的发展。如下面案例中,教师通过对幼儿语言能力的培养促进了幼儿的社会性发展。

案例 3-1

由"故事大王工作室"引发的思考

上海市黄浦区汇龙幼儿园　宋薇

凯凯是我们幼儿园出名的故事大王。中班的时候,他就已经获得了上海市幼儿故事大赛特等奖。他讲故事时吐字清晰、神情自若、声调抑扬顿挫,使听故事的人为之倾倒。

9月的一天,幼儿园举办故事会。我们班派了实力选手凯凯、琳琳出场。轮到凯凯时,他还未上场,只报其名,台下就已欢呼声不绝于耳,场面真不逊色于明星的粉丝会。凯凯将《一箭双雕》这个故事一气呵成地讲完,台下掌声雷动。评委团打出了全场的唯一一个满分——10分。我们大一班沸腾了!

凯凯又获得了一个特等奖,当他回到教室时,其他孩子与他紧紧地拥抱在一起,他俨然成了大一班的英雄。

为了能让故事讲得好的孩子带动其他孩子共同进步,我们特意在区角活动时间里为他们开辟了"工作室"。很快,"凯凯工作室""琳琳工作室"成立了。第一天,"凯凯工作室"里人头攒动,孩子们都期待在故事大王这里收获本领,可是……

"停!什么乱七八糟的,说话也说不清楚还想讲故事,回去再练练!"浩浩默默地离开了。

"'猪小弟最怕谁',最后三个字要分开念,跟你说了好几遍了,你怎么这么笨!"睿涵瞪大眼睛刚想发作,仔细想想又觉得有点道理,悻悻地走了。

"停停停,一开始就要震动全场,声音响亮,你搞懂了吗?"致远刚一开口就被叫停,哭笑不得,而此时的凯凯跷着二郎腿,叉着手臂,简直就是个麻辣评委。

一段时间后，"凯凯工作室"和"琳琳工作室"悄悄地发生了变化。原来冷清的"琳琳工作室"变得热闹起来。我走近才发现，琳琳正安安静静地坐在那里倾听着每个同伴讲故事。那些爱讲故事的孩子在这里找到了一个好的听众。故事讲完后，琳琳学着老师的样子耐心地指导他们。虽然，她所说的有些是无关紧要的问题，但孩子们还是点着头，很受启发的样子。我偶一回头，看见凯凯正站在一旁观望着。我说："你怎么不去教小朋友们讲故事呀？"他手一摊尴尬地说："没人呀！"我给他出了个主意，让他去问问孩子们为什么不愿意到他的"工作室"来学讲故事。在我的陪同下他同意去了。

"因为你太凶了！""因为你老是打断我讲故事！""因为你不会好好教我讲故事"……每个孩子都有各自"伤心的理由"。

凯凯这才发现，自己让同伴受了那么多的委屈。这天，阅读活动的时候，我特意选择了《你是我最好的朋友》这个故事讲给大家听，讲到故事结尾的时候，我发现凯凯若有所思。他是个感悟力特别强的孩子，只需要一个小小的故事就能让他懂得宽以待人、互帮互助的道理。讲完故事后，我引导孩子们讨论：怎样才能让别人接受你的意见？怎样说话能让别人听起来更舒服？希望能给所有的孩子带来启发。

"我很认真地准备故事，讲给大家听，希望大家喜欢我的故事，所以喜欢听到大家表扬我的话。"

"对别人提意见的时候，声音要轻轻的，脸上的表情要笑眯眯的。"

"大声说话，是没有礼貌的，应该好好说话。"

"妈妈批评我的时候，总是找一个没有人的地方，不让大家听到。"

"小朋友有做得不好的地方，也有做得好的地方。"

"向别人提意见的时候，态度要好一点，人家就会喜欢了。"

孩子们你一言我一语地说出自己的看法，凯凯在一旁若有所思。

在老师的启发下，凯凯给每一个孩子发出了邀请卡，真诚地邀请其他孩子重新光临他的"工作室"，在他的邀请卡上还画有一张笑脸。孩子们拿到邀请卡后都开心地去了。这一次，我们看见了一个认真而又和气的"小老师"。他耐心地倾听每个故事，并在孩子们讲完故事后用商量的口气说："我觉得你能在开头的地方声音响亮些，让全场震动就一定能成功了！""这里能加上一个动作吗？你觉得好吗？""来！你的眼睛往上看，看着这块牌子，视线往上，就会显得神气！"我在一旁静静地记录着这些珍贵的话语，有些讲故事的心得连我都还没有总结出来呢！"真是个聪明能干的孩子！"我在心里默默地佩服他。

凯凯和琳琳合作了，他们分别负责指导孩子们讲故事时的发音、吐字、表情和动作。"工作室"出名了，从他们的"工作室"里又走出一位新出炉的故事比赛一等奖：致远。同时，他们还吸引了大二班的孩子们来"工作室"练习讲故事。每当同伴在故事会上获得成功时，凯凯都会在台下用力地鼓掌，为同伴喝彩。我为凯凯感到高兴，因为他获得了一个新的成功体验，知道了怎样做一个受同伴欢迎的孩子。

案 例 分 析

　　案例中的凯凯虽然语言表达能力强,在故事比赛中屡屡获奖,但由于他在指导其他幼儿讲故事时缺乏良好的语言行为习惯,致使其他幼儿渐渐远离他。可见,语言的发展对幼儿的社会性发展起到重要的促进作用。作为教师,不仅要关注幼儿语言学习的成功体验,更要关注幼儿语言学习过程中社会交往能力的提高,使幼儿语言的发展促进其社会性的发展。

拓展练习

　　结合你对幼儿行为的观察实践,举例说明幼儿各领域行为之间的相互关系。

拓展资源

- 黄意舒编著:《儿童行为观察及省思》,心理出版社 2008 年版。

　　该书的第一章"行为的文化心理学"详细介绍了行为观察的文化脉络、行为的心理学、儿童行为的故事脉络、儿童的心理哲学故事脉络,以及班级中的儿童文化故事脉络,从而让读者对儿童的行为有更全面、深入的认识。

第 **2** 单元

幼儿行为的影响因素

单元导读

在指导幼儿的行为之前,需要了解有哪些因素会影响幼儿的行为。本单元将着重讨论一些会改变幼儿、塑造幼儿或者是影响幼儿的潜在因素,包括:

- 内部因素;
- 外部因素。

体验与思考

1. 思考幼儿园对幼儿的行为产生了哪些影响。
2. 除了幼儿园因素外,还有哪些因素也影响了幼儿的行为?

影响幼儿行为的因素是多方面的,主要可分为内部因素与外部因素。两者之间相互联系,相互影响。只有正确认识它们之间的相互作用,才能弄清幼儿行为背后的原因。

1 内部因素

内部因素指的是那些在我们出生时就具有的影响因素。尽管幼儿大多数的行为是习得的,但还是有一些行为是天生的,如新生儿的惊跳反射,或一些由遗传导致的行为,如我们所具有的气质类型。

1.1 身心发展水平

幼儿生理、心理的发展水平是影响其行为发展的重要的内在因素。例如,大脑皮质抑制机能的成熟是幼儿自我调节行为的生理前提。婴幼儿的大脑皮质抑制机能还不成熟,兴奋过程占优势,因而他们的行为表现出很强的冲动性。随着年龄的增长、生理的不断成熟,幼儿对冲动行为的控制能力逐渐增强。语言机能的成熟也是影响幼儿行为发展的重要因素。维果斯基等人认为幼儿是用语言来进行行为调控的,语言对行为的调控分为三个阶段:第一阶段,幼儿的行为主要由照料者的语言来控制;第二阶段,幼儿的外部语言是行为的有效调节工具;第三阶段,幼儿的外部语言和内部语言都能控制自己的行为。

1.2　心理特征

幼儿的心理特征,如认知风格、气质类型等也是影响其行为发展的重要因素。

气质作为一种内在的体质性因素,在一定程度上决定了幼儿行为发展的倾向。气质自幼儿出生后就开始明显表现出来。每个人都有自己的气质特征,它是理解行为问题的基础。例如,黏液质的幼儿更焦虑、抑郁,而胆汁质的幼儿更多地表现出攻击性行为。

1.3　性别

男孩和女孩在心理能力和个性特征上有一定的差异性。有研究表明,在语言能力、空间能力、数学能力、学业成绩、成就动机、情绪敏感性、恐惧和焦虑、活动水平、攻击性及发展问题等方面,男孩和女孩都存在着差异。例如:女孩比男孩更胆怯、更容易害怕;对大人和同伴的指示,女孩显得更顺从,而男孩的支配性和独断性较高;女孩显示出更快的早期语言发展;活动水平方面男孩比女孩更高;等等。

1.4　出生顺序和兄弟姐妹

幼儿在家庭中的出生顺序是影响他们需要、发展,乃至行为的一个重要因素。在计划生育政策实施时期,我国城市儿童绝大多数是独生子女。在这些家庭中,父母往往给予孩子很高的期待、集中的关注和爱护、更优裕的物质生活条件。同时,父母对孩子的要求更为严格,更加担忧他们的成长。这些可能会使得孩子形成依赖性、变得自私、不易融入群体。而今随着政策的调整,一些家庭开始迎来第二个孩子。相比第一个孩子,第二个孩子会感到自己处于一种竞争的气氛中,他们试图与年长的孩子竞争。国外一些研究表明,很多第二个出生的孩子具有一些和第一个孩子截然相反的特征和行为。他们常常被看作是麻烦的制造者。同时,随着弟弟或妹妹的出生,第一个出生的孩子会感到他们的优势地位受到了威胁,会产生嫉妒、羡慕和排斥的情感,这会导致他们表现出寻求注意的行为……大多数这样的行为被看作是一种退化。

1.5　幼儿的健康状况

对幼儿及其家庭来说,患任何疾病都会给他们造成压力。有些疾病可使幼儿产生不适、疼痛,有些影响或限制了幼儿的日常活动和社会交往,有些使幼儿恐惧和焦虑,有些则使幼儿感到羞辱、孤立、窘迫、自卑和困惑。例如,视觉障碍的幼儿会有不安全感,不愿意尝试新的活动,显得笨拙,视动不协调,无法遵从指示,甚至会故意违规;听觉障碍的幼儿会大声说话,容易分心、反应过度,易出现违规行为等。

疾病对幼儿影响的严重性取决于疾病本身、疾病的治疗、家庭对疾病的处理等。幼儿行为的种种变化常可改变家长、教师和同伴对他们的态度,而这反过来又会引起幼儿自身行为的改变。

 外部因素

外部因素是指发生在我们生活或环境中的重大事件或变化，包括可控的事件和不可控的事件。

2.1 家庭因素

家庭是影响幼儿行为发展的重要因素之一。许多研究表明幼儿行为的发展深受父母的个性、人格特征和教育方式的影响。

（1）社会经济状况。

一般认为，家庭社会经济状况较好家庭的幼儿的语言发展、适应能力和智力的发育均优于社会经济状况较差家庭的幼儿。在后者家庭中所暴露出的紧张事件较前者更多。另外，在这种家庭中，幼儿的社会交往机会少，容易产生焦虑和抑郁。倘若父母文化水平低，育儿技能差，就更易造成幼儿的行为问题。

（2）父母状况。

父母的不幸童年、父母的婚姻状况、健康状况、母亲妊娠时的心理压力及分娩时的情况等，均可影响幼儿行为的发展。一项调查发现：有行为问题的幼儿，较多地受到了其母亲在孕前、妊娠中的病理现象和异常分娩等因素的影响。父母的性格、智力和教育水平对幼儿的行为发展也有重要影响。

（3）教养方式。

戴安娜·鲍姆林德提出了家庭教养方式的两个维度，第一个维度是向幼儿提出的要求，第二个维度是对幼儿的责任。两个维度组合产生了四种幼儿教养方式，即权威型、专制型、放任自流型和漠不关心型。其中，在权威型的教养方式下成长起来的幼儿在童年期具有活泼、愉快的情绪，有较高水平的自尊和自我控制能力，以及更少的传统性别角色行为。

（4）亲子关系。

幼儿在学前期最重要的一个需要是和他们的父母形成安全的依恋关系。幼儿的依恋模式分为安全型依恋、回避型依恋和矛盾型依恋，后两者统称为不安全依恋。研究显示，学前期形成的不安全依恋与幼儿的问题行为之间存在着较强的关联性。如矛盾型依恋的幼儿比较容易成为攻击的受害者，他们会被情绪所左右，一旦失败就会崩溃；而回避型依恋的幼儿很难与同龄人相处，不大会表达自己的情感和愿望，还会爆发攻击性行为，常常在集体中惹是生非。

（5）父母之间的关系。

家庭气氛对幼儿有深刻的影响。例如，幼儿容易受父母公开争吵的干扰，特别当这种争吵与自己有关时。同时，父母离婚会对孩子造成较大影响，常常引发出许多行为问题，其中与幼儿行为有关的因素有：离婚的原因、与跟随一方（父或母）的关系、新同胞的出生、社会经济压力、父（母）亲的情绪、离异双方仍继续对立谩骂等。

2.2　幼儿园因素

幼儿园如同家庭一样，教师即父母，同伴即兄弟姐妹。恰当的教育内容，得体的教育方法，直接影响着幼儿的身心发育。在一个和谐、友爱、团结、快乐、积极向上的环境中生活学习，可使幼儿的情绪行为得到良好的发展。

（1）教师对幼儿行为发展的影响。

教师作为幼儿重要的学习与模仿的对象，作为幼儿的指导者、促进者、帮助者，是影响其行为发展的重要因素。教师对幼儿行为发展的影响主要体现在以下三个方面。

① 教师对幼儿行为指导的意识。教师是否具有对幼儿行为指导的意识是影响幼儿行为发展的重要因素。幼儿的良好行为不会自发形成，而是需要教师有意识地去培养。因此，教师具有对幼儿行为指导的意识与敏感性对于幼儿良好行为的形成与发展是非常重要和必要的。

② 教师对幼儿行为指导的观念。教师对幼儿行为指导的观念也是影响幼儿行为发展的一大重要因素。很多情况下，教师对幼儿行为造成消极影响，往往是由于他们观念不正确。迪克梅尔指出教师的以下五种不适宜的观念会影响幼儿行为发展。[1]

第一种，"我必须控制"。此类型教师认为幼儿是需要成人控制的，如果不对他们加以控制，他们就会有各种违纪、消极的行为出现。因此，这类教师常常要求幼儿在每一次做出行动之前都必须要得到他们的允许，这显然不利于幼儿良好行为的建立。虽然幼儿的行为需要教师的引导，需要一定的规范与控制，但如果教师控制、干预得过多，则限制了幼儿主动的发展，也不利于幼儿行为的内化。

第二种，"我是监控者"。该类型教师自满于自身的知识、经验和责任，他们忘记了幼儿是与成人平等的个体，应得到成人的尊重，因此，他们不相信幼儿自身的能力，常常以监督者的身份出现。与前一类型相同，这类教师往往也容易造成幼儿行为的失控。

第三种，"我被赋予权力"。持有这种观点的教师认为自己永远是正确的，认为自己被赋予了最高的权力，"因为我是教师，所以我可以这样说话"。迪克梅尔认为支配、控制或过分保护会使幼儿不相信自己，从而缺乏表现自主行为的勇气。

第四种，"我不在乎"。教师常走的另一极端是给予幼儿太大空间，放任自流，这样会使幼儿感到教师并不在意他们，从而感到无助与不安，这是教育失控的一种表现。

第五种，"我必须追求完美"。持有完美主义观点的教师也常常要求幼儿要表现得完美。他们不能容忍幼儿犯一点错误，但事实上教师应该允许幼儿犯一些错误，否则幼儿就会连尝试一错的勇气也丧失了。

教师的上述一些观念显然不利于幼儿良好行为的发展。但如果教师具有民主、平等、信任、尊重、积极关注幼儿的教育观念，将极大促进幼儿积极行为的形成与发展。

③ 教师的榜样作用是影响幼儿行为发展的重要因素之一。教师的榜样作用体现在两个方面：一是教师通过自身的言行举止为幼儿提供学习的榜样。例如，有的教师态度非常温和，无论对同事、家长，还是对幼儿都显得温文尔雅，该教师所带的班级也会比较安静。二是教师不仅自己为幼儿树立榜样，还引导幼儿模仿、学习其他榜样。

---

① 姜勇，庞丽娟，梁玉华. 儿童发展指导［M］. 北京：北京师范大学出版社，2004：62—64.

案例 3-2

榜 样

上海市黄浦区城市花园幼儿园 朱玄

一天中午,因为要赶着给孩子们盛饭,我就草草在水龙头下冲了冲手,而当我正准备离开时,就听一旁正在洗手的倩倩说了一句:"朱老师,你怎么不用肥皂洗手啊?"听到倩倩的责备,我顿时感到十分尴尬。平时,我总是要求孩子们在饭前便后洗手,还一再强调吃饭前一定要用肥皂洗手,而我今天自己却草草地洗洗了事,实在有些不应该。我赶紧边用肥皂重新洗手边说:"啊!对不起,老师忘记了,谢谢你提醒我。"看到我虚心地接受了她的批评,倩倩满意地笑了,而我也长长地松了口气。

通过这件事情,我觉得老师在对孩子们提要求的同时,别忘了孩子们的眼睛正看着我们呢。有时候我们一些细小的行为孩子们都会看在眼里,甚至会模仿。我们需要不断地提醒自己:要求孩子们做到的,自己首先要做到,要时刻为孩子们做好榜样。

(2) 同伴群体对幼儿行为发展的影响。

同伴群体对幼儿行为及其发展有着十分重要的影响。3岁左右的幼儿就会在游戏中进行分工和合作,他们会互相模仿对方的举止和行为。到5岁时,他们就会选择去加入同伴的群体活动,并且开始被同伴群体的需求和期待所影响着。最初激励幼儿出现模仿行为的是同伴,例如,若一名幼儿看到他的同伴粗暴地对待玩具,那么这个幼儿也会采用同样粗暴的行为方式。同伴不仅提供了行为的榜样,而且还会积极地强化某些行为。同伴群体一般明确规定了在这一群体中哪些行为是被接受的,哪些则不是。

案例 3-3

顺顺,你的牙还疼吗?

上海市黄浦区复兴中路第二幼儿园 朱浩

早上喝完牛奶后,顺顺哭着说自己牙疼。我走过去询问原因。顺顺说:"我有一颗蛀牙,一吃东西就牙疼。""那让妈妈带你去看医生呀?""看了呀!""看了怎么还疼呢?""我一坐上看牙的椅子,医生来了,我就害怕了!"

下午,顺顺妈妈来接孩子时,我问道:"顺顺牙疼去看医生,怎么会没有成功呢?"

"哎!朱老师!不瞒你说,我们已经带他去看过好几次了,都没有成功!每次去之前都跟他说得很好,可是一到医院,医生一动手,他就从椅子上逃了下来。我们也正为这事头痛呢!"

在平时与顺顺的相处中,我知道他是一个胆小的孩子,但他爱听故事。于是,我拿出《鳄鱼怕怕　牙医怕怕》的绘本,讲故事给孩子们听,想让孩子们一起帮助顺顺知道,牙齿蛀了要及时修补好,否则蛀牙会越来越厉害。分享故事内容后,顺顺表示要尽快去补牙。于是,我和顺顺妈妈取得联系,让她趁热打铁带顺顺去补牙。这次,虽然顺顺还是不愿意让医生补牙,但是他能让医生完成补牙前的检查工作了。

这让我感觉到让顺顺成功补牙还是有希望的。于是,我一方面把《鳄鱼怕怕牙医怕怕》的故事书借给顺顺妈妈,让她临睡之前与顺顺一起阅读故事,让顺顺熟记故事中的主要情节,以便在补牙的时候可以联想到故事中的情景,从而不再害怕。另一方面,我想以同伴的榜样作用来引导顺顺克服看牙医的恐惧感。

一天,班上安安的外公来园请假说,中午要接安安回家继续看牙医。我想,这正是让顺顺接受补牙的一个好机会。于是,在生活活动时,我让安安介绍了自己看牙医的经过,想让顺顺在与安安的交流中增强去看牙医的信心。

"安安,你看牙医时害怕吗?"

"不怕,我是小小男子汉!"

我忙说:"顺顺,你也是男子汉吧?"顺顺大声地说:"是的!""那你看牙医肯定也不怕的,是吧?"顺顺听后点点头。

我说:"顺顺,你今天就和安安一起去看牙医吧! 你们是两个勇敢的小男子汉!"

顺顺说道:"好的!"

于是,我赶忙打电话给顺顺妈妈,告知其顺顺愿意和安安一起去看牙医的情况。我再对安安的外公进行了情况说明。中午,两位小小男子汉在家长的陪同下,一起去看牙医了。

两个孩子走后,我的心里还在打鼓,不知道这次能否成功。时间在慢慢地流逝,忽然,我的手机铃声响了,是顺顺妈妈打来的电话,她兴奋地说:"谢谢老师! 这次看牙医成功了! 安安先看,顺顺先在一旁观察。轮到顺顺看牙时,他就没有多大的顾虑,安心地让医生补牙了! 谢谢老师!"

第二天,顺顺在喝牛奶时,我问道:"顺顺,你的牙齿还疼吗?"

"不疼啦!"他笑着答道。

旁边的孩子们异口同声地说:"顺顺,你真勇敢,是真正的男子汉!"

顺顺笑着说:"嗯! 是的!"

（3）物理环境对幼儿行为发展的影响。

幼儿活动的物理环境非常重要,物理环境会促使或抑制某些行为的发生。例如,空旷的教室、各活动区域之间没有间隔,容易诱发幼儿产生追逐行为;物品放在高处,幼儿便常常需要依赖教师帮忙拿下来；教室内走道穿过活动区域，容易引发幼儿的破坏行为和攻击性行为；幼儿挤在一起容易导致推挤等行为。因此，空间的合理安排十分重要。

除了空间安排外，活动器材的提供也需要得到重视。如果器材数量不充分，会引起幼儿之间的争执，或导致幼儿因此无所事事、到处游荡；活动及材料应该适合幼儿的发展水平，要随着幼儿各领域的发展而变化。教师要经常评估环境对幼儿行为的影响。值得注意的是，需要改变的常常不是幼儿，而是他们所处的物理环境。

案例 3－4

桌面上的标记

上海市黄浦区城市花园幼儿园　钱莉

9 月刚开学，升入中班的文龙洗完手后坐在一把椅子上进餐，他的好朋友子成坐在他旁边。他们两个都是班上的小胖墩，人都长得高高大大的。文龙先坐下来，占了桌子的一大半地方，子成后坐下来，见没有地方可以就餐，捧着饭碗和菜就往文龙那里用力挤。文龙也不示弱，两个人僵持不下，"哐"的一声，一人的饭碗打翻在地上，一人的菜碗掉了。两个人都跑来向我哭诉："老师，是子成挤我的。""老师，是文龙不愿意让我，我没有地方吃饭了！"我连忙说："朋友之间要谦让，你让让我、我让让你。"他俩听后表示同意。接着，我就让保育员再给他俩打了一份米饭和菜。

在区域活动中，托盘中的玩具十分吸引幼儿。只见阅阅和喵喵都在探索区里面玩。由于托盘比较大，桌子比较小，阅阅先占领了大半张桌子，喵喵的托盘没有地方放了，于是喵喵使劲用托盘挤阅阅的托盘，挤得阅阅托盘里面的珠子撒了一地。阅阅伤心地哭了起来："喵喵都是你不好！"喵喵则无辜地看看阅阅："我只是想和你一起玩。"两个人一起将地上的珠子捡起来，捡完后，喵喵到别的区域玩去了。

看到了这些场景，我不禁思考怎样才能改变这样的情况。我想到区域活动中幼儿根据标记取放材料的做法，那我是不是可以借鉴这种方法呢？因为标记是一种简洁的符号，但包含具体的含义。我们可以通过设计，帮助幼儿养成良好的规则意识和行为习惯。

针对午餐问题，由于幼儿的个子都长高了，餐具也比较多（有饭碗、菜碗，还有一个骨盘），我在桌面与有机玻璃之间做上标记（一个托盘，上面有两个碗和骨盘的标记，见图 3－2），幼儿可以对应上面的标记来摆放餐具。标记出现后，再也没有发生幼儿打翻餐具的情况，午餐的秩序也改善了不少。

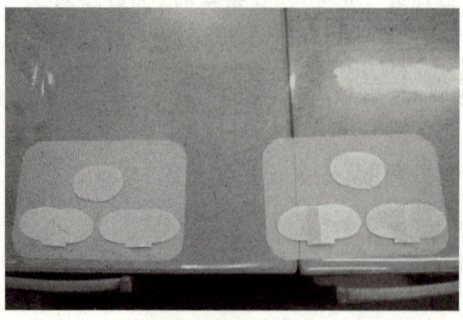

图 3－2

在区域活动中,我采取了同样的方法,在桌面与有机玻璃之间做上了托盘的标记(见图3-3)。标记出现以后,每天区域活动时,很少会再听到打翻玩具的声音。通过托盘标记的提示,幼儿知道自己是否可以再进入这个区域玩。幼儿在区域活动中的规则意识越来越强。

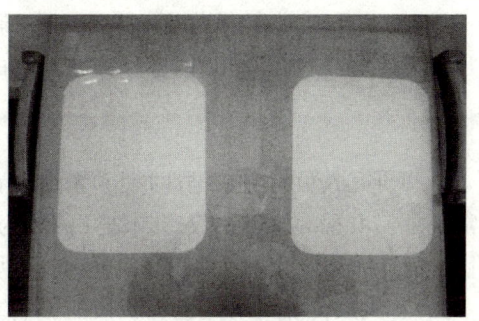

图3-3

标记作为一种简洁而又包含具体含义的符号,十分符合中班幼儿的认知特点。首先,幼儿能看懂并能理解标记的意思。其次,幼儿对标记有兴趣,符合他们的认知特点。小小的桌面标记,渐渐让幼儿养成了整齐摆放物品的好习惯。通过标记,教师可以很轻松地向幼儿传递各种信息和要求。我们应做个有心人,从幼儿的角度多加思索,相信我们将能更好地运用标记、充分发挥标记的作用。

2.3　大众传媒因素

如今,电视、电子游戏、网络等已成为幼儿生活中触手可及的普通事物。这些媒体对幼儿的影响力要比20年前大得多。任何打开电子媒体的幼儿都有相当高的几率看到某种形式的暴力行为。班杜拉的波波玩偶实验的结果就证实了幼儿受媒体影响的观点。

案例 3-5

班杜拉的波波玩偶实验

1965年,班杜拉以著名的波波玩偶实验证明了他的理论。他分别让三组幼儿园的幼儿看一部结尾不同的电影,在这部电影中幼儿看到一个成人拿着球棒打一个充气塑料玩偶(称为波波玩偶)。玩偶被打翻在地上后,成人坐在它身上用东西砸它,嘴里还说一些攻击性的语言。第一组幼儿看到的结尾是另一个成人走进房间,为第一个成人的表现而奖励他一些糖果。第二组幼儿看到的是成人因为攻击性行为而受到了斥责,并被扇了一巴掌。第三组幼儿没有看到任何奖励,也没有看到什么惩罚。

看完电影后,实验者让幼儿与波波玩偶玩,成人用来攻击玩偶的工具也就放在房间里。班杜拉观察并记录下了幼儿的行为:看到成人被惩罚的那组幼儿比其他两组幼儿更少表现出攻击性行为。看到成人被奖励的那组幼儿与既没有看到奖励也没有看到惩罚的幼儿则模仿成人的行为,表现出更多的攻击性。通过这个实验,班杜拉发现,攻击性榜样通过两种方式影响幼儿:首先,他教给幼儿新的攻击方式;其次,他增加了幼儿以各种方式攻击的次数。

一些研究人员指出,一段时期频繁地观看暴力电视节目后,幼儿就逐渐会把暴力视作正常现象。电视等媒体不仅影响幼儿的行为,还会影响他们的态度和价值观的发展。如节目中有一个强壮而有力的人在欺负弱小,那么传递给幼儿的信息就是恃强凌弱是对的。

当然,大众传媒对幼儿也有积极的影响。电视节目可以促进幼儿早期识字和算术能力的发展。例如,美国的《芝麻街》栏目的创办者相信,简单动作的重复、生动的声效和幽默的角色能够加强幼儿对字母和数字的识别与计算能力,帮助他们学习词汇以及一些基本概念,以此来促进幼儿在学习上的进步。许多电视节目还包含了表现合作、互助及安慰等亲社会的行为,能够帮助幼儿理解一些社会问题,并向他们传递一些被社会认可的价值观。

拓展练习

阅读下面的案例,并回答问题。
(1)说说个体因素是怎样影响幼儿的学习品质的?
(2)在幼儿园活动中,你是如何根据幼儿的个体差异进行有针对性的指导的?

案例 3-6

探索型主题活动中幼儿学习品质及其影响因素的调查研究[①]

上海市浦东新区北蔡幼儿园　朱幸嫣、潘翠林

一、问题的提出

教育部颁布的《指南》提出,"重视幼儿的学习品质",并指出"幼儿在活动过程中表现出的积极态度和良好行为倾向是终身学习与发展所必需的宝贵品质。要充分尊重和保护幼儿的好奇心和学习兴趣,帮助幼儿逐步养成积极主动、认真专注、不怕困难、敢于探究和尝试、乐于想象和创造等良好学习品质。忽视幼儿学习品质培养,单纯追求知识技能学习的做法是短视而有害的"。

本研究旨在通过对探索型主题活动中幼儿学习品质现状的研究,发现和寻找幼儿学习品质的现状及其影响因素,并研究如何通过各种途径提升幼儿的学习品质。

---

① 此为上海市市级教育科学研究课题的研究成果。课题组成员:朱幸嫣、潘翠林等,本书对研究成果有删改。

二、研究内容和方法

1. 研究内容

本研究旨在了解在探索型主题活动中,年龄班、性别、健康状况等因素对幼儿学习品质的影响,并为教师在后续研究中如何提升幼儿的学习品质提供依据。

2. 研究方法

本研究采用问卷调查法。

(1) 研究对象。

本研究对我园小、中、大班共 188 名幼儿进行了问卷调查,具体由带班教师根据对幼儿学习品质的观察,按照问卷内容对每一幼儿的情况做出客观的回答。回收有效问卷 188 份,其中小班 52 份,中班 65 份,大班 71 份。

(2) 问卷设计。

本问卷为课题组自编问卷,主要考察幼儿在好奇心、主动性、坚持性、合作性、质疑能力、问题解决能力等 6 方面的学习品质。每个维度包含 3 道评分题,分值由低到高为 1—4 分。

(3) 调查方法。

问卷调查法,由教师根据平时对幼儿的观察,对幼儿行为进行打分。

3. 数据统计处理

运用统计软件 SPSS 17.0 对数据进行统计分析。

三、调查结果

(一) 不同年龄幼儿学习品质的比较

表 3-1　不同年龄幼儿学习品质平均分的比较

	小　班		中　班		大　班	
	平均分	标准差	平均分	标准差	平均分	标准差
好奇心	5.08	1.186	6.38	1.578	7.55	1.747
主动性	5.75	1.153	6.94	1.983	8.37	1.675
坚持性	5.29	0.977	6.22	1.484	7.73	1.352
合作性	4.87	0.991	6.32	1.459	8.01	1.389
质疑能力	4.19	1.237	5.91	1.271	6.92	1.645
问题解决能力	4.52	1.111	5.71	1.433	6.75	1.130
合计	4.95	1.109	6.25	1.534	7.55	1.737

从表 3-1 可知,从总体来看,随着年龄增长,幼儿的学习品质不断提升,其中小班幼儿学习品质平均分为 4.95 分,中班幼儿学习品质平均分为 6.25 分,大班幼儿学习品质平均分为 7.55 分。

同时,对小、中、大班幼儿学习品质平均分进行独立样本 t 检验后,发现小班与中班、中班与大班、小班与大班幼儿在好奇心、主动性、坚持性、合作性、质疑能力、问题解决能力方面均存在显著差异。

（二）不同性别幼儿学习品质的比较

表 3-2　不同性别幼儿学习品质平均分的比较

	男（N＝100 人）		女（N＝88 人）	
	平均分	标准差	平均分	标准差
好奇心	6.40	1.831	6.53	1.844
主动性	7.08	2.028	7.23	1.910
坚持性	6.31	1.502	6.78	1.771
合作性	6.38	1.745	6.76	1.906
质疑能力	5.80	1.826	5.83	1.743
问题解决能力	5.68	1.569	5.88	1.469
合计	6.28	1.750	6.50	1.774

从表 3-2 可知,从总体来看,男孩学习品质平均分为 6.28 分,女孩学习品质平均分为 6.50 分,女孩高于男孩。其中男孩的 6 种学习品质的平均分由高到低排列为:主动性、好奇心、合作性、坚持性、质疑能力、问题解决能力。女孩的 6 种学习品质的平均分由高到低排列为:主动性、坚持性、合作性、好奇心、问题解决能力、质疑能力。此外,在对男女孩学习品质平均分进行独立样本 t 检验后发现,男女孩在坚持性这一学习品质上在存在显著差异。

（三）不同健康状况幼儿学习品质的比较

表 3-3　不同健康状况幼儿学习品质平均分的比较

	健康状况差		健康状况一般		健康状况好	
	平均分	标准差	平均分	标准差	平均分	标准差
好奇心	4.00	1.414	5.31	1.503	6.91	1.743
主动性	5.00	0	5.57	1.399	7.74	1.823
坚持性	4.50	2.121	5.27	1.076	7.01	1.553
合作性	3.50	0.707	5.24	1.377	7.07	1.700
质疑能力	3.00	0	4.69	1.648	6.26	1.627
问题解决能力	3.00	0	4.86	1.307	6.14	1.426
合计	3.83	0.707	5.16	1.385	6.86	1.645

从表3-3可知,从总体来看,健康状况差的幼儿学习品质平均分最低,为3.83分;健康状况一般的幼儿学习品质平均分高于健康状况差的幼儿,为5.16分;健康状况好的幼儿学习品质平均分最高,为6.86分。

此外,在对不同健康状况幼儿学习品质平均分进行独立样本t检验后发现,健康状况一般和健康状况好的幼儿在好奇心、主动性、坚持性、合作性、质疑能力、解决问题能力6方面存在显著差异;健康状况差的幼儿与健康状况好的幼儿在好奇心、主动性、坚持性、合作性、质疑能力、解决问题能力方面有显著差异。

四、结论

(1) 幼儿的学习品质随着年龄的增长呈现逐渐提升的趋势。

(2) 幼儿的性别对学习品质,尤其是坚持性这一学习品质有明显的影响。

(3) 健康状况会影响幼儿的学习品质。

第 **3** 单元

幼儿行为的观察要点

单元导读

对没有接受过观察训练、尚未养成观察习惯的教师而言，不知道观察幼儿的哪些行为是他们常遇到的问题。本单元以《指南》为框架，设计了幼儿行为的观察要点，你可以依此着手开展观察。观察时，你需要注意以下两方面：

- 幼儿的行为发展是一个整体。虽然本单元的观察要点是从幼儿学习与发展的各个领域展开的，但是你在实际观察中要注意从整体的角度观察幼儿的行为。
- 本单元所列举的观察水平是幼儿学习与发展的一般水平，在观察时要充分理解和尊重幼儿行为发展的个体差异。

体验与思考

在工作中，你是如何观察幼儿的？你是如何确定每次观察幼儿的要点的？

1 健康领域幼儿行为的观察要点

1.1 幼儿情绪的观察要点

（1）情绪的稳定性。

幼儿的情绪是否稳定？

幼儿能否经常保持稳定的情绪，在不高兴时能否较快缓解？

幼儿能否经常保持愉快情绪？

（2）情绪的表达。

有比较强烈的情绪反应时，幼儿能否在成人的安抚下逐渐平静下来？

幼儿是否愿意把自己的情绪告诉亲近的人，与他人一起分享快乐或求得安慰？

幼儿表达情绪的方式是否适度，是否知道引起自己某种情绪的原因，并努力缓解？

1.2　幼儿体育活动中的观察要点

（1）参与体育活动的意愿。

幼儿是否喜欢参加体育活动？

幼儿是否主动参加体育活动？

（2）动作发展水平。

幼儿能否完成以下几个方面的动作？

走：沿直线走/在狭窄低矮的物体上走/在间隔物体上走。

跑：快跑/一定距离内的跑。

跳：双脚连续跳/连续跨跳/跳绳/单脚跳。

爬：钻爬能力/攀爬能力。

（3）运动时的自我保护能力。

幼儿能否在运动时注意安全？

幼儿能否在运动时不对别人造成伤害？

1.3　幼儿生活与卫生习惯的观察要点

（1）进餐和饮水。

幼儿在进餐时是否注意均衡饮食？

幼儿进餐量、进餐速度是否适宜？

幼儿进餐时能否保持桌面整洁？

幼儿是否主动、经常喝白开水？

（2）睡眠。

幼儿是否按时、主动入睡？

幼儿在睡觉时有没有不良习惯，如蒙被睡、趴着睡、咬手指、干扰他人等？

（3）清洁卫生。

幼儿是否主动早晚刷牙？

幼儿饭前便后是否主动洗手，并掌握基本方法？

1.4　幼儿生活自理能力的观察要点（自我服务的意识和能力）

幼儿能否主动进餐、如厕？

幼儿能否自己穿脱衣物、系鞋带？

幼儿能否自己整理衣物、餐桌、床铺、书包、玩具？

 2　语言领域幼儿行为的观察要点

2.1　幼儿倾听能力的观察要点

（1）倾听的意愿。

幼儿是否能够安静听/集中注意听？

（2）倾听的能力。

幼儿能否听懂日常对话、故事等？

幼儿能否结合情境感受到不同语气、语调所表达的不同的意思？

幼儿能否结合情境理解一些表示因果、假设等关系的、相对复杂的句子？

幼儿在听不懂时能否主动提问？

2.2　幼儿表达能力的观察要点

（1）表达的意愿。

幼儿是否愿意与他人交谈、讨论？

幼儿是否愿意在大家面前讲话？

（2）表达的能力。

幼儿在表达时是否口齿清晰？

幼儿在表达时是否连贯、完整、有序、生动？

（3）文明用语习惯。

幼儿在讲话时是否主动、礼貌，懂得按次序轮流讲话？

幼儿能否根据场合、谈话对象及需要调节自己说话声音的大小和说话语气？

2.3　幼儿早期阅读活动的观察要点

（1）阅读意愿。

幼儿能否主动、专注地阅读？

（2）阅读能力。

幼儿能否理解绘本的画面内容？

幼儿能否用动作、语言等表达故事情节？

幼儿能否体会作品所表达的情绪情感？

幼儿能否表达自己对作品的看法？

幼儿能否根据故事情节发展进行创编、仿编？

幼儿能否初步感受文学作品的语言美？

2.4　幼儿书写准备的观察要点

（1）书写意愿。

幼儿是否愿意用图画符号表达自己的愿望和想法，表现事物或故事？

（2）书写能力。

幼儿在写写画画时姿势是否正确？

3　社会领域幼儿行为的观察要点

3.1　幼儿人际交往的观察要点

（1）与人交往的意愿。

幼儿是否愿意和同伴、长辈进行交往？

（2）与人交往的能力。

幼儿能否发起和同伴的交流，并愿意参加同伴的活动？

幼儿能否在与同伴的交往中做到守序、分享、合作？

幼儿能否解决同伴交往中的冲突？

幼儿能否接受同伴的意见和建议，知道别人的想法有时和自己的不一样，并倾听和接受别人的意见，不能接受时会说明理由？

（3）自尊、自信、自主的表现。

幼儿是否表现出以下特点？

自尊、自信：为自己的好行为或活动成果感到高兴；知道自己的一些优点和长处，并对此感到满意；做了好事或取得成功后还想做得更好。

自主：愿意独立做事情，不依赖他人；敢于尝试有一定难度的活动和任务；遇到困难能够坚持而不轻易求助；与别人的看法不同时，敢于坚持自己的意见并说出理由。

（4）关心、尊重他人。

幼儿是否表现出以下特点？

关心他人：关心生病的人；当别人不开心时抱以同情；关注别人的情绪，并有关心的表现；关注别人的情绪和需要，并能给予力所能及的帮助。

尊重他人：认真听别人讲话；用礼貌的方式向长辈表达自己的要求和想法；能体会到父母为养育自己所付出的辛劳；尊重为大家提供服务的人，珍惜他们的劳动成果；接纳、尊重与自己的生活方式或习惯不同的人。

3.2　幼儿社会适应的观察要点

（1）对群体生活的态度。

幼儿能否积极参与群体活动？

（2）对规则的理解和遵守。

幼儿能否理解社会交往中规则的意义，并做到以下几点？

规则的遵守：遵守游戏和公共场所的规则；不私自拿不属于自己的东西；做了错事敢于承认；不说谎；接受了的任务努力完成；爱护身边的环境，注意节约资源；爱惜物品；用别人的东西时知道爱护。

规则的建立：与同伴协商制定游戏和活动规则。

4 科学领域幼儿行为的观察要点

4.1 幼儿科学探究的观察要点

（1）探究的意愿。

幼儿是否对大自然、动植物和周围的环境、事物及现象感兴趣？

幼儿能否参与简单的制作活动，有动手动脑探索物体和材料的兴趣？

（2）探究方法的掌握。

幼儿是否能了解并掌握以下探究方法？

观察：对感兴趣的事物能够仔细观察，并发现其明显特征；运用多种感官感知事物的特征。

探索：用多种感官或动作探索物体，关注动作所产生的结果。

搜集：搜集信息；用简单的工具进行测量；用正确的测量方法；用图画或其他符号记录自己的探究过程。

比较：通过观察比较发现事物或现象的相同与不同。

分类：按照某一规则合并同类事物或按照某一规则挑选出不属于此类事物的东西。

描述：描述不同种类的事物的特征或某个事物前后的变化。

推测：根据观察结果提出问题，并大胆猜测答案；用一定的方法验证自己的猜测。

设计调查：在成人的帮助下制定简单的调查计划并执行。

交流结果：用完整、连贯的语言和同伴、教师交流自己探索的过程和结果，表达愿望；在探索中提出自己的问题并参与讨论。

形成结论：评价、概括自己的发现，形成批判性分析；将自己的发现应用到其他情况中。

（3）在探究中认识周围事物和现象。

幼儿是否对以下事物及原理有一定的认识？

对动植物的认识：对动植物的生长变化及所需基本条件有一定的认识。

对常见材料的软硬、粗糙程度、溶解、传热等性质和用途有一定的认识；感知和发现简单的物理现象；探索并发现常见的物理现象产生的条件或影响因素。

对关系的认识：感知和体验天气对自己的生活及活动的影响；感知和发现不同季节的特点，并了解季节变化的周期性，知道变化的顺序；体验季节变化对动植物和人的影响；初步了解和体会动植物与人们生活的关系；察觉到动植物的外形特征、习性与生存环境的适应关系；初步了解人们的生活与自然环境的密切关系，并知道尊重和珍惜生命、保护环境；发现常见物体的结构与功能之间的关系。

对现代科学技术的认识：观察了解日常生活中的人造品给生活带来的方便；了解科技产品的特征及用途。

4.2 幼儿数学认知的观察要点

（1）感知数学的有趣和有用。

幼儿是否能在日常生活中体验到数学的有趣和有用？

数学的有趣和有用：体验和发现生活中很多地方都要用到数；对环境中各种数字的含义有进一步探究的兴趣；体验用数学的方法解决问题的乐趣。

（2）感知和理解数、量及数量关系。

幼儿是否能在日常活动中感知数、量和数量关系？

数的感知和理解：点数；说出总数；按物取数。

量的感知和理解：感知和区分物体的大小、多少、高矮、粗细、轻重等量的特点，并能用相应的词表示；初步理解量的相对性。

数量关系的感知和理解：运用一一对应、数数等方法比较两组物体的多少；借助实际情境和操作理解"加"和"减"的实际意义。

对数和量关系的表达：用数词描述事物或动作；通过实际操作理解数与数之间的关系；用数词描述事物的排列顺序和位置；用简单的记录表、统计图等表示简单的数量关系。

（3）感知和理解形状与空间关系。

幼儿是否能理解以下形状与空间关系？

形状关系：注意物体的形状特征，并能用自己的语言描述；感知物体的形体结构特征，画出或拼搭出该物体的造型；感知和发现常见几何图形的基本特征，并能进行分类；用常见的几何图形有创意地拼搭和画出物体的造型；按语言指示或根据简单示意图正确取放物品。

空间关系：感知物体基本的空间位置与方位，理解上下、前后、里外等方位词；使用上下、前后、里外等方位词描述物体的位置和运动方向；能辨别自己的左右。

 5 **艺术领域幼儿行为的观察要点**

5.1 艺术感受与欣赏的意愿和能力（艺术欣赏的兴趣和能力）

幼儿是否有一定的艺术欣赏的兴趣与能力？

欣赏的兴趣：欣赏大自然、生活中的美好事物、艺术作品、文艺演出等的兴趣；喜欢观看；乐于倾听；乐意收集；乐于模仿或参与。

欣赏的能力：欣赏时产生相应的联想和情绪反应；用表情、动作、语言等方式表达自己的理解；愿意和别人分享、交流自己喜爱的艺术作品和美感体验。

5.2 艺术表现与创造的意愿和能力

（1）艺术表现和创造的意愿。

幼儿能否经常涂涂画画、粘粘贴贴，并乐在其中？

幼儿能否经常唱唱跳跳，愿意参加歌唱、律动、舞蹈、表演等活动？

幼儿能否用绘画、手工制作等多种方式和表现手法表现自己的所见所想所感？

幼儿能否通过即兴哼唱、即兴表演或给熟悉的歌曲编词来表达自己的心情？

幼儿能否积极参与艺术活动，有自己比较喜欢的活动形式？

（2）艺术表现和创造的能力。

幼儿能否用简单的线条和色彩大体画出自己想画的人或事物？

幼儿能否用自己制作的美术作品布置环境、美化生活？

幼儿能否跟随熟悉的音乐做身体动作？

幼儿能否用声音、动作、姿态模拟自然界的事物和生活情景？

幼儿能否用自然的、音量适中的声音、基本准确的节奏和音调唱歌？

幼儿能否用拍手、踏脚等身体动作或可敲击的物品敲打出节拍和基本节奏？

幼儿能否用律动或简单的舞蹈动作表现自己的情绪或自然界的情景？

幼儿能否自编自演故事，并为表演选择和搭配简单的服饰、道具或布景？

幼儿能否在艺术活动中既与他人相互配合，又独立表现？

拓展资源

- 肖湘宁、周亚君：《如何利用〈指南〉观察和了解幼儿》。见：李季湄、冯晓霞主编：《〈3—6 岁儿童学习与发展指南〉解读》，人民教育出版社 2013 年版。

人民教育出版社 2013 年出版的《〈3—6 岁儿童学习与发展指南〉解读》的第二部分"怎样实施《3—6 岁儿童学习与发展指南》"刊载了此文。此文指出，为了有效利用《指南》来观察、了解幼儿，首先要完整、深入理解其结构及内涵，在头脑中形成幼儿全面学习与发展的整体概念，其次要重视幼儿在日常生活与游戏中的表现，最后，应当积极看待幼儿学习与发展的每一点进步。

第  单元

幼儿行为的解释

单元导读

除了观察记录外，我们还需要尝试解释或说明行为观察的结果。解释说明意味着超越客观描述而赋予其意义，努力挖掘行为或事件背后的原因，使客观描述更有意义。在我们解释行为时，常常不自觉地受到我们的立场和价值观的影响。通过本单元的学习，你将：

- 了解幼儿行为解释的影响因素；
- 知道解释幼儿行为时需要思考的问题。

体验与思考

1. 你会从哪些方面解释幼儿行为观察的结果？
2. 在解释幼儿行为时，你是否意识到有哪些因素影响着你的解释？

 幼儿行为解释的影响因素

在了解幼儿行为背后的原因之前，有必要审视那些影响我们解释幼儿行为的因素。虽然我们无法避免那些因素的影响，但我们应该意识到它们的存在，并采取措施予以控制。

说一说，你是怎样看待图3-4中幼儿的行为的？

你可能会认为：

  一个快乐的幼儿在玩游戏。

  一个危险的场景：这名幼儿可能会因跌倒而

图3-4①

———————————————

① 大卫·香农.大卫不可以[M].余治莹译.石家庄：河北教育出版社，2007：封面.

伤到自己,我们对他的看护应更加谨慎。

一个要搞破坏的幼儿。

我们在解释幼儿行为时会不可避免地受到一些影响,这些影响主要包括个人因素和理论因素两个方面,下文会有详细阐释。

1.1 个人因素的影响

我们每个人都是独特的个体。我们的家庭结构、所受的家庭教养、所处的文化环境、年龄、性别以及社会经济地位等决定了我们对于所看到的行为都会有自己独到的见解。

(1) 家庭的影响。

我们所受的家庭教养无形中会影响我们对幼儿行为的看法。有的家长为孩子制定了一系列的规则,要求孩子该做什么,不该做什么。也有些家长不会向孩子解释规则的原因,他们认为孩子只要按照规则做就可以了。另外,在家庭中的地位和其他家庭成员对待我们的方式,会影响到我们的观念,也会影响到我们日后与幼儿或同事相处的方式。

此外,父母离异、亲人离世、疾病困扰、受虐待等经历同样会影响我们对某些行为的看法。比如,遭遇过家庭重大变故的人可能感觉自己更宽容,更能够理解来自类似家庭的幼儿的问题行为。

家庭经济状况也会影响我们对行为的判断。对他人经济状况的判断和自己的经济状况都会影响我们对事物的判断。

(2) 年龄。

我们的价值观和对某种行为的态度往往会随着年龄的增长而发生变化。有些人在年轻时非常宽容,而上了年纪后就变得不那么宽容了。这也许就是为什么很多人都有这样的感觉:年纪大的人往往更容易挑剔他人,更难以相处。

(3) 性别。

男性(男孩)是否可以掉眼泪?男性(男孩)是否应该谦让女性(女孩)?男性(男孩)是否应该更敢于冒险?……我们自己的性别一定程度上影响着我们对于不同性别的人应该做什么、不应该做什么的看法。当然,这些看法还受到我们所受的家庭教养、家庭结构、所处的文化环境等因素的影响。

1.2 理论因素的影响

通常,我们会自觉或不自觉地运用所学理论来解释我们所看到的行为。我们假设如下一个场景:

你来到幼儿园某个班级的活动室中进行参观和观察。你注意到一个小男孩正独自一个人坐在一张桌子旁玩泥巴。你想凑近,看看他在做什么。这时,小男孩朝你笑了笑,并且问你是不是想和他一起玩。你回答说"好啊",于是他就把泥巴给了你。而正当他靠得非常近观察你的时候,你把泥巴滚成了一个大球,然后又把球切成了均等的两半。你给他一半,并告诉他:"现在我们的泥巴一样多了。"他点了点头,笑了,然后拿起他的那半个泥球,让它在桌子表面滚来滚去。这时,你又拿起你的泥巴,把泥巴摊成了一块大大的薄饼。他看到你的饼,非常感兴趣,专注地看,然后大喊:"嘿,你的那块大!我要你那块!"你想毕竟你是个来访的客人,而且也肯定不想为了一块泥巴和一个 3 岁大的幼儿吵架。所以,你就把你的那块给了他。他立刻笑了,然后重新回去玩他的泥巴。①

在上述这个特定的场景中,你观察到了一个幼儿的行为。但如何运用理论框架或概念框架来解释、说明你刚刚所见到的现象呢?其中一种解释可能基于皮亚杰的认知发展阶段理论。你可能会把该幼儿的认知发展水平归为皮亚杰理论中认知发展的前运算阶段。从这一观点出发,你可能认为他不能达到认知守恒,也就是说,你认为幼儿不能理解这一现象:既没有加泥土,也没有拿走泥土,泥土的量始终保持不变。你看到他被泥块的外形给迷惑了,而且,你之所以如此断言所有这些现象,仅仅是因为你知道该幼儿只有 3 岁,所以他极有可能处于皮亚杰认知发展的前运算阶段。所以,你所学的理论会帮助你理解和解释你的观察信息。当我们能够把观察信息放置在一个与之相关的理论框架中时,我们更能看明白现象背后的意义。

当然,理论在一定程度上也会造成你的注意局限。不同的理论也会赋予同一现象不同程度的重要性。如果皮亚杰和弗洛伊德一起观察一名幼儿,皮亚杰会重视幼儿对物体的操作,而弗洛伊德则更重视幼儿的无意识表现、本能欲望,最终他们可能做出截然不同的解释。

理论之间的相互矛盾有时会让你无所适从。但换一个角度思考,这正好提醒我们:面对幼儿复杂的行为,我们应从各种理论中汲取营养,站在多元的理论视角去认识幼儿的行为,这样我们对幼儿行为的解释也一定是多元的。

2 解释幼儿行为时需要思考的问题

解释说明意味着超越客观描述,赋予被解释事物意义,努力挖掘行为或事件背后的原因,使客观描述更有意义。有时,提出恰当的问题会支持我们对幼儿行为做出恰当的解释。在尝试解释幼儿行为时,你可以思考几个问题。

2.1　幼儿的基本需要是否得到满足

幼儿与成人一样,希望需要得到满足。如果因为某种原因,幼儿的基本需要没有被满足,其后果会影响他们发展的方方面面,包括行为和他们对特定情境及周围人的反应。基本需要也称为生理需要,包括对空气、水、营养和休息等的需要,是我们生存所必需的。为了让幼儿能够以健康的方式发展,他们的基本需要就必须得到满足,因为这是正常生长的必要条件。人类的基本需要包括以下几方面。

---

① 沃伦·R. 本特森. 观察儿童——儿童行为观察记录指南[M]. 于开莲等译. 北京:人民教育出版社,2009:9.

（1）水。

水是生命正常生长和发展的必要条件。人体细胞中水分含量的小小改变都会对身体造成影响。充满活力的幼儿和成人每天都需要经常喝水。

（2）饮食。

健康的日常饮食需要达到碳水化合物、脂肪、蛋白质、维生素、矿物质、纤维素和水的平衡。不规律的饮食习惯容易导致低血糖，从而引起肾上腺素的分泌增多，这样容易让人陷入一种亢奋状态并出现注意力不集中、坐立不安等症状。有些幼儿对于特殊的和不同的食物会有不良反应，所以，要给予他们体贴的照顾和理解。食物过敏反应与一些行为的条件直接相关。例如，食品添加剂和色素的普遍使用会对幼儿的行为产生消极影响。

（3）休息和睡眠。

高质量的睡眠也很重要。研究表明，高质量的睡眠对刺激提高自我控制力的物质的分泌很有帮助。许多研究报告都显示：在饮食习惯和睡眠习惯得到调整后，很多"问题幼儿"的行为方式都有了很大改善。幼儿超过一定的时间没有足够的睡眠的话，身体上会遭受痛苦，他们更容易受到病毒和传染源的影响，食欲变差。

（4）新鲜的空气。

幼儿的生长需要获得新鲜的空气。在户外或在通风好的房间能够阻止空气中的细菌和病毒传播到人体中。户外通常和运动相联系，在户外运动中幼儿需要深呼吸，使全身得到锻炼，发展协调能力，学习控制大小肌肉，消耗过剩的精力。

（5）避免疾病和传染病的影响。

连续的疾病会妨碍幼儿的发展。例如，疾病会使幼儿变得疲惫、退缩，对周围的环境没有兴趣。因此，要使幼儿养成包括勤洗手在内的良好的卫生习惯。在传染病高发的季节，要尽可能避免让幼儿去人流密集的场所。

（6）锻炼。

组织适当的活动来促进幼儿的发展是十分重要的。缺乏锻炼的幼儿会无精打采，容易疲劳。缺少趣味的活动也会让幼儿的语言和认知以及社会技能发展缓慢，注意力不集中。同时一些有特殊需要的幼儿，如行动不便的幼儿也需要锻炼和刺激。

2.2 环境是否适合幼儿

鼓励幼儿产生适当行为的最有效方式之一是创设养成良好行为的环境。因此，作为教师应仔细考虑创设适合幼儿成长的环境，促进他们的成长。

（1）活动及材料。

学前教育的课程需要良好的活动和材料，使之符合幼儿的年龄和发展要求，这样，幼儿才能接受难度适当的挑战。如果活动和材料对幼儿来说太过容易，那么他们会感到厌烦；反之，则会使幼儿产生挫折感。厌烦和挫折感都可能会造成幼儿的偏差行为。

图3-5中的幼儿为刚升入中班的幼儿。在图中我们看到教师在户外活动中用前后衔接的方式连续摆放了高低不等的长凳，并在长凳上放置障碍物，以锻炼幼儿的平衡能力。但是结合幼儿的行为表现（如爬行、排队、等待），同时对照《指南》中关于4—5岁幼儿平衡能力的发展目标"能在较窄的低矮物体上平稳地走一段距离"，这样的材料投放对该

班级的幼儿来说显然是太难了。

（2）时间的管理。

时间安排是否恰当会对幼儿行为起到很大的影响。托幼机构的日程安排必须考虑到幼儿的发展能力及需求。不恰当的时间管理可能会对幼儿的行为造成负面影响，如：

图 3-5

● 一日活动安排缺乏稳定性。如不同的幼儿双休日在家庭中的作息不一，往往导致他们在周一来园时无法很好地投入到幼儿园的各项活动之中。

● 没有充分考虑幼儿的发展程度。例如，要求年龄较小的幼儿做超过五到十分钟的集体活动显然是不合适的，这容易引发幼儿注意力的分散。

● 忽略活动与活动之间过渡时间的有效安排。如教师没有有效规划学习活动和户外活动之间的过渡时间，可能引发幼儿在这段时间内的混乱。

（3）成人的期望和指导。

幼儿的每一个发展阶段都有其独特特征、需求和相应的行为。幼儿产生偏差行为，常常是由于成人对他们的要求过多或过少，进而使幼儿产生的挫折感或厌烦感。因此，教师应了解幼儿发展的基本规律和特点，建立对幼儿发展的合理期望。同时，教师要认识到自己的工作的重要性，在回应幼儿行为前应深思熟虑，不要草率地做出指导。

案例 3-7

我还要玩

上海市徐汇区紫薇幼儿园　顾静

阳光明媚的早晨，孩子们在海洋球馆里面玩得大汗淋漓。音乐响起，我招呼孩子们回教室，大家穿鞋准备离开。阳阳却似乎没有听见我说话，也没有听见音乐声，继续在玩。

我强调了一下游戏时间结束，让搭班老师把孩子们带回教室。我跟阳阳说："大家都回教室了，你快点穿鞋子。"然而，他仍旧不理我。我有点生气："你再不出来，下次就不要再来这里玩了！"阳阳看了我一眼，继续玩……我有点愤怒，也有点尴尬——有孩子不听我的话。

深呼吸一口，我突然意识到我陷入了权力之争。我生气是因为在 4 岁多的孩子面前，我的权威受到了挑战。阳阳不听从我的要求，其实是在向我传递这样的信息：游戏时间孩子自己说了算，老师不能强迫孩子。

冷静下来后，我开始寻求他的帮助，让他用自己的方法打破这个僵局。"阳阳，我需要你的帮助。你能不能帮我把围栏外面的海洋球都捡回去?"刚才还装作没听见的阳阳,突然就跑过去把几个零散的球扔回了海洋球池。我继续我的策略:"阳阳,你是愿意拉着我的手回教室,还是快速地跟上伙伴们的队伍回教室?"之前还抗拒合作的阳阳乖乖地穿好了鞋子,过来拉着我的手,和我一起回到了教室。

通过这件事情,我更加深切地体会到:当孩子出现"寻求权力"的错误目的时,教师最好的回应方式是"让孩子帮忙"和"提供有限制的选择"。

2.3 幼儿的行为是否由"不明白"引起

幼儿不一定能够理解他人的行为,以及自己的行为对他人的影响。在他尚没有具备这一能力之前,幼儿做出不恰当行为的原因可能是他的"不明白"。

(1)不明白别人所说的话,不明白别人的心情。

例如,当一个男孩常常表现出不听话时,也许他并不是"不听话",而是"听不懂话"。成人应思考自己在同一时间内对幼儿所提出的要求是否太多了,扰乱了幼儿的思维、让他不知所措。有时,成人会说诸如"要和小朋友友好相处"之类的抽象语言,也不易于幼儿理解。

(2)不明白哪些行为是恰当的,该怎样和他人相处。

我们可以这样认为,如果幼儿能够理解他人的行为,理解自己的行为在某一特定情境下不为他人所接受,并且有人教给他们恰当的行为,他们就会改变不适宜的行为,做出恰当的行为。例如,当一个幼儿常常若无其事地说出让人不愉快的话时,我们首先要确认他是否理解自己话语中带有令人不愉快的信息。为了让他明白别人的心情,先要让他明白自己的心情。通过让他亲自体会、了解自己的话语会让人不愉快后,再试着让他去理解别人的心情。

2.4 幼儿的行为是否是他们"故意"为之

人们常常需要别人注意自己,幼儿也是如此。寻求注意可能引发幼儿的积极行为,也可能引发他们的消极行为。冈萨雷斯·米纳指出:"要有明确的计划,在那些需要关注的幼儿没有做出不恰当的行为的时候就给他们大量的关注。"当你对某个幼儿并不十分了解的时候,你需要通过了解他以往的表现来判断他的某个特定行为是否在寻求注意。了解该幼儿以往的情况,或者观察当这名幼儿得到你认为他正需要的注意时的反应,如果幼儿在获得注意后仍继续他的行为,那么寻求注意就不是他这种行为的基本动机。

例如,当一名幼儿经常打其他幼儿时,教师的自然反应会认为这是不恰当的行为。每次有幼儿攻击他人,教师都会责备或惩罚打人的幼儿,因为避免其他幼儿受到伤害是教师的责任。同时,教师也会花一些时间跟幼儿解释该行为是错误的。教师对幼儿行为的注意虽然是负面的,但是该幼儿确实获得了注意。这样,经过一段时间,教师潜移默化地增强了这名幼儿认为打人是获得注意的有效方法的意识。

案例 3-8

老师帮帮我

上海市徐汇区紫薇幼儿园　顾静

上午 9 点半,吃好点心开始自由活动,孩子们陆陆续续地从餐厅进入活动室。我在准备着集体活动需要的材料,有时候跟孩子们交流几句。过了没多久,凌凌就跑来找我,她请我帮忙系好衬衫上的蝴蝶结。我帮助了她,她又跑去玩了。过了 5 分钟,她跑来请我帮她的芭比娃娃穿鞋子,我又帮助了她。又过了 2 分钟,我观察到她弄乱了采采的积木。我提醒她:"这是别人的积木,你找一些其他的事情来做。"5 分钟后,凌凌衬衫上的蝴蝶结又散开了……

我对凌凌的行为有些生气。但冷静下来,我意识到她是在寻求我的关注。凌凌是一个缺乏安全感,总是寻求过度关注的孩子。于是,我蹲下来帮她系好蝴蝶结,并给了她一个拥抱。我让她帮我把一些废纸扔进纸篓,帮我把上课需要的黑板推进教室。随后,我引导她去参与其他孩子的游戏。我说:"小静好像在看一本很有趣的书。你可以有礼貌地去问问能不能一起看呀!"

第二天自由活动开始之前,我先让她分享了一下她的玩具。我也跟她妈妈交流过,让家长和我一起帮助孩子学习系蝴蝶结这一技能。

对于寻求过度关注的孩子,通过正确的方式给予其关注和爱,能让他们获得归属感。

拓展资源

● 沃伦·R. 本特森著,于开莲、王银玲译:《观察儿童——儿童行为观察记录指南(第二版)》,人民教育出版社 2016 年版。

该书第二章详细介绍了儿童生长与发展的相关理论,为我们更好地解释幼儿行为提供了依据。

第四章　幼儿行为指导

第  单元

行为指导及其价值

教师对幼儿行为的指导,不仅影响着他们目前的行为,对其今后的发展也有非常重要的作用。通过本单元的学习,你将:

- 了解行为指导及其价值;
- 了解行为指导的不同理论流派。

体验与思考

回顾你近期指导幼儿行为的经历,思考你的指导对幼儿产生了哪些影响,哪些理论影响了你对幼儿的指导。

行为指导及其价值

行为指导是指成人为促进幼儿良好行为的发展而采取科学有效的引导、培养、塑造、干预矫正等教育方法和策略的过程,它包括幼儿积极行为的培养塑造和消极行为的干预矫正。

行为指导不仅有助于幼儿建立符合社会要求的行为规范,而且对良好、积极情绪情感的形成,认知、学习与社会性发展也起着重要的影响作用。行为指导的重要性主要表现在以下三个方面:

一是帮助幼儿形成良好的行为规范(discipline)。行为规范是幼儿学习、交往、生活等多方面活动的基础。没有行为规范,不仅幼儿的学习会变得混乱无序,而且在同伴交往中也可能经常发生冲突与争执。因此,良好的行为规范不仅是影响幼儿学习的重要非智力因素之一,而且幼儿的同伴交往、日常活动也离不开良好行为规范的指导与调控。

二是调整与改善幼儿的行为问题。由于父母、家人不适宜的教养方式,幼儿可能会形成一些消极的行为问题。这些行为问题并不是随着年龄增长可以自然消失的,因此教师

需要有意识地对幼儿进行指导与培养，帮助其矫正问题行为。

三是帮助幼儿形成良好的行为习惯，以利于其当下及将来的日常生活和社会生活。如果幼儿不能形成良好的行为习惯，那么他在日常生活和社会生活中就会感到不适应。因此，行为指导不仅有利于幼儿当前的生活、学习和社会交往活动，也有助于他们良好行为习惯、积极情绪状态、较强社会能力的形成与发展，更有助于他们日后的健康发展。[①]

党的二十大报告指出："教育是国之大计、党之大计。培养什么人、怎样培养人、为谁培养人是教育的根本问题。育人的根本在于立德。"培养幼儿终身发展所需的良好行为习惯，也是新时代幼儿园教师工作的历史使命。

2　行为指导的不同理论流派

教师指导幼儿行为的方法，常常以一定的理论为基础。由于不同理论学派的立场不同，不同理论指导下幼儿行为指导的原则与方法也不尽相同。自20世纪70年代以来，各种行为指导学派的主张、观点与方法有融合的趋势。许多教师发现，源自各种理论的诸多方法的综合使用对幼儿行为的培养、干预与塑造最为有效。

2.1　行为主义

行为主义理论认为，行为不论适当与否，都是幼儿对其所在环境及环境中的人的反应方式。当幼儿与同伴及成人互动时，他在社会情境中学习反应的方式，并学习他人如何回应他的社会行为，最终，幼儿调整自己的行为以迎合他人的期待。在行为主义理论看来，适当的行为和问题行为都受环境增强与否的影响。适当的行为如果受到增强，则会继续维持；同样地，问题行为如果受到增强也会继续产生。两种行为如果没有受到增强，则都会消除。幼儿许多问题行为由于引起他人的注意而持续增强，许多适当的行为因为受到忽视而中断。

班杜拉所倡导的社会学习理论便秉承了行为主义学派的主张：幼儿因观察模仿他人的示范，学习如何对各种不同情境做出反应。观察学习常发生在幼儿园教室中（例如：幼儿因教师和同伴的示范而表现出关心、礼貌等行为），幼儿特别喜欢模仿他们所认同的人的行为模式。此外，某些情况（如：幼儿看到他们的榜样被奖励）会更容易造成幼儿对榜样行为的模仿。

行为主义认为，幼儿出现问题行为是一种正常的情况，这是他们有限的社会经验造成的。成人能够用系统的方法，将幼儿的问题行为改变为较适当的行为。例如，教师可以通过奖励幼儿受欢迎的、适宜的行为来促进这一类行为的养成。而另一种有效促进行为的方法是忽视幼儿的不适宜行为。当然，这有时候难以做到，特别是在不适宜行为会给他人带来危险的时候，教师一定不能置之不理。

2.2　人本主义

人本主义的行为指导虽然也关注幼儿行为的转变，但其更突出强调成人对幼儿及其行为的引导与支持，成人与幼儿间所有的互动必须基于尊重和悦纳。正如人本主义心理

---

① 姜勇，庞丽娟，梁玉华.儿童发展指导[M].北京：北京师范大学出版社，2004：58.

学家所主张的："为了帮助儿童建立积极的行为、转变不适宜的行为，成人应在教育教学中创设良好的成人与儿童的关系。成人要以自己的真情实感真诚地与儿童交往，因为只有在自由、轻松的气氛下，儿童才能心情愉快、活泼开朗，富有兴趣地形成积极的行为。"

例如，戈登（Thomas Gordon）在《父母效能训练》中所提倡的做法，便是以人本主义理论为基础的。他提出首先要明确问题的归属，当幼儿"拥有"自己的问题时，教师必须尊重该名幼儿的权利和解决问题的能力。因此，教师不再劝告、说教、引开幼儿，而要积极倾听（active listening），将幼儿发出的信息返回给他们（例如：听起来你很生气，因为他们不带你玩）。这样的反馈提醒成人注意幼儿正在沟通什么，同时，成人应该让幼儿自己去解决问题。当成人"拥有"问题时，则需用不同的方法解决。教师用"我——信息"的方式告诉幼儿，他们的动作给教师带来了怎样的感受（例如：当我看到积木丢在地上时，我担心有人会踩到、滑倒、受伤，这样让我很生气）。教师不应该用"你……"这样的信息，比如"你没有收拾好积木，你真不负责任"。

人本主义理论提醒我们，在指导幼儿行为时要给予他们极大的关注和尊重，要仔细倾听、坦诚说出自己的感受，而不能用贬低、羞辱、嘲笑等方法应对幼儿的问题行为。

2.3 精神分析理论

精神分析理论，源于弗洛伊德的研究，为讨论幼儿为何产生问题行为提供了另一种观点和处理的方法。这一理论强调分析问题行为的根本原因。《儿童：挑战》（Children: The Challenge）一书的作者德瑞克（Rudolph Dreikurs）认为，所有的问题行为都源于以下四类根本的动机之一：或因为幼儿希望获得注意；或因为他们向成人争取权利；或因为他们想要反对成人；或因为他们感到无助或无法达到合理的期望。在改变问题行为方面，德瑞克提倡用鼓励和合理的后果法，他认为这胜过用奖赏和惩罚。

另一个源于精神分析理论的应用则是埃里克森（Erik Erikson）的心理社会发展阶段理论。根据此理论，成人必须清晰地了解儿童每一个发展阶段的需求，认识到各个发展阶段儿童所要面对的任务。例如，婴儿期（0—1.5岁）的发展任务是获得信任感，克服不信任感，体验希望的实现。因此，为了发展婴儿的信任感，成人需提供一个一致且充满爱的环境。强大的信任感是建立积极关系和进行指导的必要基础。儿童早期（1.5—3岁）的发展任务是获得自主感，克服羞怯和疑虑感，体验意志的实现。因此，他们需要许多机会在有安全感、爱且合理的环境中练习独立自主。如果他们无法自立，他们将带着羞愧和怀疑进入下一个阶段。学龄初期（3—6岁）的发展任务是获得主动感，克服罪疚感，体验目的的实现。他们需要在没有成人的责难和批评的环境中试探、满足自己的好奇，尝试新的冒险；如果失败，他们则会退缩。

精神分析学派理论给予教师的启示是：当幼儿产生问题行为时要谨慎地检视致使这一行为产生的原因有哪些。通常，幼儿的问题行为是对他们无法控制或无法了解的情境的回应，如：父母的离异、健康问题等。当成人努力推测出哪些原因引发了幼儿的问题行为后，就能敏锐且有效地处理这些问题了。

此外，教师要考虑儿童心理社会发展阶段，3—6岁的儿童乐于追求主动感，却会因此做出违背常规的行为。如：争抢其他幼儿的玩具，高声尖叫，遇到挫折时咬人、打人，或者常常对合理的要求说"不"等。教师如果认为幼儿的这些行为只是在不成熟地表现主动性,而不是问题行为,那么就应该温和地指导解说,再引导幼儿进入这一行为的积极面。

2.4 认知论

认知论,尤其是以道德发展为核心的认知论,也提供了一些关于幼儿行为指导的建议。皮亚杰提出了儿童认知发展的阶段,其中包括道德发展的阶段,奠定了认知理论的基础。皮亚杰认为学习就是转变旧的经验、建立新的经验以发展新知识的过程。幼儿的学习来自对自己的动作和对周围环境的探究。

因此,教师要发掘和培养幼儿逻辑思考的潜能以及自主性。通过逻辑及推理,教师帮助幼儿了解他们的行为对他人的影响,其中的重点在于引导幼儿了解他人的权利及感受,而不是对幼儿进行惩罚式的训诫或限制。此外,成人可以让幼儿有许多机会做决定并体验这些决定的后果。逻辑推理及做决定的机会可以帮助幼儿发展自我控制能力。这样,幼儿的动作会越来越依据内在的统一,而非仅是完成别人叫他做的事情。

延伸的建构主义理论开始考虑到他人对幼儿学习的影响,即社会建构模型。布鲁纳(Jerome Bruner)提出了"鹰架"(scaffolding)这一概念。他认为家长或其他幼儿能够帮助幼儿,使他们的学习变得更加可操纵——尤其是在幼儿学习新的东西的时候。例如,在指导幼儿解决问题时,让幼儿学会通过提问题来解决问题。

维果斯基的理论也增加了对幼儿指导的建议。其提出的社会文化理论认为幼儿是通过与他们所处的环境的互动来学习的。幼儿在和成人及能力较强的同伴互动时的学习能力和效果要远远优于单独学习时的学习能力与效果。他把幼儿自己能够学习的知识和幼儿在他人帮助下学习到的知识之间的距离称为最近发展区(Zone of Proximal Development,简称 ZPD)。他强调为幼儿提供经验的重要性,强调要给幼儿足够的指导使他们能够学习新的技能。这适用于学习知觉动作技能,例如学拼益智拼图;或大肌肉动作技能,如学骑三轮车;或社会技能,如学会分享。

拓展资源

- 罗德著,毛曙阳译:《理解儿童的行为——早期儿童教育工作者指南》,华东师范大学出版社 2008 年版。

该书第五章讨论了幼教工作者对儿童的期望和目标,并提出了行为管理的概念。作者认为行为管理是课程的一个基本部分,需要建立起短期目标、长期目标和教育目标。幼教工作者更需要了解引起儿童不适宜行为的原因,而不仅仅是对此做出反应。

第 ② 单元
行为指导的原则

单元导读

教师在指导幼儿行为时,需要遵循一些原则,以便有效指导幼儿。通过本单元学习,你将明确这些原则,并了解它们的具体应用。

理论与方法篇

体验与思考

在指导幼儿的过程中需要注意哪些问题? 你是怎样做的?

1 理解和尊重幼儿

在第一章的第 2 单元中我们已经讨论了观察对于幼儿园教师的重要意义。观察是指导的基础,因此,教师必须在充分理解、尊重幼儿能力和发展差异的基础上指导幼儿。

1.1 理解和尊重幼儿的发展特点

幼儿的发展是一个连续、渐进的过程,同时也表现出一定的阶段性特征。幼儿发展的连续性与阶段性表现为其发展是一个交织着不断的量变和质变的过程。可以说,幼儿日复一日不断的、渐进的积累过程是发展的"量变",阶段性特征则标志着其发展的质变。也就是说,幼儿是通过不间断的"量变"逐渐达到发展的新阶段的。由于不同阶段之间是通过长时间的"量"的逐渐积累而被连接起来的,"量变"的过程绝不可人为地随意压缩、取消,否则就得不到真正的"质变",即使得到也一定是畸形的。[①] 因此,在指导幼儿行为前,教师一定要对不同年龄段幼儿发展的阶段特点有清晰的把握。尊重幼儿发展的特点,才能采取科学的指导,让他们按照其自身的速度和节奏获得实实在在的发展。

---

① 李季湄,冯晓霞.《3—6 岁儿童学习与发展指南》解读[M].北京:人民教育出版社,2013:45.

"我不想演大灰狼"

上海市黄浦区瞿溪路幼儿园　许琦

"小兔乖乖"是适合小班幼儿进行表演的一个生动的童话故事。故事中的角色形象鲜明,对话朗朗上口,是幼儿喜欢的故事表演内容。我创设了故事场景,提供了生动的道具,让幼儿在熟悉、有趣的故事场景中玩玩、演演。但是在表演故事的过程中,却发生了一件意想不到的事情。

早上孩子们纷纷来园。四个宝宝来到小舞台,戴上了小兔的头饰,开始自己分配起角色来。孩子们你一言我一语地分完角色,却发现还少了一个人演大灰狼。正在这时,冲冲走进了教室。"小兔们"连忙走过去,对冲冲说:"冲冲,你到小舞台来玩好吗?"冲冲高兴地说:"好呀,我来啦!"当贝贝把大灰狼的头饰套到冲冲的头上时,他就像踩到地雷一样跳了起来。他一边拉掉大灰狼的头饰,一边大叫:"我不演,我不演。我不要演大灰狼!"我连忙走过去问:"冲冲,你为什么不想演大灰狼?"冲冲说:"大灰狼是坏蛋,我不喜欢演。"

冲冲的话引发了我的思考。原本我认为最简单的角色选择和分配在今天的活动中竟然成为了棘手问题。孩子们对角色的认识有了自己的想法,这种想法处于既正确又混淆的奇特境地。正确的是冲冲对于大灰狼的认知经验是正确的,大灰狼会吃掉一些小动物,有着可怕又可恶的一面;而混淆的是他将认知经验迁移到了自己所扮演的角色上,将自己与角色划起了等号,认为自己扮演了坏人就会成为坏人。于是,我采取了如下措施。

(1) 及时肯定,疏导幼儿的心理阴影。

我顺应冲冲的想法说:"你的想法是有道理的。你不喜欢大灰狼,其实我也不喜欢大灰狼。"同时,我同意他今天暂时不进行表演,让幼儿从心理上得到放松,不产生更多的抵触情绪。

(2) 分享交流,建立正确的表演认知。

我利用游戏的分享交流时间,引导幼儿就"扮演大灰狼"这个话题展开了讨论。我问道:"如果你扮演了大灰狼,会不会变成坏孩子呢?""演大灰狼的人本领大不大?"通过师幼间一问一答的互动,幼儿渐渐地知道了这只是一种表演,自己不会真的变成大灰狼。同时,他们也觉得大灰狼是最难表演的,演大灰狼的小朋友本领最大。随后,我请全班幼儿一起尝试表演大灰狼的动作和神态,激发孩子们的表演兴趣。此时,冲冲也开始跟着大家表演了起来,情绪已经放松了许多。

(3) 适时激励,让幼儿体验表演过程中的乐趣。

当孩子们都重新认识大灰狼这一角色后,我在游戏中适时地加入了激励手段,鼓励孩子们大胆地进行这一角色的扮演。比如:采取轮流扮演大灰狼的方法,比比谁演得像;在小舞台上张贴孩子们扮演大灰狼的剧照进行展示等。

十一月的小舞台,故事表演"小兔乖乖"正在进行:轮到大灰狼上场了,只见冲冲神气地穿着大灰狼的服装,张牙舞爪地走上来,对着大家大声说:"嘿嘿,我是凶恶的大灰狼,今天要出去看看,找点吃的……"冲冲扮演了大灰狼这个角色,并获得了成功。

在案例4-1中,当幼儿在角色表演中对演大灰狼这一角色表现出巨大的抗拒情绪时,教师没有急于鼓励幼儿坚持表演,而是先分析了小班幼儿在表演游戏中的发展特点。小班幼儿在表演游戏中的角色意识不够清晰,常常分不清自己所扮演的角色和现实生活之间的区别。案例中的幼儿冲冲正是出于对大灰狼形象的负面认知而排斥演大灰狼的。教师对幼儿的反应给予尊重和认同,使幼儿的情绪得以放松。随后,教师通过分享交流帮助幼儿强化角色意识,分清现实和角色的区别,让幼儿知道扮演大灰狼并不代表自己也是坏孩子,相反大灰狼是最难扮演的。最后,教师通过适时适度的激励手段,鼓励幼儿最终出色地进行表演,并获得了积极的情绪体验。

1.2　理解和尊重幼儿的个体差异

幼儿的个体差异主要体现在以下四个方面:发展水平的差异、能力倾向的差异、学习方式的差异和原有经验的差异。[①]　如在发展水平上,有的幼儿的发展速度会快一些,有的则慢一些;在能力倾向上,不同幼儿的能力结构,尤其是优势能力和潜能往往各不相同;在学习方式上,幼儿擅长的获取知识的方式可能不尽相同,有的幼儿喜欢观察模仿,有的喜欢与人交流,有的则喜欢动手操作;由于每个幼儿的生活环境不同,他们作用于环境的方式不同,每个幼儿在原有经验上也存在着个体差异。如在第一章第2单元的案例1-3"我想和你一起玩"中,面对两名幼儿在试图加入他人游戏时反映出的社会交往水平上的差异,教师应给予不同的指导。教师对于能力水平较强的幼儿可以观察其自己解决问题的办法,而对于缺乏社会交往技巧的幼儿,教师则可以通过启发提问、亲身示范、引导幼儿观察其他幼儿等方式培养幼儿的社会交往能力。总之,教师必须尊重幼儿在发展水平、能力、经验、学习方式等方面的个体差异,因材施教,努力使每一个幼儿都能够获得满足和成功。

 立足于幼儿的长远发展

《幼儿园教育指导纲要(试行)》中明确指出,"幼儿园教育是基础教育的重要组成部分,是我国学校教育和终身教育的奠基阶段",它要为"幼儿一生的发展打好基础"。因此,教师对幼儿行为的指导不仅要满足幼儿当前的需要,更要着眼于幼儿发展的长远目标,注重那些对幼儿一生产生影响的品质的培养。具体包括以下几个方面。

---

① 教育部基础教育司.《幼儿园教育指导纲要(试行)》解读[M].南京:江苏教育出版社,2002:64.

积极的情感和态度：培养幼儿的独立性、自制力、专注性、良好的秩序感、合作的精神。

学习与发展的能力：自我保护的能力、表达的能力、社会交往的能力、思维的能力、创造的能力。

知识和技能：强调幼儿主动获取知识的过程体验，强调幼儿在获取知识的过程中的认知结构的变化。

例如，当一位教师带着二十位四岁的幼儿在户外活动时，因为全国只有两辆小三轮车，幼儿便常常为谁该骑小三轮车而争吵不休。这一天，一位叫彬彬的小男孩跑到教师面前抗议说："小莉不让我骑小三轮车!"作为非专业人士，也许会思考如何迅速解决这场纠纷，消除争端；而作为一名专业的幼儿园教师，则应立足于幼儿的长远发展，仔细思考在此情境下可以如何指导幼儿[1]：

(1) 引导幼儿学习社会交往技能。

轮流：帮助幼儿了解别人行为的含义。如在什么时候提出"换我骑"的要求最有效，什么时候该放弃，什么时候可以再试一试。教师可建议彬彬再等几分钟，先做别的事，过一会儿再去问小莉；也可以建议彬彬先观察小莉，等她露出疲倦或玩腻了的迹象时，再去问她。

协商：幼儿已掌握了协商的技巧，可以猜测出哪些事物能够吸引别人，也能考虑每个人的喜好以达成协议、满足彼此的需求。因此教师可鼓励彬彬思索小莉对什么感兴趣，比如跟小莉说："如果你让我玩一下三轮车，我就推你荡秋千。"

克服困难：帮助幼儿克服所遭受的挫折，幼儿必须认识到他不可能永远是赢家，必须学会接受失败。教师可以建议彬彬尝试其他适合的活动，帮助他培养接受失败的能力。

(2) 发展幼儿的语用技能：教导幼儿用清晰、有效的语句表达自己的需求。

明确的词句：可能彬彬并没有清楚地对小莉表达自己想骑三轮车的愿望，也许他只是扯了一下三轮车，或只是哼哈了几个字。因此，教师可以用示范的方法提供适度而肯定的语言表达技巧给幼儿模仿，如，"回去告诉小莉：'我已经等了很久了，我很想骑一下。'"同时要教导幼儿，当教师不在的时候，可以使用哪些简单的句子表达自己的需求。

会话技巧：彬彬和小莉可能都缺乏委婉说话的词汇，无意间提高了言辞的火药味。教师在这种情况下可扮演"中间沟通人"的角色，将争吵双方的话语稍加修饰后再传给另一方，以减少冲突。例如可以对小莉说："彬彬实在很想骑三轮车呀。"也许小莉这时候还会嘀嘀咕咕，教师便可以转向彬彬说："小莉还不想停噢。"彬彬也许会抗议，教师可再将彬彬的抗议稍作修饰，婉转地向小莉表明彬彬的感受，说："彬彬现在真的很想骑小三轮车。"然后再视小莉的反应继续这种对话，转达双方的感受。

---

[1]　丽莲·凯兹.专业的幼教老师[M].廖凤瑞译.台北：信谊基金出版社,2004：3—12.

（3）社会认知：协助幼儿了解基本的社会习俗和道德观念。

社交认知：帮助幼儿区分什么是值得悲伤的，什么不是。教师可以用温和、幽默、了解的态度来处理幼儿的抱怨与不满，而不宜用悲痛的口吻来回应幼儿。教师可以对彬彬说："我知道你很失望，但是还有很多玩具可以玩呀。"

公平：教师不仅应对小莉说："小莉，现在轮到彬彬了。"还应在这句话后面加上："你去玩别的，如果有困难，我也会帮你。"这样能让幼儿了解自己与其他人一样都处在一个公平的环境中，每个人的权利都该受到保护，每个人的需求也都该受到尊重。

旁观幼儿的学习：让幼儿知道对哪一位同伴用哪一种方法最有效，同时也让他们感到自己生活在一个公平的环境之中。

（4）气质的培养：利用这件事加强或减弱幼儿个人的某些人格特质。

同情、助人的倾向：幼儿原本就有同情及助人的气质，这些气质可以通过各种方式来加强。如果小莉坚持不让彬彬骑三轮车，教师可以对她说："彬彬已经等了很久了，你知道等那么久的滋味是很不好受的。"这样可唤醒小莉的同情心，也培养她助人的气质，不过教师说这话时不应带有"你有罪"的语气，让小莉感到窘迫。如果幼儿本身缺乏助人的气质，教师首先应以双方幼儿最大及最长远的利益作为判断标准，来解决纷争。

培养尝试的气质：当彬彬向教师抱怨时，教师可以用示范的方式让彬彬用温和而肯定的语气和小莉交涉："你去跟小莉说'我真的想骑三轮车，我已经等了很久了'，如果这样还没有用，你再回来，我们可以想想别的办法。"如果老师只告诉彬彬前面的话，而没有告诉他后半句，那一旦方法行不通，会使彬彬认为自己不行，反而加深了他的挫折感和无力感。教师谈话的后半段很重要，它旨在告诉幼儿解决问题的方法不止一种。鼓励幼儿尝试用各种方法来化解人际冲突，对他们很有帮助。

避免抱怨及搬弄是非：教师可依据专业知识判断彬彬是否有强烈的抱怨行为倾向，并判断幼儿抱怨的事实性，分辨出哪些是需要处理的，哪些只是幼儿因为得不到想要的（而不是需要的）东西而做的控诉。如果教师判断的结果是不需要干涉的话，只需要告诉彬彬一些应对的方法，将问题交由彬彬自己处理。教师并不一定要解决或满足幼儿所有的抱怨事项，如果幼儿每次抱怨都能得到他们想要的，便会助长他们的抱怨行为倾向。

③ 把握指导幼儿的时机

教师指导幼儿的时机会影响行为指导的实际效果。指导的时机恰当，可以使幼儿形成良好的行为规范和行为习惯，反之，可能会抑制幼儿的发展。指导的时机取决于两个因素：一是成人的期待，主要指成人希望幼儿在活动中表现出的发展水平；二是幼儿的需求，主要指幼儿的活动是否自然顺畅，是否有需要帮助的需求。当你还不确定是否需要介入指导幼儿时，不妨先对幼儿的行为进行细致的观察。

隐藏的线索

上海市黄浦区复兴中路第二幼儿园　王桦君

在睡前讲故事时,我选择了《藏起来的礼物》这一绘本。孩子们听着绘本中的故事,慢慢入睡。在讲述故事的时候,我发现这本绘本所暗藏的魅力——隐藏的线索。于是,我将这本绘本投放到了语言区角中,期待细心的幼儿能够发现绘本中的秘密。可是,一连过了好几天,我也没有等到哪个有心的孩子发现这个秘密。我多少有些失望。

一个偶然的机会,我听到了贝贝和悦悦的争执。原来他们正在为妈妈是不是早就发现了蕾娜藏礼物的秘密而争论不休。贝贝说妈妈其实早就知道了,而悦悦则说妈妈一直都不知道,最后是蕾娜自己告诉妈妈的。看来,我等待的"有心人"终于出现了。看到我站在一旁,他们两个跑来向我倾诉,寻求支持。我想,我先不揭晓答案,而是先听听两个孩子各自的理由:

"蕾娜一直都偷偷地在那里藏礼物盒,妈妈怎么可能知道呢?"悦悦理直气壮。

"可是妈妈明明在一边看着蕾娜呀。"贝贝一听不服气,也抢着说出自己的观点。

"你怎么知道妈妈一直在一边看着她呀?"我反问道。

"你看,这不是妈妈吗?"贝贝指着画面中的一个小角落。

"这是什么?"我指着画面中妈妈的鞋子转而问悦悦。

"这……这好像是妈妈的鞋子。"她的底气显得有些不足了。

"哦,好像妈妈的确在一边呢。那么,妈妈一直看着蕾娜吗?"我继续问。

"对呀,你看这里,这里,还有这里,妈妈都在角落里站着呢!"贝贝更加得意了。

"嗯,对的。妈妈一直在一边看着。"悦悦终于放弃了自己的坚持。

"哦,真有趣,原来书里的每一个角落都在告诉我们很重要的信息呢!"我顺水推舟地说道。

"对呀,王老师讲故事的时候可没有说出来,还是我最厉害,发现了秘密。"贝贝这下更加得意了,悦悦在一边也不断地点头。

随后,我在分享环节把"妈妈是不是早就发现了蕾娜藏礼物的秘密"这个问题抛给了全班的幼儿,让他们也去找一找妈妈是什么时候发现蕾娜在藏礼物盒的。过了几天,我请幼儿再次利用分享的时间交流彼此的发现。这时,大多数幼儿都已经学会去寻找隐藏的线索了呢。

在案例 4-2 中,教师不急于向幼儿展示绘本中隐藏的线索,而是耐心地等待幼儿自主发现这一秘密。有别于常见的教师主动发起的指导,这一案例更重视幼儿自主探索发现的学习过程,因为幼儿往往需要一定的时间才能关注到绘本的细节。通过对幼儿的阅读行为的观察,教师适时地给予了幼儿一定的支持:指着画面中妈妈的鞋子问幼儿"这是什么"。可见，教师较好地把握了对幼儿进行指导的时机。这样，教师让幼儿通过细致观察绘本的画面信息理解了绘本内容，从而激发了幼儿进一步阅读的兴趣和愿望。

一般来说，以下情况可以作为教师指导幼儿行为的时机：

- 当幼儿主动寻求教师帮助时。
- 当幼儿主动向教师展示自己的作品或发现时。
- 当幼儿遇到困难准备放弃时。
- 当幼儿一再重复自己原有的行为，而对活动延伸、拓展存在困难时。
- 当幼儿表现出无所事事的状态时。
- 当幼儿之间的冲突升级而无法自行解决时。
- 当幼儿表现出伤害自己或他人的行为时。
- 当幼儿的活动行为和材料存在安全隐患时。
- 当幼儿有哭泣、大发脾气等负面情绪表现时。
- 当幼儿破坏环境或物品时。
- 当在不影响幼儿活动意愿的前提下，教师发现可以提升幼儿经验或能力的关键点时。

教师所把握的指导幼儿的时机不仅指幼儿活动的客观状态，还包括教师当时的主观心态，即一方面幼儿确实需要成人的介入和指导，另一方面成人确实具备指导幼儿行为的热情和精力，两者都是直接影响指导效果的重要因素。当然，教师过多的指导往往也会适得其反，阻碍幼儿自主的活动。所以，适时介入和适时退出都是教师把握指导幼儿时机的重要因素。

在幼儿活动的时候教师是否需要介入指导、如何介入指导，实际上是价值判断、得失比较的过程。教师的敏锐反应和及时应答，反映的是教育的智慧，它源于专业知识、教育观念以及实践中不断的反思。例如，幼儿康康有"建筑大师"的称号，他连续 3 个月沉迷在建构区活动中。这时，教师是否应该介入指导幼儿的行为呢？我们需要从观察、分析康康"连续 3 个月的沉迷"中得知更多的信息。观察分析的视角可以有：康康的沉迷更多的是同一水平上的重复性行为，还是小步递进式的探索性行为？康康的沉迷更多的是单纯动作技能性行为，还是伴随情景变换的想象性行为？康康的沉迷更多的是个人独自性行为，还是同伴互动性行为？康康在优势能力的表现中，显露出哪些弱势能力？康康在建构区的活动和表现中，哪些方面同时体现了其他活动区的发展功能？还有哪些活动区的发展功能在建构区活动中得到了补偿？

教师是否要介入，以及介入的时机和方法，取决于对这些行为的观察视角，以及对这些行为意义的分析。例如，对待幼儿的重复行为，可以等待，可以给予挑战，也可以引导转移；对待幼儿的探索行为，可以欣赏，可以提供帮助，也可以与之互动；对单纯的动作技能性行为，有时应该允许幼儿的独自性练习，有时需要将之转化为社会想象性行为。[1]

 4 公平地对待每个幼儿

教师在指导幼儿时应力求公平、一视同仁。作为专业教育者，幼儿园教师与家长这样

---

① 华爱华. 介入和不介入都是教育干预的手段[J]. 幼儿教育，2004(17)：26.

的非专职教育者的重要区别,就在于家长对子女的爱是专门的、特定性的、偏爱的,而教师则需要将自己的时间和精力给予全体幼儿,并保证他们享有同等的教育机会。

有调查表明,76％的幼儿园教师认为"面对几十个孩子,内心的偏爱是难免的";31％的教师表示,"对于有些孩子我就是爱不起来,有点讨厌"。[①] 教师的偏爱影响着其对不同幼儿的态度和可能采取的教育行为,而这些又影响着幼儿心理的健康以及师幼双方的关系发展。

第一,对幼儿的心理产生负面影响。著名的精神分析大师阿德勒在《自卑与超越》一书中指出:"孩子的丧气(自卑)几乎都是因为他觉得另一个孩子比较受偏爱引起的。"教师对某些幼儿的偏爱会使其他幼儿幼小的心灵蒙上阴影,使他们感到沮丧无助,从而不相信自己的能力以及自己在集体中平等的地位和权利。他们这种自卑心理对其日后的学习、工作和社会交往活动都将产生极其不利的影响。相反,那些被教师偏爱、宠爱的幼儿则容易因产生优越意识而形成任性、自私、霸道、自负、依赖、不友爱和不诚实的消极人格。

第二,影响幼儿同伴关系的发展。由于教师不能公平地对待每一位幼儿,致使一部分幼儿被冷落、感到压抑,因而产生了不满和委屈的情绪,继而可能嫉妒和敌视那些被偏爱的幼儿,甚至有时不自觉地把对教师的不满和怨恨情绪发泄到那些被偏爱的同伴身上。例如:在自由活动中,被教师冷落的幼儿不愿意跟被教师偏爱的幼儿玩,甚至不和他们说话,致使幼儿生活于其中的集体的气氛不再和谐、融洽与协调。

第三,不利于健康师幼关系的建立和师生感情的发展。在幼儿幼小的心灵中,教师是公正无私的,教师对幼儿的爱应该是平等的,幼儿从教师对自己的评价、态度和情感反应中,都能获得温暖、安全感、荣誉感,同时他们也能从中体验到自己在教师心目中和同伴群体中的地位和价值。如果他们一旦发现自己受到了不公正的待遇,就会改变对教师的态度,感到委屈和伤心,还会产生不满和怨恨的情绪,继而会出现一些同教师对立、抗争的行为,以此来表示自己对教师不公平待遇的抗议。然而,幼儿这种幼稚却合乎情理的行为,多半又会加重教师的训斥,从而使幼儿对教师失去信任。

尽管有些教师也已经意识到偏爱对师幼双方造成的负面作用,他们想"控制自己,尽量少流露出来",然而,著名的心理学家弗洛伊德早就告诫我们,被压抑到潜意识中的一些思想情绪,会自觉不自觉地从一个人的目光、姿势、语言中流露出来。不过,自然发生的爱,不是一成不变的。每个人都可能在与别人的交往中、与某种事物的接触中,由于增进了理解,而发生从不爱到爱或从爱到不爱的变化。因此,教师要更多地接近和了解自己所"讨厌"的孩子,在交往中发现其优点和长处,增进双方情感,这样才能使教师克服偏爱成为可能。事实上,教师只有将自己在教学上的专业智能用在自己并不特别喜欢的幼儿身上,才算是真正的专业人员。

学前教育一向强调要关注幼儿的"个别差异",满足他们的"个别需求"。乍看之下,这似乎是期望教师专注于个别幼儿的需求,与父母偏爱子女、只考虑自己子女利益的角色相混淆了,事实上并不尽然。父母有保护子女在文化与种族方面保持独特性的权利,也有权据此要求教师适度地为子女做些考虑或特别的安排。但是,教师不仅要顾及集体中的个别幼儿,也要兼顾集体的需求。

① 卢乐珍、陈晓东. 当前幼儿园教师的儿童观、德育观的调查分析[J]. 学前教育研究,1995(5):37—39.

案例 4-3

开学伊始，新生来园，很少有幼儿哭哭啼啼，只有依依泪水涟涟。于是，我表扬了孩子们，也鼓励她："我们来到一个新地方，遇见新的老师和新的小朋友，心里会不舒服。但是，我们有很多小朋友很勇敢，心里难过也不哭……"适时地安慰的同时，我更多地用心为孩子们组织各类游戏。在"牵线，做朋友"的游戏中，彩色的线激起了孩子们活动的愿望，他们禁不住跃跃欲试。大概是彩色的线吸引了依依，她边抽泣着，边伸手要彩线。我赶忙用彩线哄依依："哦，依依也想玩了，我们先给依依吧。"话刚出口，孩子们一片沉寂。我抬起头，愣住了：孩子们举着的手僵在半空中，原本渴望的眼睛有些迷惑，似乎在问："你不是刚说我们是勇敢的孩子吗？为什么我们反而要后玩呢？是不是我们也应该哭闹？"我迟疑了片刻，坚决地说："我们这些勇敢的孩子很想玩游戏吧？那我们闭上眼睛，先来抽彩纸。"依依只能跟着我们玩了。刹那间，孩子们僵着的手，又在半空中灵活起来……游戏的气氛很热烈，依依自然也跟着大家玩得咯咯笑。①

幼儿的心灵是敏感而脆弱的。有时，教师的行为会"理直气壮"地从一个特殊的幼儿的角度出发，却忽略了其他幼儿的感受。从这个意义上讲，专业的教师应该在关注个体的同时关注幼儿集体。这样，关注每个幼儿的理念才能得以真正落实。同时，身为专业的幼儿园教师，必须在幼儿的个别需求与集体的纪律中求得平衡，何况幼儿也只有经过服从集体纪律的过程，才能习得行为规范、学会对成就抱以合理的期望、培养控制情绪等多方面的品格与能力。

5 保持与家长的积极合作

家庭是幼儿学习、生活的主要场所之一。家长的指导对幼儿良好行为的养成和问题行为的改善起着至关重要的作用。因此，教师在指导幼儿行为时如想要达到理想的效果，必须和幼儿的家长合作。

5.1 合作的基础

教师和家长要想就幼儿的行为指导达成合作，就必须建立相互信任和尊重的基础。当然，彼此的信任和尊重需要一段时间才能够建立起来。教师和家长平时需要通过一系列的互动不断增进对彼此的了解。如果教师和家长之间已经建立了信任的关系，那么当围绕幼儿的某一行为发展问题开展合作时，双方就可以有效地谈论这些问题。

有很多方式可以帮助教师和家长建立起信任与尊重的关系。例如，幼儿的来园和离园时间是建立积极关系的良好时机。在这段时间里，双方可以传递一些信息，教师可以告诉父母幼儿在幼儿园的积极信息。当教师正面、友好地向父母表达自己对幼儿和其家庭

---

① 应彩云.孩子是天,我是云[M].上海：社会科学出版社,2004：330.

的关注时,家长会感谢教师和他们分享这些信息,同时也会乐于和教师分享幼儿在家庭生活中发生的重要的事情。即便教师只有很有限的时间和家长谈论幼儿,这也十分有助于家园双方信任关系的建立。

此外,家长开放日、家长会、家长沙龙、网络交流平台等都是教师和家长进行交流的良好途径。

5.2 合作要注意的问题

教师和家长之间充分、坦诚的交流可以培养双方的信任感。同时,这也会让幼儿意识到他们生活中重要的人在相互合作,这能够充分满足他们对安全感与归属感的需求。当教师和家长之间建立了友好信任的关系后,双方就幼儿的行为进行讨论就比较容易了。在与家长讨论时,教师需要注意以下几个方面。

① 讨论的时间:与家长提前确认讨论的时间。如果家长在接送幼儿时提出所关心的幼儿行为问题,教师不要当场和家长进行讨论,而要告诉家长你会尽快安排会谈时间。这样做是为了双方有充足的时间私下交谈。

② 讨论的场所:教师和家长在大庭广众下谈论幼儿的行为,尤其是问题行为,是不妥当的。因此,教师要安排好讨论的场所,尽可能保证讨论在不会被打扰的、私密的地方进行。

③ 讨论的目标:讨论的目标应该是建设性的。通过讨论,教师和家长要积极地面对事实,探寻如何做才能够有效指导幼儿的行为。

④ 讨论的内容:教师和家长讨论的内容应该涉及双方共同关心的幼儿的行为。当和家长讨论幼儿的行为时,教师不能够仅围绕幼儿的问题行为与家长进行讨论,而是同时要对家长概括性地提出幼儿的优点。幼儿的问题行为只是幼儿诸多行为中的一部分,而不是主要的或仅有的行为。另外,教师要避免分析和过度解释幼儿的行为,应该客观叙述对幼儿行为的观察信息。

⑤ 讨论的方式:教师在和家长讨论时要注意倾听家长说话。家庭是幼儿学习、生活的重要场所,家长拥有丰富的、可以和教师分享的关于幼儿的信息。同时,在和家长讨论时,切忌责备家长或单纯说教。

拓展练习

阅读下面的案例,和同伴讨论案例中教师与家长的合作有哪些值得学习和借鉴之处?

案例 4-4

"慢吞吞"找朋友

上海市浦东新区德意学堂 吴韵

在我们的班级里,不少孩子在做事情时常常表现得慢吞吞的。

　　有的孩子的慢吞吞体现在游戏结束时。他们会一边哼着小曲,一边整理,一会儿落下娃娃,一会儿又忘记把积木放进书包,来回好几次后才整理好自己的玩具,成了班级里最后回座位的人。有的则体现在午餐时。午餐后,大部分孩子已进教室玩玩具了,还有几个孩子仍在慢吞吞进餐。我用眼神暗示他们稍快些,但他们似乎并不着急,仍然悠闲地进餐,不时还东看看西瞧瞧。还有些孩子的慢动作体现在午睡中。午睡前,当别的孩子在脱衣裤时,他们则笃定地坐在床上发呆,在老师反复提醒后才有反应。起床时,他们好不容易穿上的套头毛衣,却由于没分清前后还得脱下重穿,穿裤子时又发现由于睡前裤子没有翻面,需重新整理。

　　为更全面、细致地了解孩子身上存在的拖拉现象,我们向家长发放了"慢吞吞行为调查表",旨在了解孩子在家的各种表现。在回收的问卷中有80%的家长认为自己孩子身上存在慢吞吞的现象。

　　分析孩子"慢吞吞"背后的原因,主要有:

● 注意力不集中。孩子的注意力很容易受到周围环境的影响,旁边有什么好玩的事就会让他们忘记初衷,无法用心做完事情。

● 对一些事不感兴趣。孩子对待没兴趣的事情就会故意慢吞吞,任你三催四请,他们也毫不在乎。

● 性格使然。有的孩子属于相对安静而缓慢型,无论做什么事情都比别人要慢一些。

● 缺乏时间概念。孩子的时间概念比较模糊,他们并不知道如果把一件事快快做完之后会有什么更好的结果,他们也不认为自己慢有什么不好的。

● 成人包办代替。有些成人嫌孩子动作慢,就帮忙或代劳。时间长了,孩子会由于长期缺少动手机会,形成依赖心理,养成磨蹭的习惯。

● 不熟练,缺少信心。有时孩子做事磨蹭是因为他们对所要做的事情或动作不熟练、缺少操作技巧。也有时孩子在做事时慢吞吞是因为缺乏足够的自信心,担心自己做不好,怕自己出错,然而越担心、越害怕,孩子的动作也就越慢。

　　针对幼儿慢吞吞的表现,我一方面在幼儿园组织开展"时钟你我他""一分钟有多长""慢吞吞找朋友"等活动,培养幼儿的时间观念,另一方面则积极开展家园合作。

　　(1) 建议家长让孩子适当承担"慢吞吞"的后果。

　　毛毛是我们班级经常上学迟到的一个孩子,他的妈妈为此头疼不已。对此,我们与家长进行了沟通,建议家长每天在固定的时间对毛毛进行起床提醒一次。如果孩子不起床,就让孩子自行承担迟到的后果。毛毛妈妈很配合。第二天,毛毛迟到了。当同伴用异样的眼光看着他时,我看到毛毛有一丝羞愧。我对毛毛的迟到进行了个别教育。从那以后,孩子不再迟到,他的妈妈也很高兴。

　　我建议家长在家中可以和幼儿共同约定用何种方式来提醒幼儿起床,如:敲一遍小铃、放一首歌曲、听一段故事,等等。

　　(2) 建议家长让孩子在家庭中也在规定时间内完成任务。

　　在专题家长会中,我们建议家长与孩子共同设定完成各种任务的时间,如孩子在规定的时间内完成任务，则对孩子进行奖励，如睡前听一个故事、和爸爸下一盘棋、和妈妈逛一次超市等。通过一段时间的家园合作，很多家长都反映孩子在家中"慢吞吞"的习惯得到了明显改善。

(3) 开展家长沙龙，通过情景模拟帮助家长改变育儿理念。

在家长沙龙中，我们请家长做了情景演绎。部分家长扮演幼儿，部分家长扮演父母。扮演父母的家长用"快一点""你怎么回事""书包整理了没有"等话语催促、斥责面前的"孩子"，扮演"孩子"的家长则真切地感受到了孩子被斥责时的心理感受。这场沙龙以后，很多家长在家中对孩子多了一些耐心和引导，控制自己不去催促、批评。家长发现不催促孩子和催促孩子，其实只差了十分钟，像以前那样着急催孩子，没有太大的意义，反而使孩子养成了磨蹭的习惯。

经过半个学期的家园共育，孩子慢吞吞的习惯有了明显的改善，主要表现为：不迟到、整理玩具的速度加快、在家里做事情也不拖拖拉拉了。看到孩子在管理时间、支配时间上的改善后，家长纷纷意识到家园共育的重要性，在教育理念和教育方式上也积累了不少经验。

拓展资源

- 罗德著，毛曙阳译：《理解儿童的行为——早期儿童教育工作者指南》，华东师范大学出版社 2008 年版。

该书第九章描述了一系列行为管理的策略，这些策略有助于形成积极的训练和指导方式。同时，这一章对行为管理目标也进行了简要回顾，还回顾了在选择行为管理策略时应考虑的因素。

- 希拉·里德尔-利奇著，刘晶波译：《儿童行为管理》，南京师范大学出版社 2009 年版。

该书第七章提出成人懂得怎样管理儿童的不适宜行为并指导儿童是很重要的。同时，抓住每一个机会培养儿童的积极行为也很关键。这一章为读者提供了培养儿童积极行为的有效策略，并分析了行为管理的无效策略。

第 ③ 单元

基于观察的幼儿行为指导

单元导读

在第一章中我们已经讨论了观察可以帮助教师了解幼儿真实的需求和能力，并在此基础上为他们提供及时、适合的指导。本单元将结合案例向你展现本书的核心——"基于观察的幼儿行为指导"的实施步骤及注意事项。

理论与方法篇

体验与思考

如何将幼儿行为观察和对他们的行为指导有效结合在一起？你有什么好的经验吗？

案例 4-5

金属丝，变变变

上海市黄浦区思南新天地幼儿园　王婧

最近，我在大班美术区投放了"金属丝"材料，将金色和银色的金属线圈用小木棍串起来并固定在架子上，同时在旁边提供剪刀、双面胶、KT板等工具方便幼儿操作拿取。金属丝很细、容易变形，且极具探索性。但是，它对幼儿精细动作的要求较高。

孩子们平日接触金属丝的机会甚少，多数孩子都不认识金属丝。因此在投放材料时，我没有急于介绍材料的特性，而是鼓励孩子们去摸一摸、弯一弯，

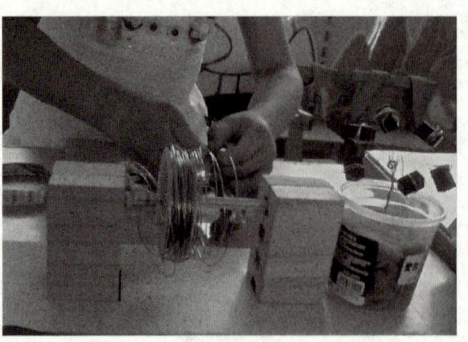

图 4-1

尝试用金属丝来进行美术创作。我关注着他们对金属丝的使用情况。几天观察下来，我发现他们更多的只是将金属丝随意地弯曲。

这天，杨杨和晨晨一起在玩金属丝。她们各自剪下一段金属丝，随意弯曲摆弄了一下，很快便贴到了KT板上，然后再次重复剪、弯、贴的动作。操作的同时她们谈论着与活动内容无关的事情。我走近她们问道："能和我说说这是什么吗？"杨杨愣了一下，低头看了看自己的作品，很快又抬起头来说道："这是一碗面条。"我想：这孩子倒是个机灵鬼。晨晨在一边一直没有说话。我顺势说："你们会做意大利面吗？那种面弯弯曲曲很有趣的。"杨杨顿时来了精神，拉着晨晨一起试着将金属丝弯曲出有规则的弧度。这时，我退到了一边，不再介入她们的活动。

交流分享时，我特意请了杨杨来介绍她们这幅有趣的意大利面条画，孩子们对杨杨的作品很感兴趣。我问："你们最喜欢这幅画的什么地方？"乐乐说："我喜欢上面歪歪扭扭的线。"于是，我请大家一起讨论"有什么办法能让金属丝弯起来"。大部分孩子都知道用手能把金属丝弄弯，但对如何控制金属丝的弯曲和变化程度并没有经验。我问杨杨："你的意大利面条真有趣，有的弯有的直，每一根都不一样。你是用什么好办法让它们变得弯弯曲曲的呢？"杨杨很乐意和大家分享她的经验，她说："我是用手指弄的，要弯一点就用力一点，要直就拉一拉。"我接着杨杨的话说："金属丝的本领真大，我们可以让它从直变弯，也可以让它从弯变直。我们用力的大小也可以控制金属丝的变化程度。"

交流分享让孩子们对金属丝能随意变化的特性产生了兴趣。为了帮助幼儿更好地利用金属丝的特点进行创作表现，我调整了区域内金属丝的投放形式。我将金属丝的一头固定在KT板上，以托盘的形式呈现，并在KT板的画纸上画上提示线条。幼儿根据KT板上的直线、曲线尝试将金属丝变形，感受金属丝从直到弯，从弯到直的过程。

在孩子们感知金属丝可弯可直的特性后，我又在活动区投放了没削的铅笔、珠子、嫩枝、花朵垫圈、螺母等材料，让孩子们在操作中找一找哪些材料可以和金属丝做朋友。

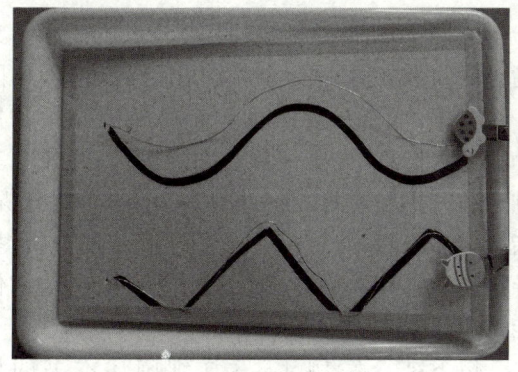

图4-2

图4-3

乐乐试着将金属丝绕在铅笔上，绕出了弯弯曲曲的线圈，孩子们立即将它命名为"电话线"；熙熙在一根短短的金属丝串上两个绒球，说："这个可以给姐姐扎辫子。"

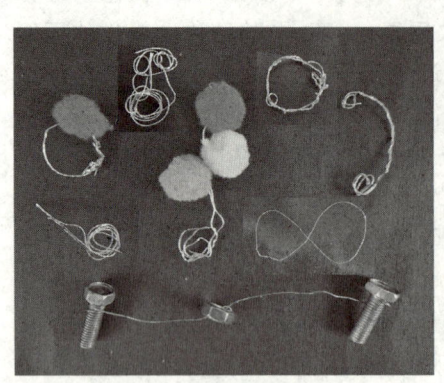 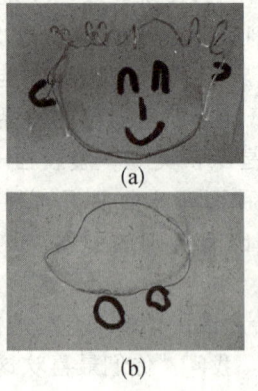 

图 4-4　　　　　　　　　　　　　　　　　图 4-5

在玩金属丝的过程中，许多孩子都出现了主动塑形的动作。如：杨杨拿了一根长长的金属丝绕来绕去，她将金属丝的一头绕成一个圆，命名为"放大镜"，接着将另一头也绕成一个圆，命名为"眼镜"。又如：豪豪在弯曲、折叠、扭绕中，将金属丝缠绕在一起做了一个"饼"。我请孩子们在集体交流时分享"卷一卷""扭一扭""绕一绕"等技能经验，并帮助孩子们分析作品："玩金属丝的过程中，你看到了哪些形状？""找一找，谁的作品中金属丝弯得有折角？"同时，我鼓励孩子们尝试在简单的塑形的基础上为作品命名。

当孩子们有了初步塑形能力，并出现了较为丰富的形状表现后，我继续鼓励他们根据金属丝的外形进行借形想象。我设计了集体教学活动"金属丝，变变变"。通过活动，我引导孩子们在金属丝原有的形状的基础上想象添画，进行二次创作，鼓励他们不断尝试探索金属丝的新的创作形式。瞧，那是金属丝做的小车带着宝宝去春游，弯弯扭扭的金属丝是宝宝的新发型，宝宝的妈妈有个长脸蛋……金属丝又有了新生命。

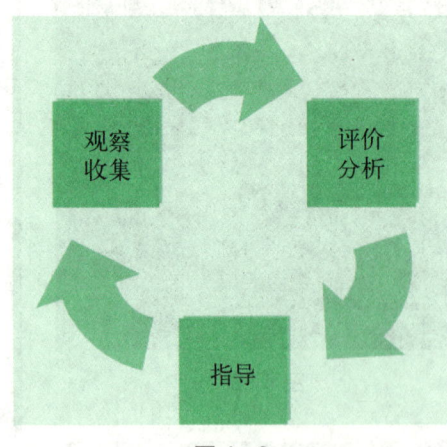

图 4-6

案例 4-5 反映了教师基于观察的幼儿行为指导的过程。这是一个循环往复的过程，如图 4-6 所示，教师从观察幼儿入手，在观察中收集幼儿行为信息、分析评价幼儿的行为，并在此基础上适时指导幼儿，进一步观察幼儿，再次分析、指导，继续观察幼儿新的行为，进行新的分析、指导……最终有效提升了幼儿的艺术表达与创作能力。

以下结合案例 4-5 详细阐述本书的核心——"基于观察的幼儿行为指导"的实施步骤以及具体实施时的注意事项。

1　观察、收集行为信息

观察是指导幼儿行为的基础,开展观察需要注意以下几个方面。

1.1　确定观察目标

案例 4-5 中教师的观察目标是了解幼儿对区域活动中新投放材料的操作情况,以便后续更好地调整材料投放,促进幼儿创作能力的发展。因此,教师在美术活动区投放了新材料——金属丝后,没有急于告诉幼儿材料的性质和操作方法,而是鼓励他们自主尝试操作。同时,教师在一旁观察幼儿操作的情况。

在工作中,你可以根据观察目标,在一日生活中选择观察幼儿的情境。需要注意的是,为了完成观察目标,有时候你需要选择多种情境进行观察。例如,你想观察班上一个不说话的幼儿,那么你就要在一天的不同时段观察他,判断他是在一天中都不说话,还是只是在某个特别的时段不说话。又如,你想观察幼儿的艺术表现行为,那么你不仅可以在集体或是区域的美术活动中观察幼儿,还可以在角色游戏、科学探索活动中观察他们的艺术表现行为(具体可参见本书第九章的案例"我们的创意稻草人")。

当然,有时候观察也不都是事先计划好的,在幼儿的日常生活中会有许多自发的情境可以作为你的观察对象。你要具备观察的意识,在一日生活中敏感地捕捉可供观察的随机情境。

1.2　细致地进行观察

在明确观察目标后,你需要对幼儿进行多次的观察,为后续分析和评价幼儿行为提供充分的依据。例如,案例 4-5 中教师通过几天的观察发现,幼儿将金属丝随意地弯曲、摆弄,可以说,这是该班级幼儿的普遍操作表现。同时,你要根据观察目标细致观察幼儿的具体行为表现。如案例中的教师重在观察幼儿的操作情况,因此教师随后在某一天的操作活动中重点对杨杨和晨晨玩金属丝的行为进行了观察,聚焦在观察记录幼儿的操作行为上。在观察中,教师发现她们"各自剪下一段金属丝,随意弯曲摆弄了一下,很快便贴到了 KT 板上,然后再次重复剪、弯、贴的动作。操作的同时她们谈论着与活动内容无关的事情"。换言之,如果你的观察目标是观察幼儿在游戏中的具体情况,则需聚焦于幼儿的语言、眼神、动作等行为表现。

1.3　通过其他方式进一步获得幼儿的行为信息

在案例 4-5 中,教师观察到杨杨和晨晨的操作表现后随即走近幼儿问:"能和我说说这是什么吗?"杨杨愣了一下,低头看了看自己的作品,很快又抬起头来说道:"这是一碗面条。"可见,教师可以通过开放性的问题了解幼儿真实的想法和对事物的理解。同时,教师还要积极与家长合作。家庭是幼儿学习、生活的重要场所,教师可以指导家长观察、收集幼儿行为的有关信息,从而全面了解幼儿的行为水平和特点。

2　评价、分析幼儿的行为

全面获取幼儿的行为信息后,教师要对幼儿的行为水平进行评价。《指南》中提出5—6 岁幼儿的艺术表现与创造的目标是:"能用多种工具、材料或不同的表现手法表达自己的感受和想象。"案例 4-5 中的大班幼儿刚开始操作金属丝时还停留于随意摆弄、先做后想的命名阶段,显然他们的这一表达方式是滞后的。

此时,教师要仔细分析造成幼儿艺术表现滞后的原因。一般来说,幼儿行为形成的因素包括内部因素和外部因素两大方面。在分析幼儿的行为时,需要综合考虑影响幼儿行为的因素。

2.1　内部因素

内部因素指的是那些在幼儿出生时就具有的影响因素。具体包括:幼儿的身心发展水平、心理特征(如认知风格、气质类型等)、性别、出生顺序、健康状况等。

2.2　外部因素

外部因素是指发生在幼儿生活中或环境中的重大事件或变化,包括可控的事件和不可控的事件。具体包括:家庭因素(家庭社会经济状况、父母状况、教养方式、亲子关系、父母之间的关系等)、幼儿园因素(教师、同伴、物理环境等)、大众传媒因素等。

案例 4-5 中,幼儿刚开始接触金属丝时的操作还处于先做后想的水平,主要是因为金属丝对幼儿来说是一个全新的材料,他们尚不了解金属丝的特性,不熟悉金属丝的操作技巧,更不要说主动创作了。同时,幼儿的小肌肉控制能力还比较弱,操作金属丝对他们来说也是一大挑战。

3　指导幼儿的行为

3.1　制定行为指导的目标

教师可以根据幼儿的发展水平制定随后的指导目标。如案例 4-5 中的教师看到幼儿随意摆弄金属丝并想出"一碗面条"的解释后,顺势说:"你们会做意大利面吗?那种面弯弯曲曲很有趣的。"这表明教师想让幼儿有意识地弯曲金属丝,进一步感受这一新材料的性质,并掌握初步的操作技能。

3.2　采取多种行为指导的策略

确定指导目标后,教师要开展对幼儿行为的指导。在案例 4-5 中教师根据幼儿的行为表现,适时、适当地提供了三种类型的指导,促使幼儿对金属丝的创作从随机命名向图示、想象转化。

（1）语言提示。

教师通过语言指导介入幼儿的活动，顺势说："你们会做意大利面吗？那种面弯弯曲曲很有趣的。"引导幼儿先想再做，有目的地进行构造行为。

（2）材料支持。

教师调整活动材料，将金属丝的一头固定在 KT 板上，以托盘的形式呈现。这样一头固定有助于幼儿的随意塑形，同时画纸上的线条提示又有助于小肌肉控制能力较弱的幼儿尝试有目的地塑形。

（3）集体交流。

教师在区域活动结束后的交流环节，让操作较好的幼儿分享自己的活动经验，提升了幼儿群体的操作兴趣。

除了上述指导策略外，教师还可以结合不同领域的幼儿行为特点进行有针对性的指导。如设定行为限制、关注积极的行为、给出明确的解释、使用正强化、暂停幼儿的行为、创设游戏化的情境、榜样示范等。

最后，需要特别说明的是，教师对幼儿行为的观察指导常常不是一蹴而就的，而是一个循环往复的过程。如案例 4−5 中，当幼儿感知金属丝可弯可直的特性后，教师在活动区投放了其他辅助材料，并观察幼儿主动塑形的能力。随后，教师通过交流环节引导幼儿进一步分享操作的经验。同时，教师还通过提问鼓励幼儿进一步围绕材料展开想象。当幼儿在操作中逐渐具备了塑形能力，并塑造出较为丰富的形状后，教师又开展集体教学活动，鼓励幼儿在塑形的基础上想象添画。回顾从案例 4−5 刚开始时幼儿盲目、随意的操作，到案例结尾时幼儿使用多元材料创作富有想象力的作品，我们可以深刻感受到幼儿创作能力质的飞跃。

（侯素雯、钱双）

拓展资源

- 希拉·里德尔-利奇著，刘晶波译：《儿童行为管理》，南京师范大学出版社 2009 年版。

该书第八章详细介绍了关于幼儿行为矫正方案的结构和个人教育计划的运用。为了帮助读者更好地了解这两部分内容，这一章还附上了具体的实例，使读者能够在教育实践中进行具体运用。

PATR ②

本篇以教育部颁布的《指南》为框架,介绍健康、语言、社会、科学、艺术等领域幼儿行为观察与指导的实践案例及具体策略。考虑到幼儿学习与发展的整体性,在具体的观察指导中教师应关注幼儿不同领域的行为之间的相互影响、相互渗透,尽可能避免孤立地进行各个领域的行为观察和指导。

实践与策略篇

第五章　健康领域幼儿行为的指导

第 1 单元

怎样指导幼儿保持安定愉快的情绪

单元导读

　　情绪的发展对幼儿的心理健康至关重要。安定愉快的情绪不仅可以成为幼儿积极学习的动力,也可以成为幼儿良好个性品质的形成基础。幼儿的情绪容易变化,并且较难自控,这就需要成人去了解他们、理解他们的感受,并帮助他们逐渐缓解和转移不良情绪。通过本单元的学习,你将:

- 了解怎样指导幼儿控制自己的脾气;
- 了解怎样改善幼儿爱哭的行为;
- 了解怎样消除幼儿的恐惧情绪;
- 了解怎样培养体弱幼儿的愉快情绪。

1　怎样指导幼儿控制自己的脾气

体验与思考

　　你如何指导情绪失控的幼儿? 怎样才能更好地帮助幼儿调节情绪?

案例分享

为何老是发脾气

行为观察

场景一:和爷爷的争吵

　　清晨,爷爷把文凯送到了班里,刚想和他打招呼,就看到他一脸气呼呼的样子。爷爷似乎还想和老师交代几句,他硬是把爷爷推出了门,爷爷无奈地摇摇头离开了。

"什么事情啊，一大早就这么生气。"我试图了解文凯发脾气的原因。可是他扭着头，看也不看我一眼。

"愿意和我讲讲吗？说出来会舒服点。"不管我怎么说，他都只是扭着头，看来牛脾气又上来了。"好吧，实在不想说也没关系，等想好了再来找老师，我会等你的。"说完我就走开忙别的事情了。

场景二：和同伴的争吵

游泳的时间到了，文凯还是不愿意和老师说话，他无精打采地排到了出发的队伍里。刚走出幼儿园大门，小朋友就来告状："老师，文凯打行行了，行行就说了一句'你怎么老发脾气'，文凯就一个拳头打过去了。"一旁的文凯紧紧地握着拳头，嘴里喘着粗气。

"你让老师好失望啊。心里不开心就可以随便发脾气了吗？自己做的事情就不要怕小朋友说，用小拳头打人真的很糟糕。"文凯斜着眼盯着我，强忍着眼眶里打转的泪水，握紧的小拳头还时不时地继续挥打着一旁小朋友的游泳包。我上前阻止时他竟然将拳头对准了我，就这样一路揪打着出发了。

行为产生的原因分析

通过一段时间对文凯的观察和了解，我觉得他不属于很任性的孩子，遇事也讲道理，就是有时候爱钻牛角尖。以往他发脾气我都会选择等他冷静后再处理，只要过了那阵"火"再去讲道理，他多半都能接受。他今天生气一定有什么原因。

文凯暴躁的情绪逐渐升温，在本来就不开心的情况下，被行行的一句"你怎么老发脾气"触动而生气到了极点。于是，文凯开始用拳头来表示对周围事物的不满，只要有人站出来说话，就成了他攻击的对象。

行为指导的策略与效果

一阵风雨后文凯慢慢冷静下来。我试图了解文凯生气的原因："今天的这股气害你什么都做不了，如果你不把它说出来，肯定一整天都感觉不舒服。"文凯双手插在腰上，斜着眼睛看着我，委屈的泪水终于在没有人的教室里悄悄滑落下来。

"你是我的好朋友，你打我踢我我都不离开你，因为我很想帮助你。你自己想清楚，是想越来越难受呢，还是让自己变舒服。如果愿意和我讲了就拍拍我。"我悄悄观察着文凯的变化。文凯"哼"了一声，继续朝向门口不看我。

十分钟后，文凯慢慢放下了插在腰上的手，开始向我这里跨了一步，看我朝他看了一眼，他马上又把腿收了回去。

我悄悄观察着文凯细微的变化，感觉他的"火气"在慢慢减退，于是开始自言自语讲述起故事来："以前大班也有一个爱生气的女孩子，大家都来帮助她，可是她就是不接受帮助，慢慢地她把身体都气坏了……"

"后来呢？"一个极细微的声音从一旁传过来。"妈妈带她到医院检查，医生告诉她每个人都有不开心的时候，这很正常，但是要用好的方法表达。把不开心说出来，这股气马上就逃走了，不然伤害的可是自己的身体。"听着我的话，文凯偷偷伸出手摸了一下自己的肚子，一副紧张的样子。

"现在能告诉我，早上为什么生气了吗？"

文凯点点头,终于给我讲述了一大早生气的原因。原来是文凯告诉爷爷他已经长大了,要求爷爷只要送到楼梯下,接下来他自己上楼,可是爷爷没有答应,还是坚持把他送了上来。这让他感到很不舒服,和爷爷生起气来。

文凯终于说出了藏在自己心里的疙瘩。这让我发现文凯的坏脾气也不是那么莫名其妙的,他有自己的原因,长大对他来说就是可以尝试着做一些自己想做,并且他认为自己能做到的事情。我理解文凯,可爷爷理解孙子吗?孙子又是否理解爷爷的关爱?解开两代人之间的心结是我该做的努力。同时,让文凯学会控制和调节自己急躁的情绪,也显得尤为重要。

案 例 分 析

在上面的案例中,教师详细记录了一名幼儿发脾气时的行为表现。由于表达和问题解决能力的局限,幼儿在日常生活中常常会面对情绪难以控制的情况。针对文凯的发脾气行为,案例中教师的反应比较得当。

教师对幼儿个性特点的把握十分准确。这是一名讲道理但爱钻牛角尖的幼儿,因而他当时的负面情绪必然有其具体的事由起因。帮助幼儿慢慢调节自身情绪,理清事情的缘由,并最终缓解不良情绪是关键。案例中的教师主要采取了以下措施。

首先,教师尊重幼儿的情绪表达,耐心等待幼儿平复负面情绪。案例中,文凯和爷爷发生了剧烈的冲突,从而导致他负面情绪的产生。一味地要求幼儿即刻恢复正常的情绪水平、压抑自己显然是不合理的。应当给幼儿一定的空间和时间,让其合理地使自身的负面情绪得到疏解,这也有利于其身心健康。

其次,了解实际情况,确定行为性质。在不良情绪的影响下,受到言语刺激的文凯甚至对小伙伴和教师动起手来。案例中的教师在立即制止文凯的攻击性行为的同时,通过移情的方法来和文凯进行沟通,因为教师确认文凯的攻击性行为是情绪不良状况下的应激行为,而非一贯如此,即非幼儿的品德问题。

再次,教师以身作则,保持自身稳定的情绪状况。面对幼儿的负面情绪,成人首先要有效地控制好自己的情绪,为幼儿做出榜样。案例中的教师,时刻注意自己的言辞和情绪状况,没有因为文凯不良情绪的升级而与文凯一起陷入不良情绪的泥沼中。

最后,教师通过语言帮助幼儿移情,并动之以情,晓之以理,最终使幼儿将心中的苦恼和盘托出。这对于幼儿来说,才是真正并合理地将负面情绪宣泄了出来。

当然,以上措施的步步推进,都离不开教师对幼儿细节动作的仔细观察,以及对幼儿心理变化的准确推测。教师通过观察,不紧不慢地掌控了整个指导的节奏,最终为幼儿化解了情绪的危机。同时,教师还意识到这种不良情绪的化解是一时的,要帮助幼儿提高情绪调节能力还需进一步制定指导方案。

幼儿发脾气的原因

- 心理原因。

① 越年幼的幼儿越可能发脾气。因为他们不会以某些可以被接受的方法来表达自己的意愿，而是常常用肢体语言来表达负面情绪，如发脾气、打人等。

② 幼儿发现发脾气的行为是引人注意的有效方法。一旦这样，他们就会一再重复这种行为。成人可能继续试着说服幼儿，也可能失去耐心，用生气或体罚来处理。用这两种处理方式，看似可以控制幼儿发脾气，实际上反而强化了幼儿发脾气的行为。

- 情境性原因。

① 当幼儿无法适时或正确表达需求的时候；

② 当幼儿遭遇挫折或不如意的时候；

③ 当幼儿的挫折容忍度尚未成熟的时候；

④ 当幼儿疲倦的时候；

⑤ 当幼儿无所事事的时候。

观察爱发脾气幼儿的具体表现

- 幼儿在什么时候最容易发脾气。

① 一天中任何时候都可能发脾气，没有办法预测；

② 在集体教学活动中，教师要求幼儿按照特定指导做事情时；

③ 在自由活动的时候；

④ 在户外活动的时候；

⑤ 在过渡时间；

⑥ 在来园时；

⑦ 在离园时；

⑧ 在中午休息时；

⑨ 在用餐时。

- 幼儿发脾气前发生了什么事情。

① 幼儿没有得到他所要求的东西或权利；

② 有东西从他那里被拿走了；

③ 幼儿想要别人正在玩的玩具；

④ 幼儿不让其他幼儿和他一起玩；

⑤ 其他幼儿或教师告诉该幼儿"不可以"；

⑥ 幼儿不想参加活动；

⑦ 活动结束时，幼儿不想结束该活动；

⑧ 幼儿被另一个幼儿打了。

- 幼儿发脾气时在做什么。
① 看成人是否在关注他；
② 成人在附近时,加大吵闹的声音和动作；
③ 当成人试着抓住该幼儿时,他会停止发脾气(或脾气越来越大)；
④ 成人试着和他说话时,他的脾气越来越大(或越来越小)；
⑤ 发脾气的时候会伤害自己；
⑥ 发脾气的时候想伤害别人。

改善幼儿发脾气行为的指导策略

- 当幼儿是在无理取闹地发脾气,或是因为外在因素不顺心而借故生气的时候,要善于使用忽视的策略。一旦幼儿知道不管他发脾气有多强、多久、多少次,他都不会因此受到注意时,便会很快减少这些行为。
- 转移幼儿的注意力。幼儿刚开始发脾气时,迅速转移他的视线,以新的事物或新的活动吸引他的注意力,并立即让其离开现场。
- 鼓励幼儿用语言表达自己的感受,学会合理抒发自己的情绪。
- 培养幼儿的挫折容忍力及面对问题的积极态度。
- 成人应切记自己不要经常发脾气,要以身作则,为幼儿创设一个良好的环境氛围,让幼儿保持积极的情绪,控制不良情绪的爆发。

(盛婴、侯素雯)

 怎样改善幼儿爱哭的行为

体验与思考

幼儿在哪些情况下会哭泣? 你是如何指导那些爱哭的幼儿的?

案例分享

爱哭的淇淇[①]

行为观察

淇淇,6岁,性格较活泼。带班教师告诉我,从进入大班以来,他越来越爱哭,有时一天能哭好多次。通过观察,我发现淇淇哭闹的时间、引起他哭闹的对象和引起他哭闹的情

[①] 常小倩.大班幼儿爱哭行为的观察与研究[D].上海:上海行健职业学院,2008.

境各有不同,具体情况如表5-1、表5-2和表5-3所示。

表5-1 淇淇哭闹的时间

淇淇哭闹的时间	观 察 日 期				
	11. 23	11. 26	12. 2	12. 13	12. 17
1. 早上入园时	√	√	√	√	
2. 集体活动时		√			√
3. 自由活动时	√	√		√	
4. 户外活动时	√			√	
5. 午餐时	√			√	
6. 点心时		√		√	
7. 午睡时	√		√		√
8. 放学前					

　　根据表5-1及以往的观察信息可知,幼儿在早上入园时教师会让他们进行简单的计算活动或识字活动。淇淇常因找不到自己的练习本而被教师批评,这时他会哭泣。此外,淇淇在自由活动和户外活动时哭闹较多,这是因为他跟其他幼儿在游戏时经常出现争执,当他争不过别人时就会大哭起来。

表5-2 引起淇淇哭闹的对象

引起淇淇哭闹的对象	观 察 日 期				
	11. 23	11. 26	12. 2	12. 13	12. 17
1. 涵涵			√		√
2. 带班教师	√		√		
3. 实习教师	√	√			
4. 衣服				√	
5. 自由活动和户外活动时的玩伴	√		√		

　　从表5-2及以往的观察信息中可以看出,引起淇淇哭闹的对象不是固定的。如:12月2日,淇淇想玩蹦床,但蹦床一次只能站三人,淇淇想玩就要等一会儿。于是,他边哭边跟正在玩的涵涵商量说:"你就下来吧,让我玩会儿。"涵涵挡不住他的哭,就让给他玩了。类似的情况并不少见。这表明淇淇常用哭闹的方式帮助自己达到目的。

表5-3　引起淇淇哭闹的情境

引起淇淇哭闹的情境	观　察　日　期				
	11. 23	11. 26	12. 2	12. 13	12. 17
1. 自己的要求没实现	✓		✓		✓
2. 教师的要求没做到	✓	✓			✓
3. 与玩伴起争执	✓		✓	✓	
4. 衣服脱不掉		✓	✓		
5. 吃饭吃得慢	✓			✓	
6. 任性				✓	

根据表5-3可知,引起淇淇哭闹的情境很多,其中因本人任性而哭闹的情况很少,较多的是因未完成教师的要求或与玩伴起了争执。

行为产生的原因分析

通过在幼儿园两个多月的仔细观察,以及与带班教师、家长进行的沟通,我认为淇淇爱哭的行为一方面与其自身心理承受能力差、依赖性重有关,另一方面与他的家庭教养环境密切相关。淇淇的爸爸妈妈平时工作较忙,他从小就由爷爷奶奶照料。祖辈对淇淇百依百顺、特别宠爱。现在淇淇仍跟爷爷奶奶一起生活,只有双休日才会跟父母一起住。在隔代教养的环境下成长的淇淇,独立解决困难的能力较弱,遇到问题就用哭来解决。带班教师也坦言,在班级里要面对三十多个幼儿,在淇淇刚开始出现爱哭的问题行为时可能没有及时给予关注和指导。时间一长,淇淇就形成了爱哭的行为习惯。

行为指导的策略与效果

通过对淇淇爱哭的行为的观察可知,哭是他用来处理问题的一种方法或习惯,当他的意愿得不到满足、遇到困难不能轻易解决、被教师指责时,他都用哭来应对。在与带班教师以及淇淇家长沟通后,我制定了以下的具体指导干预措施,并取得了一定的效果。

(1)采用家庭疗法,及时向家长反馈淇淇的在园表现,引起家长对淇淇教育的重视。

在与带教教师沟通后,我们采用了打电话和面谈的方式,把淇淇在幼儿园的表现如实地反馈给了淇淇的爸爸妈妈。通过带教教师与淇淇父母的沟通,家长深刻认识到问题的严重性,开始积极地配合带教教师对淇淇进行行为矫治。淇淇的爸爸妈妈不再对他过分溺爱,用实际行动告诉他,不是什么事情都可以由着性子来的。同时,他们引导淇淇积极独立地自己解决问题,并在淇淇能主动尝试解决问题时,及时给予鼓励。在教师与父母的坚持与努力下,淇淇爱哭的行为有所改善。

(2)采用暂时隔离法,让淇淇在哭闹时先尝试冷静和思考。

最近几天,教室里新开了"茶坊"的区角,幼儿都很喜欢到那里玩,但是游戏规定每次在"茶坊"工作的幼儿不能超过四人。这一天,区角活动刚刚开始就已有三名幼儿去"茶坊"工作了,淇淇和乐乐看到还可以再有一人去工作,赶忙冲了过去,结果乐乐比淇淇早了一步进入"茶坊"，淇淇生气地跟乐乐争吵了起来。教师看到后，走到他们跟前询问原因，乐乐向教师重复了她跟淇淇的争吵。教师说："你们自己商量谁去'茶坊'工作，商量不好今天就谁都不要去了。"淇淇对乐乐说："乐乐，今天让我去'茶坊'工作吧，我很想去的。"乐乐说："可是是我先来的。"淇淇有点想哭了，说："我不管，我就要去。"乐乐说："你怎么不讲道理呀。"淇淇开始号啕大哭。教师再次走过来询问原因并安慰淇淇："有自己解决不了的困难老师可以帮助你，小伙伴们也可以帮助你，为什么一定要哭呢？"淇淇还是不停地哭。教师说："如果你再哭，我就要请你离开教室，到休息室去想清楚。"他不予以理睬，继续哭闹。于是教师让他去休息室。区角活动快要结束时，教师来到休息室问他："遇到困难自己不动脑筋想办法解决，只知道哭，这样做对吗？"淇淇摇摇头。教师接着说："你再过几个月就要做小学生了，以后遇到了什么困难要怎样做？"淇淇说："以后遇到有困难的事情要自己动脑筋想办法，不能只会哭。"在接下来的时间里，淇淇很少表现出频繁的哭闹，遇事能够自己先思考，并试着与同伴合作，一起商量着解决。这说明暂时隔离法对矫治淇淇爱哭的行为产生了一定的积极作用。

（3）采用游戏疗法，让淇淇在游戏中发展自我控制的能力。

在角色游戏时间，教师为淇淇创设了一个在烧烤店工作的情境。游戏前教师先与幼儿讨论烧烤店该怎么开，会发生些什么事情，尤其要让大家知道烧烤店是要为顾客服务的，作为烧烤店的工作人员不能与顾客争吵，更不能哭闹，遇到问题要与顾客进行交流并说明原因，不然将取消游戏资格。教师在交代完游戏规则及注意事项后，特别安排淇淇当烧烤店的店长，之后便不再干涉游戏的进行。

有一位顾客来买烧烤时，店员与淇淇因为谁来收钱的问题发生了争执，双方各执一词，最后淇淇哭了起来。争执发生后，教师在干预时指出，淇淇应该在开始工作之前就安排好店员与自己的具体工作，作为烧烤店的店长，遇到困难只有自己多动脑多思考才行。

在接下来几天的游戏活动中，淇淇仍然担任烧烤店店长的角色。经过几天的游戏，我明显地发现淇淇的行为有了改善，不再像以前一样遇事总先哭，而是开始学会与店员和顾客进行必要的沟通与交流，表达出自己的想法和观点。

经过一段时间的训练，家长和教师都感受到淇淇的哭闹频率有了明显的减少，并且自信心有所增强，拥有了与同伴沟通和合作的能力。

案例分析

淇淇是一个大班的男孩，即将步入小学阶段，却依然在面对实际挫折或矛盾时常常哭闹，这对今后更高要求的学业生活是极其不利的，应予以及时纠正。案例中，教师为了对症下药，针对淇淇的问题，设计了观察记录表来观察淇淇哭闹的时间、引起他哭闹的对象和引起他哭闹的情境。

根据观察结果，教师发现了淇淇哭闹的情况特点，即引起淇淇哭闹的对象不定,引发淇淇哭闹的主要原因就是受到批评、愿望得不到满足以及同伴冲突,教师还发现淇淇常以哭闹的方式来达到满足愿望的目的。因此,教师制定了以提高淇淇交往能力、改善其哭闹行为为目的的教育方案。教师主要采取了三种措施:家庭疗法、暂时隔离法和游戏疗法。

首先,教师通过家庭疗法,寻求家园合作来巩固幼儿的积极行为。一个行为习惯的矫正,总是少不了家庭的支持和配合。要使教育行为保持一贯性,使幼儿的行为得到彻底的矫正,只在幼儿园里做文章是远远不够的。家庭支持不利的话,不仅无法使幼儿的矫正行为得到巩固,更有可能使幼儿形成另一个叠加的不良行为——阳奉阴违。案例中,由于教师与家庭的有效沟通和协作,幼儿最终改正了爱哭的行为。

其次,暂时隔离法是为了及时制止淇淇的哭闹而制定的。这种冷处理的方法明确了成人的态度,即哭闹是无法得到别人的帮助并解决实际问题的。这就要求幼儿必须冷静下来,控制好自己的情绪,这样他人才能与之做进一步的沟通和协商。

最后,教师通过游戏疗法,在具体情境中引导幼儿与他人进行交往和协商。针对大班幼儿的年龄特点,案例中的教师并没有选择手把手地教幼儿怎样做,而是为淇淇设立了一个能与他人有较多交往机会的游戏角色,即为幼儿搭建了一个机会繁多的交往平台,使淇淇能在真实情境中提高自身的情绪调节和协商交往能力。

行为解析与指导提示

幼儿爱哭的原因分析及意义

哭是婴幼儿使用的一种沟通方式。随着年龄的增长,幼儿逐渐学会用语言等其他方式取代哭。然而,哭对多数幼儿来说,仍然是一种沟通的方式。当幼儿遇到压力而又无法应对时,就会表现出忧伤的情绪进而用哭泣发泄出来。

对于幼儿来说,哭是正常的情绪宣泄的一种方法。许多研究表明:哭泣不仅具有心理上的治疗价值,而且对身体也有好处。但如果这种哭闹过于频繁,就成为了一种问题行为。我们可以根据幼儿哭闹的频率、时间、次数、每次哭闹持续的时间和原因等来综合判断幼儿是否爱哭。

观察爱哭幼儿的具体表现

- 什么时候幼儿最可能出现哭泣的行为。
① 一天中任何时候都会哭泣;

② 在来园时；

③ 在离园时；

④ 在集体教学活动中；

⑤ 在自由活动的时候；

⑥ 在活动快结束时；

⑦ 在户外活动的时候；

⑧ 在过渡时间；

⑨ 在上洗手间时；

⑩ 在中午休息时；

⑪ 在进餐时。

- 幼儿哭泣前发生了什么事情。

① 幼儿想要别的幼儿的东西(或幼儿的东西被别的幼儿拿走了)；

② 别的幼儿不让他参与游戏；

③ 幼儿与其他幼儿产生了语言或肢体冲突；

④ 教师对幼儿说"不可以"；

⑤ 教师不回答幼儿的问题；

⑥ 幼儿的家长刚离开；

⑦ 幼儿无法完成活动；

⑧ 幼儿未被允许参与活动；

⑨ 幼儿不想参与活动；

⑩ 幼儿受伤时。

- 幼儿哭的时候在做些什么。

① 问题解决后,幼儿停止哭泣(如拿到了自己想要的东西)；

② 问题解决后,幼儿仍旧哭泣(如拿到了自己想要的东西后仍在哭泣)；

③ 经教师安慰后(语言或抱一抱他),幼儿停止哭泣；

④ 幼儿抗拒成人的安抚；

⑤ 幼儿说出哭泣的原因；

⑥ 幼儿只是哭泣,什么都不说；

⑦ 当有人要跟他讲道理时,幼儿哭得更加伤心。

引发幼儿哭泣的主要原因

- 与父母或主要教养人分离。
- 身体上感到不舒服或疼痛。
- 被同伴排斥或欺负。
- 对某项活动感到不满意或受挫。
- 愿望没有得到满足。
- 家庭中出现一些压力性情境,为了获得注意而采取的哭泣行为。

改善幼儿爱哭行为的指导策略

- 了解引发幼儿哭泣行为的原因,减少幼儿所面临的压力。

① 对于新生入园而引发的哭泣行为的指导:通过设计各种适当的活动帮助幼儿感受到上幼儿园是愉快的事情,安抚幼儿,让幼儿逐渐适应新的环境;不应让幼儿感到进入幼儿园就是被父母抛弃。

② 如果不常哭泣的幼儿近来频繁哭泣,应考察他的生活中是否有何对他产生刺激的变故。父母离异、家人亡故、环境变化(如转园)等都会成为困扰幼儿的因素,从而导致他常常哭泣。教师要和家长进行沟通,共同探索帮助幼儿解决困扰的方法。

③ 如果幼儿是由于社会交往能力较弱而在社会交往中受到伤害,那么教师应帮助其提高社会交往能力,提高他在社会交往中的被接受度。

- 减少幼儿为了引人注意而产生的哭泣行为。

① 通过观察,分辨幼儿是否通过哭泣来吸引成人的注意。如果情况确实如此,则应对他的行为不予理睬。即便是幼儿哭得很大声时,也要坚持不予理睬。当幼儿停止哭泣时,引导幼儿参与活动。

② 当幼儿停止哭泣时,告诉幼儿你期待和重视他的哪些行为;当他表现出良好行为时,给予及时的、具体的肯定。

(盛婴、侯素雯)

3 怎样消除幼儿的恐惧情绪

体验与思考

幼儿对什么会产生恐惧?你怎样看待幼儿的恐惧情绪?回忆你帮助幼儿克服恐惧情绪的经验,思考你的指导效果如何?

案例分享

害怕玩海洋球的孩子[①]

上海市芷江中路幼儿园龙潭园　李华

行为观察

有一年我新接了一个中班,每周我都会安排幼儿到海洋球池去玩耍。每当这个时候,

———————————

① 本文根据李华老师口述撰写。

孩子们总是十分兴奋,他们时而在海洋球池中蹦跳,时而从滑滑梯上迅速滑入海洋球池中,时而又在海洋球池中央的攀登架上攀爬……每次孩子们都玩得意犹未尽。只有丁丁是个例外,他始终脱鞋坐在海洋球池外的凳子上,不踏进海洋球池半步。

经过连续几周的观察后,我忍不住问他:"为什么不和小朋友一起玩海洋球呢?""我不要玩,我害怕。"我从他的眼里读出了些许恐惧。"能告诉老师你害怕什么吗?"他看着我,并不回答。在我的眼里,丁丁是个活泼开朗的孩子,无论在户外活动还是室内活动时他都积极参与,为什么会害怕玩海洋球呢? 此后,每当我邀请他和其他孩子一起玩海洋球时,他都用"我害怕"拒绝了。

行为产生的原因分析

我把这件事情告诉了搭班教师。她告诉我,丁丁从小班开始就是这样的,大家已经习惯了。我又和家长沟通了丁丁的这一情况。家长说丁丁就是这样的,不玩海洋球没有什么关系,让他去吧。

我始终有些纳闷,为什么吸引全班孩子的海洋球活动,却让一个平时活泼开朗的孩子感到害怕呢? 是不是有什么特殊的原因? 在又一次和家长沟通后,我排除了丁丁以前在类似情景下有恐惧经验的假设。

于是,一个念头在我的心中逐渐形成——我要帮助丁丁,让他也能够感受到和其他孩子一样在海洋球池中快乐玩耍的乐趣。在离园接待的时间,我把自己的想法告诉了丁丁妈妈,并告诉她在实施计划的头几周丁丁可能会有些负面的情绪反应,但多年的带班经验让我有信心能够成功,因此恳请她支持我接下来的行动。丁丁妈妈对我能够如此坚持去帮助丁丁表示感谢,虽然她仍有些担心,但最后她还是答应放手让我试一试。

行为指导的策略与效果

在接下来的那次海洋球活动中,我和往常一样邀请丁丁像其他孩子一样参与到海洋球的游戏中。不出我的意料,他还是拒绝了。我并没有像以前一样转身继续关注其他幼儿,而是冷不丁一把抱着他一起进了海洋球池里。丁丁对我这突如其来的举动还来不及反应,一下子懵了。几秒钟后,他开始哇哇大哭起来,嘴里嚷着:"我要出去! 我要出去!"我仍抱着他,对他说:"你看,我们进到海洋球池里了,这里没有什么可怕的吧。"可是丁丁根本听不进我的话,他开始哭着一边用小拳头打我,一边喊:"让我出去,让我出去……"我心里想,一定要坚持一下,看看在海洋球池里的丁丁到底会有怎样的反应。我依旧抱着他,同时说:"老师抱着你,这里没什么可怕的。"过了大约十分钟的时间,丁丁终于停止了哭泣。他在我的怀里,默不作声。我借机说:"你看,小朋友们都玩得那么开心呢,这里没有什么可怕的呀。"接下来的几分钟里,我仍抱着丁丁,丁丁虽没有说要去玩海洋球,但他的小眼睛开始四处张望起来。我想也许因为我在他身旁的缘故,所以他不好意思去玩。于是,我松开抱着他的手,走向其他孩子,并悄悄观察他。一开始他还停留在原地,四处看。不一会儿他便和其他孩子一起玩起来了。

以后的每次海洋球活动中,我都可以看到丁丁和其他孩子一样在海洋球池中畅游嬉戏的身影。

案例分析

　　幼儿参与室内外大型游戏时一般都会经历从陌生、旁观、熟悉到喜爱的过程，玩海洋球也不例外。并不是每一个幼儿都会从一开始就喜欢玩海洋球的。对案例中的丁丁而言，他对玩海洋球的恐惧情绪无论从持续的时间上还是程度上都明显较其他幼儿更为严重。

　　案例中的这位教师关注到丁丁与其他幼儿在玩海洋球时的不同情绪表现后，并没有听之任之。教师先与搭班教师、家长进行沟通，尝试了解幼儿行为背后的原因。在排除了幼儿的其他心理问题后，教师用自己丰富的带班经验和自信得到了家长的支持，并计划采取对幼儿的行为指导。这些都是教师有效指导幼儿行为的重要前提。

　　在这个案例中，教师对幼儿恐惧情绪的指导归纳起来包括两个要点：一是在幼儿恐惧时给予他积极的情感支持，二是带着幼儿一起去尝试，用事实告诉幼儿海洋球池没有他想象得那么可怕，并最终促使幼儿克服恐惧心理。

　　难能可贵的是，在案例中可以看到教师对幼儿行为改善的信心和坚持。教师几次邀请丁丁参与到海洋球活动中，但都遭到丁丁以"我害怕"为理由的拒绝。这时，教师并没有放弃对幼儿恐惧行为的关注，而开始思考如何让其体验到游戏的快乐，摆脱由于恐惧只能作为旁观者的孤独。当幼儿因被迫第一次进入海洋球池而对教师拳打脚踢时，教师紧紧抱着幼儿，不断安慰幼儿。当幼儿停止哭泣后，教师通过介绍其他幼儿的游戏，引导幼儿了解在海洋球池中玩耍是让人快乐的事情。当幼儿开始关注他人游戏时，教师又故意忽视幼儿，选择在远处静静观察其表现，避免过多的关注让刚刚走出对海洋球的恐惧的幼儿产生紧张感。通过在活动开始前后的不懈努力，教师使幼儿克服了一直以来对玩海洋球的恐惧情绪，开始畅快地和其他幼儿一起享受玩海洋球的快乐。

行为解析与指导提示

恐惧心理对幼儿发展的影响

　　恐惧在幼儿发展的过程中是一种普遍的情绪反应。幼儿的恐惧是对周围环境的一种适应性表现，可以帮助他们预见周围的危险，增强其生存能力，是一种必要、健康的反应。一般来说，幼儿的恐惧可能会导致做噩梦、失眠、呆滞等，但通常十分短暂而且不稳定，许多恐惧会随年龄的增长而消失。但如果这种情绪过于强烈或者持续时间过长，或是对毫无害处的动物、植物、自然现象、虚幻幻想形象等也产生恐惧，则会使幼儿胆小退缩，可能影响幼儿的正常生活，并影响其今后的发展，因而需要进行及时的指导。

导致幼儿恐惧的原因

- 生理原因。

如：有的幼儿天生过分敏感、胆小；女孩比男孩更容易恐惧。

- 心理原因。

① 恐惧的形成与幼儿认知水平的发展有密切联系。幼儿对许多事物的恐惧都是由不正确的认知造成的。

② 幼儿恐惧的对象会随年龄的增长而变化。随着年龄的增长，幼儿会对噪声、陌生物体、陌生人、疼痛、突然位移等因素的恐惧逐渐减少，而对想象中的危险和社会性活动的恐惧逐渐增多。

③ 恐惧的形成与幼儿的成长经历有关。

- 成人的影响。

① 不良环境（如：幼儿生活环境闭塞、家庭成员间关系紧张等）容易使幼儿产生恐惧情绪。

② 不良的教育方法对恐惧的形成有直接的作用。如家长长期采用恐吓的方式教育幼儿，会使幼儿感到恐惧。

消除幼儿恐惧情绪的指导策略

- 对幼儿的恐惧表示充分的同情和理解，倾听他们的想法，帮助他们宣泄恐惧情绪。
- 提高幼儿的认识水平。在日常生活中教给幼儿科学的知识，帮助他们正确认识自然界的动植物和各种现象，不断积累生活经验，学会与人交往，正确对待批评及挫折。
- 培养积极、健康的情绪。有意识地为有恐惧情绪的幼儿创设机会，鼓励他们大胆探索，努力克服困难，培养他们的独立性和自信心。
- 用事实证明恐惧实际上不必要，很多事情并非幼儿想象的那样。
- 改变教养方式，不用恐吓的方法教育幼儿。

（侯素雯）

 怎样培养体弱幼儿的愉快情绪

体验与思考

回想你是否遇到过过敏体质的幼儿。他们除了在饮食上需要特殊的护理外，还有哪些特殊需求？

让过敏体质的孩子放飞快乐心情

上海市黄浦区思南路幼儿园　宗黎

行为观察

榕榕是个 6 岁的男孩,父母都是外地来沪的高级知识分子,平时自己养育榕榕。榕榕的过敏情况非常严重,尤其是在冬春、夏秋交替时特别容易诱发身体过敏。妈妈告诉我们,孩子平时不能接触羊毛制品,进餐时要避免海鲜。在幼儿园中老师发现孩子在嬉戏时精力很充沛,但是走路或上楼梯的时候不愿意走,特别容易气喘;天气干燥时傍晚常流鼻血;春天时经常眨眼睛;哭的时候有红眉毛;多汗、多动、易感冒;经常揉眼睛、抠鼻孔、流鼻涕、打喷嚏(次数频繁,一般连续打喷嚏 3 次或者更多);跑步或者大笑后,孩子会咳嗽。所以,妈妈提醒老师在幼儿园尽可能地避免让孩子激动,或使他情绪不稳定。

场景一:

上午 9 点多,孩子们已经在操场上进行户外锻炼了。榕榕在爸爸的半拉半推中很不情愿地来到老师身边,眼睛红红的,显然是刚哭过。榕榕爸爸把我拉到一边说:"昨晚榕榕因身体过敏,身上痒得睡不着,很晚才睡,今天早上我们想让他多睡会儿就没叫醒他。他觉得自己上学迟到了,在小朋友面前没有面子,所以发脾气呢,哭着不肯上幼儿园。"

场景二:

因为天气忽冷忽热,榕榕感冒了。妈妈说:"榕榕身上发出红疹子,奇痒无比,伴随着咳嗽与高烧,孩子想要在家休息几天。"几天后的清晨,只听见楼梯间传来哭声。榕榕因为前几天没有上幼儿园,害怕自己没有学到小朋友学到的本领而落后于他人,便哭着跟妈妈说:"我不要上幼儿园,大家聊的话题,我会听不懂,小朋友会笑话我的……"

场景三:

几次做律动操时,榕榕总喜欢排在最后,而且不愿意找好朋友一起跳,喜欢一个人跳。老师很奇怪,问:"榕榕,怎么不找好朋友一起?"榕榕说:"我喜欢一个人跳。"老师把这件事情和妈妈一沟通才明白,原来,过敏严重的榕榕手上的皮肤会起皱,关节连接处还会因皲裂而有血丝。他告诉妈妈:"小朋友看到我的手会害怕,都不愿意和我拉手"。受挫后的榕榕,再也不愿意和小朋友相处了。

行为产生的原因分析

针对榕榕的这些问题,我们首先进行了深入的分析和思考。

● 对孩子身体原因的分析。

孩子的过敏情况非常严重,诱发的原因可能有多种:① 遗传:据妈妈介绍,孩子的爸爸有较为严重的过敏性鼻炎,孩子一生下来就有严重的过敏症状,且一直在中医治疗,但效果不明显。② 生存环境:孩子对上海的空气和环境表现出不适应,妈妈说只要一回到老家,孩子的过敏情况就有明显改善。

- 对孩子性格、情绪的分析。

榕榕是个自尊心很强的男孩子，他非常"好面子"，只愿意在集体面前做他非常有把握做好的事情。榕榕的性格非常敏感，同伴之间不经意的一个动作或是一个观点，都会触动榕榕敏感的神经，他会因此一个人偷偷生气。由于身体过敏，平时又易生病，他常会出现焦虑情绪，特别在家里，只要一有不如意的事情就会发脾气。爸爸妈妈由于害怕孩子会因情绪激动而诱发过敏，常向孩子妥协。

指导目标

要帮助榕榕改善过敏带来的不适，我们必须要解决两个问题：一是在孩子发病时，家园如何方法一致进行照料；二是如何帮助发病期的孩子控制情绪，建立良好心态。

行为指导的策略与效果

在照料方面，首先，我们建立了过敏幼儿小档案。小档案中详细记录了孩子的发病症状和注意事项，放在教室的明显位置，供班主任和保育员随手翻阅，以便老师在观察孩子面色、情绪时进行对照。其次，老师邀请家长来园和班主任、保健老师一起制定方案，如两教一保在运动中严格关注"两个避免"：一是避免榕榕在运动中出很多的汗。教师在幼儿运动过程中，要经常伸手指进孩子衣服内观察其出汗情况，及时控制运动量。二是避免高强度大运动量的活动，运动之间要有间隔。让孩子在运动间隔时休息，观察其脸色、呼吸以及情绪后再定夺是否继续接下来的运动内容。在运动过程中，老师要给孩子背后垫上毛巾，不让汗浸湿内衣。再次，在孩子的发病期，营养员为其提供专门的饮食，杜绝发病诱因。接下来，老师和妈妈商量后决定让孩子在发病期采用两种午睡方式：一种在幼儿园睡，老师会每天将孩子的午睡位置安排在门口空气较为流通的地方；另一种在家里午睡，中午让爸爸来园将孩子接回家，避免孩子在午睡时和其他孩子发生交叉感染，同时，自由职业的爸爸还可以照顾其午睡以保证一定的睡眠时间。老师根据家长的选择提供特需服务。最后，为了能让家长在第一时间敏锐地捕捉到孩子健康变化的动向，老师为孩子建立了"过敏幼儿观察本"，其中重点记录了孩子的运动内容、保持时间、运动中的出汗和情绪状况，以及半日活动中的咳嗽次数，让家长知晓孩子在园的活动情况，以便其能更好地、有针对性地照顾好孩子的身体。

针对孩子的心理问题，教师也采取了多种方案。① 来园方案（见图5-1及图5-2）：记录一天中需要老师特别关照的事情，老师将按照家长的建议给孩子特别关照，并在孩子离园前用文字记录孩子的健康和生活状况。② 中午接回家方案：老师同样用文字形式向家长介绍当天班级要开展的活动以及指导孩子在家学习、运动的活动推荐。这样能让孩子的活动有延续性，确保孩子有信心参与到各活动中去。③ 结合主题活动"我自己"，老师让每个孩子找找自己和别人不一样的地方，让榕榕愉快地感受到自己的特点，如：语言表达能力非常强，绘画时线条流畅、想象力丰富，会设计很多好玩的游戏，等等。目的在于让榕榕知道这些优点都是小朋友要向他学习的，从而让他逐渐明白每个人身上都有不同的优点和缺点，所以对于过敏这个小麻烦，不必过多地放在心上，而是要在平时学会照顾自己，尽可能地减少生病的次数。

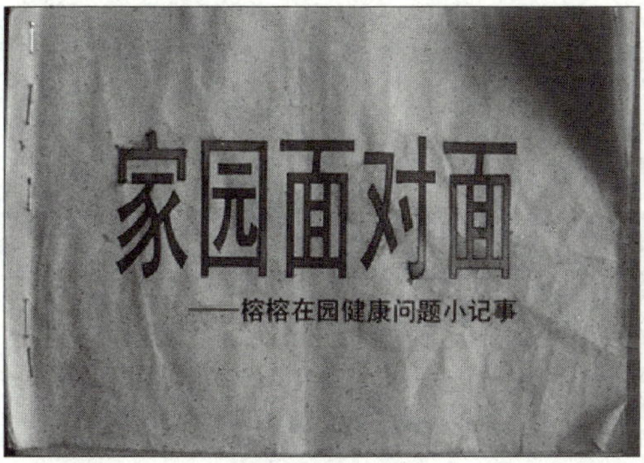

图 5-1

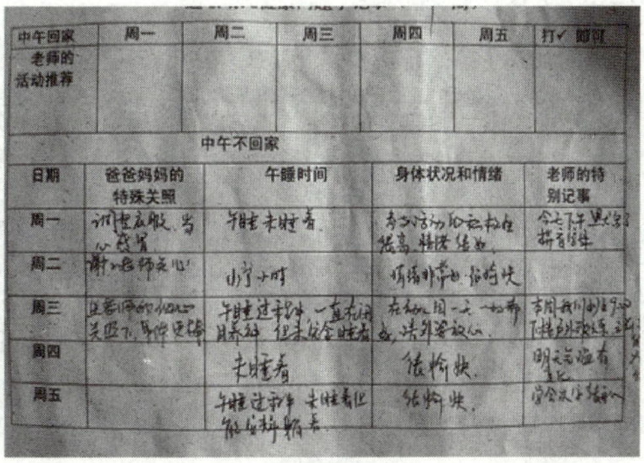

图 5-2

经过幼儿园与家庭的不懈努力,榕榕在两个季节交替时过敏症状大有好转,除了身上还偶有发痒外,没有发过一次哮喘。爸爸妈妈也放心将孩子送至幼儿园,榕榕在集体面前的自信心增强了,脸上的笑容也多了。

案例分析

面对过敏体质的幼儿,我们很多时候只看见他们受损的躯体,而忽视了他们同样"过敏"的心理。案例中的教师就通过轶事记录法观察到了过敏体质的榕榕在身心两方面受到的困扰。因此,教师着重从这两方面采取措施:首先是提高保育质量,缓解幼儿过敏时的生理不适并减少其发生过敏的情况;其次是帮助幼儿在过敏期间做好情绪调节,保持良好安定的情绪。

在保育方面,教师通过建立档案,在一日生活的各个环节,充分做好预防榕榕犯病的准备。如注意观察幼儿运动时的呼吸、心率等情况,使其运动量控制在适量范围内;加强平时观察,一旦发现过敏征兆就及时介入干预;特别关注幼儿在过敏期间的睡眠状况,保障幼儿睡眠质量等。针对过敏体质幼儿的保育加强工作,能有效减少幼儿过敏状况的发生,使幼儿逐渐拥有一个健壮的体魄,并尽可能跟上集体活动的步伐。身体健康为过敏体质的幼儿奠定了接受其他优质教育的基础。

在心理建设方面,教师通过集体教育活动帮助过敏幼儿树立自信心,摆正其在同伴关系中的位置,逐渐改变幼儿心中自卑、敏感、多虑的想法。对于处于大班阶段的幼儿来说,他们的自我意识发展突出,对自我的评价逐渐从依从性评价向独立性评价发展,不再轻信成人的话语。因此,要帮助幼儿树立自信心,必须使幼儿有充分展现自我的机会,在同伴中审度自己所处的位置,这样才能真正促进幼儿对自己有全面的认识。榕榕也因此解除了心理的"敏感"。教师还充分利用家园联系手册来保障幼儿学习生活的连贯性。对于过敏体质的幼儿来说,为了保护其生理健康而将幼儿禁锢在家中,不仅不利于幼儿自身免疫力的提高和生理发展,更会对幼儿造成负面心理影响。榕榕的最初表现正是反映了这种过度保护的弊端。通过与家长的紧密联系,家园共同合作在最大程度上为幼儿的完整学习生活保驾护航,这对于榕榕来说也是一种莫大的支持。

案例中的教师将保教结合的原则贯穿于整个家园合作中,尽可能使榕榕有一个完整的幼儿园生活。教师密密麻麻的记录真实反映了她们对榕榕这个特殊幼儿的耐心、爱心和关心,这一切均是通过专业的方法来传递的,而不是通过一味对幼儿的纵容和溺爱来体现的。所以,是教师用专业的爱缓解了幼儿过敏的生理损伤,治愈了幼儿心理的过敏。

行为解析与指导提示

过敏体质的相关概念及影响因素

每人每年约有 1 吨食物通过胃肠道,其中含大量细菌、食物抗原,大多数人不会因此发生疾病,这是由于消化道作为免疫器官起了作用,但有一些"过敏体质"的人则不然。一般将容易发生过敏反应和过敏性疾病而又找不到发病原因的体质称为"过敏体质"。具有"过敏体质"的人可发生各种不同的过敏反应及过敏性疾病,如有的患湿疹、荨麻疹,有的患过敏性哮喘,有的则对某些药物特别敏感,可发生药物性皮炎,甚至剥脱性皮炎。总体来说,过敏体质的形成与遗传密切相关,并会因众多的发病原因和诱发因素交织在一起而反复发作。对于过敏体质幼儿的照料重点在于使其远离过敏源并提高自身抵抗力。最常见的致敏食物有牛奶、鸡蛋;其次为大豆、鱼虾、花生、坚果等。花生、坚果类过敏最严重、持续时间最长。

对于过敏体质,现今科技还未能帮助幼儿根除过敏这一疾病。同时,由疾病所带来的困扰,不仅让过敏体质幼儿在生理上困苦不堪,还让他们在心理上也感到煎熬。他们多敏感、焦虑、自卑,担心别人异样的眼光。因此,帮助幼儿同过敏作战必然是一场旷日持久的马拉松,需要教师持久的耐心和贴心。

常见的食物过敏源种类

* 海鲜类:虾、蟹等带壳海鲜及贝类是最常见的食物过敏源,其次是不新鲜的鱼,而鳕鱼等深海鱼类则会引起少数哮喘幼儿过敏。
* 蛋奶类:牛奶、羊奶、蛋类是婴儿时期最常见的食物过敏源,有些人会持续对蛋奶类食物过敏,但也有些人长大以后就好了。
* 蔬果类:茄子、马铃薯及芒果与橘子等柑橘类水果也容易引起过敏,过敏反应严重者不要吃含柠檬酸的果酱。
* 豆类:豆类含植物蛋白,对蛋白质过敏的人食用豆类可能发生过敏反应。
* 坚果类:开心果、板栗、胡桃等含有植物性蛋白质,属于高油脂类,易造成有些哮

喘患者食用后哮喘发作。

减轻幼儿过敏症状的措施

- 在保育工作上。
① 建立个案,详细记录导致过敏体质幼儿发病的各种过敏源并加以规避。
② 让幼儿适当地进行体格锻炼,增强幼儿体质,提高他们对疾病的防御能力。但在锻炼时需对幼儿做认真观察,防止运动过量。
③ 与家庭照料保持一致。可通过双方共同记录家园联系册等方法来实现密切的家园沟通交流。
- 在用餐上。
① 日常饮食以均衡为原则,需为过敏体质幼儿定制餐点,严格避免各种过敏食物(如:鱼虾,牛羊肉,油腻、过甜及刺激性食物)或药物,杜绝发病诱因。
② 让幼儿多吃富含维生素的食物以增强机体免疫能力。
③ 适量使用洋葱和大蒜等含有抗炎化合物的食物,可预防过敏症的发病。
- 过敏体质幼儿的心理建设策略。
① 当幼儿无理取闹地发脾气或借故生气的时候,应善于使用忽视的策略。不管幼儿发脾气持续多长时间,情绪强度多大,都不能让幼儿感到是因此而受到的注意。
② 转移幼儿的注意力。幼儿刚开始发脾气时,以新的事物或新的活动吸引幼儿的注意力。
③ 增进幼儿自我控制的能力。幼儿逐渐发展和独立,需要有机会练习自主。让幼儿有机会做自己要做的事情,让幼儿学习自己做决定,这是培养其独立性的一种方式。
④ 丰富幼儿的语言,鼓励幼儿用语言表达自己的感受,学习抒发自己的情绪。
⑤ 培养幼儿面对问题的积极态度和探索解决问题的能力。
⑥ 成人应起到榜样作用,合理调节自身的情绪,为幼儿创设一个良好的环境氛围。
⑦ 结合相关主题活动,帮助幼儿寻找自身的优势,拓展视野,认识每个人的优缺点。
⑧ 为幼儿搭建展示自身优势的平台,从而帮助其树立自信心。

(盛婴)

拓展资源

- 伊莎贝拉·费利奥沙著,黄君艳译:《理解孩子的语言:孩子的笑、哭泣和害怕》,北京科学技术出版社 2013 年版。

该书作者是著名情感教育专家,心理疗法专家。作者的核心观点是:为了孩子的幸福,我们要学会积极地对情绪进行辨识、归类、理解、疏导和利用。书中,作者逐一分析了恐惧、愤怒、喜悦和悲伤这几种情绪。最后,作者提出了一些让成人和孩子生活得更幸福的切实有效的方法。

第 **2** 单元

怎样指导幼儿积极参与身体锻炼

单元导读

　　幼儿期是身体生长发育的关键时期。幼儿的身心发育尚未完善,他们对于自然环境和社会环境的适应能力差,对疾病的抵抗力较弱。引导幼儿积极参加锻炼,对幼儿锻炼出强健的体魄、奠定良好的体质基础、养成锻炼身体的良好习惯都有积极的作用。通过本单元的学习,你将:

- 了解怎样指导幼儿科学地进行户外运动;
- 了解怎样培养幼儿的动作技能;
- 了解怎样支持体弱幼儿的运动。

1 怎样指导幼儿科学地进行户外运动

体验与思考

1. 幼儿在户外活动中需要休息吗? 为什么?
2. 如何让在户外活动中玩兴正浓的幼儿学会休息?

案例分享

健康运动　健康成长

上海市黄浦区城市花园幼儿园　朱玄

行为观察

　　运动时间到了,杰杰迫不及待地穿上球衣,高兴地奔向草坪去踢足球。不一会儿,阳阳一脸不高兴地跑过来对我说:"老师,我也想踢足球,我和杰杰商量了,可是杰杰就是不肯给我玩。"于是,我走到了杰杰的身边,发现他满脸通红,衣服已经湿了,汗水从额头上滴了下来。我提醒他去擦擦汗休息,他气喘吁吁地对我说:"我不累,还想玩一会儿。"而一旁的阳阳则因为等着踢足球,不愿意参加其他运动。

行为产生的原因分析

进入大班,孩子们的运动量渐渐地增大,越来越喜欢运动。每次运动时,即使出汗了、热了、渴了,他们也不愿意主动地去休息。活动时,经保育员一次次地提醒,孩子们才勉强休息片刻。

行为指导的策略与效果

我开始思考如何让孩子们既学会积极参与各项运动,又及时了解自己的运动量,自主休息、恢复体能。

首先,我通过划分区域和提供图示的方法让孩子们自主休息。我将运动场所进行了划分,大运动量区域为红色,小运动量区域为绿色,将运动场的四周划分为转换区域。对运动区里的运动项目,我也重新按照运动量的大小进行了梳理,如滚轮胎、踢足球、翻网、排球等设定为大运动量;拍球、走竹梯、梅花桩等则为小运动量的项目。为了让孩子们熟悉各运动区域的环境、材料及活动的注意事项,我们又在相应的运动区旁贴上"小贴士",将运动区域内的所有运动项目用图示的形式展出,让幼儿清楚什么是运动量大的项目,什么是运动量小的项目。通过图式的提醒及自己的出汗情况,幼儿自己判断运动量的大小,自主在区域间进行转换,达到自主休息的目的。

其次,我让孩子们参与商讨规则。对运动区域的重新调整,观察孩子们活动的现状,引发了我的再次思考,如如何观察孩子们的运动量,以及如何提醒孩子们有序地转换运动区域等。我采取了"定点入区,定点出区"的形式,让孩子们按箭头进入活动区域,而孩子们按箭头所示走的通道,既是通向各个不同区域的道路,又是一种在运动中的自我调节。另外,孩子们提出可以用音乐调控运动量。例如,在30分钟的锻炼中,进行了15分钟之后播放一次音乐,孩子们在音乐的提示下交换场地、器械,调整自己的运动量;运动结束时,再播放另一次音乐提醒结束活动,孩子们及时收拾整理运动器械。

再次,通过幼儿园的培训,指导保教人员了解孩子们在运动中的强度,以便他们及时根据孩子们在运动中的表现,提醒孩子们适当休息、健康运动。教师要经常观察孩子们的生理反应:脸色、出汗变化、呼吸情况和运动情绪。如脸色红润、满头是汗、活动的幅度较大,说明活动量大,这时要提醒孩子们主动观看运动提示牌,做出适时调整,防止幼儿运动过度。反之,如脸色无变化、动作幅度小,就要鼓励孩子们积极选择运动量较大的运动进行锻炼。同时,配合保健老师进课堂的活动,让孩子们根据自己在活动中运动量的体征表现(如出汗、气喘等)做出相应的判断,进行休息。

活动后的保育工作同样重要。要注意稳定孩子们的情绪,不能让他们在活动后马上坐下休息,可以在操场上慢走一会儿再回教室,等呼吸平稳后再入座。同时还要控制饮水量,并在活动后注意引导孩子们正确使用毛巾,将额头、身上的汗擦干。对出汗较多的孩子,要及时为其换下湿衣服。当孩子们情绪平稳不再出汗时,要提醒他们及时穿上衣服,以免着凉。

经过不断的探索与实践,孩子们在运动中的自主性提高了,会主动擦汗休息了,还养成了大胆、自信、勇敢的个性心理品质。

案 例 分 析

　　经过观察分析,教师发现大班幼儿由于活动能力增强、精力旺盛,容易运动过量。没有成人的干预,幼儿还无法达到在运动中主动休息的要求。因此,案例中的教师主要采取环境创设和共议规则的方法来达到让幼儿学会做自我管理的目的。

　　首先,在环境创设方面,教师根据运动量的大小,对于区域和材料进行了划分,并通过图示帮助幼儿直观地了解自己的运动情况。同时,借由走转换区域通道的间隙时间,规定"定点入区,定点出区",间接达到帮助幼儿小憩的目的。教师将要求融入环境中,起到了潜移默化地影响幼儿行为的作用。

　　其次,教师让幼儿参与商讨规则,进一步有序推进了户外运动的质量。大班幼儿思维活跃,有能力就日常生活的一些小事共同协商、达成协议。案例中,幼儿将一日生活的经验迁移到运动控制中来,提出了运用音乐定时提醒的方法,收获了显著的效果。

　　此外,教师与保育员之间共同努力,教师通过细心观察和与保育员间的充分沟通交流来达到充分和及时干预的目的。

行为解析与指导提示

户外运动对幼儿生长发育的重要性

　　幼儿在园的户外运动时间在正常情况下每天不得低于两小时,寄宿的幼儿不得低于三小时。保障幼儿的运动时间是为了提升幼儿各种生理机能的生长发育,促进幼儿身心的全面发展。此外,钙的吸收对幼儿的生长发育十分重要。日光中的紫外线能使皮肤中的"7-脱氢胆固醇"转变为维生素D,促进人体吸收食物中的钙和磷,这是幼儿需要足够户外活动的另外一个重要原因。因此,教师要鼓励幼儿到户外进行充分的运动。

　　但是,运动量过大会使幼儿心跳过快,反而减少每次心跳的血液输出量,所以运动过量会使幼儿面色苍白、心慌、恶心和大汗淋漓。可见,运动过量会危害到幼儿的身心健康,引发感冒、发热等呼吸道疾病。因此,控制幼儿运动的节奏,保证幼儿适当的运动量也是重要的预防疾病的途径。

幼儿户外运动保教工作指导策略

　　运动中的幼儿是"流动"的,这给教师指导幼儿科学锻炼带来了一定的难度。教师和保育员之间的沟通能够让教师及时捕捉来自幼儿的信息,发现需要帮助和指导的幼儿。

● 做好幼儿运动中的保育工作。

① 在幼儿出教室前,先在每个人背后的衣服里贴身垫一块小毛巾,可留一角在颈后,便于在运动后回收。

② 在冬季,要让幼儿在活动前将围巾及厚重的外套先行脱下,待运动后回教室再穿上;夏季则可建议家长为幼儿多备一件衣物在园,以便替换。

③ 让幼儿在运动中的间歇时间少量补水,以缓解口渴和身体对水分的需求,这样做亦可达到提醒幼儿在运动中途小憩的目的。

④ 运动后不宜立刻坐下休息。教师应带领幼儿慢走或做其他整理动作来恢复常态的心率和呼吸。

● 动静交替,灵活调整身体的节律。

① 在运动开始前应做准备活动,结束时应做整理活动。

② 在剧烈运动后不应立即停止,以防心脏血液排出量减少,血压降低,造成暂时性脑缺氧。

③ 对于体弱幼儿,教师应特别注意观察其运动情况,包括呼吸频率、肤色和出汗情况,增加中间休息的频率。

④ 对中大班幼儿来说,应与他们一同商量规则的制定,提高幼儿的自主意识。

● 注意运动安全,提高幼儿的自我保护意识。

① 注意观察周围的环境是否安全,如:不要站在滑梯的出口处;奔跑时速度过快可能会撞到人或物。

② 让幼儿知道哪些事物是危险的,并主动远离危险,学习保护自己的方法,如:发现鞋带散了,应及时系好;有人在玩秋千的时候,一定要绕着走,避免被秋千撞到。

③ 运动时,要避免对他人造成危害,如:跳绳时要选择一块大一点的空地,不让绳子打到其他的幼儿;玩躲避球游戏时,投掷球的方向要近地而非向上,避免误伤玩伴的身体及脸部。

④ 运动后不宜马上大量喝水,因为水分大量流入血液会增加心脏的负担。

⑤ 遇到雾霾等不利天气时,应停止户外活动,在室内进行一些适宜的运动,如室内操、反应训练等。

⑥ 不在远离成人视线的地方单独活动,在发生运动创伤时及时求救并告诉教师身体不适的位置。

● 了解常见运动创伤的种类,及时处理运动创伤。

① 出鼻血:安慰幼儿不要紧张,头略低,捏住鼻翼10分钟,可配合使用湿毛巾冷敷鼻翼或额头帮助止血。

② 碰伤(蹭破皮肤):用清水清洁伤口后可用碘酒消毒防止感染。若采取以上措施之后,伤口仍然出血,则应采取加压包扎的方法来处理。视出血情况决定是否需要就医。

③ 钝挫伤:在限制局部活动后,用湿毛巾冷敷,不宜揉搓伤处。

④ 骨折:幼儿常见的运动创伤为青枝骨折,不易发现,应仔细询问幼儿的体感并及时就医检查后再做定论。若幼儿的伤情为开放性骨折,切勿将外露的骨骼推入伤口。

⑤ 脱臼：不要贸然实行复位，应就医治疗。同时，应特别注意痊愈后的关节保护，防止复发。

（盛婴）

 2 怎样培养幼儿的动作技能

2.1 怎样培养幼儿的拍球技能

体验与思考

1. 能连续拍球是幼儿动作发展的基本要求之一。思考你班上幼儿的拍球技能如何。

2. 对于那些难以掌握拍球运动技能的幼儿，你是如何指导的？

案例分享

我也要做拍球大王

上海市黄浦区城市花园幼儿园　林伟

行为观察

拍球的场地上一片繁忙，拍球声此起彼伏，怎么不见月月的身影？到现在他还不会拍球呢。原来他正推着小推车灵活地穿梭在人群里。"月月，快过来练习拍球。"月月不情愿地拿起皮球拍了起来。可一转眼，月月又消失在了锻炼的人群里。于是我和他面对面，眼睛一刻也不离开他。月月拍了几下，每拍一次，皮球还没弹起来就滚走了。反复几次后，他就开始不耐烦了："我不会拍，怎么办？"我把着他的手拍了起来，但他的动作很不到位，手臂根本没有动起来，又过了一会儿仍没有起色。在我的批评声中他开始耍赖："我真的不会拍，累死了。"一会儿躺在地上哭，一会儿狠狠地踢皮球……

行为产生的原因分析

连着两天，月月拍球的情况仍没有改观。周五晚上我便和他妈妈进行了交流。通过与家长的沟通交流，结合平日的观察情况，我分析月月不会拍球可能有如下几个原因：

- 还没有掌握拍球方法。球在弹起来的时候手没有用力拍击，所以球易滚走。
- 一直没有成功，缺乏信心，所以没有主动练习的动力。
- 家庭的遗传和影响。在平时与家长的接触和交谈中我了解到，孩子的爸爸遇事易急躁，稍不如意或遇到困难就爱发脾气，这在一定程度上对孩子有负面影响。

- 家长的教育方式和教养态度的影响。祖辈关爱过度,但在教育上缺乏方法。当他遇到问题哭闹时,祖辈就会帮他解围,以至于他坚持性差,遇到困难容易半途而废。

行为指导的策略与效果

我与月月妈妈一起商议帮助他的方法。我们达成共识,采取如下措施:

- 创设"拍球大王排行榜",让他每天都能看到排行榜上其他孩子的进步,每天利用小结的时间对有进步的孩子进行表扬,以榜样的力量带动他。
- 教给他正确的拍球动作,特别帮助他解决皮球弹起来后手要跟着球拍击这个技术环节。
- 抓住时机,及时鼓励。在每天拍球的练习中捕捉他的点滴进步,并予以鼓励。
- 家园互动日日练,指导妈妈回家每天陪孩子进行玩球游戏,期间可以穿插15分钟的拍球练习。
- 家园统一,当他情绪过激时实行短时间"冷处理"。

通过在家、在园帮助他一起练习,月月的拍球本领越来越大。通过拍球,我们还希望他慢慢改正身上的坏脾气。第二个星期,令人高兴的事情发生了,月月能连着拍5下了,我当即在全班孩子面前表扬了他,他悄悄地告诉我:"我也要做拍球大王。"又过了一个星期,月月能连着拍10下了,拍球排行榜上有小花啦,他在一天天地进步。

案例分析

从小班升入中班,幼儿就要开始学拍球了。刚开始练拍球时,幼儿拿着皮球常常是不知所措的,不知道怎样拍。虽然有时候幼儿已经用心了,可无法连续拍起来。不会拍的幼儿往往就会失去兴趣,拿着皮球打、闹、踢、滚。案例中,教师通过轶事记录法捕捉到了幼儿的以上行为,并从中看到了掩藏在幼儿运动行为背后的个性品质养成问题。

通过与家长的沟通交流,教师发现该幼儿不仅在技能上有所欠缺,更重要的是在学习品质上存在不足。幼儿遇到挫折易放弃,坚持性差并爱发脾气。找到具体问题后,教师主要从榜样示范、竞赛激励和家园共育这三个方面来实施行为指导措施。

首先,营造集体学习的良好氛围。从开始只有几个人愿意拍,到现在全班基本每人都会拍,这期间榜样和集体的力量不可忽视。幼儿在这种积极的氛围中不断改变自己,使自己变得更出色。同时,教师也时刻注重在公开场合表扬幼儿,帮助幼儿树立自信心。

其次,结合幼儿的个性特点,营造竞赛的氛围,激发幼儿的拍球兴趣。性格急躁的幼儿在竞赛的氛围中常常表现出强烈的好胜心,因此,教师让幼儿在比赛中解决自己的难题,并让他通过自己的努力,不断体会成功的喜悦。

再次,通过家园合作,使幼儿在园内外受到的教育一致。习惯的养成与个性的培养绝不能仅仅依靠园所的努力,来自家庭的支持影响深远。通过家庭的积极训练和配合,幼儿的拍球能力得到了显著的提高。幼儿肯坚持、不畏难的良好品质也得到了进一步的巩固。

在本案例中,教师的可贵之处不仅在于提高了幼儿的动作技能,更在于以此为教育契机,通过家园合作培养了幼儿的坚持性和自信心。

不过需要注意的是,案例中教师和家长对幼儿进行的密集型的、重点关注式的动作技能训练往往适合个性外向而开朗、动作技能水平发展良好的幼儿。对于个性相对较内向、动作技能发展水平较为迟缓的幼儿,这种方法可能会增加幼儿的心理压力,使效果适得其反。

行为解析与指导提示

拍球对幼儿全面发展的意义

拍球有很多好处,一来可以练习手眼的协调能力,二来可以锻炼身体。拍球不仅仅是学会拍多少个的练习,也是对意志、信心、良好个性品质的锻炼。和跳绳一样,学习拍球初期,幼儿总是难以掌握动作的节奏感,因而挫败不已。长时间无法得到成功体验,幼儿自然也就对拍球毫无兴趣,甚至厌烦了。所以,如何有效地指导幼儿拍球,引领幼儿始终带着兴趣并锲而不舍地练习这项技能,且最终获得成功体验、增强自信心是教师需要费心思考的问题。

此外,拍球训练还有助于幼儿数学逻辑方面的发展。例如:随着拍球数数能帮助幼儿复习数数和明确数的实际含义,有利于幼儿形成初步的数概念;拍皮球时皮球反弹的高低、远近、前后、左右能促进幼儿方位知觉的发展和时间观念的形成;幼儿用左右两手轮流拍球,可以促使左右大脑平衡发展,为今后的逻辑思维、形象思维的发展打下基础。

幼儿拍球的指导策略

- 拍球的场地一定要选择在平坦的地方。
- 进行拍球动作的分解。先让幼儿把球用力扔在地上,在球上弹的时候尝试用手接住球。经过这样的反复练习,使幼儿感受球的上弹,掌握上弹的距离。在看到幼儿能够比较熟练地接住上弹的球以后,教师提示幼儿不再用手接球,尝试用手掌拍球。
- 注意交替玩法。幼儿拍一段时间球之后,适当休息一下,可以用脚踢球,也可将拍球与滚球相结合,这样可以提高幼儿对拍球的兴趣。不要强迫幼儿重复动作训练。
- 幼儿掌握每一个动作,总是从不会到会、由生疏到熟练的,必须经过多次反复才能在大脑皮层建立条件反射。因此,开展拍球活动一定要坚持不懈、持之以恒。

- 应循序渐进地教幼儿拍球。一般来说先学习单手拍球,再学习左右手轮流拍球,后学习边走边拍球。随后,可以根据每个幼儿的学习程度变换拍球形式,如:转个圈拍几下、边跑边拍等。

(盛婴)

2.2 怎样指导幼儿跳绳

体验与思考

跳绳能够培养幼儿的哪些能力?

你在指导幼儿跳绳方面有哪些印象深刻的经历?

案例分享

跳绳那点事

上海市黄浦区城市花园幼儿园　褚燕

行为观察

每天早晨,孩子们来到运动场上时,第一个拿起的运动器材就是绳子,可是每个孩子面对绳子却有着截然不同的态度。

场景一

运动时间到了,操场上的跳绳区空荡荡的。于是我叫住几个孩子:"你们会跳绳了吗?过来练习练习呀。"没想到这几个孩子说道:"老师,我们已经会跳好多个啦!"说完就跑了。看着跳绳区冷冷清清,我对孩子们说道:"还不会跳绳的小朋友,都去练习跳绳。"只见不少孩子垂头丧气地走到跳绳区,不情愿地拿起了绳子,慢吞吞地将绳子松开拉直,然后在手上绕了几圈后,就甩起绳子来,这些孩子几乎都不能连续地跳绳。而那些会跳绳的孩子则朝着他们做了一个"V"的手势,高高兴兴地参与其他的锻炼去了。

场景二

今天已经会跳绳的祺祺、斌斌来到了跳绳区,他们一拿到绳子,就"啪嗒啪嗒"地跳起来,引来许多不会跳绳的孩子驻足观看,还不时发出"好厉害啊"的赞许声,这也使得祺祺和斌斌更加自豪。于是我急忙说道:"喏,要想像他们那样厉害,就要不断地练习才行哦!"有些孩子大约是受到了感染,练起来也更起劲了,可依旧不会。这时自豪的斌斌笑着说道:"怎么连这个都不会啊!"说完又自顾自地跳了起来。这下,原本想要好好练习的孩子们顿时信心大挫,怎么也提不起劲来。而祺祺和斌斌没跳几下也放下绳子走了。

行为产生的原因分析

对于班级中大部分的孩子来说,跳绳不吸引他们最根本的原因还是在于他们不会跳绳。正是由于他们不会跳，才觉得跳绳没劲，不能发现跳绳的乐趣。而对于已经会跳绳的孩子来说，会跳绳则成了他们"显摆"的工具，他们对自己的要求仅仅只是"会跳即可"，因此只要会跳绳了，绳子对他们而言就没有任何的新鲜感了！

指导目标

基于这样的情况，我也思考：如何才能激发起孩子们对跳绳的兴趣呢？面对已经会跳绳的孩子，该如何做？面对还不会跳绳的孩子，又该做些什么呢？有没有一个两全其美的办法呢？

行为指导的策略与效果

为了让孩子们都能积极地参与到跳绳这一有意义的活动中，我设计了"运动小达人"的活动，以此激励他们多多练习跳绳这一必要的技能。

"运动小达人"第一阶段：

全班幼儿进行跳绳比赛。当我向孩子们宣布将要进行跳绳比赛时，孩子们几家欢喜几家愁。会跳的孩子非常兴奋，个个都要争夺第一名。而不会跳的孩子则产生了担心："老师，什么时候比赛啊？我们还不会跳绳呢！"面对这样的担心，我将比赛的时间定在一个月之后，以此来激励那些还不会跳绳的孩子进行练习。并且，我也将孩子们要进行跳绳比赛这件事的消息发在了家园互动群中，希望能获得家长们的支持和配合。

从那天以后，孩子们都在跳绳区认真地练习。更有些孩子特地让父母来看看幼儿园的绳子，好回家买根一模一样的绳子来进行练习。比赛的那天，有八成的孩子已经会跳绳了。其中有三成的孩子能很熟练地连续跳绳，一半的孩子不是十分熟练，另外还有两成的孩子依旧不会跳绳，他们在比赛那天显得非常沮丧。比赛过后，让我感到意外的是，之前每天练习跳绳的孩子并没有继续练习，而是去参与其他的运动了。孩子们之前勤勤恳恳地每天练习，只是为了应付比赛而已，比赛一过，马上又恢复原样了。

这也让我有了新的思考：孩子们对待跳绳到底是怎么样的态度呢？为什么那么多运动项目他们都能够百玩不厌，唯独跳绳让他们觉得没意思呢？

"运动小达人"第二阶段：

有了第一次比赛的经验，我决定再进行一次比赛，但不能再"一刀切"了。于是根据第一次比赛的结果，我把孩子们分成熟练组、会跳绳组和不会跳绳组，让这三组的孩子进行小组内的比赛。

对于跳绳相当熟练的孩子来说，花式跳绳还是比较新鲜的，因此他们就进行花式跳绳比赛，看谁跳绳的花样最多。会跳绳的孩子有的跳得慢，有的会经常停下来，对于他们来说，进行快速而持续的跳绳比赛最适合了。那些不会跳绳的孩子怎么比呢？当然是自己跟自己比啦！把今天的自己和昨天的比，明天的表现和今天的比，为此我还特地制作了一个光荣榜，进步最大的，就是获胜者！

当孩子们听到再次进行比赛的消息时，马上显出不耐烦的表情。我将这次比赛的形式和内容告诉孩子们，听完之后，孩子们又兴奋了起来，开始为自己找对手，并且相约一起练习跳绳。

那天之后，孩子们再次非常积极地练习起了跳绳，一直到比赛过后，仍有孩子不断地

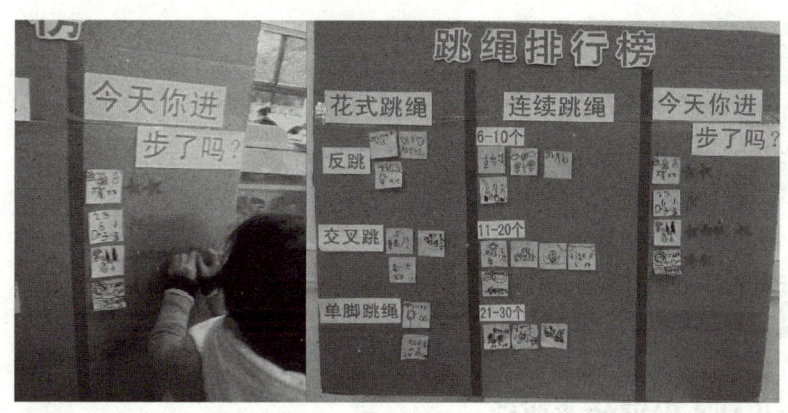

图 5-3

来练习跳绳。"你会单脚跳了啊？""我也会，我还会往后跳呢，你会吗？"他们的花样越来越多。而不会跳绳的孩子，由于每天只要有所进步即可，他们也练得非常带劲，只要有进步，就立马拉着我或是其他同伴来帮忙数。这回，孩子们真的是喜欢上跳绳这个活动了！

案 例 分 析

　　跳绳对于大班的幼儿来说，是必须具备的技能技巧，也是衡量大班幼儿大肌肉活动能力的准绳之一。因此，幼儿一旦跨入了大班这一年龄段，跳绳就成了运动项目中必不可少的内容，并且也是教师经常督促幼儿练习的内容。跳绳这项非常富有技术含量的运动，并不是每个幼儿都喜欢和热爱的。但基于跳绳给幼儿带来的诸多益处，作为教师要想办法让幼儿喜欢起来。案例中的教师充分运用了幼儿好表现、爱争强好胜的心理实施了层层递进的指导措施，从而兼顾了全体幼儿及幼儿的个体差异。

　　首先，通过竞赛的形式激发幼儿的兴趣，提高其活动的参与度。通过"运动小达人"这样一个竞赛活动，让幼儿对跳绳产生了浓厚兴趣。这也是许多教师在面对大班幼儿时常常采取的教育方法。

　　其次，该案例的亮点还在于教师深入思考了如何将活动深入递进和照顾到全体幼儿的问题。在教育工作中，有的教师一再强调幼儿是独立的个体，有很大的个体差异性。但他们开展的很多活动却并没有体现出个体差异性。一上中班，所有的幼儿都在练习拍皮球；一上大班，所有的幼儿都在练习跳绳，而且一定要学会。这些统一的活动，都是有违个体差异性原则的，但是又不能不让幼儿练习。那么，每个幼儿应该怎么练习？练习到什么程度呢？在"运动小达人"第二阶段中，教师对此有了深刻的认识，真正做到了"因材施教"，采取分组竞赛的方法，让幼儿能在自己的最近发展区内有所收获和发展。

　　其实，细心的教师只要多关注班中幼儿的举止，多留意幼儿的言行，就不难发现幼儿在不同领域的差异。虽说学校教育是社会性教育，有一定的统一性，但在这种"统一"的背后，教师可以适当地对不同的幼儿提出不同的要求，允许"求同存异"。这样一来，相信我们的孩子一定会发展得更好！

行为解析与指导提示

跳绳对幼儿身心发展的重要性

跳绳运动，古称"跳百索"，在我国有着悠久的历史，是一项集游戏和锻炼于一体的全身性和综合性运动项目。作为一项较剧烈的全身性活动，跳绳时"摇绳"能锻炼臂力，"跳绳"能锻炼腿部力量，同时还可以通过控制跳绳的时间和速度来锻炼爆发力和耐力。跳绳对幼儿动作协调性的发展，体内心血管、呼吸和神经系统的功能的增强有极好的作用。

教师在指导幼儿练习跳绳时常遇到的问题

- 重技能训练：过分重视每一个幼儿动作技能的掌握，对于完成情况不佳的幼儿要求其反复练习，缺乏游戏趣味性，使幼儿对跳绳丧失兴趣。
- 全班幼儿只有一种跳绳教学计划，没有考虑到幼儿的个体差异。
- 教师本身缺乏体育专业知识和体育专业素养，在指导幼儿练习跳绳时无从下手。

因此，有针对性地指导幼儿和创设一定的游戏竞赛情境才能使跳绳活动成为幼儿生活中历久弥新的一项运动。这就要求教师自身会运动，能明确跳绳动作的要领且会各种跳绳的花样，从而真正带动幼儿参与到这项运动中来。

幼儿跳绳的指导策略

- 对于还不会跳绳的幼儿要多引导他们进行分解动作练习。如先做上肢摇绳或下肢有节奏的弹跳动作，体会不同部位肌肉用力和协调的感觉，进而再左右手分别握绳的两端，按一甩一跳的节奏练习手、脚协调跳绳。
- 对于已经会跳绳的幼儿，可对他们提出进一步的学习花式跳绳的要求。
- 重视幼儿个体的纵向比较，弱化幼儿之间的横向比较。
- 帮助幼儿选择合适的绳子有利于幼儿更好地学会跳绳。教师可在活动开始前先将绳子全部打开，平放于地上，供幼儿根据自己的身高选择适合自己的绳子。
- 注意运动安全，避免幼儿在跳绳时甩到同伴。可请幼儿围成一个大圆圈，一起练习跳绳，也可以让幼儿与同伴面对面一起交流练习，提高幼儿跳绳的兴趣。

（盛婴）

3　怎样支持体弱幼儿的运动

体验与思考

1. 你班中体弱幼儿的运动情况如何？
2. 你是怎样支持体弱幼儿积极参加运动的？

案例分享

对小班运动能力较弱幼儿的支持

上海市黄浦区城市花园幼儿园　周英、葛超华

行为观察

根据小班第二学期幼儿的动作发展目标，我们设计了符合幼儿大肌肉发展规律的各项户外运动项目。通过教师的指导，大部分幼儿都能积极参与户外锻炼，但是却有这样一些孩子，总喜欢在一旁默默看着别的孩子活动，始终不愿意参与。

情景一

运动时间到了，小一班的孩子们都拿起自己喜欢的运动器械开始活动。小雨一个人站在旁边，似乎有些不知所措。教师走到她身边，询问她想要玩什么运动器械，她却默不吱声。于是，教师拿起了一个沙包给她，让她试试投掷游戏，可是没玩多久小雨就放下了。

情景二

强强是个活泼的孩子，平时他最喜欢一刻不停地蹦蹦跳跳。但是到了户外运动时，我们观察强强的运动情况后发现，他在爬攀登架、爬行动作、跨障碍走等方面的动作都不是很协调，常常因为不能很好地完成活动任务而中途放弃。

行为产生的原因分析

我们分析造成这两名幼儿运动能力发展较弱的原因，主要有以下几个方面：

● 幼儿的生理情况和个性特点。

入园时，家长就告知我们小雨两耳有先天性听力障碍，需要佩戴助听器。在入园新生体检中，小雨被确诊为重度营养不良，身体状况也不是很好。小雨性格比较内向，可能由于听力受损，她平时几乎不主动与教师和同伴交流。因此小雨在幼儿园的朋友很少，总是默默地一个人在旁边被忽视，在运动时不太会有同伴来邀请她。

强强在入园新生体检中被诊断为中度肥胖。胖墩墩的他虽喜欢在户外蹦蹦跳跳，但是由肥胖造成的耐力缺乏，使他很难达到该年龄段幼儿的运动能力标准。

- 教师的因素。

在观察幼儿运动情况时，教师基本以保证幼儿活动安全为主要目的。每位教师都按照自己的站位，仅与自己负责范围内及周边的幼儿进行互动，看到每个幼儿都有材料即可，很少关注到不同幼儿的具体运动情况。

行为指导的策略与效果

为了促进小雨和强强的运动能力发展，我们采取了以下指导措施：

- 了解能力，提供适宜材料。

依据他们的身体情况，进行运动能力测试。通过测试，我们发现小雨和强强的动作灵活性都比较差，特别体现在攀登的项目上。针对这一特点，我们在运动中特别增加了一些锻炼灵活性的项目，如因地制宜地利用跷跷板，鼓励幼儿自己爬上爬下，锻炼攀登的灵活性；再如在摘果子的游戏中，我们在圈与圈之间增加了一些高低不等的积木，以锻炼幼儿走、跳交替的灵活性。

- 专人负责，进行有效支持。

针对体弱幼儿调换材料的主动性比较弱的特点，我们采取专人观察的方法，请一位保教人员专门负责观察班级体弱幼儿的运动情况，并根据幼儿的运动情况，提醒他们不仅要参与自己喜欢的运动项目，还要样样器械都去试一试，保证身体各方面协调发展。同时，我们采取了玩伴式指导的方式，如用"你跟在我后面一起跳，好不好""我们一起吧""加油，你一定行的"等话语激励他们积极参与活动。

- 形式灵活，激发运动兴趣。

除了户外运动时间外，我们也利用集体游戏、阴雨天的室内运动时间，开展多种多样的运动游戏，如模仿小动物走路、各种运动项目小竞赛等，在激发幼儿兴趣的同时，也保证了幼儿的运动量。

通过近一个月的努力，我们看到了指导措施产生的一些阶段性实效：

第一，幼儿的运动兴趣有所提升。小雨和强强会自己主动转换运动器械，活动范围明显扩大了。小雨运动时胆子也大了，以前不敢尝试的平衡木，现在也能大胆慢慢往前走了。

第二，幼儿的运动能力得到了发展。比如在投掷方面，小雨以前单手将沙包向前投掷的距离不达标，现在已经能投掷到 2 米以外了，而强强各项运动动作的发展也越来越协调了。

第三，保教人员的观察、指导更为全面。通过调整，在运动中保教人员从以前的"以大局为主"，到现在不仅注重观察全体幼儿，更注重对个别能力较弱幼儿的关注与指导，同时，在指导中更注重对幼儿能力和勇气的培养，并且在运动材料的提供、观察指导等方面也积累了一些针对体弱幼儿的有效措施和策略。

案 例 分 析

在幼儿园里有那么一些特别的孩子，他们或由于体重增长不达标，或由于反复感染、贫血等被称为体弱幼儿。这种生理上的不适,不仅在一定程度上限制了他们的活动,也在幼儿幼小的心理上留下了自卑、内向的印记。这些负面的情绪心理又进一步使幼儿陷入班级的不利处境中。案例中的教师就面对了两位这样的幼儿,分析了他们不爱运动的原因:① 在力量和耐力上较为缺乏。② 教师的个别化支持不到位,对体弱幼儿的运动情况没有给予特别的关注。对此,教师采取了以下三个具体措施。

首先,针对体弱幼儿的户外运动情况,进行专人的观察与看护,从而起到运动保护和促进的作用。对于体弱幼儿来说,由于其生理不适,其动作发展不能以一般幼儿的水平来要求,而应多看幼儿本身的纵向发展,这都需要有专人负责观察分析,并且最终与家庭进行合作,进一步制定科学的运动计划。

其次,教师在充分了解幼儿的现有运动水平的情况下,为幼儿提供适宜的运动材料。根据测试,这两名体弱幼儿分别在身体协调性以及耐力方面有所欠缺。经过教师的材料投放后,两名幼儿的身体协调性得到了提高,对体育活动也更感兴趣了。

再次,教师在行为和心理上都给予体弱儿充分的支持。以玩伴角色进入幼儿的活动,通过语言和亲身参与,极大地提高了幼儿参与各种运动的积极性。可见,在运动活动中,教师身体力行的示范作用具有强大的榜样力量。

在这一案例中,教师将保教结合的原则贯穿于整个指导改进措施中,兼顾幼儿身心两方面的发展,不仅使幼儿参与户外活动的积极性提高了,运动技能得到大幅度提升,体质也增强了。从心理上说,幼儿变得更开朗和自信,也能更勇敢地面对和尝试幼儿园生活中的其他活动了。这对于各位保教人员来说是一次弥足珍贵的、成功的指导体验,教师真切地感到,通过对体弱幼儿细心体贴的护理和照顾,最终能切实换来幼儿的茁壮成长。

行为解析与指导提示

运动活动对体弱幼儿生长发育的重要性

在定期体检、生长监测中发现的,患有维生素 D 缺乏性佝偻病、小儿营养不良缺铁性贫血、体重增长不良(包括营养不良、反复感染)的患儿,被称为体弱幼儿。[①] 在对体弱幼儿的保教工作中,一大误区便是保护过度。

由于幼儿体弱,便由着他的性子来,放弃教育只求生理的顺利发展,这不仅不利于幼儿的全面发展,最终也将对其身体的生长发育产生负面作用。特别是在体育运动方面,体弱幼儿绝对不能因此放弃体育锻炼。体育锻炼是体弱幼儿康复的有效辅助手段,对提高

---

① 郦燕君,舒仙桃.幼儿卫生保健[M].北京:北京师范大学出版社,2012:122.

幼儿自身体能和免疫力、消化能力和食欲等多方面来说都是有利的。

当然，这种锻炼绝不可过量，必须针对病症度身定制。在锻炼之余，对于体弱幼儿的保教工作更要细致周到，这样才能使体育锻炼真正起到积极的效果。

体弱幼儿户外运动保教工作指导策略

- 坚持体育锻炼，不可因幼儿体弱而削减户外运动的时间。
- 需有专人关注体弱幼儿的运动情况，以避免运动创伤和运动过度等问题。
- 当幼儿由于各种原因不愿参与户外活动时，教师应给予充分鼓励和支持，可以充当玩伴角色进入户外运动，激发幼儿活动的积极性。
- 增加体弱幼儿在运动期间的休息频率，其间可让幼儿小量补水，以保持体力。
- 保持适当的运动量，增强幼儿体质。运动量过大会使体能消耗过大，当发现幼儿大汗淋漓、面色绯红或者发白时则表明运动量过大。而运动量过小则会影响消化吸收。
- 不适合让体弱幼儿进行大运动量的剧烈运动，可以尝试节奏较为缓慢的各类体操，或安排动静交替的运动。
- 特别要预防幼儿因运动流汗着凉而引发的各种呼吸道疾病。如在运动前，可替幼儿在背上塞入一块毛巾垫着，用来吸收汗液。天气炎热时，多备一套衣物供替换。

（盛婴）

拓展资源

- 齐默尔著，杨沫等译：《幼儿运动教育手册》，南京师范大学出版社 2008 年版。

该书有机融合了发展心理学和教育学的视角，直观地体现了幼儿运动教育的教学论基础，很好地阐释了幼儿运动技能发展的过程、运动游戏的意义以及语言和运动的联系等问题。书中介绍了大量以幼儿为导向的教育方案，把运动教育融入幼儿园的日常生活中，展示了很多可操作的实例。书中对运动室的建构、开放式活动的开展、运动过程的引导都提出了重要建议。

- 陈洪森主编：《日本幼儿体育活动这样做》，华东师范大学出版社 2016 年版。

该书分为理论篇和实践篇两个部分，理论篇从幼儿的解剖生理学特征和幼儿的心理学特征的角度来介绍幼儿体育活动开展的理论基础；实践篇根据我国国情，选取球类、呼啦圈、跳绳、跳箱、平衡木、垫子等具有代表性的项目，具体介绍了日本幼儿体育活动的课程设计及评价。

第 **3** 单元

怎样培养幼儿良好的生活习惯

单元导读

　　幼儿的生活卫生习惯是指幼儿在饮食起居等方面因重复而巩固下来的行为方式,具体包括:进餐、如厕、午睡等。培养科学、有序、合理的生活习惯的最终目标是帮助幼儿逐步学会健康的方式生活,这对幼儿的健康成长乃至一生的发展都有重要而深远的意义。

　　通过本单元的学习,你将:
- 了解怎样培养幼儿良好的饮食习惯;
- 了解怎样培养幼儿良好的午睡习惯;
- 了解怎样培养幼儿的盥洗习惯。

1 怎样培养幼儿良好的饮食习惯

1.1　怎样指导幼儿的挑食行为

体验与思考

　　1. 回顾你对幼儿进餐的观察经验,思考哪些原因导致了幼儿的挑食。

　　2. 你是如何指导幼儿的挑食行为的? 效果如何?

案例分享

嘉宜的午餐

上海市黄浦区城市花园幼儿园　朱佳

行为观察

　　嘉宜是这学期刚入园的孩子,来园的时候她没有像其他孩子一样哭闹不止,还能在老师的陪伴下参与到各项有趣的活动中。就在我们都认为这个小丫头能较快适应入园的生活时，孩子却哭闹了起来，原因是她不愿意在幼儿园吃饭（见图5-4）。为了安抚她的情绪，老师就坐在她身旁喂她吃饭，没想孩子却哭闹得更厉害了，说什么也不肯吃。

中午嘉宜外婆来接她，通过交流我们得知孩子在家吃饭时挑食现象非常严重，平时所有的肉类、鱼虾都不吃，只吃蔬菜。家里为了能让她吃饭，所有的菜都是按照孩子的口味来做的。进入幼儿园后家长最大的心愿就是希望孩子改掉挑食的毛病。

图5-4

图5-5

第二天中午，我特意让保育员给她多加蔬菜，少放肉类。没想到她看到了少许的肉末就开始抹眼泪。老师刚给她喂了一小口，她就全吐出来了（见图5-5）。为了能让她吃饭，几位老师一到吃饭的时间就想方设法耐心地劝导她，甚至一口一口地喂她吃饭，但是收效甚微。

行为产生的原因分析

我们过分的关心强化了她的厌食情绪。另外，在进餐护理中，我们采用的方法往往是喂饭、劝解的方法，让孩子把饭菜都吃完，并没有细心地观察孩子是怎么吃的，缺乏对挑食孩子情绪上的认同与理解。于是，我们决定从安抚幼儿情绪、创设进餐环境等方面入手激发幼儿的进餐兴趣，并设计了一系列活动。

行为指导的策略与效果

- 安抚幼儿情绪。
① 请外婆将嘉宜在家使用的餐具带到幼儿园，让幼儿有一种熟悉感，愿意进餐。
② 进餐时，利用少盛多添的方式让幼儿产生自己吃得又快又多的自豪感。
③ 在每次分菜时，保育员都有意识地将肉类摆放在蔬菜下面，等吃到一定时间后，再在菜里拌少许肉。此时，嘉宜也没有太大的反应，能略微吃些。
- 创设进餐环境。
在班级环境中增设"大嘴巴选餐桌"墙面，提供五种动物形象的餐桌：大象、老虎、狮子、鳄鱼、青蛙，并准备每人份的大嘴巴动物图片挂牌（见图5-6）。每天午餐前让幼儿尝试选一选、戴一戴，把它们挂在自己的身上，模仿这些动物宝宝大大的嘴巴进餐，体会佩戴动物挂牌、自主选餐桌的快乐。这个环境对嘉宜和班级中其他进餐慢、有挑食现象的幼儿有很大的帮助。

● 创编情景剧。

小班幼儿喜欢简单有趣的手偶情景剧。我们有针对性地创编了一些简单有趣的情景剧，如"午餐吃什么""不吃蔬菜的小兔子""两只小猴"等，利用午餐前10分钟给幼儿进行表演，让幼儿直观、形象地了解到挑食的坏处。进餐时，幼儿能尝试模仿情景剧中的小动物，

图 5-6

大口地进餐。在手偶表演时，我们发现嘉宜对于餐前情景剧有浓厚的兴趣，非常喜欢里面的小兔子手偶，于是老师在午餐时还会让"小兔子"陪着她一起用餐（见图5-7、图5-8）。有了小兔子的陪伴，嘉宜进餐的情绪逐渐稳定下来，脸上慢慢有了笑容。

图 5-7

图 5-8

慢慢地，没有了心理负担与紧张情绪的嘉宜，看到午餐不再那么排斥了。虽然她还没有完全改掉挑食的毛病，但在情绪上已经不再抵触，愿意尝试着自己吃饭，有时少量的鱼虾也能拌着饭一起吃下去了。

案 例 分 析

案例中的教师通过观察和与家长沟通发现造成嘉宜抗拒在幼儿园进餐的原因有以下几个：幼儿园和家庭进餐环境、食物的差异造成的焦虑心理；教师对幼儿进餐情况的密切关注；违背幼儿的意愿劝解喂饭；家长对幼儿不良的饮食习惯的迁就。

教师首先为幼儿创设了一个轻松的进餐环境，使幼儿从心理上弱化对厌恶食物的不适感，提高进餐的愉悦性和主动性。教师选择了正确的强化方式，这恰是教育措施中最关键的一步。教师抓住各种机会，通过及时的鼓励，强化幼儿的正确行

为,最终使幼儿愿意进餐,并将进餐与正面情绪形成长久而牢固的联结,这才有了最后令人欣慰的一幕。

其次,在进餐环节中,教师采取了少盛多添、巧妙添菜等方法,让幼儿逐渐不抗拒自己原本不喜欢吃的荤菜。

最后,教师根据小班幼儿喜欢小动物形象的特点,创编情景剧,让幼儿模仿小动物进餐,帮助幼儿迁移健康饮食的经验。

行为解析与指导提示

均衡饮食对健康的重要性

营养是幼儿生长发育和保持身心健康的物质基础。多种食物必须相互搭配,达到膳食平衡。膳食平衡要求我们的饮食中包括:谷类、动物类、豆类、蔬菜水果类和油脂类食物。对于在全日制机构中就读的幼儿而言,热量和蛋白质的平均摄入量应达到推荐摄入量的 80%—85%。其中,三大营养素热量占总热量的百分比分别是:蛋白质 12%—15%,脂肪 30%—35%,碳水化合物 50%—60%。为保障幼儿的生长发育,其每天摄入的蛋白质中必须有一半为优质蛋白质,如牛奶、鸡蛋等。此外,诸如维生素 A、维生素 B、维生素 C,以及钙、铁、锌等无机盐也应达到推荐摄入量的 80% 以上。只有均衡的饮食才能满足幼儿生长发育的所有需求。

挑食会使幼儿某些营养素摄入不足,从而导致营养不良、体质虚弱、抵抗力差、容易患病,甚至影响生长发育。例如,缺乏维生素 A 对于幼儿视力的发展不利,重者还会导致夜盲症;缺乏维生素 D,则不利于钙的吸收。因此,帮助幼儿养成良好的饮食习惯,对幼儿的身心发育影响深远。此外,帮助幼儿改正挑食的习惯时需要加以注意,若强迫幼儿吃下去,只会导致幼儿哭闹或呕吐。因为幼儿紧张时交感神经会过度兴奋,抑制肠胃蠕动,减少消化液的分泌,反而会使他们产生饱胀的感觉。

综上所述,通过一些积极正面的方法,鼓励幼儿尝试一些不愿吃的食物,使他们了解食物均衡的重要性,才是解决问题的正确方法。

幼儿进餐行为的指导策略

- 由于幼儿进餐受到环境的影响,教师应思考用餐环境的布置:餐桌的摆设是否有吸引力,进餐的氛围是否轻松。如每天午餐前,教师先选择一桌为"小餐厅",在桌上铺上好看的桌布,摆上花等饰物,请自己吃饭的幼儿进"小餐厅"吃饭。通过激励,当能够独立吃饭的幼儿越来越多时,班上的"小餐厅"也越来越多,每桌的饰物不同,幼儿会觉得既新鲜又有趣。

- 当挑食的幼儿对食物有更多的自主权时,他们的饮食状况会比较好。教师可尝试提供自助餐式的进餐方式,让幼儿自主选择他们的食物和一起进餐的同伴。

● 考虑食物是否适合幼儿。有些食物本来就因为香气、甜度或色泽而较能吸引幼儿,有些食物则略有苦味、涩味或刺鼻的气味,不容易获得幼儿的喜爱(如青菜、青椒、葱、蒜等)。也有的幼儿拒绝某些食物,不是因为味道,而是因为其外形或色泽(如有的幼儿不喜欢香菇是因其色黑、肥厚的外形)。因此,在设计菜谱和烹饪时尽量让食物好看好吃,可以帮助幼儿提升对食物的喜爱程度。

● 幼儿对自己参与准备的食物比较有兴趣。条件允许的话可以定期设计一些烹饪活动,让幼儿准备稍后就会吃的食物。一般来说,参与食物准备可以使幼儿获得很大的满足感,同时对后续的进餐也更感兴趣。

● 与幼儿讨论一些他们抗拒的(或者不曾尝试的)食物,丰富幼儿关于食物的经验,然后再将其引入到餐点中。教师可将此设计成课程的一部分,如在集体活动中鼓励幼儿通过闻一闻、尝一尝等方式讨论不同食物的形状、味道,收集各种信息了解食物对身体的好处。

● 当幼儿没有出现挑食行为时及时给予肯定(如一句鼓励的话、一个拥抱、一个微笑),告诉幼儿这是一个好的行为。比如,设置"星星榜",每天能够独立(及努力尝试独立)进餐的幼儿都可以上榜,同时在家园联系册中及时肯定幼儿的表现,为家长在家中巩固幼儿独立用餐的行为打下基础。但建议家长不要用吃当奖励,特别不要以高热量食物或点心作为奖励。

(侯素雯、盛婴)

1.2 怎样指导幼儿吃饭慢的行为

体验与思考

教师经常在工作中遇到用餐速度慢的幼儿,不管怎样督促,他们始终无法加快进餐的速度。回忆你有哪些指导幼儿改善进餐速度的好方法。

案例分享

以快带慢,进餐妙招

上海市黄浦区城市花园幼儿园　赵洁茹

行为观察

最近,我们对班级孩子的午餐情况进行了调查,发现存在的主要问题是孩子的进餐速度慢,将近有 8 位孩子需要半小时以上才能用完餐。冷菜冷饭对孩子的身体健康极为不利,因此,激发这些孩子进餐的欲望、提高他们的进餐速度成了我们班级在进餐方面亟待解决的问题。

午餐时间到了，杨杨、贝贝、欣欣、彤彤、同同、磊磊洗完手后，习惯性地坐到了同一张桌子旁，开始用餐。从他们的脸上看不出一丝的快乐：彤彤每次将很少的饭菜放进嘴里，慢慢嚼；欣欣总是将嘴巴塞得满满的，却长时间不咽下去；同同一口一口把饭先吃完，然后吃起菜来就很慢；杨杨东张西望，时不时地和同伴说说话，吃得桌子上到处都是饭粒；磊磊不喜欢吃的菜碰都不碰就直接扔进骨盆……半小时以后，其他桌子旁的孩子纷纷吃完离开，而他们这一张桌子却还在慢慢地吃。尽管剩下的人越来越少，但他们还是无动于衷。

行为产生的原因分析

为了便于照顾、清理，从中班起就形成了他们这张"慢慢桌"。原本想让吃得慢的孩子在一起进行比赛，提高他们进餐的积极性，但事与愿违，他们的情况不仅没有改观，反而越来越慢。分析原因，一是同伴间的相互影响，因为参照的对象是慢的，所以他们也就越吃越慢；二是这张"慢慢桌"也给了孩子一个心理暗示——反正我就是慢的。

从进餐的情况来看，除了磊磊存在比较严重的挑食问题以外，其他孩子主要还是进餐欲望弱和咀嚼习惯差的问题，他们的饭菜在嘴里停留的时间过长。不是他们不会（有几次鼓励他们比赛，他们嘴巴咀嚼的速度很快），而是还没有养成正确的咀嚼习惯。

行为指导的策略与效果

* 取消"慢慢桌"的进餐模式。

"慢慢桌"的形式虽然便于教师管理，但是对提高孩子的进餐速度帮助不大。于是，我们取消了进餐慢的孩子坐在一桌的方式，让这些孩子自由选择餐桌。我们鼓励这些孩子和进餐习惯好、吃得较快的孩子坐在一起，希望同伴进餐时大口吃饭、吃菜的习惯能够影响这些慢的孩子，提高这些孩子进餐的食欲，逐步地转变他们的习惯。

* 同伴相助，结成互帮对子。

我们将一位进餐慢的孩子和一位进餐快的孩子结成一对，希望两人在进餐的过程中能够互相帮助，一方面加快慢孩子的进餐速度，另一方面也希望快的孩子不至于速度太快，影响消化。

结成对子以后，我们和进餐快的孩子商量，希望他们能够帮助进餐慢的孩子。在同伴不吃的时候，在一旁提醒他们一下，陪伴他们把饭菜吃完，再和他们一起去玩。

经过商量和配对，在进餐时一对对的同伴就坐在了一起。我发现，为了使自己的同伴能够快些吃完，这些进餐快的孩子还真是动了脑筋，想出了各种办法。看到同伴嘴巴不动时，他们会马上提醒："快点咬呀！"看到同伴嘴巴里没有了饭菜还不吃时，又会说："快点，再吃一口！"同伴嘴里的饭菜塞得少了，也会说："再多塞一些！"有时他们自己吃完了，就会坐在同伴边上，不停地提醒他加油。这些提醒虽然和平时教师的提醒差不多，但因为是同伴的提醒，所以孩子更容易接受。另外，正是这样一对一的形式，使这些进餐慢的孩子一停下来就会被提醒快些吃，所以他们停下来发呆的时间就少了。

在同伴的提醒下，这些进餐慢的孩子的速度比以前有了改观。因为要提醒帮助进餐慢的孩子，那些进餐快的孩子的进餐时间相对延长，也在一定程度上改善了他们进餐太快的习惯。

● 教师鼓励,形成激励机制。

除了同伴的帮助,教师的激励也是必不可少的。我们将进餐的情况与孩子的游戏钱币挂钩。在游戏中,孩子如果要去各个商店玩,就必须用到游戏钱币。本来这些游戏钱币的获得与孩子的行为习惯相联系,动作快、上课积极举手、遵守规则时都能获得钱币,钱币越多,当然在游戏中也就越尽兴。因此,孩子都非常希望自己的游戏钱币能够越多越好。

面对这些进餐慢的孩子,我们提出了如果能在 30 分钟之内用完午餐,就可以得到一元游戏钱币的激励机制。这些孩子当然非常乐意,于是,为了拿到这些钱币,他们进餐时也变得更加努力。

案 例 分 析

教师经常会在工作中遇到用餐速度极慢的幼儿,不管怎样督促,他们始终无法加快进餐的速度。针对这样的情况,教师不再是紧盯幼儿的不足,而是重新审视已有的教育措施,发现以下导致幼儿进餐速度过慢的原因:其一,"慢慢桌"的氛围使得幼儿更容易放慢进餐速度,这与教师预期正好相反。其二,有的幼儿的进餐欲望不强。其三,有的幼儿尚未养成良好的咀嚼习惯。

对此,教师首先取消了原先的"慢慢桌",使幼儿从慢悠悠进餐的氛围中脱离出来。同时,这一举措还给了幼儿选择餐桌的自主权,提高了幼儿在进餐时自由和愉悦的情绪。其次,教师让进餐慢的幼儿与进餐速度快的幼儿结对,由教师提醒转为同伴提醒,这样的方式更能为幼儿所接受。快慢结对的方法也在一定程度上有助于让那些进餐速度过快的幼儿适当放慢进餐速度。此外,教师还采取游戏钱币的代币制方法,将幼儿的进餐速度和游戏机会联系在一起,进一步激励幼儿加快进餐速度。不过,在使用这种方法的时候需要注意幼儿为了获得游戏钱币而单纯地追求进餐速度,没有细嚼慢咽的情况。除了上述做法外,建议教师着重考虑如何提升幼儿食欲,从根本上提升幼儿进餐的速度。

行为解析与指导提示

科学的进餐时长及其意义

一般来说,幼儿用餐时间应该在 20 到 30 分钟为宜。这个时间是指幼儿专心用餐的时间,而不包括看电视、玩闹、讲话等的时间。幼儿吃饭不宜过快,避免囫囵吞枣、消化不良。但也不能过慢,吃饭拖拉会使饭菜过凉,从而引起脾胃失调,进而引发一些肠胃疾病。此外,食物在口腔内停留时间过久对于牙齿健康不利,有研究显示,患龋齿的幼儿一般都有一个不良习惯，即用餐时间长。这是因为食物在嘴巴中咀嚼超过半个小时，容易造成牙细菌的滋生，增加了患龋齿的机会。

幼儿吃饭时间太长，也会让幼儿和成人倍感压力。成人会因幼儿的不配合而产生焦虑感，幼儿会因不能应成人要求快快吃完而产生自责感。长此以往，幼儿带着负面情绪进餐，自然就不可能在进餐这一环节有良好的进餐表现了。

因此，及时纠正幼儿进餐慢的问题，培养幼儿良好的就餐习惯，对幼儿的身心发展有重要的意义。

幼儿吃饭慢的原因

- 幼儿进餐技能不佳，手眼协调能力差，不能很好地使用筷子和汤匙来进餐，因而进餐费时费力。
- 幼儿当日的运动量不够，不觉得饿，而进餐量又与往日要求相同，幼儿就会吃得比较慢。
- 幼儿的进食时间不当、没有规律，在饭前吃了东西，或是零食吃得太多，也会导致幼儿进餐时吃得不起劲。
- 幼儿的饭量确实超过了幼儿进食量的需求。成人给幼儿盛上满满一大碗，幼儿一看见一大堆食物就有压力，胃口自然就消失了。
- 幼儿进餐不专心，或喜欢和别人聊天，或总是吃了一半就出去玩了，因此拉长了幼儿总体的进餐时间。
- 幼儿把进餐表现当作是提条件的资本。有些幼儿觉得是成人在求他吃，于是故意吃得很慢，以便在成人要求他尽快吃时提出自己的要求，要求得到满足就能吃得快。
- 幼儿当日情绪不佳，比如受了委屈、挨了教师批评、被小朋友恐吓，这些都会使幼儿食不知味，吃饭的速度也就慢下来了。

幼儿进餐慢的指导策略

- 为幼儿创设愉悦的进餐环境，给幼儿自主选择餐桌的机会，保证幼儿进餐时的情绪愉悦。
- 保障幼儿每日的运动量，确保幼儿每日到了进餐环节有饥饿感和进餐的欲望。
- 教师在为幼儿盛饭时，不要一次将幼儿的饭碗盛得满满当当的，而要运用少盛多添的方法来消除幼儿视觉上的恐惧感，减轻其心理压力。
- 为吃饭慢的幼儿选择合适的同伴作为榜样，采用同伴提醒的方式来督促幼儿及时进餐。
- 合理运用行为矫正法，以正强化为佳，强化的步骤如下：
① 让幼儿一起参与，共同制定目标和计划，整个过程中和幼儿一起调整推进速度。
② 一旦幼儿有了进步，及时给予肯定。

③ 每天做好记录,让幼儿和你都能看到进步,以增强信心。

④ 确定奖励物并层层递进,逐渐将物质奖励转化为精神激励。

(盛婴、侯素雯)

怎样培养幼儿良好的午睡习惯

体验与思考

　　睡眠对个体生长发育有着不可或缺的重要意义,绝大多数的生长激素都是在人睡眠时分泌的。对于幼儿来说,睡眠还意味着对于大脑的保护性抑制,是促进大脑神经发育的重要途径。回顾班级中那些入睡困难的幼儿,你是如何指导他们入睡的?效果如何?

案例分享

"痛苦"的午睡

上海市黄浦区城市花园幼儿园　张婧

行为观察

　　王佶是一个乖巧听话的孩子,各方面能力都不错,可每次午睡时却难以入睡。有时老师陪在她旁边摸摸她的头,拍拍她的身体,看着她闭上眼睛一动不动了,以为是睡着了,可是老师一走开,她马上又睁开眼睛。王佶的身体不好,她妈妈也总是为她的午睡而烦恼。

表5-4　王佶午睡观察记录1

王 佶	周 一	周 二	周 三	周 四	周 五	入睡率
午睡状况	没入睡	没入睡	没入睡	没入睡	没入睡	
午睡中出现的行为	开始玩辫子,提醒后躺着不动	躺着不动,老师靠近时闭眼	老师陪伴,身体不动,当中小便一次	前90分钟,闭上眼睛身体不动,后30分钟玩被角	躺着不动,老师靠近时闭眼	0%

　　坤坤也是一位中午不睡觉的小朋友。每次躺下不到10分钟,他就开始叫:"老师,我要小便。"我说:"睡觉前每个小朋友都小过便了,才睡下一会儿怎么又要去呢?""老师,我憋不住了!"他声音变大了许多,而且不断重复。于是我就让他去了。不到20分钟,他又

叫:"老师,我要小便。"这一回,我没有再让他去,而他整个午睡时间都没有睡着。

表 5-5　坤坤午睡观察记录 1

坤　坤	周　一	周　二	周　三	周　四	周　五	入睡率
午睡状况	没入睡	入睡	没入睡	没入睡	没入睡	
午睡中出现的行为	前 30 分钟,睁眼不动,30 分钟后开始不停动,当中小便 1 次,喊要小便 3 次	在不断提醒下入睡,当中小便 1 次	躺着玩手指,老师靠近时闭眼	躺着玩手指,老师靠近时闭眼	躺着玩手指,老师靠近时闭眼	20%

除了以上两位孩子的情况,有的睡不着的孩子还会翻来覆去、自言自语、手舞足蹈,甚至会和相邻的同伴进行交流,影响到其他孩子的睡眠质量。

总体来说,孩子不愿意午睡有以下几种表现:

① 安静型,自己玩或躺着不影响别人。案例中的王佶就是典型的安静型,她睡不着,但是也不会影响别人,自己默默一个人。这与王佶的性格有很大的关系,王佶是个对自己有要求的孩子,在班中是乖乖女。

② 吵闹型,自己一个人或者和旁边的同伴做游戏,发出声响影响别人。这一类孩子一般在班中都比较好动、不能很好地控制自己的行为,经常需要老师叮咛,会经常出状况。

③ 寻求关注型,不断制造声音,引起老师对他的关注。

行为产生的原因分析

有的孩子会因为不规律的作息时间影响到午睡质量。我们和坤坤家长进行了沟通,发现坤坤就是这样的情况。由于孩子在园没有午睡,到了晚上便会早早睡觉,如果家中有事他又会很晚睡觉,因此形成不良的循环。有的孩子比较敏感,成人和周围事物的变动或发出的声响是影响其午睡的因素。案例中的王佶就是比较敏感的孩子,有时老师或保育员的一句话会使她马上睁开眼睛。有的孩子会因为睡前参与了过于兴奋的活动或受到了外界的干扰,呈现兴奋的状态而影响午睡。还有的孩子会因为最亲近的人或物不在身边,缺乏足够的安全感而产生午睡困扰。当然睡眠环境是否安静、温度是否适宜、空气是否清新也是会直接影响孩子睡眠的因素。

行为指导的策略与效果

根据孩子的个体差异,我们制定了不同的方案来改善这些孩子的午睡问题。

(1)针对寻求关注型的孩子,我们采取了调整作息、睡前如厕等方法。我们特别提醒这类孩子睡觉前如厕,并暗示其已经上过厕所,可以安心睡觉了,清除生理因素对午睡的干扰。同时教师采用亲切柔和的言行态度,如拍拍背、摸摸头,使孩子转移注意力,自然地安静下来,以保持一种安静的氛围。坚持了两个星期后,坤坤的午睡情况有了很大的改善。

表 5-6　坤坤午睡观察记录 2

坤 坤	周 一	周 二	周 三	周 四	周 五	入睡率
午睡状况	没入睡	入睡	入睡	入睡	没入睡	
午睡中出现的行为	躺着玩手指，老师靠近时闭眼	老师陪伴，不断提醒下入睡，当中小便 1 次	老师陪伴，不断提醒下入睡，当中小便 1 次	老师陪伴，不断提醒下入睡，当中小便 1 次	躺着玩手指，老师靠近时闭眼	60%

（2）针对安静型的孩子，我们采取播放轻音乐、制作遮阳板等方法来创设易于入睡的环境。我们发现在教室前部的孩子总是要比教室后部的孩子入睡晚，原因在于教室前部有两扇窗户，一扇装有窗帘，一扇由于条件原因无法装上窗帘，导致光线较亮。制作遮阳板后，减弱的光线对王佶等安静型的孩子的午睡有很大的帮助。

表 5-7　王佶午睡观察记录 2

王 佶	周 一	周 二	周 三	周 四	周 五	入睡率
午睡状况	没入睡	入睡	入睡	没入睡	入睡	
午睡中出现的行为	安静躺着不动	30 分钟后入睡	30 分钟后入睡	安静躺着不动	30 分钟后入睡	60%

（3）针对吵闹型的孩子，我们本着关注细节、尊重孩子个体差异的原则，采取悄悄话提示的方式安抚孩子情绪；创设"星星书吧"，帮助孩子进入睡眠状态；制作午睡提示板，完善交接工作。这些措施在很大程度上改善了孩子的午睡状况。

根据孩子不同的午睡情况提供形式多样的策略，满足孩子的不同需求，才能真正地将"痛苦的午睡"转变为"愉快的午睡"！

案 例 分 析

案例中的教师从幼儿的角度来看待那些难以入睡的幼儿的真正需要，并据此反思身为幼儿园教师该做什么。教师为有午睡问题的幼儿设计了观察记录表，对幼儿进行了细心的观察和午睡的数据统计，思考归纳出了幼儿难入睡的三大类型：安静型、吵闹型和寻求关注型。

通过观察分析，教师得出幼儿不爱午睡的几项原因：① 环境因素，包括光线、声音和空气等。② 缺乏安全感，睡眠浅。③ 个体差异，个别幼儿精力较为旺盛。教师针对每个午睡困难幼儿的个别问题采取了个性化的改善方案。针对寻求关注型的幼儿，采取了调整作息、睡前如厕等方法让幼儿提前做好入睡的准备。针对安静型的幼儿,教师改善了睡眠环境,采用包括播放轻音乐、制作遮阳板等方法来创设易于入睡的环境。针对吵闹型的幼儿,教师充分尊重幼儿的个体差异,允许幼儿较其他幼儿晚一步入睡。

以上便是这位教师成功改善幼儿午睡情况的措施。这也是通过使用观察记录表有效进行教育改进的一个成功案例,可见科学的方法能帮助教师事半功倍地达成教育目的。当然,这需要教师具有较强的专业素养和能力,案例中的教师真正体现了一名幼儿园教师的专业性。

行为解析与指导提示

幼儿难以入眠的原因

成人对幼儿午睡重要性的认识不足是造成幼儿入睡困难的原因之一。有的家长对幼儿午睡的重要性缺乏重视,在家中没有培养幼儿按时午睡的习惯;也有的家长对幼儿过分宠爱,在睡眠时间的安排上任凭幼儿爱什么时候睡就什么时候睡,导致幼儿晚上睡得晚、早晨起得晚,到了午睡的时间仍然没有睡意。有的教师没有真正从思想上认识到午睡的重要性,认为寝室里没有吵闹声、讲话声就可以了,对幼儿睡不着、做小动作等其他行为并没有引起重视,错过了对幼儿午睡中的问题行为进行指导的时机。

不同年龄班幼儿入睡困难的原因也有所差别。对托班、小班幼儿而言,睡眠环境变化是午睡入睡困难的主要原因。他们从熟悉的家庭生活环境到幼儿园这个陌生的环境中,缺乏安全感,感到焦虑,因而害怕午睡或拒绝午睡。也有些幼儿入园前自理能力较差,尚不能自己穿脱衣服、鞋袜。对他们来说,午睡环节会使他们由于自理能力不足而产生紧张、焦虑的情绪,因而害怕在幼儿园午睡。

对大班幼儿而言,对睡眠时间需求的缩短是其较难入睡的主要原因。随着年龄的增长,幼儿对睡眠时间的需求逐渐缩短。3—5 岁的幼儿每天需要睡眠的总时间为 12—13 小时,5—7 岁的幼儿则为 11—12 小时。因此,大班幼儿入睡困难常常会造成两种情况:一是幼儿在床上辗转反侧难以入睡;二是幼儿睡醒后在床上躺着无所事事,幼儿之间的窃窃私语、嬉戏也就不免发生。同时,由于小学没有午睡的安排,很多家长为了幼儿更好地适应即将到来的小学生活,也会在家中不再安排幼儿午睡。所以,作息的改变是大班幼儿难以入睡的另一原因。

幼儿午睡行为的指导提示

- 做好幼儿午睡前的准备工作。

教师在午餐后到午睡前安排一些相对安静的、平定幼儿情绪的活动,如:阅读、听音乐、手工制作、户外观察等,为幼儿午睡做好情绪准备。

- 创设良好的午睡环境。

① 保持寝室内空气流通，寝室光线不要太亮，幼儿床位的间距宽松，被褥厚薄适宜。

② 在寝室门口，装饰富有童趣的图文提示，用环境来提醒幼儿进入寝室后要睡觉了，要轻轻走路、轻轻说话。

③ 教师在进入寝室时，自己也应该做到轻轻讲话、轻轻走路，多用手势代替语言，暗示幼儿尽快入睡。

④ 午睡前提醒幼儿如厕小便。

⑤ 播放舒缓优美的音乐等，安定幼儿的情绪。

⑥ 当幼儿进入寝室时，及时提醒幼儿有顺序地穿脱衣服、鞋子，并整齐地放置。鼓励幼儿碰到困难时能有礼貌地向教师或同伴请求帮助。

- 考虑幼儿睡眠需要的个体差异，弹性化安排午睡时间。

允许部分早醒而不愿意继续睡觉的幼儿提前起床，将他们安排至其他地方进行安静的活动。这样不仅可避免这些幼儿影响他人，也不会因强迫幼儿入睡而压抑其个性。

- 针对幼儿入睡困难的不同原因，采取不同的指导方法。

① 对贪玩好动的幼儿，可用指尖在他们的背部轻轻地、缓慢地画简单的图形，让幼儿逐渐从兴奋中安静下来，安稳入睡。

② 对刚入园喜欢抱依恋物入睡的幼儿要从顺应开始，允许他们慢慢改变。对害怕陌生环境的新入园幼儿进行安抚，解除他们对于陌生环境的恐惧。

③ 提高小班幼儿在日常活动中的自理能力，缓解幼儿因为自理能力的欠缺而对午睡产生的焦虑。在日常生活活动中增加对幼儿穿脱衣裤的指导，可以先从最简单的脱裤子开始，再让幼儿学着自己穿。整个过程中教师可以给予幼儿帮助，但不是包办代替。在区域活动中增设"系纽扣""叠衣服""给娃娃穿衣服"等活动，让幼儿在游戏中学会生活自理技能，并引导幼儿把这些技能迁移到午睡中。

④ 对大班幼儿来说，宜适当缩短午睡时间，提高幼儿的睡眠质量。

- 午睡时教师要勤巡视。

教师要细心观察幼儿午睡过程中的行为，及时发现幼儿的异常，如发烧、鼻塞、磨牙等，同时避免幼儿将头饰、纽扣等小物件带入被中，防止意外发生。另外，要培养幼儿正确的睡眠姿势，及时纠正蒙头睡的不良睡眠习惯。

- 家园密切配合，培养幼儿良好的午睡习惯。

从家长处了解幼儿在家的情况，例如幼儿几点入睡、是否需要人陪、有什么特殊要求、午睡时间多长等。采取多种形式宣传睡眠对幼儿生长发育的重要性，促使家长关注幼儿的睡眠情况，并向家长建议休息日在家要坚持让幼儿午睡，而且要尽可能使午睡时间与幼儿园的午睡时间相一致，使幼儿能较快较好地适应幼儿园集体生活。针对有不同午睡问题的幼儿，应与家长展开个别化的交流，共同帮助幼儿养成良好的睡眠习惯。

（侯素雯、盛婴）

3　怎样培养幼儿的盥洗习惯

体验与思考

　　常见的传染病多从手口途径进行传播，因而洗手环节是一日活动中的重点环节。思考：你是如何培养幼儿的盥洗习惯的？

案例分享

盥洗室里的故事

上海市黄浦区城市花园幼儿园　朱佳

行为观察

　　在盥洗室的环境创设中，我们常常会提供许多图示帮助幼儿养成良好的生活习惯。本学期我带了新小班，根据自己以往的经验，我在盥洗室里制作了"洗手步骤图""等待小脚丫""冲水按按"等图示。但这些图示在实际操作中却带来了许多意想不到的状况。

场景一

　　皓皓洗手前低头看了一眼地上的小脚印，然后努力将自己的两个小脚按照脚印的位置、方向摆放好，当一切都弄好准备洗手时，后面的孩子已经不断地推挤他说："快点呀！快点呀！"

场景二

　　隽隽和兜兜冲进了盥洗室，他俩一个直接贴在前面孩子的身上，另一个则将小手伸进了洗手盆里，和前面正在洗手的孩子挤在一起洗手。老师提醒他们要看看地上的小脚印，站在小脚印上等一等。可是没有过多久，后面来的孩子又挤了上来，两对小脚印上一下子站了四个人。大家你挤我、我挤你。

场景三

　　进入盥洗室后，优优打开水龙头冲了冲手，就把小手擦干了。于是，老师请优优学一学图示上宝宝洗手的方法，用肥皂把手洗干净。优优抬头看了一眼图示，又低头随意摸了一下肥皂，随即开水龙头把手一冲了事。

场景四

　　嘉嘉埋头洗手洗了很久，突然叫道："老师，我手上的肥皂洗不干净，你帮帮我。"老师一看，由于幼儿园提供的药皂浸水后变得很软，嘉嘉的指甲缝里嵌入了一些红红的肥皂，怎么也洗不掉，只能向老师求助。

场景五

　　笑笑的奶奶一早来园时和老师说，要提醒笑笑洗手时一定要用肥皂，因为笑笑回家说幼儿园的肥皂不如家里的肥皂香，所以常常趁老师不注意时不涂肥皂。

行为产生的原因分析

通过分析，我发现造成这些状况的根本原因是我在环境设计时没有充分考虑小班幼儿入园适应期的阶段特点。

- 小班刚入园的幼儿对于静态图像的关注度低，很少主动看盥洗室里的各种图示。
- 从理解能力上来说，他们对于盥洗室内各项图示的含义并不能充分理解，更不用说照着去做了。
- 小班幼儿规则意识相对缺乏，因此还没有等待、排队等意识，导致盥洗室人一多就会挤作一堆。

指导目标

于是，我调整了盥洗室及其周围的环境创设，希望以此培养幼儿有序、认真洗手的好习惯。

行为指导的策略与效果

首先，我们在走廊上安装电子相框，滚动播放洗手的照片。原先的静态洗手提示图变成了动态播放的"动画片"，孩子们的兴趣大大提升了。洗手前在走廊上看照片成了他们最喜欢做的事情，大家还会跟着电子相框里播放的洗手儿歌，按照照片里小朋友洗手的动作，一起模仿洗手（见图 5-9）。

其次，我们将洗手液倒入海绵里，可爱的"海绵宝宝"激起了每个孩子捏一捏的兴趣。就连不愿用药皂洗手的笑笑每次也会用力捏

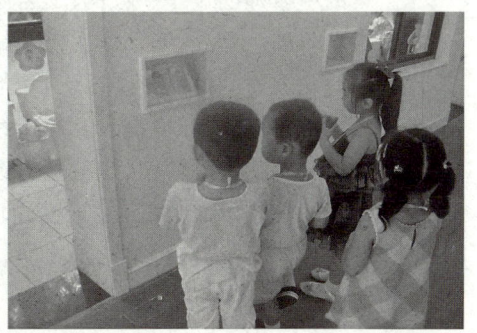

图 5-9

捏"海绵宝宝"，用里面的洗手液将自己的小手洗干净（见图 5-10）。保育员在关注孩子们洗手的同时，及时替换使用过的海绵，保证海绵的卫生。

图 5-10

图 5-11

最后，我们选用防滑小垫子取代即时贴制作的小脚印，便于孩子们洗手时站立。同时

利用等待线的图示来提示排队的孩子与正在洗手的孩子保持一定的距离。等待线和小脚印最大的区别在于：等待线提示意义明确，在日常生活中经常会接触到，孩子们知道要站在线后等待。同时，等待线的空间利用率大，同样的空间里，可以比小脚印多站两个人。

调整环境后，孩子们在盥洗室洗手时不再像以往那样拥挤，老师也不需要反复提醒他们认真洗手了。取而代之的是孩子们在井然有序地洗手的场景，他们洗手的动作也越来越规范了。

案 例 分 析

案例中的教师采用轶事记录法，总结了小班幼儿在盥洗活动中极有代表性的典型行为表现，并根据小班幼儿的身心发展特点思考归纳了幼儿在盥洗时出现问题的原因所在。小班幼儿具有如下特点：对于静态图像的关注度不高，对简单的洗手图示难以关注；理解认知能力有限，缺乏盥洗所需的技能；规则意识相对缺乏，无法在盥洗室里建立良好的秩序。因此，仅仅按部就班照老方法来做，是远远不够的。

案例中教师创设了新颖的、适合小班幼儿的盥洗室环境，最终使幼儿养成了良好的盥洗习惯。首先，教师采用电子相框，滚动播放幼儿洗手的照片。动态图像符合小班幼儿注意的特点，有效吸引了他们的注意力。其次，教师根据幼儿的已有经验，采用等待线这一环境提示。等待线是在日常生活中经常会接触到的一种标志，幼儿知道要站在线后等待，也就能将经验迁移到幼儿园的盥洗室中来。最后，将洗手液倒入海绵的做法也是充满了教师的巧思，充分激发了幼儿洗手的兴趣。不过需要注意的是，海绵应经常清洗更换，以免滋生细菌。

行为解析与指导提示

盥洗对幼儿身体健康的重要性

幼儿天性好奇爱探索，对于未知世界的探索，他们最直接的方法就是用手去触摸和感知。正因为如此，幼儿手上会有很多细菌。世界卫生组织将每年的10月15日定为"世界洗手日"，目的在于呼吁全世界通过"洗手"这个简单但重要的动作，加强卫生意识，切断手口传染途径，以防止感染疾病。因此，让幼儿在托幼机构养成洗手习惯具有十分重要的意义。

幼儿出现盥洗问题的原因分析

对于各个年龄段的幼儿来说，洗手存在着不同的问题。例如在托、小班幼儿当中，不会洗手、肥皂泡冲不干净或总是把衣物打湿等问题占了多数。出现这些问题的主要原因应归结为幼儿未熟练掌握盥洗的技能。

到了中、大班,又常以洗手时敷衍了事、玩水等问题居多。随着年龄的增长,幼儿的活动范围和能力逐渐扩大与提升,他们的兴趣早就被洗手之外的活动所取代。洗手对他们而言乏味、重复又缺乏挑战性。中、大班幼儿有强烈的交往意识,虽然此时他们的规则意识开始萌芽,但由于受玩水的兴趣驱使,还是会把规则抛在脑后。

综上,针对实际问题采取符合幼儿身心年龄特点的方法才能真正使这个恼人的卫生小问题彻底解决。

幼儿洗手环节的指导策略

- 环境创设。
① 设置小脚印使幼儿明确洗手时的站位。
② 设置等待线,维持洗手秩序。
③ 在盥洗室的固定地点放置擦干双手的毛巾。
④ 将盥洗的步骤以图片或幼儿的照片的形式作为提示,布置在盥洗室。
- 动作指导。
① 根据盥洗室的空间大小,将幼儿合理分组,指导其有序洗手。
② 指导幼儿将袖子挽至胳膊肘处,防止盥洗时溅湿衣袖。
③ 可与幼儿一起参与洗手活动,和幼儿一起边说儿歌边用六步洗手法洗手,增强洗手的趣味性。
④ 洗完手后,指导幼儿在洗手盆中甩甩双手再去擦毛巾,防止将水渍滴落在地面。
- 其他指导策略。
① 在一日生活中的进餐前后、便前便后等环节,及时提醒幼儿洗手。
② 为洗手和擦毛巾这两个环节编制相应的儿歌,帮助幼儿记住盥洗的相关要点。

(盛婴)

- -

拓展资源

- 顾荣芳等著:《幼儿饮食行为与健康教育》,人民教育出版社 2015 年版。
该书第一、二章介绍了有关幼儿饮食行为与心理发展之间关系的实证研究,第三、四章介绍了有关幼儿饮食行为与饮食环境之间关系的实证研究,第五、六章介绍了对如何开展幼儿园营养教育所做的研究。

第 **4** 单元
怎样培养幼儿基本的生活自理能力

单元导读

　　幼儿的自理能力是他们自我服务的能力,具体包括独立进餐、盥洗、排泄后的自理、穿脱衣服和鞋袜等,成为一个独立的人需要从学习如何生活开始。通过本单元的学习,你将:
- 了解怎样培养幼儿的进餐能力;
- 了解怎样培养幼儿的如厕能力;
- 了解怎样培养幼儿的整理能力。

实践与策略篇

1　怎样培养幼儿的进餐能力

体验与思考

　　回忆你对幼儿进餐活动的观察经验,思考在进餐环节中可以培养幼儿的哪些自理能力。

案例分享

干净的餐桌

上海市黄浦区城市花园幼儿园　赵洁茹

行为观察

　　进入大班以后,我们班级的孩子在进餐这一生活环节中,已经具备了一定的自理能力,但还是存在着一些问题。以下是我观察到的两个场景。

场景一

　　午餐时间到了,孩子们正津津有味地吃着。浩浩用筷子夹菜送进嘴里的时候,一片菜叶子掉在了桌子上,他看了看,没有理会,继续吃;东看看西看看的丁丁弄翻了一点汤,他随即拿起公用的毛巾擦了起来,问题是解决了,但这块毛巾却不能再用了;杰杰吃饭时,由于筷子使用不熟练,饭粒洒了一桌,他也没有捡起来……孩子们吃完后,拿起碗筷离开餐桌,餐桌上留下了菜汁、菜叶、饭粒等,整个餐桌脏脏的。

场景二

今天午餐吃虾,孩子们正认真地自己剥虾壳呢!只见他们双手拿着虾,一点点地剥着,还把虾壳扔在桌子中间的一个骨盆里。面对一个小小的骨盆、一块公用毛巾,桌子上出现了许多问题:婷婷坐在桌子的一边,离骨盆较远,为了扔虾壳,她每次不得不站起身来,伸长手臂,可有时还是没有办法把虾壳扔到骨盆里;韦韦虽然坐得离骨盆近,但是沾着虾汁的虾壳粘在他的手上,很难扔掉,一甩手,虾壳掉在了桌子上;洋洋好不容易剥完一个虾,手上、嘴上满是虾汁,他顺手拿起桌子上一块公用的毛巾,擦了擦手,又擦了擦嘴;一旁的斯斯看见了,皱了皱眉头,伸出去拿毛巾的手又缩了回来;当孩子们的虾剥到一半的时候,骨盆已经满了,再要扔虾壳,就容易扔在桌子上……午餐结束,孩子们陆续离开餐厅,餐桌上到处是虾壳,公用毛巾也乱七八糟地扔在桌子上。

行为产生的原因分析

我们班级进餐完毕后,餐桌上、地上都会有饭菜掉落。分析其中的原因,最主要的是幼儿还没有养成餐后自己清理餐桌的习惯。

指导目标

针对这一原因,我们和保育员共同合作,设计开展了"餐桌真干净"的系列活动,培养幼儿进餐后自己清理餐桌的自我服务能力。

行为指导的策略与效果

第一阶段:提供骨盆、毛巾,让幼儿自己处理吃剩的果皮、骨头。

午餐时,我们给每一位幼儿提供了一个骨盆、一块小毛巾。骨盆可以让幼儿扔果皮、骨头等吃剩的食物,小毛巾可以让幼儿随时擦手和擦嘴。

餐桌上一下子增加了很多餐具以后,每个幼儿都有两个碗、一个盘子和一块毛巾,他们一时不知该如何摆放,导致餐桌变得凌乱不堪。于是,我们便和幼儿共同讨论,解决骨盆、碗、毛巾的摆放问题。经过商量,大家统一了摆放的方法。(如图5-12所示)

餐后餐具的整理是培养幼儿自我服务能力的重要环节。如今,面对餐具的增加,如何在餐后有序整理餐具就成为一个亟待解决的问题。我们创设了合理的环境,提供脸盆,鼓励幼儿进餐后自己将骨盆内的吃剩的果皮、骨头等倒到大的脸盆里,并提示幼儿将用过的毛巾整齐地叠在一起。

这一阶段,通过老师增加餐具、引导幼儿共

图 5-12

同讨论以及有序环境的创设,幼儿已经能够了解骨盆、毛巾的作用,桌子上的餐具基本能够摆放整齐了,餐后的整理也变得井然有序。不过,虽然幼儿能将自己吃剩的果皮、骨头扔在骨盆里,但是如果饭粒、菜、骨头掉在桌子上,幼儿仍不会主动地将它们捡起来扔进骨盆里。所以,餐后桌子看上去还是有些脏。

图 5－13   图 5－14

第二阶段:讨论、交流和分享,了解保持餐桌干净的方法。

在这一阶段,活动的重点是让幼儿学会保持餐桌干净的方法,最大限度地帮助幼儿保持餐桌的干净。首先,餐后我们选择干净餐桌以及不干净餐桌进行拍照,通过再现的方式引发幼儿的观察,比较发现其中的不同。接着,请餐桌干净的幼儿来介绍自己的方法。有的说:"饭、菜掉在桌子上,我就捡起来。"有的说:"我吃饭的时候不讲话的。"有的说:"我妈妈说过,吃饭时人要靠近桌子的。"老师在与幼儿共同交流讨论以后,梳理出一些保持餐桌干净的好方法:及时将掉在桌上、身上、地上的饭菜扔进骨盆;进餐时,身体靠近餐桌;拿碗的姿势要正确。(如图 5－15 和图 5－16 所示)

图 5－15   图 5－16

在这一阶段后期,我们还开展了"干净餐桌"的评选活动,由担任当天值日生工作的幼儿共同检查,评选出最干净的餐桌,奖励大拇指贴纸,鼓励幼儿比一比谁得到的贴纸最多。通过这样的激励机制,幼儿逐步提高了保持餐桌干净的自觉性。

开展第二阶段活动以后,幼儿餐桌的干净程度有了明显的提高。餐后已经很少看见桌子上仍有饭粒、菜、骨头等的现象，几乎每一位幼儿都曾在"干净餐桌"的评选中得到过大拇指贴纸。但是，我们发现餐桌上的饭粒虽然没有了，却还是会留有一些菜渍或是打翻的汤渍，是不是可以让这些也消失，使餐桌成为真正干净的餐桌呢？我们又开始实行新的措施。

第三阶段：了解餐后清理餐桌的步骤，养成主动清理的好习惯。

餐桌的干净很大程度上依赖于餐后的清理工作，于是我们采取家园合作的方式，请幼儿回家看看爸爸妈妈在晚餐后是怎样清理餐桌的，要做些什么事情。观察后幼儿回到幼儿园进行集体讨论，有的还请家长拍了视频和照片。在观看、讨论的过程中，幼儿不仅了解了餐后清理的顺序，也了解了用抹布擦桌子的方法。

接着，老师在餐厅提供了清理餐桌的图示，提示幼儿清理顺序。如图 5-17 所示，顺序依次为"叠碗→用抹布抹桌子→摆放骨盆、毛巾→摆放餐具"。

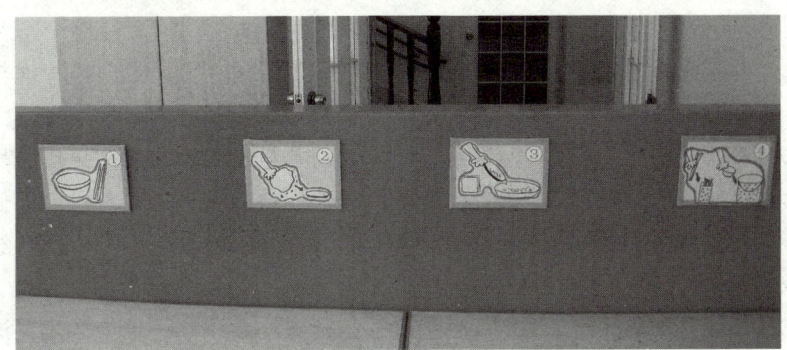

图 5-17

另外，我们还邀请保育员向幼儿做现场示范，告诉幼儿如何正确地擦桌子，鼓励幼儿进行模仿，餐后自己尝试擦桌子。（如图 5-18 和图 5-19 所示）

图 5-18　　　　　　　　　　图 5-19

第三阶段的实施由家园合作开始，让幼儿从熟悉的环境中获得经验，并通过集体的分享将各自零星的经验进行整合，进而形成完整的经验。另外，图示的提供以及保育员的现场示范清晰、直观，幼儿一看就能明白，每天按照这一方法做，没过多久就养成了习惯。

整个活动持续了整整一个多月，幼儿自我服务的能力得到了较快的发展。幼儿个个愿意主动进行餐后的清理工作，而且还感受到如果自己吃得比较脏清理起来就会非常麻烦，所以进餐时变得比较小心谨慎，使得吃干净的习惯也在不知不觉中慢慢地养成，这是本次活动的另一个收获。从家长的反馈中也感觉到家长对幼儿在家中的进餐情况更加满意了,时常向老师提及此事。应该说,这个活动是非常成功的。

案 例 分 析

这个案例让人深深感受到,只要教师相信幼儿(特别是大班幼儿)并提供合理的方法,幼儿就可以做好自己力所能及的事情。案例中,教师细致分析了大班幼儿无法在餐后保持干净的餐桌的原因:除了幼儿筷子使用不熟练、提供的餐具不合适等因素以外,最主要的是幼儿还没有养成餐后自己清理餐桌的习惯。

教师进而提供了循序渐进的指导措施,调动幼儿的主动性。在整个行为指导活动中,幼儿不断地主动参与并调整行为,真正做到了自我服务、自我管理与自我成长。

首先,教师提供各种工具,如骨盆、毛巾,让幼儿自己处理吃剩的果皮、骨头等。只要为大班幼儿创设条件、提供机会,就能调动他们自我服务的主动性。即使在面对这么多物品一时不知该如何摆放时,大班幼儿依然能通过大家一起商量、统一摆放的方法。

其次,在幼儿积累了一定的清洁经验后,教师进一步采取评比方式来促进幼儿巩固整理餐桌的习惯。然而,教师没有因此停止改进的脚步,而是提出了更高的要求,即有整理意识和行为还不够,真正需要做到的是使餐桌变整洁。此时,活动延伸到家庭中,幼儿仔细观察爸爸妈妈是怎么清洁餐桌的,并再次就清洁的顺序达成共识,最后,教师提供相关图示公开展示在班级中。

至此,一个完整的行为习惯改善案例就呈现在我们的面前。这个案例在内容上符合了保教结合的原则,在方法上运用了环境创设、家园共育、游戏等多种途径。直至幼儿最后养成习惯,整个活动递进的层次非常清晰。教师时刻不忘在指导进程中征求幼儿的意见,与幼儿共同探讨使餐桌变整洁的方法,使幼儿真正成为自己餐桌的小主人,对餐桌的管理更用心、更积极主动。

当然,所有行为习惯的养成都离不开家庭的支持。可以看到,家长对此也是积极响应,采用了各种现代化的手段来帮助教师一起实现指导目标。幼儿最终的习惯的养成与成长,让教师和家长都收获了成功的喜悦。

行为解析与指导提示

餐桌整理对幼儿习惯培养的重要性

美国作家杰克·霍吉说:"行为变成了习惯,习惯养成了性格,性格决定命运。"可见好的习惯对于一个人来说是十分重要的。一个在进餐环节，总是把环境搞得非常糟糕，甚至还影响自身衣物美观的幼儿，他在学习及其他社会性发展等方面也可能存在不足，因为进餐环节体现的是一个人的思维条理性和文明素养。

当然，要让幼儿养成整理的习惯，也不是一件一蹴而就的事情。幼儿的初期尝试，也许总是顾头不顾尾，比起成人亲自收拾也慢得多。其实，幼儿很多习惯无法养成的缘由所在，就是成人嫌弃幼儿动作慢、行动的效果不良。所谓相信孩子，不如说是对他们有更多的等待与耐心。要使幼儿养成并固定行为习惯，反复的尝试训练与不断完善是必经之路。因此，要使幼儿养成良好的整理习惯，规范的示范动作和坚持的反复操练是实施一切指导策略的重中之重。对于幼儿的一时等待，将会收获影响其终身的回报。

幼儿无法保持餐桌整洁的原因

● 进餐环境的影响。

整洁的就餐环境对幼儿进餐行为起到积极的促进作用。教师应仔细准备和供应食物，让吸引人的餐桌环境和轻松的氛围传递教师对幼儿恰当进餐的期望。相反，当餐桌和食物随便摆放时，会让幼儿觉得教师并不是很关心环境的整洁。在幼儿看来，这可能意味着不良进餐行为是可以被接受的。

● 成人的示范作用。

成人的正面示范为幼儿树立了良好的榜样。成人反复用动作去示范如何用小勺、筷子剥剔食物，帮助幼儿理解要求，明白什么样的行为才是恰当的行为。

● 动手技能的熟练程度。

对于刚进入托幼机构的幼儿，尤其是在家中依赖家长喂饭的幼儿来说，他们尚不能熟练掌握使用餐具的技能，因此难免出现将食物洒落到桌面的现象。

● 为了获取他人的注意。

也有一些幼儿可能是企图利用洒落食物的行为获得成人或其他幼儿的注意。当发现幼儿有此类行为时，成人会给予相当的关注。当这种情况一再发生时，幼儿可能会期望通过故意制造脏乱来获得更多关注。

幼儿进餐环节的指导策略

● 进餐前。

① 教导幼儿轻拉小椅子，稳稳坐进去，身体不摇也不晃。小脚并拢，放在椅子前，避免绊倒他人。

② 为幼儿提供骨盆、毛巾，让幼儿自己处理吃剩的果皮、骨头。引导幼儿自主安排好这些东西在桌上的位置。

● 进餐中。

① 教导幼儿身体紧靠桌沿，一手扶着碗，一手拿餐具。

② 及时将掉在桌上、身上、地上的饭菜捡起扔进骨盆。

③ 汤水打翻时，要及时避让，不弄脏衣服，再取工具来清理。

● 进餐后。

① 进餐结束后，先是站起身，再将椅子推入桌，接着再去拿盘子。

② 用抹布清洁桌面时，应一手拿抹布，一手拿碗，弯下身轻轻擦拭脏东西至桌子边缘入碗。

③ 手中有盘子，走路要小心，最后将餐具、毛巾等放到指定处。

● 其他指导要点。

① 创设环境时应以图示展现整理的步骤。

② 建议家长在家庭中放手让幼儿尝试整理，并及时鼓励支持。

（盛婴、侯素雯）

2 怎样培养幼儿的如厕能力

体验与思考

幼儿自主如厕不仅是幼儿园一日生活中的平常事，更是一件与幼儿“面子”紧密相关的尴尬事。思考一下，怎样才能帮助幼儿照顾好这个“面子”呢？

案例分享

我不再憋尿了

上海市黄浦区城市花园幼儿园　钱莉

行为观察

场景一

到了中班，半日活动中的环节与活动内容比较多，需要经常变换活动地点。又到了角色游戏的时间，孩子们都蜂拥到厕所，相继如厕后，准备活动了。宸宸最喜欢到“KFC”当服务员，为了能快点进入游戏，宸宸只在厕所里面洗了个手就出来了。于是我问道：“这么快就小好便了？”“我没有小便。”我怕她尿在身上，让她再去小一次。宸宸噘起小嘴，手里拿着托盘，就是不愿意去，嘴里还不停嘀咕：“人好多呀！这么多人，等会去。”于是我又说：“等一下游戏的时候要小便，就告诉老师，老师带你去。”但是由于游戏时太投入，等她来找我去小便的时候，已经来不及了，她尿了一裤子。

场景二

快睡午觉了，孩子们和往常一样，都去上厕所。我看见宸宸直接搬了小椅子往她的床边走，就问：“宸宸，你小过便了吗？”“我没有小便。”她干脆地回答我。“等会睡了就不小便了哦！”“嗯！”她点点头。30 分钟过去了，其他孩子都开始进入梦乡，我看到宸宸在床上不停地翻转,没有一点睡意,于是就走过去问她:"宸宸,有哪里不舒服吗?"我发现她的脸已经憋得红红的,就马上让她去小便,但是已经来不及了,她一下床,就尿出来了。

行为产生的原因分析

开学后的一段时间里,宸宸总是发生类似这样尿裤子的情况。有时候,我们前一秒提醒她去上厕所,她说没尿,而下一秒马上就尿裤子了。为此,老师都感到十分苦恼。其实,宸宸是个可爱的小公主,聪明漂亮,又特别懂事,我们一致决定一定要帮助她克服这个如厕的问题。通过与家长的交流,我们发现,首先,宸宸是个自尊心强、性格较内向的孩子,很多事情都不愿意表达出来,不愿意向成人求助。到了中班又换了带班的班主任,她对新的老师还没有产生信任感,也就更不愿意表达自我了。其次,宸宸的依赖性很强。这可能与孩子小班的时候经常生病,缺课较多,在自理能力方面比较欠缺,很多习惯都没有养成有关。家人也因为孩子身体多病,很多事情都代劳、包办,包括进餐喂食、穿脱衣服,甚至洗手都会帮忙。在幼儿园,宸宸也一直依靠老师帮忙,尤其是需在保育老师的帮助和提醒下才去盥洗、如厕。第三,宸宸不太适应幼儿园中班的蹲便器。刚用蹲便器时,她小便小在了外面,当时有孩子指责过她,让她产生了心理压力,觉得自己不会上厕所很难为情,这导致了她不愿意如厕,宁愿憋尿。第四,孩子正处于爱玩游戏的年纪,所以特别容易因沉迷于游戏而憋尿。

行为指导的策略与效果

针对以上问题,我们决定从心理和环境两方面着手帮助宸宸。首先,从心理上主动亲近她,和她聊聊家里的事,聊聊爸爸、妈妈,让孩子对老师慢慢产生信任感。与此同时,对她的生活我们也照顾得更加仔细,还时常带她和其他孩子一起做游戏,使得她喜欢上幼儿园,喜欢和老师、孩子们在一起。渐渐地,宸宸的胆子大多了,有事时也会主动和老师诉说了。此外,我们还创造了许多让孩子独当一面去展现自己的机会,从而帮助孩子形成一定的自信心和自主性。我们特地为宸宸增加了值日生的岗位,宸宸表现得特别好,自身行为的有意性也增加了。这些都为接下来的改善措施打下了坚实的基础。其次,我们在环境上进行了一定的改进,在蹲便器踏脚的地方贴上脚印,这样可以减少幼儿小便小在外面的几率。同时,老师时常提醒她,问她是否要"便便",并陪同她一起使用蹲便器,让她学会使用蹲便器,逐步养成排便习惯。最后,家园共育是帮助孩子养成行为习惯的重要途径。我们与家长协商并达成一致,让孩子在身体好的情况下做一些力所能及的事情,包括学会穿脱衣裤、包肚子、叠被子、自己进餐、自己洗手、如厕、会用草纸等。为了让宸宸习惯在幼儿园上厕所,我适当增加了她对水的摄入量,时时提醒她多喝一些开水,以增加她小便的次数,上厕所的次数增多了,她也就自然而然地习惯于在幼儿园上厕所了。

过了一段时间,宸宸与老师的关系亲近了,能在老师的陪同下使用蹲便器,站在小脚印上,小便也不会小到外面了。如果厕所人比较多,她能等待一下。更重要的是,宸宸变得比较开朗了。总之,宸宸笑容多了,人也自信了,更喜欢来幼儿园了。

案例分析

　　大部分幼儿在进入托幼机构之前已经能控制好自己的大小便，因为基本上两岁的幼儿就已经能够在白天有意识地控制自己的排便了。但在实际的幼儿园生活中，总有些幼儿或是由于环境变化，或是由于行为习惯养成不完全等问题，不可避免地会发生尿裤子的囧事。案例中，宸宸便是如此，这不仅让教师感到很棘手，更让幼儿感到羞愧不已。

　　教师通过轶事记录法发现宸宸尿裤子的原因，除了如厕方法欠缺外，更多的是有意的憋尿。教师分析这可能和宸宸自身的心理有关。通过与家庭的沟通交流，教师最终确认造成宸宸憋尿的因素为不会使用蹲式厕所、心理压力与贪玩。针对以上问题，教师分别从心理重塑和环境创设两方面来帮助宸宸改善憋尿的问题。

　　首先，教师从心理上主动亲近她，让她对教师产生信任感，遇事时敢于请求教师的帮助。教师通过一日生活环境中的各种途径来与宸宸建立亲密的师生关系，使幼儿紧张的心情得到了放松。教师之所以将注意力投注到对幼儿积极心理的塑造上，是因为其充分意识到如果不妥善地处理这个问题，可能会对幼儿的整个幼儿园生活产生负面影响。

　　其次，教师不与幼儿直接交流尿裤子这件事，而是鼓励幼儿做自己力所能及的事，并从中充分体验成功感，摆脱羞怯感。同时，也从一定程度上减轻了幼儿对如厕这件事的紧张度。

　　最后，在改善宸宸的如厕技能方面，教师不仅在口头上耐心地引导，还在环境中特地贴上了脚印，供其参考如厕时双脚放置的位置。

　　终于，宸宸在幼儿园中的表现有了明显的改善，自理能力和行为的有意性都有了很大的提高。从根本上，宸宸对教师和幼儿园有了认同感和归属感。

行为解析与指导提示

如厕对幼儿健康发展的重要性

　　一般来说，满两周岁时，幼儿能够控制自己的大小便，白天保持干净；三岁半时，他们上厕所时能够拉下裤子，但在提裤子时有困难，需要成人的协助，有的幼儿晚上也能保持干净；三岁时，他们基本晚上不尿床，当然也有些幼儿仍会尿床（尤其是男孩）。[①] 其实，排便作为人体代谢的一种重要途径，对身体健康起着重要的作用。个体大小便的异常性状都是人体健康受损的警示信号。因此，关注幼儿的如厕小问题其实就是关注了幼儿身心健康的大问题。如果幼儿尚不具备与年龄相一致的如厕行为，或体现出行为能力的倒退，

----

① 莎曼等.观察儿童·实践操作指南(第三版)[M].单敏月等译.上海：华东师范大学出版社，2008：149—153.

可能是由于如厕行为习惯养成不完全或承受着心理压力等。

幼儿无法及时排便的原因

● 从如厕的行为习惯来看。

① 托、小班的幼儿在家多使用坐式马桶，而幼儿园中多提供蹲式便池，因此容易造成如厕不适。家长的过多包办还使很多幼儿便后清洁的能力不足。

② 中、大班的幼儿多由于贪玩而憋尿。另外，幼儿基本能独立如厕，但部分幼儿不会正确合理地使用草纸。

● 从幼儿的心理压力来看。

① 托、小班的幼儿，由于对幼儿园环境尚不熟悉，在园中多伴有紧张压力感。这种无形的压力感贯穿于幼儿一日生活的各个环节，尿裤子只是其中一种表现。

② 对于中、大班幼儿而言，幼儿的自我意识进一步萌发，更关注他人对自己的看法。成人对于尿裤子问题的过分关注将会加重幼儿的心理负担，使幼儿逃避如厕问题。

幼儿如厕行为指导策略

● 环境创设。

① 提供相应的环境提示，如在蹲式便池处贴上小脚印。

② 创设"温馨小提示"。和幼儿共同设计制作图文并茂的《擦屁屁》儿歌，张贴正确使用草纸的图片等。

③ 提供合适的草纸，便于幼儿拿取（放置位置和幼儿如厕时高度相同）。如：利用有卡通图案的材料制作盛放草纸的布袋，每天定时投放不同大小的草纸。这样既方便幼儿自由拿取草纸，又方便保育员进行清洗消毒，同时也增加了如厕环境的美感。

④ 分小组如厕，避免卫生间的拥挤。

● 幼儿心理建设。

① 不要对幼儿尿裤子的事件有过多的关注。

② 鼓励幼儿多承担力所能及的小事，帮助幼儿培养行为的自主性和自理能力，摆脱依赖感。

③ 让幼儿知道憋尿的害处多。

● 如厕行为习惯培养。

① 根据幼儿性别指导如厕：男孩小便要面对便池，两腿分开站稳，揭开裤洞，肚子略向前挺，对准便池小便。女孩小便要两腿跨开站到便池上，脱下裤子到膝盖处，便后应束好裤子下便池。

② 教会幼儿使用草纸的方法，即从前往后擦，提醒女孩小便后也要使用草纸。

③ 小便时要遵守秩序，不推抢；如果自己小便很着急，可以和别人商量，让自己先小便。

④ 细心计划幼儿的活动，尽可能避免幼儿尿湿裤子的事件发生。在午睡、集体活动、

户外活动和外出活动前,教师要常提醒幼儿有便意时自己上厕所。

(盛婴、侯素雯)

③　怎样培养幼儿的整理能力

实践与策略篇

体验与思考

如何才能使幼儿养成整理物品的习惯呢?你有什么好的经验?

案例分享

我会整理书包了

上海市黄浦区城市花园幼儿园　王丽静

行为观察

"回家咯!"孩子们伸长脖子等着爸爸妈妈。只见小杰看着老师,欲言又止的样子,最终他拉着我小声地说:"王老师,我玩具没拿下来。"于是我带着小杰上楼。到了教室里,我发现小杰的玩具被他随手放在地上,柜子门敞开着,橱柜里乱糟糟,蜡笔也三三两两地散开着,水彩笔盒还打开着……"哎呀,你的柜子怎么那么乱呀?"小杰不好意思地低下头。仔细看了看,像小杰这样的孩子还真不少呢!

行为产生的原因分析

- 自身原因。大班孩子还没树立起整理意识,也缺乏整理的技能方法。
- 家庭的原因。父母尚未重视对孩子整理意识的培养,部分家长在孩子生活方面过度包办,使孩子缺乏整理的经验。

行为指导的策略与效果

随着毕业时间的临近,进入大班下学期后,家长纷纷为孩子们准备好了小书包。为此,我们想设计一些关于整理书包的活动,从而提高孩子们整理书包的能力。

首先,通过家园共育帮助孩子们养成"书包是我的好朋友"的观念,以及每天背它上幼儿园的习惯。进入大班后,为进入小学做准备,每天背书包是不可忘记的事情。如果忘记背书包,就没有机会练习整理书包。因此,让孩子们知道书包是好朋友,养成天天乐意背书包的习惯,还需家长的配合,只有让家长了解每天带书包的用意,才会支持且每天提醒孩子们带书包。

其次,通过集体活动和个别活动相结合,帮助孩子们学习用品分类。我们开展了集体活动"书包里有什么""书包里的好朋友"等,让孩子们了解书包的功能、书包里的大小口袋的作用、书包适合放哪些学习用品等,引导他们根据物品的不同大小及用途对物品进行分类,有序地摆放。在日常生活中,创设情境,通过故事、儿歌等形式,提高孩子们整理书包的积极性。在个别化学习中,创设"看课表理书包"的区域,鼓励能力较弱的孩子观看图示,尝试按照课表有序整理书包,提高整理能力。

另外,我们采取了"保教结合共促进,养成整理好习惯"的措施。良好习惯的养成,不是一次集体活动就能解决的,也不是一天两天就能学会的,一定是在一日活动中,在教师和保育员的一贯要求和督促下,不断练习的结果。因此,在橱柜门口我们提供了"离园几件事"的图示,从整理衣物、整理书包到整理橱柜,表明正确的整理顺序;在离园时,保育员配合语言提示,督促孩子们主动整理。

最后,我们通过"游戏比赛常开展,争做整理小能手"来进一步巩固这一习惯。随着活动的推进,当大部分孩子已经掌握了整理书包的方法后,我们开展了"整理书包"的比赛,评比整理达人,颁发小蜜蜂章,提高孩子们整理书包的积极性。

案 例 分 析

幼儿整理能力的提高,不是一朝一夕的事。案例中的教师结合大班幼儿幼小衔接这一重点教育要求,敏锐地捕捉到了幼儿的整理习惯问题。教师在发现问题后,展开了就此类事件的抽样观察,集中分析幼儿整理不到位的原因,发现幼儿欠缺整理的能力的原因主要在于缺乏整理意识和整理方法。因此,教师本着保教结合、家园结合的原则,通过教师、保育员及家长"三位一体"的共同努力帮助幼儿树立整理意识,学习整理方法。

首先,教师争取了来自家庭的支持。请家长为每个幼儿准备书包,并且要求幼儿每天都要将书包背到园中。从观念上,教师帮助幼儿树立起每天整理的意识,这是极其关键的一步。许多时候,教师在园内的许多教育工作也不乏巧思和智慧,但如果在家庭中没有统一而同步的教育影响,往往会造成幼儿两面派的作为。因此,紧密联系家园内外的一致教育行为是后续一系列措施实施的基础。

其次,教师结合环境创设(图示法),分别从集体活动和个别化学习中帮助幼儿学习各种整理的技巧,引导幼儿根据物品的不同大小及用途对物品进行分类,并将其有序摆放进书包。幼儿有序、善思、冷静和懂得珍惜物品等品质也能从中得到培养,这恰恰为幼儿进入下一阶段的学习做了准备。

再次,教师充分运用大班幼儿喜欢竞争的心理设计了系列竞赛活动,极大地提高了幼儿整理的积极性,促使幼儿从成人要求整理转变为主动积极地整理。

此外,教师还注意到了教育的全面性,没有将眼光仅仅放在整理书包这一件事上。大班幼儿面临幼小衔接的重要问题,因此让幼儿在一日生活的各个环节中承担一定的自理任务也是必要的。教师从让幼儿自己整理书包做起,以点带面、保教结合,全面提升了幼儿的自我服务能力,这是十分值得借鉴的做法。当然,这一切能获得成功与教师和保育员之间紧密的保教结合工作也是密不可分的。

行为解析与指导提示

学会整理是幼小衔接的重要内容

自理能力对即将进入小学的大班幼儿来说非常重要。因此,应该让幼儿自己带书包,学习整理自己的东西,独立管理好自己的学习用品。

不要小瞧整理这项小活动,它实际上是帮助幼儿养成良好学习品质的第一步。让幼儿自己整理书包,有助于培养他们的条理性和独立性。刚开始,幼儿可能会看到什么就放什么,缺乏计划性,导致在到达幼儿园后,所需物品没有带齐或者花很长时间去翻找。只要家长坚持让幼儿在前一晚自己理书包,幼儿就会逐渐意识到理书包时需要充分考虑的各种问题,如需要带什么去幼儿园,怎么样放才能快速找到所需的学习用品。慢慢地,这种沉下心来独立思考的品质和思维的条理性便会迁移到其他活动中,从而使幼儿养成良好的学习品质。此外,通过自己整理书包,幼儿也更容易学会珍惜和管理自己的物品。

当然,这种习惯的养成与成人的要求和反复的练习是无法分开的。行为习惯一旦养成,真正受益的就是幼儿,幼儿的自信心会得到极大的增强,也将更踊跃地承担更多的自理任务。这是处于幼小衔接阶段的幼儿应该慢慢习得的好习惯。

与家长沟通,寻求家长的合作

- 请家长为幼儿准备一个书包并每天背来幼儿园。装一些物品在书包中即可,种类和数量不要过多,否则将增加幼儿整理的难度。
- 建议家长帮助幼儿养成提前一晚整理好书包再上床睡觉的习惯,让幼儿有充分的时间思考自己去幼儿园所需的物品。
- 请家长以身作则,保持好家庭中各种物品的放置顺序。例如,可以和幼儿一起为第二天要带的物品做准备,一起整理。
- 周末时间,邀请幼儿一起来收拾房间,将收拾整理的观念融入生活的每一个细节之中,慢慢培养幼儿自觉主动做整理工作的意识。

幼儿整理工作指导策略

- 环境布置上,教师应为所有班级公有物品提供统一的收纳和安放地点,并设置明确的标识来说明收纳物品的种类。
- 开展集体活动,和幼儿一起总结整理的方法和步骤,如分类摆放、物归原处等,激发幼儿整理的自主性。以整理书包为例：

　① 观察书包的外形，数一数书包里有几层、几个袋子，哪个大哪个小。

　② 将书和本子按由小到大的顺序对齐放好，放在书包中最大的一层。

　③ 文具全部放在文具袋里。

　④ 画纸最好折起来夹到书中或夹在两本书中，避免破损。

　⑤ 书包最外面的小口袋可以放一些小东西，如餐巾纸和小玩具等。

　⑥ 在幼儿带来书包后，对他们做明确的要求，如用什么学习用品就拿出什么来，用不着的就不要拿出来。

● 要求幼儿有意识地将所有物品物归原处，在教室中经常使用的一些公用学习用品，教师也应规定放置地点，并在每一次活动结束后，要求幼儿自行整理和归放。

● 定时清理物品，将过期或者不需要的东西及时丢弃或处理，保证充分的收纳空间。

● 在幼儿开始尝试整理的初期，教师与家长要经常检查幼儿的书包或柜子，看看这些地方是否按照要求得到了整理，若情况不佳，则应请幼儿重新整理。

● 教师应在日常生活中，及时捕捉良好收纳整理的事例，并对此进行表扬，使幼儿获得自理的成就感。同时，树立榜样，让幼儿知道整理和保管好自己的物品是有责任感和本领大的表现，从而提升他们的整理意识，并使他们自觉模仿榜样行为。

（盛婴）

拓展资源

● 谷田贝公昭编，周念丽等译：《优雅人生的开端：图解儿童基本生活习惯的培养（0—6 岁儿童养育）》，华东师范大学出版社 2011 年版。

该书以图解的方式，从幼儿吃饭的习惯、睡眠的习惯、排泄的习惯、穿脱衣的习惯和卫生的习惯五个方面，教导家长如何帮助 0—6 岁的幼儿养成良好的生活习惯、学会自立。该书对学前教育工作者也有借鉴作用。

第六章　语言领域幼儿行为的指导

第 1 单元

怎样让幼儿想说、敢说、喜欢说

单元导读

幼儿期是语言发展的关键期。口语表达能力的培养是幼儿语言学习的重中之重。在培养幼儿口语表达能力时,我们尤其要注重激发幼儿使用语言表达想法和内在需要的意愿,培养幼儿语言表达的自信心。通过本单元的学习,你将:

* 了解怎样让幼儿愿意说话;
* 了解怎样培养幼儿语言表达的自信心;
* 了解怎样在谈话活动中激发幼儿的表达兴趣。

 1　怎样让幼儿愿意说话

体验与思考

当幼儿不愿意与人交流时,你如何进行引导?回顾你鼓励幼儿大胆表达的有效经验和做法。

案例分享

沉默的贝妮

上海市黄浦区回民幼儿园　程磊

行为观察

贝妮在托班时整整一年都没和老师、同伴有过任何的语言交流(除偶尔在生活方面需要帮忙外)。她也没有参与过任何游戏,包括其他孩子最喜欢的玩滑梯等。

实录一

户外运动时间,所有的孩子都在操场上尽情地滚皮球、玩滑梯、走小桥,只有贝妮站在操场角落里,看着其他孩子玩。这已经是贝妮升入小班的第二个月了。

实录二

12月的一天,户外运动已经进行了10分钟,贝妮却还没有从厕所出来。当我走到厕所窗口时,听到一个小女孩正在奶声奶气地用沪语和阿姨聊天。我探头一看,发现竟然是贝妮。当贝妮发现我正在用惊讶的表情看着她时,她停止了与阿姨的聊天,默默地走出了厕所,又变成了那个我所熟悉的"沉默的贝妮"。事后阿姨告诉我,当时她正在洗牛奶杯,贝妮主动走过来问她在干什么,她也被吓了一大跳呢!

行为产生的原因分析

通过那次"惊鸿一瞥"的旁听,我一直在想是什么原因导致贝妮在这一年多的时间里不愿开口呢?对此,我分析可能有以下几个原因导致贝妮在班里不愿说话。

- 生理原因。贝妮说话时口齿不清晰,字音发出时可以听到气流,并且"d""t""l"的发音较为困难。我猜测可能是因为贝妮的舌系带过短,导致伸舌短,一些音发不清楚。
- 性格原因。贝妮可能属于内向的孩子,不愿在大家面前说话,与外界交流的欲望不像别的孩子那么强烈。
- 环境原因。贝妮只会使用沪语与他人交流,可能和她从小与爷爷奶奶生活,讲的基本上都是沪语有关。她缺乏一个普通话的语境。

行为指导的策略与效果

- 树立自信心——激发贝妮"想说"的内驱力。

孩子在受到尊重与爱护时,都愿意用语言与他人进行交流。从中,孩子会感到自己被重视,也会产生交流的自信心。同时,自信的孩子在获得适时的语言表达体验后,更能激发出"想说"的欲望。因此,自信心是激发孩子"想说"的内驱力。对此,我的做法是:

① 明确口齿不清的原因。

首先,我与贝妮家人进行了沟通交流,向他们说了我对贝妮口齿不清的担心和猜测,希望他们能带贝妮去医院就诊。经医院检查,贝妮确实存在舌系带过短的问题,但由于已经过了最佳治疗期,医生建议不采取手术治疗,而是建议多做发音矫正练习。

经爷爷奶奶介绍,贝妮在家中并没有少言寡语的现象,而是喜欢和家人聊天。同时,家人在和贝妮讲话时有使用儿化语言的习惯。

其次,我开始有针对性地加以引导,提醒家长改正他们不良的说话习惯。如尽量不用叠词、双词句式的儿化语言,如"吃饭饭""坐车车"等,而是给孩子示范规范的语句("吃饭""坐车")。另外,我还为家长提供了一些与矫正发音有关的资料,以便他们在家中引导贝妮做发音练习用。

② "蹲下来"倾听,帮助贝妮树立"敢说"的信心。

我试着蹲下来和孩子交流。虽然蹲下来的动作很简单,但是我发现我和贝妮的距离拉近了,并且我能平视她的眼睛,将耳朵靠近贝妮的小嘴,即使贝妮小声说话我也能听见了。

当我俯身下蹲与贝妮的眼睛平视,真心流露出渴望倾听的神情时,贝妮真切感受到了我愿意听她说话,而她就会高兴地说出想说的话。有时我还会拉拉她的小手,摸摸她的小脸,用沪语亲切地说:"讲好嘞! 程老师老想听额!"这让原本不愿说话的贝妮,因为受到老师的鼓舞而逐步树立起了说话的自信心。

- 营造良好的语言环境氛围——孕育贝妮"爱说"的沃土。

① 根据贝妮语言发展的特点,为她提供所需要的教育机会。

针对贝妮说话口齿不清、口型变化不清晰的现象,我对她进行了专门的语音训练。除此之外,我还引导班上的孩子们不讥笑她的发音,鼓励她与同伴、老师、阿姨多说话,并且只要她有一点点进步,我都会在集体面前表扬她,帮助她逐渐树立与人交往的自信心。

② 增开"呱呱说话时间"。

为了鼓励贝妮大胆表达,我们班每天都有一个"呱呱说话时间"。在这段时间里,我会鼓励孩子们主动地找贝妮说说话、聊聊天,话题不限、语种不限,贝妮可以在这里用她擅长的沪语和同伴、老师交流。

③ 扩展语言经验——汇集贝妮"能说"的源泉。

孩子语言表达能力的发展与其生活经验有关,孩子在获得多方信息的同时,也习得了更多的语言经验,进而促进了孩子语言交流能力的发展。因此,语言经验的获得、运用、积累、再运用,周而复始,形成了孩子语言学习的连贯模式。这也是提高孩子语言表达能力的有效渠道。根据这一要求,我们进行了如下探索:

第一,听"燕子姐姐讲故事"。当贝妮进入中班时,我请爷爷奶奶每天都给贝妮听录音故事,尤其是她喜欢的"燕子姐姐讲故事";鼓励贝妮通过听故事来模仿、巩固正确的普通话发音,丰富其语言素材,拓展其语言经验。

第二,争当"推普小天使"。当贝妮进入大班时,我除了在日常的语言集体教学活动中关注贝妮语言表达能力的发展外,还鼓励她参与不同形式的语言活动:如"每日新闻""开心一刻""睡前故事"。这些活动不但满足了贝妮和其他孩子交流表达的需求,还有效提升了贝妮的语言经验,促进了她口语表达能力的发展。在不断的进步中,贝妮被大家评为了"推普小天使"。

案 例 分 析

从案例中可以看出,尽管贝妮已经上过一年托班,但在进入小班时仍然沉默寡言,不愿参与任何集体游戏活动,与老师、同伴也几乎没有任何的互动交流。对此,教师通过具体的活动片段呈现了贝妮的表现,并且从内因和外因两个方面分析了贝妮出现此行为的原因:一方面是贝妮自身的性格比较内向且舌系带过短;另一方面与贝妮生活的环境有关。贝妮平时主要由爷爷奶奶带,并且在家里基本上都讲沪语,很少用普通话进行沟通交流,这就使得原本内向的贝妮在集体中看到别人都用普通话交流时有种无所适从的感觉,进而更不愿意开口讲话了。针对贝妮的情况,教师围绕着"让贝妮开口讲话"的目标,制定了一系列指导策略并付诸实施。

首先,从激发贝妮开口讲话的兴趣入手,激发她主动讲话的内驱力,帮助她逐步树立自信心,并且尽可能地创设自由、平等的交流环境,蹲下来与贝妮交流,让贝妮觉得教师真的在听自己讲话,从而敢于大胆表达。与此同时,为了鼓励贝妮开口讲话,教师每天增设了一个自由说话的时间,确保贝妮有与同伴交谈、与教师交往的机会。正是在这样一种自由自主的环境中,在教师和同伴的鼓励下,贝妮逐步放开并愿意用自己擅长的沪语进行交流,语言交往的经验不断丰富,语言表达能力逐步得到提高。

其次,与家长沟通交流,尽可能地为贝妮营造大胆练习讲话、自由表达的环境,并通过不同的手段来锻炼贝妮的语言表达能力,动员教师和同伴与贝妮沟通交流。

最后,教师还充分意识到了生活经验与语言表达能力发展之间的关系,即丰富的生活经验有助于丰富幼儿的语言经验、促进幼儿表达能力的发展。根据这一要求,教师通过"燕子姐姐讲故事"等活动来丰富贝妮的词汇、语言经验,进而提高她的语言表达能力。

通过三年的追踪观察,在教师的悉心指导与家园的共同努力下,贝妮的语言表达能力不断提高,得到了大家的认可。从贝妮的变化中,我们可以看到,幼儿的语言能力是在交流与运用的过程中发展起来的。因此,在一日活动的组织与实施中,教师应为幼儿创设一个自由、宽松的语言交往环境,鼓励和支持幼儿与成人、同伴交流,激发幼儿语言交流的愿望,帮助幼儿树立大胆表达的信心,进而提高幼儿的语言表达能力。

行为解析与指导提示

口语表达对幼儿发展的重要作用

交流是幼儿需要学习的最重要的事情之一。婴儿主要用哭和动作让家人知道他有需求,稍长大后,便开始叽叽咕咕讲话和发出声音。一岁以后,幼儿开始学习说出他人使用的词。在两岁半时,大多数幼儿已经掌握了相当多的词汇,并能够和家庭成员以外的人进行口语沟通。

当幼儿无法用口头语言与他人进行沟通时,我们就没有办法确定他是否听懂了。更严重的是,这将影响幼儿的认知能力。因此,口头语言的发展不仅是幼儿语言发展的重要方面,更是学习书面语言以及获得其他知识经验的必要条件。

观察不愿讲话幼儿的具体表现

- 观察幼儿如何表达自己的需求和愿望。
① 幼儿从不说话;
② 幼儿有需要时会说话;

③ 幼儿在需要某样事物时会大哭；

④ 幼儿使用手语表达；

⑤ 幼儿认为自己尝试发现解决问题的办法比请求帮助要好；

⑥ 幼儿带着成人到他需要的物品摆放的地方。

- 观察别人问幼儿问题时，他会怎样回应。

① 幼儿逃避与他人交谈；

② 幼儿回答他人的问题；

③ 幼儿用非口语的方式回答，如点头、微笑；

④ 幼儿只对一个人或少数几个他信任的人用口语或非口语的方式回应。

- 观察幼儿在幼儿园时做些什么。

① 自在地参与安排好的活动；

② 抗拒参加活动；

③ 只参加非社会活动；

④ 当成人在场时参加活动；

⑤ 进行相似的游戏；

⑥ 独自一个人玩。

幼儿不说话的原因

- 生理原因。

① 听力的问题会造成幼儿语言发展缓慢。

② 喉咙或口腔的异常，以及脑部受损也会造成幼儿少言寡语。

③ 有语言障碍的幼儿可能无法自如地讲话，因为其他人很难理解他在说什么，为了避免不被他人理解所带来的失望和屈辱，这些幼儿会尽可能不说话。

- 心理因素。

有些幼儿有害羞的特质，在陌生的环境中更不愿与人互动交流，不敢开口讲话。

- 环境因素。

① 身处陌生环境，幼儿会因为缺乏安全感而不愿开口讲话。

② 当离开熟悉的语言环境时（如案例中的贝妮在家喜欢用沪语交流），不知道该如何开口讲话、与人交流。

③ 幼儿来自语言交流较少的家庭，缺乏语言交流的机会。

如何激发幼儿说话的意愿

- 如果教师感觉幼儿不说话可能是由生理原因造成的，可建议家长带幼儿到专门的机构进行检查，由专业医生进行矫治。对于由心理或环境因素造成的幼儿不愿说话的现象，可以采用的指导方法有以下几种。

① 对于缺乏自信而不愿意交流的幼儿，教师要创设一个没有压力的环境。首先要接纳幼儿，不管幼儿的发音多糟糕，或者说的话多么不符合语法规范，都要接受他们的语言。同

时,尊重幼儿的意愿,不要强迫幼儿进行口语表达,要给幼儿有趣的表达机会和温暖的鼓励。

② 丰富幼儿的语言经验。对幼儿来说,接受足够多的语言信息是其发展语言能力的重要条件。因此,在日常生活中我们要注重丰富幼儿的生活经验,丰富幼儿的词汇,帮助幼儿获得更多的信息,并鼓励其大胆表达自己的所知所思所感。

（马玉彩、侯素雯）

2 怎样培养幼儿语言表达的自信心

体验与思考

指导幼儿语言学习与发展的首要任务是帮助幼儿成为积极的语言运用者。请思考:幼儿在怎样的情况下能够自由、大胆地和人交谈?

案例分享

嘟嘟演出记

上海市黄浦区复兴中路第二幼儿园　蒋丽君、丁吉

行为观察

嘟嘟是我们班年龄最小的男孩,虽然个头是全班最高的,但各方面表现都比较弱。他的行为比较特殊,常常会脱离班级擅自活动。同时,他极其好动、好奇心强、自控能力差。他还有一个最明显的特点,就是语言表达能力弱,只会说简单的单个字、两个字组成的词,并且总重复表达少数几个常用字。刚进入幼儿园时,嘟嘟会和同伴发生争执,常有孩子告状反映"嘟嘟捣乱""嘟嘟打人""嘟嘟抢玩具"……这些都与他语言发展水平弱有密切关系。因为不能较好地表达自己的意图,所以在和同伴玩耍时他常因表达不清楚而引起矛盾。

行为产生的原因分析

我和家长共同分析了嘟嘟目前行为的成因:一是由于爷爷奶奶在家中比较宠爱孩子,总把嘟嘟视作长不大的婴儿来抚育。不管是吃饭还是睡觉,都用与婴儿说话的口吻和他对话。一直到中班上半学期的时候,家人还会时不时地对着他说"宝贝,吃饭饭"。二是平时家长忽视了孩子在语言方面的发展,任由其奶声奶气地说话。平时听见嘟嘟表达所看到的事情不清晰时,爸爸妈妈也以其能理解孩子的心理语言为由,不时提出其他调整意见,导致了孩子表达不清晰的情况。三是教师在指导孩子语言练习上的时间和机会受限制。班中有三十个孩子,教师在工作中难免会力不从心。

家园双方通过沟通达成共识,首先力图在每个成长环境中和孩子用规范的语言进行

交流。其次当幼儿出现表述不清的情况时，要耐心倾听并提出建议让其重复。最后无论在家还是在幼儿园，都尽量为孩子的发展提供充足的时间和适宜的机会。

行为指导的策略与效果

每年学校都要开展绘本剧的展演，本次我们班排演《金色的房子》。我让孩子们自由选择角色，嘟嘟也积极参与其中，坚持要扮演故事中的小狗。扮演这个角色对这样一个年龄小、语言发展缓慢的孩子是否合适？我犹豫了很久，最终我还是想给他一次机会，让他锻炼一下。

排练片段一

绘本剧进入了初期的排练阶段——学说角色对白。在对台词时，其他幼儿扮演的角色基本上都能互动对答，可是每次轮到小狗讲话时，嘟嘟就只会"汪汪汪……"。他的表现让大家哈哈大笑，排练戛然而止。

我想，这样下去可不行。对于嘟嘟这样一个比较特殊的孩子，我必须设计一个适合他的排练方案。为了使嘟嘟能与其他角色对话，我采用事先将故事对白录好音，回放给嘟嘟让他边听边学的策略，并在家庭和幼儿园同步进行。在幼儿园里，我将此材料投入区域活动中，鼓励嘟嘟使用故事中的语言，一遍一遍跟着录音机来学说角色语言。对于他发不准的字音，我反复耐心地帮他纠正。在家中，我请家长每天抽出一定的时间让嘟嘟多听多说，离园后、临睡前都重复练习一次。就这样足足过了一个月……

排练片段二

"红的墙，绿的窗，金色的屋顶亮堂堂。"孩子们在整齐的儿歌声中开始了今天的排演。小鸟活泼开朗、小猴机灵调皮、小熊笨重可爱。每个小演员都不仅能熟练地对话，还能有表情有动作地表现。轮到小狗了，小狗说："你的房子真漂亮，我能进去玩玩吗？"小姑娘说："不行，你到处乱跑，会弄脏我的屋子的。"小狗说："我不会乱跑的。"正当我为嘟嘟能对上台词兴奋不已时，我又看到了新的问题：嘟嘟说小狗的台词的时候面无表情，说完台词后就站在台上一动不动了。每一回，嘟嘟都像是在完成任务，无法融入自己的感情。绘本剧是要在舞台上表演的，光会死记硬背还没用，关键是要把自己对绘本的理解化为表演。

生动地表演对一般的孩子也不是件容易的事，何况是对嘟嘟。怎样才能解决这个问题呢？首先，我收集了他人表演绘本剧的视频片段让嘟嘟欣赏，在区域活动中指导嘟嘟观察舞台上小演员的表现，思考表演时说话和平时说话有什么不同，并且让嘟嘟尝试模仿视频中小演员的语音语调。其次，我请家长在家中发挥每位成员的作用，分别扮演剧中的其他角色，让嘟嘟感受与不同角色互动时，分别该用怎样的语气表达。最后，在排练的过程中，我先示范一遍让嘟嘟跟着学，再让参与演出的家长志愿者时刻提醒嘟嘟的对白和动作。在大家的共同努力下，又过了一个月。

演出时刻

当我们的节目开始时，嘟嘟的表演仍然有些稚嫩，但是对话的时候能看着对方的眼睛了。虽然语气不是很到位，但是已经能分出难过的语气和开心的语气了。虽然在台上还有些不自在，但是也能在同伴的帮助下与其他角色互动、拉手转圈跳舞了。舞台上的嘟嘟快乐极了，从他的快乐中我看到了属于他自己的自信。看着舞台上笑容满面的嘟嘟，我由衷地想对他说："嘟嘟你真棒！"

案例分析

在幼儿园，我们常常会遇到像嘟嘟这样的孩子，因为缺乏语言表达的能力和技巧，而在各方面尤其是社会交往方面频频遇挫。教师能够对幼儿表现出的负面行为，不直接否定、批评、告状，而是寻找背后的原因，显示了教师对幼儿的了解和真切关心。在分析问题的过程中，教师与家长充分沟通，确定家园合作的具体方案，充分考虑到了语言发展中日常口语环境的重要性，体现出了教师的专业性。

在这个案例中，教师抓住了幼儿想要参与表演这个契机。首先，她注重活动的过程而非结果，未对嘟嘟是否会影响整体表演效果表现出过多担心，愿意为他提供表现的机会。其次，尽管对嘟嘟能否胜任角色有所疑虑，但她最终还是倾向于认为这个任务是在幼儿的"最近发展区"内，在评估后进行了尝试。在这样的基础上，教师、家长和幼儿共同开始在一段时间内为一个具体的目标做持续的努力。个别化练习的过程在不同的阶段有不同的重点（如发音、表情）和方法（如听录音、欣赏视频、家庭中分角色表演等），最终取得了良好的效果。在表演中取得成功将是嘟嘟成长中的一个"关键事件"，而让幼儿（包括家长和教师）建立起信心，对推动其其他方面的发展来说也是一个契机。

我们也要看到，嘟嘟自身表现出的主动积极性、在重复练习中的坚持性，以及没有因为大家的嘲笑而打退堂鼓的心理调适能力等能动因素是他取得进步的关键。所以，短时间的集中训练，尤其是针对表演这种需要综合各种能力（语言的精确记忆、肢体和表情的表现、与他人的配合等）的任务的练习，并不一定适用于所有语言能力弱的幼儿。如幼儿的意愿不强烈或成人的方法不得当，会让幼儿感到被迫、枯燥、受挫，进而更不愿表达或参与类似活动。这样的方法，要在一定的契机下或在评估和思考的过程中谨慎地使用。

行为解析与指导提示

语言能力是我们用来衡量幼儿智力发展的常用且易用指标之一。尤其在小年龄幼儿中，"会说""能说"的总是容易被认为是"聪明"的、"发展得好"的。相反，语言能力弱则往往会影响幼儿的思想表达、社会交往等，甚至会让人忽视幼儿身上其他良好的能力，如观察力、专注性、抗挫折能力等。所以，面对语言发展能力较弱的幼儿时，我们首先要对他们进行全面的观察和评估，客观地看待他们，不随意将他们定位为"弱"或"特殊"的。其次，可以尝试结合他们擅长的领域和感兴趣的内容来帮助他们获得成就感、树立信心，尤其可以将语言教育融入进去，"以长带短"。

同时，就像案例中教师所做的那样，对语言表达能力较弱的幼儿，要分析他们是不愿说、羞于说，还是不会说、说不好，究竟是生理原因，还是教育环境中的原因，这样才能根据幼儿的特点,有针对性地采取具体的教育方法。比如,为幼儿选择合适的儿童文学作品让他们欣赏和阅读,和他们一起重复短小易学的儿歌、童谣、故事中的对话,让他们初步体会到语言的用处和趣味,获得成就感。但要注意的是,就像"泳池里学游泳,厨房里学做饭",任何正式的、专门性的语言教学或教育活动都不能替代日常生活中和游戏中大量自然的口语运用机会。

日常生活中和游戏中关于事物和人际交往的经验为幼儿提供了丰富的语言素材,而与他人交流的过程则是在情境中模仿和迁移使用语言的好时机。对教师来说,为所有的幼儿创设语言运用的空间非常重要。比如,保证充分的自由活动和游戏时间,因为这里包含了各种自由的语言交流及倾听;创造较为宽松的班级氛围,允许幼儿在活动间隙自由交流或者在活动中大胆地表达。在这样的前提下,教师可以观察表达能力较弱的幼儿因语言问题遭遇的挫折和障碍有哪些,从而有针对性地提供指导。例如,教师可以以同伴的方式示范或直接教他们说一些简单的话语、句式,比如:"你的玩具真漂亮!我可以跟你一起玩吗?""我有不一样的意见。""我不喜欢这样。我生气了。"这样可以帮助幼儿在情境中表达情感和诉求、说明原因。教师也可以多去听听这些幼儿的倾诉,打开他们的"话匣子",让他们先对教师有话说。

当然,重视语言的日常积累和学习就绝不能忽视幼儿园与家庭达成一致的重要性。教师可以在充分沟通的基础上,和家长达成一些具体而具有操作性的约定,比如"尽量用完整、规范的语言和孩子说话""每天和孩子交流幼儿园发生的事""每天睡前为孩子念三首儿歌或讲两个故事""孩子说不清楚的时候耐心等待,请他慢慢说"等。这样语言指导的效果将事半功倍。

(胡意慧)

怎样在谈话活动中激发幼儿的表达兴趣

体验与思考

当幼儿不愿参与谈话活动时,你是如何进行引导的?回顾激发幼儿大胆表达的有效经验和做法。

案例分享

巧转话题,喜谈中国年

上海市黄浦区瑞金一路幼儿园　郑黎清

谈话活动为幼儿提供了大胆表达的机会,可以让幼儿体验语言交往的乐趣。谈话活动的环节设计是否合理、提问设计是否有效和预设生成的内容是否准确,直接关系到它是否能引发幼儿与他人讨论问题的积极性。

根据这一要求，在谈话活动中主要应观察的内容有：

① 教师对幼儿已有经验的了解程度；

② 教师对幼儿兴趣点和需要的关注；

③ 教学环节、提问设计对幼儿语言发展的影响。

基于以上思考，我在新年到来之际，围绕着"喜谈中国年"这一话题组织开展了两次谈话活动。

第一次活动概述

活动实录片段：

老师在播放录像前说："大家看看录像里播放的内容是关于什么节日的？你是怎么看出来的？"紧接着，播放录像，画面中呈现出过新年贴春联、吃年夜饭的场景。

看了录像后洋洋说："这是新年，因为新年的时候家家户户都要贴春联，这是在庆祝新年。"天天说："吃年夜饭，是为了迎接新的一年。"

根据孩子们的回答，老师进行了总结："每年我们家家户户都要聚在一起过中国年——春节。过了春节，旧的一年过去了，新的一年到来了。"

讨论完毕，老师便出示各种蕴含中国年元素的卡片说："这里有很多卡片，大家看看，卡片上的哪些东西是我们过年的时候需要的。"

韬韬："红包！红包春节的时候需要。"

老师："春节时我们拿到红包有什么用呢？"

韬韬："红包里有很多钱，我们可以用这些钱买玩具。"

诗诗："我们可以用这些钱给妈妈买化妆品。"

老师："除了红包，过年还需要哪些东西？"

杰杰："汤团，过年的时候要吃汤团。"

老师："为什么中国人过年的时候喜欢包汤团吃呢？"

依依："汤团表示大家开开心心地聚在一起。"

老师："这就是大家常常说的团团圆圆。"

菲菲："粽子，过年的时候大家都喜欢吃粽子。"

老师："粽子在什么节日吃最有意义呢？"

小江："端午节，端午节才是吃粽子的时候呢！"……

讨论持续了一段时间，孩子们兴趣平平。

分析：

从活动实录中我们可以看到，孩子们基本上能参与讨论，对中国年的元素也有所了解，有一定的生活经验，但讨论的过程中孩子们兴趣平平，没有体现出"喜谈"中国年的激动心情。这让我意识到：一方面老师在设计提问的过程中虽然关注了孩子们已有的经验，但没有关注他们的兴趣和需要，活动本身的价值不大。另一方面老师在设计此活动的过程中对孩子们的兴趣需要估计不足，对预设生成的准确性把握不够。因为老师在设计问题的时候，只是简单地思考如何让孩子们通过回答问题再现已有经验，而没有让他们对怎样过新年做进一步思考。简单地说，就是问题缺乏挑战性，孩子们缺乏讨论的激情。

应对措施：

（1）针对幼儿的兴趣点调整目标。

- 了解中国传统节日"中国年——春节"特有的民俗风情。
- 感受和儿童福利院的孩子们共度中国年的乐趣。

（2）巧转话题，调整提问问题，扩大讨论空间。

- "我们从妈妈肚子里出生以后过了几个春节？你是怎么算的？"
- "我们一起回忆一下，每年是怎么和爸爸妈妈一起过春节的？"
- "我们怎么用红包里的钱，为福利院的孩子们做一些事，让他们也过一个开开心心的中国年？"

（3）让孩子们分成三组，一起计划如何让福利院的孩子们开开心心地过一个中国年。

几天以后，老师调整了对环节和提问的设计，并和另一组孩子们开展了谈话活动"喜谈中国年"。

第二次活动概述

活动实录片段：

活动开始了，老师边播放有关中国年的录像边提问："大家看看录像里播放的内容是关于什么节日的，你是怎么看出来的？"

孩子们："是新年。"

老师："说说你们的理由。"

芳芳："录像里有人在吃年夜饭，过年的时候我们家也要吃年夜饭的。"

明明："录像里有一个'福'字，过年的时候家里要贴的，表示给我们带来福气。"

教师："我们从妈妈肚子里出生以后过了几个春节？"这下孩子们都思考了起来。

陶陶："五个春节。"

老师问："你是怎么算的？"

她说："今年我五岁了，所以过了五个春节。"老师笑着说："原来，我们每过一个春节，就长大一岁！要是过了今年的春节你们就……"孩子们一起接上说："六岁了！"

老师继续问："我们一起回忆一下，每年是怎么和爸爸妈妈一起过春节的？"这个问题一抛出，孩子们纷纷开始回忆并讲述自己过春节的趣事。

惠惠说："春节的时候我要和爸爸妈妈一起到奶奶家拜年。"然然说："春节的时候我们家里来了很多客人，他们都会给我红包。"

老师问："大家都收到过红包吗？"孩子们异口同声地回答："收到过。"

老师接着问："用红包里的钱可以做哪些有意义的事呢？"源源说："我会给妈妈买化妆品，让妈妈打扮得更漂亮。"思思说："我可以用这些钱买一些自己喜欢看的书，让自己变得更聪明。"亮亮说："我要捐给福利院的小朋友，上次我和妈妈一起去看过他们，他们没有了爸爸和妈妈，很孤单的，玩具也很少。"

这时老师播放了关于福利院中地震后生存下来的孤儿的影片，并说："这些都是地震后没有了爸爸妈妈的孤儿，我们怎么用红包里的钱为他们做一些事，让他们也过一个开开心心的中国年呢？"元元说："买一些厚厚的被子，因为天冷了，小朋友没有被子盖要冻僵的。"惠惠说："买一些玩具和他们一起玩，因为他们的玩具都被埋在地下了。"丘丘说："我们唱几首歌，录下来，寄给他们，让他们学，他们就不孤单了！"……

听完孩子们的讨论，老师说："你们想了很多办法让福利院的小朋友欢欢喜喜地过一个中国年。那我们就来计划一下，怎样和他们一起过个高高兴兴的新年。"

根据讨论，最后大家决定围绕"节目表演""环境布置""春节礼品"三个主题分成三组制定计划，然后分别介绍了自己的计划。

"节目表演"组的代表说："我们准备讲一个关于'年'的故事；表演一首我们刚刚学会的歌曲《大中国》；和福利院的小朋友一起做一个'找朋友'的游戏。"

"环境布置"组的代表说："我们准备用红包里的钱到超市买一些拉花，再买一些气球，还要自己剪一些窗花和福利院的小朋友一起布置教室。"

"春节礼品"组的代表说："我们要用红包里的钱为福利院的小朋友每人买一个铅笔盒，里面放笔和尺，还有橡皮。"

老师说："大家都计划得很好，从明天开始就可以分头准备。相信今年的春节一定比以往的春节更开心！"

分析：

从第二次活动的实录片段可以看出，老师重新调整了活动计划，让孩子们回忆从小到现在过的每一个春节，并组织他们重点讨论怎样用红包里的钱帮助福利院的孤儿。从活动中可以看到，教学内容的改变首先使孩子们积极地回忆了自己过的春节，然后感受帮助别人的乐趣，最后通过制定计划进行经验提升。这样的活动设计，不但扩大了孩子们思考的空间，而且让他们在思考的过程中发展了语言表达能力，变得有话可说且乐在其中。

案例分析

幼儿的语言能力是在运用的过程中发展起来的，因此要为幼儿创设一个能使他们想说、敢说、喜欢说、有机会说，并能得到积极应答的环境。从案例中可以看出，为了激发幼儿表达的兴趣，让幼儿有更多的话可以说，教师围绕着"中国年"这一主题以对话形式组织开展了谈话活动，以此来提高幼儿的语言表达能力。

一直以来，谈话活动作为一种有目的、有计划、有组织的语言教育活动得到了教师的青睐。谈话活动具有以下特点：

第一，它拥有一个具体而有趣的、幼儿比较熟悉而又倍感新鲜的中心话题。如案例中教师选择了幼儿熟悉的"中国年"来推动谈话活动的展开，并根据幼儿在活动中的表现及时进行调整、更新，激发幼儿参与的积极性和谈论的热情。

第二，谈话活动的环境宽松、自由。在内容上，幼儿不必统一认识、意见一致，在形式上不追求语言的规范化。谈话活动的主要目的就是鼓励幼儿愿意交谈，主动交流自己的感受和认识，乐于与同伴分享经验。这样幼儿在参与谈话活动时就可以围绕谈话活动的主题，以自己喜欢的方式来自由表达个人最真实的想法和感受。在案例中教师通过调整活动环节、活动内容等给予幼儿话语空间权，并以幼儿熟悉的"红包"为主线来重点推进讨论,从而使幼儿打开话匣子,纷纷表达自己的看法。

第三,谈话活动可以让幼儿相互引导启发。谈话活动强调让幼儿运用语言与他人进行交流,在这个过程中每个幼儿都可以表达自己的认识和感受,从不同角度发表自己的意见,从而能够相互启发拓宽思路,分享彼此的经验,在短时间内获得大量的信息。与此同时,由于每个幼儿在表达时都会采用不同的语言形式,相互之间会进行引导和模仿,幼儿可以学会不同的表达方式。在案例中,教师鼓励幼儿在思考的过程中提高语言表达能力,让幼儿先说说红包是哪里来的,然后再各抒己见说说红包如何用才更有价值和意义。在讨论的过程中,幼儿受到"如何帮助地震后的孤儿"的启发,分成三个组各自发表自己的意见和看法,并通过讨论知道了该如何帮助别人。

第四,谈话活动中教师的指导以间接引导为主。教师作为谈话活动的设计组织者,其指导要以间接引导的方式出现。教师以参与者的身份参与幼儿的谈话,用暗示、引导或提问等隐性方式主导谈话活动,引导幼儿拓宽谈话的思路,把握谈话的方式,从而使得谈话活动围绕主题进行。如在案例中教师围绕着"中国年"的主题,先是让幼儿畅谈过年的趣事,然后再以"红包"为切入口让幼儿说说如何用红包,最后通过录像片段引导幼儿思考如何使用红包才会更有价值和意义,从而使得整个谈话活动始终围绕着"如何过一个有意义的中国年"进行。

行为解析与指导提示

集体谈话活动与幼儿语言能力发展的关系

众所周知,幼儿的语言交往贯穿在一日活动的各个环节。我们要给幼儿创设无处不在的语言教育环境,既有小组、个别交流,也有集体讨论,让幼儿在与同伴、教师的互动交流中得到支持和鼓励,提高运用语言进行交往的积极性和主动性,获得有效的语言经验。

集体谈话活动在开展过程中基本上都是围绕着一个主题进行的,通常以幼儿熟悉且感兴趣的话题为切入口来进行交流、讨论。它的开展对发展幼儿的语言表达能力有以下三方面的重要作用:

● 创设和谐融洽的师幼互动环境,让幼儿在轻松、愉快的氛围中学习交流,在活动中大胆表达。

● 蕴含语言创造的机会,为幼儿提供了质疑提问的机会,拓宽了他们的思路,支持和鼓励他们大胆思考、表达自己的想法,允许他们表达不同于别人的意见,坚持自己的观点,并尝试抒发己见。

● 有助于提升幼儿的语言经验。幼儿语言表达能力的发展与其生活经验、语言经验的提升有很大关系。集体谈话活动往往根据幼儿的已有经验,围绕着具体的内容来展开。

在这个过程中,师幼互动不仅有助于激发幼儿的已有经验,而且能进一步提升幼儿与此内容相关的经验,丰富其词汇量和语言经验,进而提高其语言表达能力,如连贯性、一致性、逻辑性等。

集体谈话活动的组织方法

- 提问法。提问是组织、实施谈话活动的基本方法。谈话活动如何进行,思路如何拓展,是否能激发幼儿的兴趣,关键在于教师设计的问题。集体谈话活动的问题设计有以下几个要求。

① 问题应能为谈话活动的目的服务,要围绕活动目的、重点突出、层层推进。

② 问题要能启发幼儿思考,话题要不断拓展,从而开阔幼儿的思路。

③ 问题要生动有趣。在集体谈话活动中,要使幼儿愿意说,教师可设计一些有趣的问题,以此来活跃谈话的气氛。

- 示范法。要求教师在示范时围绕谈话主题,语言生动形象,并且要符合幼儿的接受水平。
- 游戏表演法。教师在围绕主题推进谈话活动时要适时引入一些表演或游戏,它们既能活跃谈话气氛又能降低谈话难度,还能给幼儿以适当的暗示和启发。
- 形象直观法。由于幼儿的注意以无意注意为主,教师应在谈话活动中运用实物、图片模型等直观形象的物品,为幼儿思考问题提供支撑。

开展集体谈话活动的策略[①]

- 做好集体谈话前的准备工作。

① 确保谈话活动的主题为所有幼儿熟悉的内容,尤其是以共同经验为基础的谈话活动,要求主题为所有参与者所掌握。为此教师要做好充分的准备工作,使得谈话活动有合适的主题。

② 谈话的开头要丰富有趣,能激发幼儿谈话的愿望。在谈话的开始部分,教师要引出谈话的主题,并把幼儿的注意力吸引到谈话内容上来,激发幼儿谈话的积极性。

- 创设谈话情境,引出话题。

创设谈话情境是组织谈话活动的第一步。它的目的在于引出谈话的主题,激发幼儿谈话的兴趣,把幼儿的注意力吸引到谈话的主题上来。谈话情境的创设形式主要有实物、图片、语言、游戏及表演。

- 引导幼儿围绕主题自由讨论。

① 活动进行中要注意问题的设计,使每一个问题都能让幼儿可以充分自由地交谈,不要随便打断幼儿谈话或贸然进入下一个问题。

② 注重个别差异,支持和帮助每个幼儿。

③ 教师要主导整个谈话活动,使其不偏离主题。

④ 要注重培养幼儿的倾听能力。谈话活动中幼儿不仅要说,而且要听,只有听明白

① 朱海琳.学前儿童语言教育[M].北京:科学出版社,2009:144.

了才能正确回答。在谈话活动中,教师要有意识地去培养幼儿认真倾听的习惯。

- 围绕主题不断拓展谈话思路。

在幼儿围绕主题充分自由讨论后,教师要逐步拓展谈话的思路,引导幼儿拓展谈话的范围,启发帮助幼儿把新经验运用到谈话活动中,不断提高幼儿谈话的水平。

(马玉彩)

拓展资源

- 唐燕儿编著:《儿童语言学习心理》,暨南大学出版社 2012 年版。

该书是一本实用性和操作性强的儿童语言学习心理教材。全书共分为十章,主要内容包括:儿童期是人生的重要时期、语言的发展关键期在儿童时期、学习是儿童掌握语言的途径等。该书注重理论与实践的结合,在介绍相关经典理论的基础上,借鉴儿童语言研究的成果,向广大学习者提供了切实可行的多种训练方法,帮助教师尽快掌握相关知识,并将儿童语言学习心理及其变化规律应用于语言教学中。

第 ② 单元

怎样培养幼儿倾听与表达的能力

单元导读

　　培养幼儿的倾听和表达能力是促进幼儿口头语言发展的重要途径。幼儿在交往中通过倾听理解他人的语言，并逐渐学会如何表达自己的意愿、感受。通过本单元的学习，你将：

- 了解怎样培养幼儿倾听与表达的复合能力；
- 了解怎样指导幼儿清楚地表达；
- 了解怎样指导语言发展迟缓的幼儿；
- 了解怎样培养幼儿文明的语言习惯。

1 怎样培养幼儿倾听与表达的复合能力

体验与思考

　　在哪些情况下幼儿能够认真倾听，大胆表达？你如何培养幼儿倾听和表达的能力？你有哪些有效的经验和做法？

案例分享

小小新闻台

上海市复兴中路第二幼儿园　王立琴

行为观察

　　进入大班后，孩子们都十分关注身边的事物，会在自由活动时间和同伴聊聊最近发生的新鲜事。为了培养幼儿观察了解周边事物的兴趣，提高他们大胆完整表达的能力，在师幼共同的提议下，"小小新闻台"诞生了。在这个舞台上，每个孩子每周都有为大家播报新闻的机会,孩子们对这个活动也非常感兴趣。

通过观察"小小新闻台"的活动,我发现孩子们在播报新闻时的表现各不相同。于是我将班上两个能力不同的孩子确立为观察对象,观察他们在四次新闻播报中语言、表情、肢体动作等方面的表现。

小瑞是我们班的一个男孩,平时说话很腼腆。因此每次轮到他播新闻时,他总是很紧张,手不停地捏着自己的衣角,眼睛不停地眨呀眨。

3月12日　星期二　第一次播新闻

他脸涨得通红,很害羞地说:"我今天的新闻忘记了!"

3月19日　星期二　第二次播新闻

他不停地捏自己的衣角,平时不结巴的他紧张得不停地结巴:"我的新闻是一条……一条小狗……被……被大家救了。"

3月26日　星期二　第三次播新闻

又轮到小瑞播新闻了,他没有直视同伴,双手仍旧不知道往哪里放,不停地捏衣角:"大家好,今天我要讲的新闻是……就是一个爸爸把小孩子摔在了地上。"同伴插问:"什么时候呀?""好像是昨天。""地点呢? 你知道是在什么地方吗?"又有同伴提问。"在一个医院里。""那后来呢,那个小孩子摔死啦?""没有死。"在同伴的追问下,小瑞终于把新闻播报完毕了。

4月2日　星期二　第四次播新闻

这次小瑞还是不停地捏衣角,双眼虽然不看同伴却朝老师的方向看,并且这次他的声音比以前响亮了许多,播报新闻时的完整性和连贯性也明显地有了变化。

"今天我讲的新闻是昨天地铁里的一个女的把脚伸进地铁的门里,她是为了不让地铁开走才这样的。""这条新闻我也看到了。"有同伴附和着。"这条新闻老师也看到了,小瑞你还记得最后事情是怎么解决的吗?"我提醒道。

"后来地铁的门打开了,最后那个女的被警察带走了。"

看到小瑞此次的表现,我随即表扬:"其实小瑞在很认真地观看新闻,我们以后在播新闻的时候可一定要记得把新闻中说的事情的结果也告诉大家哦。我们大家一起为他加油!"话音刚落,同伴们的掌声四起,小瑞虽然还是那么腼腆和不知所措,但是露出了满足的微笑。

与小瑞不同的是,小米是一个大方的女孩,每次播新闻时她总是喜欢把自己带来的新闻和大家分享:

"大家好,今天我为大家准备了一条新闻,新闻是讲4月20日四川雅安发生了……发生了7.0级特大地震,地震造成很多人员伤亡。"她随即又补充道:"有很多人都受伤了,我还从电视里看到许多房屋都倒塌了。""四川的小朋友真可怜,他们没有房子住,没有好吃的东西,没有爸爸妈妈了……"有很多同伴附和道。小米播报的新闻往往会激起孩子们的热议。

行为产生的原因分析

- 幼儿自身的原因。

播报新闻是一个从倾听、理解到表达的过程,从案例中可以看出两个幼儿在倾听和表达能力，以及理解水平上的个体差异，语言能力的差异直接影响着他们播报新闻的质量。

首先，从倾听能力上看，小瑞的注意力容易受外界事物的影响、易被干扰，经常会出现走神、做小动作、东张西望等现象，而小米平时在活动中基本上都能认真倾听，并且很少受到外界的干扰，因此两人倾听的质量和效果大不相同。

其次，两个幼儿选择播报的新闻内容也不同，小米选择的新闻是在自己理解的基础上讲述的，并且是大家都熟悉的新闻，容易使人产生共鸣，而小瑞播报新闻时则是照搬内容，自己也不甚清楚新闻讲了什么，因此播报时会出现不连贯的现象。

最后，两个幼儿的语言表达方法、习惯不一样，小米的讲述趋于完整，能使用一些好词好句，并伴有手势辅助表达，而小瑞则是在背诵新闻，表达有点干巴巴，缺乏表情。

● 环境因素。

① 周边环境和经验的影响。

小瑞平时在众人面前表达和锻炼的机会不多，而小米平时参加小歌手班的培训，体验过类似的活动，因此他们会有不同的表现：一个面对众人时会因压力和紧张感而手足无措，另一个则比较坦然自若。

② 家长的重视程度不一。

我在和小瑞的聊天中获悉他的父母忙于做生意而无暇陪伴小瑞收看新闻，小瑞基本上是自己收看或请姐姐讲述。相反，小米的妈妈十分重视幼儿园开展的活动，能每天和小米共同收看新闻，为她挑选并解释新闻内容，有时还会主动向老师了解小米播报新闻的情况。

行为指导的策略与效果

通过对比他们的表现及分析原因，为了提高幼儿播报新闻的兴趣和连贯清楚进行表达的能力，我从以下几个方面对活动进行了调整：

● 运用相关指导策略，提升幼儿播报新闻的质量。

① 创设"小小新闻台"主播场景，让幼儿身临其境、轻松播新闻。

为了激发幼儿的兴趣，我们创设了"小小新闻台"的主播台场景，并让每个幼儿都能手持话筒播新闻。有了这样的场景，幼儿在播新闻时非常开心投入，仿佛身临其境，体验了一回当主持人的感觉。事实证明，这样的情景创设在一定程度上也减轻了像小瑞这样的幼儿的压力，让他们觉得播新闻就和平时的游戏活动一样，不必紧张。

② 设立"小小新闻台星星榜"，激发幼儿的热情并提高播报新闻的质量。

图 6 - 1

为了鼓励每个幼儿都积极参与此活动并能说得完整清楚，我们创设了"小小新闻台星星榜"，并且和幼儿一起制定了获得星星的规则：

● 当轮到播新闻时能带来新闻的获得一颗星；
● 播报新闻时声音响亮、播报完整的得两颗星；
● 除了完整播报，还能清楚解答听众提问的获得三颗星；
● 学期结束统计时得星星最多者就是"最佳主持人"，为其颁发奖状。

这些争星条件的设立一是为了鼓励幼儿能积极参与此项活动,二是提醒幼儿不忘带新闻,三是培养幼儿养成收看新闻并能认真倾听的习惯,四是提升幼儿播报新闻的质量,即在理解的基础上清楚完整地表达,争做最佳主持人。一段时间下来,我们发现这招很管用,如原先总是忘带新闻的幼儿开始有责任意识了,那些讲新闻时声音轻而且不够大胆的幼儿能尝试大胆播报了,还有一部分会忘记新闻内容的幼儿在老师的提醒下或借助自己带来的图片也能完整播报了。

表6-1 小小新闻台星星榜

幼儿照片	☆	☆☆	☆☆☆	最佳主持人

③ 建立同伴互助、互动提问环节,鼓励幼儿大胆清楚地表达。

为了让小瑞能认真倾听他人说话并理解其意义,同时提高其播报新闻的积极性,体验成功感,我设立了"互相提问"的小板块,即在主持人播完新闻后,留3—5分钟的时间供听众和主持人互动。互动可以针对新闻中不明白或有兴趣的地方提问,也可以是幼儿根据自己听到的相同新闻进行补充。播报新闻者要回答提问并做解释,让大家更明白新闻的内容。

就这个小板块进行的情况来看,我发现大多数幼儿都很喜欢它,因为它在创设轻松气氛的同时也给予了幼儿自由交流的机会,如他们可以围绕一个话题提问交流。

④ 结合"学说一句话"的个别化学习活动,鼓励幼儿迁移讲述经验和方法。

我创设了"学说一句话"的个别化学习区角并投放了材料,鼓励幼儿在扔一扔、摸一摸、转一转、说一说的操作中习得讲述一句话的方法并积累经验,知道讲清楚一件事所需

(a)　　　　　　　(b)　　　　　　　(c)

图6-2

要的要素(时间、谁、地点、在干什么……),同时引导他们把在个别化活动中获得的经验迁移到播新闻的活动中去,逐步养成完整讲述的好习惯。几次下来,我发现小瑞在播报新闻时开始有意识地注意讲述的完整性了,如当意识到漏了地点时会自己加进去,或在同伴提醒下重新说一遍。

- 借助多种形式的家园共育,和家长一起共同提高幼儿播新闻的整体质量。

如召开家长会,告知家长最近开展了"小小新闻台"的活动,请家长引导幼儿在家关注新闻。针对个别像小瑞一样的幼儿播报新闻的情况,单独与其父母沟通交流,让家长知晓活动的形式、活动的目的和对幼儿发展的益处。除此之外,让家长了解如何配合幼儿园引导幼儿关注新闻、播报新闻,如用短信等形式提醒家长"明天轮到小瑞讲新闻了"等,进而为幼儿提供支持帮助。几次下来,家长也慢慢有了意识,有几次甚至把小瑞要说的新闻抄下来,带到幼儿园,以便老师可以提醒他。

成效

6月25日 星期二

轮到小瑞播新闻了,只见他大步走到"小小新闻台",手持话筒笑嘻嘻地说:"今天我要为大家讲一条新闻,一个外国足球明星到上海来,和小朋友一起在操场上踢足球。"

说完就见有同伴举手提问,小瑞大方地说:"×××,请提问。"

"那个足球明星是谁呀?"

"叫贝克汉姆。"

……

在运用了以上策略后,我多次观察了小瑞在台上的表现,发现他没有再出现忘带新闻或完全不记得的现象。同时,我还发现小瑞对"小小新闻台星星榜"十分关注,经常会主动去数数自己有几颗星星,甚至有几次对播新闻时自己仅得到一颗星星不满足,希望能够得到更多的星星。通过这一系列的活动,小瑞的参与兴趣,以及大胆表达、清楚讲述的能力都有了显著提高。

案例分析

从这则案例可以看出,教师利用幼儿生活经验日渐丰富、知识面逐渐拓宽的特点,创设了"小小新闻台",旨在满足幼儿自由选择、大胆自信表达的愿望,同时,培养幼儿良好的倾听习惯和语言表达能力。

在"小小新闻台"的案例中,教师通过观察腼腆的小瑞和活泼大方的小米两个幼儿,呈现了不同的幼儿在播报新闻的过程中所表现出来的能力差异。刚开始播报新闻时,本就腼腆不善言谈的小瑞由于准备不够充分,讲述结结巴巴并且不完整,难以引起同伴的共鸣。针对小瑞和小米的不同表现,教师在分析原因的同时,也采取了切实有效的措施来帮助像小瑞一样在播报新闻方面有困难的幼儿。如创设了"小小新闻台",激发幼儿参与播报新闻的兴趣;提醒幼儿要选择与生活经验相关的新闻,从而吸引大家倾听的兴趣,引发大家的互动讨论;与此同时,还通过家园共育,提醒家长和幼儿一起关注新闻,以此来提高幼儿播报新闻的质量。在教师的有效引导下,尤其是通过一系列活动,小瑞和班里其他幼儿不但对听新闻、播新闻活动产生了兴趣,而且还激发了自身讲好新闻、提高新闻播报质量的积极性。最终,一开始比较腼腆、不能完整播报新闻的小瑞能大方、自信地站在台上播新闻了。

行为解析与指导提示

倾听与表达能力的重要性

倾听是感知语言的行为表现,是重要的理解语言的途径。倾听技能是幼儿学会的第一种语言技能,在他们开口说话之前就已经形成了。只有懂得倾听、乐于倾听并且善于倾听的人,才能真正理解语言的内容。倾听是一种习得行为,是一个包括听到、注意、辨别、理解以及记忆的心理过程,可以在实践中得到提高。因此,良好的倾听习惯要从学前阶段就开始培养。同时,就幼儿的语言学习和发展而言,倾听是不可缺少的一种能力。从案例中可以看出,为了培养幼儿良好的倾听习惯,教师创设了各种机会让幼儿锻炼,从听新闻、选新闻到听小朋友讲新闻,引导幼儿通过不同的途径来提高倾听能力。

表达是以一定的语言内容、语言形式以及语言运用方式进行交流的行为,是幼儿语言学习与发展的主要表现之一。与儿童语言相关的研究告诉我们,只有懂得语言表达的人,才能真正与人进行语言交流。对此,针对小、中、大班幼儿的年龄特点,《指南》提出了关于语言表达的不同目标和要求,并且这些要求充分体现了学前阶段幼儿语言学习与发展的重点:从积极语言表达的倾向态度到正确恰当地运用语言表达的能力。

观察幼儿倾听与表达能力的具体表现

- 具有良好倾听技能的表现。
① 注意讲话者的面部;
② 不容易被外界事物所影响;
③ 关注讲话者提供的信息;
④ 通常不打断讲话者;
⑤ 询问一些使事情明了化的问题;
⑥ 喜欢思考听到的内容。

- 具有良好表达能力的表现。
① 愿意表达自己的想法和需要，必要时配以手势动作；
② 愿意与他人交流，讨论自己感兴趣的话题；
③ 能比较完整、连贯地讲述自己的所见所闻和经历过的趣事。

幼儿倾听与表达能力的培养策略

- 营造良好的环境氛围，激发幼儿倾听与表达的兴趣。
① 提供光线、温度和座位等适宜的环境，并根据幼儿的年龄特点调整时间，以此来减少幼儿对周围事物的关注度，使之能认真倾听并关注正在开展的活动。
② 多给幼儿提供亲身参与和体验的机会，以此来激发他们倾听与表达的兴趣。
③ 为幼儿提供倾听与表达的情境，并引导幼儿学会认真倾听、清楚表达。
- 设计丰富多彩的活动，引发幼儿倾听与表达的愿望。
① 用具有吸引力的、让幼儿感兴趣的话题或活动来引发幼儿倾听与表达的愿望。
② 提供与幼儿已有生活经验相关联的活动，从而使得幼儿产生倾听与表达的兴趣。
③ 为幼儿创设能够口头解决问题的机会，以此来让他们集中注意力，大胆表达。
- 提供适宜的引导，提高幼儿倾听与表达的能力。
① 要及时观察幼儿的表现并予以反馈，如与幼儿面对面进行眼神交流。
② 建立"你—我轮流讲"的相互作用模式，确保每个幼儿都能参与到倾听与表达的活动中来。
③ 运用适当的语速和音高谈话，让幼儿了解该如何倾听、如何表达。
④ 采用轮流举手发言等形式时要耐心等待，尤其是当幼儿不能流畅表达时，要及时给予鼓励和支持。同时，教师要丰富幼儿的词汇量，因为词汇量的丰富与否，直接影响幼儿表达能力的强弱。
⑤ 走近幼儿，倾听他们的谈话。无论幼儿的表达水平如何，都应认真倾听并给予积极回应，从而提高其大胆表达的兴趣。
⑥ 开展有目的的倾听与表达活动，并使用一些句式让幼儿集中注意力倾听，练习表达。如："让我们想想，如果……""这是一种方法，还能想出其他什么方法？"

（马玉彩）

 2 怎样指导幼儿清楚地表达

体验与思考

当幼儿不能清楚地表达自己的想法或诉求时，你是如何进行引导的？

案例分享

飞飞，请你大声说吧

上海市闵行区七宝中心幼儿园　顾虹

行为观察

飞飞是个很可爱的孩子，细长的眼睛，小小的酒窝，笑起来眼睛眯成一条线，非常爱说话，而且奶声奶气的。开始我们只是觉得他说话含糊不清，没有什么大碍，但后来发生的一些事情，让我们意识到不能再忽视他的说话问题了。

有一次，为了锻炼孩子的胆量，我让飞飞去隔壁班借东西。"飞飞，去隔壁班借一把伞。""好的。"飞飞兴冲冲地去了。过了一会儿他回来了，可是手上什么也没有。"飞飞，伞呢？"飞飞尴尬地看着我一言不发。"你怎么啦？不敢跟隔壁班的老师说吗？"正在我追问他的时候，隔壁班的老师走过来问："你们班孩子要借什么，我听不懂。"我看了飞飞一眼，飞飞的脸刷地红了。"我让他借伞，他怎么说的？""他说借'毯'，我不明白什么意思，就过来问你。"这时飞飞的脸更红了，不知所措地搓着手。我拉过他的手安慰道："没事，我们慢慢说，好吗？"

"听不懂"事件发生后，又有几次上课回答问题，飞飞明明知道答案，但由于口齿不清，使我因听不清他说了什么而反复问他："你说了什么，请你再说一遍？"他每次都憋得脸通红，就是解释不清楚，有时还会招来同伴的笑声，使得他很尴尬。几次下来，当我们再请他回答问题时他都摇摇头，即使站起来也一言不发。面对飞飞的表现，我觉得如果再这样下去，飞飞可能会失去说话的信心和勇气，看来帮助飞飞纠正发音是当务之急了。

行为产生的原因分析

一天下午放学，我委婉地把飞飞的情况跟他的奶奶交流了一下。听我这么一说，奶奶也很着急："老师，我正想跟你说说飞飞的事情。我们是福建人，在普通话方面有些欠缺，因为孩子和我们生活在一起，所以我们还能听明白他说了什么，但陌生人很难听懂他说的话。为此我们还特地带他去医院检查了，结果检查下来一切都正常，那可怎么办呀？"我安慰她说："别着急，我们会帮助他的。"随后我又询问了飞飞平时在家的饮食习惯等。奶奶想了想说："他吃的东西都是搅拌机搅拌过的精细食物，吃粗一点的东西，就会呕吐。""吃这么精细的食物可不利于飞飞的牙齿、咀嚼肌的发展，要尽量让孩子自己咀嚼食物。另外，我看到飞飞这么大了还在用奶瓶，这容易使舌头老是向上翘着，一些音就发不准，容易产生口齿含糊的现象，所以用奶瓶这个习惯一定要改正，不然会影响孩子的发音。"听我这么说，奶奶连声肯定。

与此同时，我也与飞飞妈妈讨论了这个事情。由于妈妈平时上班忙，无法接送孩子，我就通过网络、电话等与她进行了交流，得知妈妈为此事也很担心、焦急。她说自己虽然苦口婆心地说教，可飞飞不但没有接受她的发音训练，反而更加抗拒，有时候甚至逃避或狂发脾气。对此，我给妈妈的建议是："家里只有你的普通话最标准，你应该担起与孩子交流、纠正孩子发音的艰巨任务。虽然孩子抵触，但家长不能放弃。做什么事情都不能操之过急，因为物极必反。在幼儿园我们会和孩子谈心，让他好好配合练习发音。我相信只要我们家园目标一致、密切配合,孩子的发音问题一定会解决的。"妈妈听了很感动,连声说:"太感谢你了,老师,我不会放弃他的。"

在取得了家长的配合后,我们在幼儿园也加强了与飞飞的沟通,经常与他聊天,说说他喜欢的玩具、动画故事、食物等,以此来找到他发音不准的原因到底是什么。通过交流我发现,一方面飞飞在宽松的氛围中很喜欢和我说话。另一方面从他的说话中我也看出了一些问题:不管说什么,他的舌头始终翘在上面,而这与用奶瓶有直接的关系。所以由某些声母组成的词汇他就是发不准,如,他会把"哥哥"说成"的的",把"裤子"说成"兔子",把"三"说成"珊",把"顾老师"说成"肚老师"等。

行为指导的策略与效果

在发现原因的同时我也在寻找对策,如抓住飞飞经常发错的"哥哥",告诉他发"哥哥"的音时,舌头应该抵在下齿里,而不是翘在上面,并让他观察我的发音口型,然后让他模仿、学习我的发音。由于飞飞的模仿、理解能力很强,悟性很高,跟着我学了几次后,依此类推练习其他的词汇,马上就有了效果,逐渐能把词说准了。面对他的进步我及时鼓励他:"你说得很棒,老师听得很清楚。"得到表扬后,飞飞高兴极了,学习的兴趣、信心一下子提高了许多,也逐渐愿意在集体面前表达了。

为了让家长了解飞飞的进步,每天我都会与他的妈妈交流,告诉她今天纠正了哪些词汇,孩子的情况怎么样,要妈妈配合帮助孩子巩固正确的发音。同时,我还提醒她多让孩子听故事录音、看动画片,和孩子一起模仿动画片中的简单对话,及时纠正孩子错误的发音等。

为了让飞飞对自己的语言表达越来越自信,我还适时在全班幼儿面前表扬他的进步。一段时间后,我发现再请飞飞回答问题时,他开始变得积极主动而且声音非常响亮,不再惧怕回答问题了。

案 例 分 析

对幼儿来说,愿意讲话并能清楚地表达是语言能力发展的目标之一。《指南》对小班幼儿提出的要求是:愿意表达自己的想法和要求,并能口齿清楚地说儿歌、童谣或重复简单的故事。从案例中可以看出,飞飞在刚开始尽管有较强的表达愿望,可由于说话时含糊不清,使得别人难以理解,甚至受到同伴的"嘲笑",他的自信心受到了影响,渐渐地不愿意开口讲话或表达自己的想法了。面对飞飞的表现,尤其是不能口齿清楚地表达的情况,教师给予了充分的关注并采取对策来提高飞飞讲话的自信心,帮助其提高语言表达能力。

首先,教师就飞飞不能口齿清楚地表达这一现象与家长进行了沟通交流,获悉飞飞不能清楚讲话的相关因素,如吃的食物过于精细、家长普通话不太标准等。同时,家长对飞飞的情况也非常着急,曾带他去医院检查,排除了生理因素。

其次,教师考虑到飞飞的实际情况,为了帮助其能够尽快清楚地讲话,与家长进行了不同形式的互动交流，并根据幼儿语言发展的特点为家长提供了行之有效的方法。如改变飞飞的饮食习惯，锻炼其咀嚼肌；鼓励飞飞慢慢地、尽可能清楚地表达等。与此同时，教师还注重平时与飞飞的交流，引导飞飞练习一些特殊的词汇等。如此一来，当飞飞取得点滴进步、能较清楚地表达自己的想法时，教师就会及时给予鼓励和表扬，使他在提高语言表达能力的同时重拾自信。

行为解析与指导提示

幼儿口齿不清的影响因素

幼儿语言表达能力的发展受家庭成长环境、饮食习惯、性格等多种因素的影响。面对幼儿不能清楚表达的情况，要从以下几方面进行考虑。

- 生理因素。发音器官构造异常，如舌系带过短，可能会导致幼儿说话时吐字不清；听力受损会导致幼儿难以掌握口语；大脑神经系统功能发展水平影响着语言的发展。
- 心理因素。幼儿的情绪、情感是否得到健康发展与其语言是否能够正常获得、发展具有密切的联系；如果幼儿生长的家庭关系不和谐或父母给予幼儿过多的压力也会对其语言发展产生影响。
- 环境因素。幼儿语言的正常发展不仅需要充分的实践机会，也需要丰富的语言刺激。如果父母整天忙于自己的工作，把幼儿托给老人或保姆照看，不常与幼儿交流，没有提供给幼儿充分的语言刺激，那么幼儿的语言发展可能会出现异常，如不愿意讲话或者说不清楚等。与此同时，倘若家里充斥着各种方言，没有一个通用的"语音标准"，那么幼儿就很难辨认哪种发音是正确的，从而使得其发音很难清楚。除此之外，如果幼儿愿意与同伴一起互动交流，语言能力就会有所提高，反之则会影响其语言能力的发展。针对这样的情况，只要家长引起重视，一般经个体化语训和家庭指导后幼儿的发音就会清楚了。
- 饮食习惯。对幼儿来说，倘若经常吃的食物都是精细的，就易导致咀嚼肌发育较慢，既而出现口吃、说话含糊不清的情况。因此，家长要根据幼儿的年龄特点，提供不同的食物来发展其咀嚼能力，使与语言发展相关的器官能得到锻炼。

鉴于上述影响因素，当幼儿出现口齿不清楚或者不愿意表达的情况时，家长和教师都要引起重视，建议先带幼儿到正规医院口腔科排除器质性原因，然后再根据实际情况决定是否要做语言评估及相应的治疗和训练。

幼儿口齿不清的指导策略

- 分析原因，寻找适宜的方法。

针对幼儿讲话不清楚的情况，首先要分析原因，弄清楚是何种原因所致，然后再"对症下药"，采取适宜的措施来矫正幼儿的发音，如去医院检查、纠正不良饮食习惯、加强语音训练等,逐步提高其语言表达能力。

- 创造宽松的环境氛围。

让幼儿能够身心放松,进而能自由大胆、清楚地表达自己的想法。如多给幼儿锻炼的机会;当幼儿在集体面前或者外面不愿说话时,不要强迫他,否则会加剧他的紧张感。同时,成人还要做好榜样示范,如自己先热情主动地和别人打招呼、聊天,让幼儿放松心情,慢慢适应环境,做好心理准备后再进行表达。

- 家园配合,帮助幼儿共同进步。

当幼儿身处集体时,往往会因为讲话不清楚等原因而不愿说,尤其是被同伴嘲笑后,更不愿意讲话。面对这样的情况,教师要引起重视,并及时与家长沟通交流,了解幼儿不能清楚说话的原因,然后通过家园合作针对幼儿的情况采取切实可行的措施,帮助幼儿逐步提高语言表达能力,从不愿意说到尝试清楚地表达自己的想法。

- 多提供机会,及时纠正。

多跟幼儿说话,语速要慢,并且发音要清晰准确;多给幼儿讲故事,并让幼儿尝试模仿正确的发音,从易到难,逐步激发幼儿清楚表达的愿望。

- 接纳幼儿。

幼儿说话的时候,不要打断。即使幼儿说得不清楚,也不要流露出不耐烦的表情和语气。当幼儿的发音不清楚或不准确的时候,要等幼儿说完,然后用正确的发音清楚地重复一遍,让幼儿认为成人是在表示听明白了,而不是在纠正他,这样,幼儿就会感到被尊重和理解,也能自然而然地学习正确发音了。

(马玉彩)

3 怎样指导语言发展迟缓的幼儿

体验与思考

当幼儿语言发展较迟缓时,你是如何进行引导的? 回顾对语言发展迟缓的幼儿进行有效指导的经验和做法。

案例分享

小百灵的修炼记

上海市黄浦区复兴中路第二幼儿园　王晶、王桦君

镜头一

小班刚开学,妈妈送宏宏来幼儿园时,我主动和宏宏打招呼:"宏宏早。"宏宏用并不标

准的普通话和含糊的发音说"宏宏早"。几次下来,我发现宏宏只是不断地模仿我的话,并不能与我进行简单的交流,有时他甚至听不懂我在讲什么,回答也是牛头不对马嘴,为此和他的交流总会让人啼笑皆非。

面对宏宏的表现,我并没有放弃,而是抓住每一个机会和他交流。

"宏宏早!"早上看到宏宏进了幼儿园,我马上热情主动地和他打招呼。

"宏宏早。"可宏宏仍然只是简单地模仿我的话。

"宏宏,以后王老师和你打招呼的时候,你要说王老师早,好吗?"我试着引导他,"王老师早!"并且做了示范。

"王老师早。"宏宏看着我,学我的样子,回应我的问候。

看到宏宏认真的样子,我与他约定:"宏宏,我们现在已经是小大人了,要有礼貌,见到老师要主动打招呼好吗?"

"嗯,王老师好。"

慢慢地,在我的引导下宏宏已经可以和我进行简短的对话了。

"今天是谁送宏宏来幼儿园的?"

"妈妈。"

"告诉王老师,在幼儿园里开心吗?"

"开心。"

分析与反思:

针对宏宏的表现,我们与家长进行了及时的沟通交流,了解了宏宏的具体情况,并且制作了特殊儿童联系手册。在这个过程中,我们了解到宏宏家中的语言环境既有四川方言、又有台湾普通话和大陆普通话,并且宏宏开始讲话的时间也比较晚。因此,我们认为宏宏的语言发展较迟缓,一方面是因为家里的语言环境比较复杂,另一方面是因为孩子没有得到有效的刺激。为了发展宏宏的语言表达能力,我们与家长商议并制定了解决方案。

其一,改变现有的语言环境,全家人统一用普通话与宏宏交流,规避多方言环境给孩子表达带来的困难。

其二,鼓励宏宏重复模仿大人简单的语句,并在模仿过程中理解词义。

其三,当宏宏有与他人主动交流的愿望时,要尽量满足并给予支持肯定。

镜头二

一天,宏宏高兴地跑到我身边,主动指着鞋子对我说:"新买的。"

我故意装作听不懂:"什么东西新买的?"

"鞋子。"

"鞋子是新买的呀,那宏宏以后可要把话说清楚了,不然王老师听不懂呢。"

"嗯,鞋子是新买的。"

"是谁帮宏宏买了这么漂亮的鞋子呀?"

"妈妈买的。"

"妈妈为什么给你买新鞋子呀?"

"因为我棒棒!"

"王老师也觉得你很棒。"面对宏宏的进步,我及时进行了肯定。

分析与反思：

对于宏宏这样的孩子，我们应持积极主动的态度，给予他们更多的关注，使他们感到安全和温暖。于是我利用每天的个别化活动、午餐等时间和宏宏面对面进行沟通交流，从而让他消除紧张情绪，在不知不觉中模仿与学习语言。

由于宏宏比较内向、缺乏自信，当他有点滴的进步时，我都会及时给予表扬和奖励，从而让他建立起足够的自信开口说、主动说。与此同时我和家长也约定，在宏宏主动交谈或者说了新词汇的时候要给予及时的表扬，在他遇到问题或困难时要及时予以鼓励，如"宏宏你真棒""这句话说得真好听""好孩子，继续做下去一定行"等。

镜头三

进入中班，宏宏对绘本产生了浓厚的兴趣。我觉得这是让宏宏的语言能力得到进一步提升的好机会。

有一天，宏宏正在看《胖胖兔减肥》，我走过去问他绘本中说了些什么，宏宏只能简单地告诉我："有兔子和袋鼠。"

"那宏宏可以告诉我兔子和袋鼠做了些什么事情吗？"

"他们在打篮球。"

"为什么要打篮球呢？"

"嗯？他们在玩。"

"是吗？小兔子是为了玩才打篮球的吗？宏宏和王老师一起来看看这个故事好吗？"于是我和宏宏一起坐下来阅读。

"你觉得小袋鼠会跟胖胖兔说什么呢？"我边看边和宏宏交流。

"一起打篮球吧。"

"嗯，还能怎么说呢？想想小袋鼠是对谁说的呀？"

"胖胖兔，我们一起去打篮球吧。"在我的启发下，宏宏渐渐把话说得更完整了。

看完了绘本，宏宏意犹未尽地对我说："妈妈也在减肥，我要回去告诉她，要坚持，不能偷懒。"

"宏宏真厉害，这么快就把袋鼠教练的话学会了。"经过我的鼓励和表扬，宏宏对绘本阅读更加感兴趣了，并且慢慢地开始学着讲故事了。

分析与反思：

在指导宏宏阅读《胖胖兔减肥》时，我让他先根据画面展开自己的想象，给予他用自己的理解进行语言表达的时间与机会，并利用画面的变化，让他自己去观察、猜测，然后与他共同讨论，激发他表达的愿望。通过阅读绘本，宏宏学会了许多新的词汇。

镜头四

中班下学期，我们开辟了植物角。我发现宏宏对植物角很感兴趣，于是我给他安排了一个小任务，让他每天仔细观察草莓的生长过程。宏宏欣然接受了。

有一天，我看到宏宏站在小草莓前嘀嘀咕咕，于是走上前去问："宏宏，小草莓有变化吗？"

"嗯"。

"有什么变化呀？"

"红红的了。"

"嗯，那原来是什么样子的呢？"

"绿的。"

"宏宏观察得真仔细，小草莓从绿绿的变成红红的了，对吗？"

"嗯，前几天还是绿色的，后来就慢慢地变成红色的了，可以吃了。"

通过每天和宏宏聊聊植物角的变化，我发现宏宏的语言能力又有了很大的提高。为了进一步激发宏宏的说话兴趣，我鼓励他亲自动手实践：选种子、放棉花、加水，用黄豆来培植黄豆芽……每做一项工作，我都会一边做一边和宏宏讲，帮助他丰富相应的词汇。慢慢地，他可以和其他小朋友说说他观察到的植物的生长过程了。

"我种的黄豆发芽啦，本来是一粒粒圆圆的，现在长出绿绿的叶子了，长得可真快呀！""王老师说，现在它叫黄豆芽，不是黄豆了。""你们吃过黄豆芽做的菜吗？"……

通过植物角的观察活动，我发现宏宏和同伴的沟通越来越多，有时还会主动拉着他们一起讨论，时不时地给大家讲解一下黄豆的生长过程，俨然成了一个"小小植物家"。

分析与反思：

幼儿的语言能力和认知能力的发展相辅相成，在提高宏宏语言表达能力的同时，我也注重发展其认知能力。如根据幼儿直观感知的特点，通过植物角，让宏宏对植物的生长过程有了基础的了解，并让他通过自己的种植与照料，丰富了关于植物的知识，充分感受到了自然界的千姿百态。这样做不但丰富了宏宏的活动内容，而且还拓宽了他的思路，激发了他动手、动脑、动口的兴趣，从而帮助他从直接感知中获得知识、发展语言。

案 例 分 析

幼儿期是幼儿语言发展尤其是口语能力发展的重要阶段，不同年龄段的幼儿有着不同的语言发展的目标和要求。由于每个幼儿的成长环境、自身条件不一样，他们在语言表达能力发展方面也存在着差异。案例中的宏宏，刚来园时语言表达能力很弱，能做的只是"模仿"别人的话，根本无法与别人交流。

面对宏宏的表现，教师并没有置之不理，而是抓住每一个机会来帮助、鼓励他慢慢开口讲话。尤其是在了解了宏宏生活的环境与已有发展情况后，教师与家长进行了沟通交流，并制定了帮助宏宏提高语言表达能力的方案，共同商定以支持、鼓励、肯定的态度激发宏宏开口讲话的兴趣和信心。经过家园的共同努力，尤其是在教师的耐心指导和帮助下，宏宏的语言表达能力有了逐步的提高，从最初的模仿到逐渐能表达自己的意思乃至所看到的景象，词汇量丰富了，也能用短句来表达了。除此之外，宏宏与其他小朋友的互动交流也逐渐多了起来，有时甚至会主动与人聊天。

在这个过程中，正是由于教师为宏宏创造了说话、表达的机会，鼓励宏宏谈论他感兴趣的话题,引导宏宏清楚表达自己的意思,并且以充分的耐心来尊重和接纳他的说话方式,宏宏最终才能既清楚地表达自己的意思,又将所知所解与他人分享交流,这也让教师和家长感到欣慰。

行为解析与指导提示

语言发育迟缓是指由各种原因引起的幼儿口头表达能力或语言理解能力明显落后于同龄人的正常发育水平,如无法使用包含两到三字词的语句来表达想法和要求,他人无法顺利了解幼儿的意思。

幼儿语言发展迟缓的原因

- 家庭环境因素。幼儿生活的环境存在着多种语言,如普通话、方言等,使得幼儿无所适从,这会阻碍其语言能力的发展。
- 缺乏与同伴互动交往的经验,尤其是在与同伴交流方面,成人未用正确的方式来引导幼儿。
- 成长系统对幼儿语言能力发展的影响。幼儿的发展是整体性的,其语言发展离不开身体、认知和社会情感的健康发展。

幼儿语言发展迟缓的指导策略

- 了解幼儿在各年龄段的语言特征,认识到每个幼儿的语言发展能力都是有差异的;指导幼儿在和不同的人说话时采用不同的声调和节奏。
- 为幼儿创造说话的机会并使其体验语言交往的乐趣,鼓励幼儿与他人进行互动交往;每天有足够的时间和幼儿交流,鼓励幼儿谈论感兴趣的话题,并表现出兴趣和接纳。
- 尊重和接纳幼儿的说话方式,无论幼儿以何种方式说话,说什么样的话,成人都要注意倾听,并予以支持肯定和积极回应。
- 引导幼儿清楚地表达自己,尤其是当幼儿急于表达而说不清楚时,成人要耐心等待并给予必要的补充,帮助幼儿理清思路再表达。关注幼儿说话的意图而不仅仅是关注其说话的方式,忽略幼儿在说话过程中的细微错误。
- 结合情境使用丰富的语言与幼儿交流,便于幼儿理解;说话时注意语调、语气,让幼儿感受语气、语调的作用,并尝试在不同的情境中使用不同的语气来表达。
- 为幼儿提供阅读的环境和机会,提供符合幼儿年龄特点和兴趣的图片、书籍,鼓励幼儿用不同的方式来阅读、表达,体验阅读的乐趣。

(马玉彩)

4　怎样培养幼儿文明的语言习惯

体验与思考

　　遇到幼儿插嘴的情况时，你是如何处理的？回顾引导幼儿学会倾听、轮流发言的有效经验和做法。

案例分享

云云"错"了吗

上海市黄浦区思南路幼儿园　马鲁静

　　小组合作是探索型主题活动的活动形式之一，但由于每个幼儿在交流过程中依序等待发言的行为、尊重他人的意识及倾听习惯的表现各有不同，幼儿在小组内按次序发言、不随意打断同伴等社会适应性品质在小组合作中尤为重要。

行为观察

片段一

　　在"了不起的中国人"主题活动中，幼儿以小组的形式交流、分享各自调查的资料。活动开始了，各个小组到了指定的活动区域。这时，第一小组的孩子们大声地喊："云云，快过来。"组长跑过去要把云云拽回到小组中参与讨论，可云云却极不情愿地想挣脱组长的手。讨论开始了，组长糖糖带头第一个发言。突然，云云一下子站起来，跑到小橱边，边躲边说："我不要听，我不要听，我就是不要听你们说……"当云云发现我在看他时，他又跑回到小组区域。不曾想还未等同伴说完，他就嚷嚷起来："你们说的都是错的，姚明才了不起呢……"原有的讨论秩序被他打乱了。

片段二

　　"十一"过后，幼儿分组介绍国庆假期的旅行趣事。宁宁告诉小组成员她的所见所闻："我和爸爸妈妈去了常州恐龙园，那里的恐龙千奇百怪……"于是幼儿围绕着恐龙谈论起来。突然云云大叫："马老师，他掐我的手……"不一会儿，云云又急着说："马老师，我们什么时候去秋游啊……"面对云云不听别人讲就不断提问题的情况，我问他："其他小朋友讲的你喜欢听吗？"云云红着脸："喜欢的。"于是我拉着他一起倾听同伴介绍的趣事，在同伴的带领下他开始轻轻地参与讨论……但在后续的活动中，云云还是出现了不参与小组讨论的现象。

行为产生的原因分析

　　我尝试从以下几个方面对云云的行为进行了解读分析：

实践与策略篇

首先，缺乏兴趣。从案例中云云的表现可以看出，他对小组活动缺乏兴趣，对同伴的行为无法产生共鸣，总是尝试躲开或选择独处。在整个主题活动开展的过程中，云云事先没有准备好参与小组讨论的调查资料，在一定程度上缺乏自信，从而使得他对小组讨论活动不感兴趣，在集体中情绪化反应强烈，出现了拒绝行为。

其次，家庭原因。我通过与家长的沟通交流获悉，平时家人会经常打断云云的表达，往往在孩子还未表明"立场"之前，家人就按照自己所谓"为孩子好的意愿"做出了决定。与此同时，家长总是因为忙而忽略了孩子在园的活动情况与被布置的小任务，很少与孩子共同完成亲子小活动。此外，云云在沟通交往能力上与同伴存在差异，不能约束自己的行为，自我表达倾向明显，有时会因其"得到关注的需要"没有得到满足，就通过过激的行为来引起同伴或教师的关注。

行为指导的策略与效果

孩子"不合理"的行为背后肯定存在着"合理的需要"。通过分析云云行为表现背后的"错"点，我觉得教师和家长切不可将"错"归咎于孩子自身的原因，而应采取有效的行动策略，满足孩子的需要。结合实际情况，我采取了一系列行动策略，重在实现以下目标。

首先，帮助云云建立自信，使其学会在小组中轮流发言，不随意打断同伴。

其次，让云云敢于在同伴面前表达自己的观点与发现，获得更多自我表达的机会，投入活动且注意力持久。

我的行动策略如下：

● 片段一后续的行动策略。

① 小组点名。活动前，让云云先选择同伴，教师也有意将其与易交往的幼儿组成小组，然后通过小组成员轮流做"点名员"，让孩子知道要"轮流发言"。

② 以"剪刀、石头、布"的形式确定成员之间发言的先后顺序，使云云在后续活动中渐渐出现了谦让同伴发言的良好行为。

③ 小组成员以投票的方式表决，少数服从多数。

通过上述策略，我发现云云对小组讨论的内容感兴趣了，并能关注同伴在说些什么。与此同时，我通过身体动作、眼神等非言语方式鼓励其以"观察者"的身份了解讨论的主题，捕捉云云的关注点和兴趣点。这样一来，同伴也开始为云云的加入没有妨碍小组活动的顺利进行而感到高兴，并且当云云要"插嘴"的时候，还会友好地提醒他。

除此之外，我还与云云进行了个别交流，帮助其建立自我约束的行为规则；建立了"家园联系站"，与家长共同发现孩子的闪光点，及时给予表扬，培养其良好的行为习惯。

● 片段二后续的行动策略。

① 活动资料的及时准备。通过"家园联系站"，让家长及时了解孩子在园的情况和主题活动的进展，协助孩子收集资料。

② 设计"家园日记卡"。每次活动后，鼓励幼儿如实记录自己在活动中的表现，同时和家长相互配合，提醒幼儿每天带好"家园日记卡"，便于记录。在记录时，让幼儿用图示表现自己"今天值得称赞（让人欣赏）的地方"（幼儿园或家中），并让其就记录内容进行讲述，满足幼儿自信表达的愿望，激发其参与活动的积极性，以此提升其自信与自我认同感。

　　瑞吉欧教育模式的创始人罗里斯·马拉古兹曾有一段富有哲理的言论:"孩子有一百种语言,一百只手,一百个想法,一百种思考、游戏、说话的方式,一百种倾听、惊奇、爱的方式……"在幼儿园教育实践中,我们会遇到像云云一样的孩子,对此我们要用耐心和爱心去读懂孩子,辨别、分析他们行为背后的问题根源,而不是急于将"错"归结在发展中的孩子身上。从案例中可以看出,教师通过两个片段呈现了云云的问题,如不愿倾听、喜欢打断别人讲话、不愿参与小组分享交流活动等。

　　针对云云的表现,教师意识到云云对活动缺乏兴趣、事先没有做好充分的准备,以及家长平时与云云交流的模式和态度等因素对云云行为的影响。在此基础上教师制定了有助于培养云云良好行为习惯,尤其是文明的语言习惯的目标和行动策略,如:让云云学会听别人讲话、知道轮流发言、遵守制定的规则等。除此之外,教师还从家园共育的角度指导家长与孩子互动、培养孩子良好的倾听习惯、提高孩子的自信心等。最后,教师分析了行动策略的实施效果,描述了云云的变化:不但打断别人讲话的现象不再出现,能轮流发言了,而且还能积极主动参与小组活动,和同伴一起制定、遵守规则,和同伴一起合作完成小组任务。

行为解析与指导提示

　　良好的语言行为习惯是语言交往获得成功的前提,在幼儿语言学习与发展的过程中,根据交往场合、交往对象表达并且使用文明的语言进行交往的能力,是他们需要在早期获得的非常重要的语言经验。对此,《指南》在语言领域提出要帮助幼儿养成良好的语言行为习惯,使其注意语言文明,并且针对不同年龄段的幼儿提出了相应的目标和要求。

- 文明语言习惯的要求。

① 能使用恰当的礼貌用语,不说脏话、粗话。

② 说话声音自然,声音大小适中,并能根据不同的场合调节说话的声音大小和语气。

③ 能认真倾听别人讲话,并能积极主动地回应。

④ 不随意打断别人,懂得按次序轮流讲话。

⑤ 能依据所处情境使用恰当的语言,如在别人难过时会用恰当的语言表示安慰。

- 培养幼儿文明语言习惯的策略。

① 把握教育时机、适时引导。当幼儿说出文明语言或有文明行为时,要及时加以肯定和表扬。如有客人来,幼儿能主动打招呼时,要给予表扬。当幼儿说出不文明语言时,要及时加以批评指正。

② 家园共育、言传身教,帮助幼儿养成良好的语言习惯。一方面,成人要以身作则,做好表率示范,用文明、礼貌的语言与幼儿交流,注重与幼儿谈话时的态度、方式;另一方

面,与他人交谈时,要认真倾听,使用礼貌用语。

③ 营造良好的环境和氛围。环境也是影响幼儿文明语言习惯形成的关键,因此我们要为幼儿营造一个健康、文明的语言环境,让其接触到文明的语言和行为,潜移默化地学会使用文明礼貌用语。

(马玉彩)

拓展资源

● 珍妮·马查多著,王懿颖等译:《幼儿语言教育(第 7 版)》,北京师范大学出版社2012 年版。

该书是专门为早期教育工作者设计的教师培训书籍。本书集使用手册和大量经典活动资源为一体,书中有大量有趣、适宜且充满机遇的项目,还有诸多有利于儿童语言发展的活动。同时,该书特别关注如何为儿童提供丰富的语言环境,以及教师如何成为一个充满活力的儿童语言学习的支持者和服务者。

第  单元
怎样培养幼儿的阅读习惯和能力

单元导读

　　阅读是终身学习的重要手段之一,也是在当今社会获得发展的基础。有关研究表明,3—8 岁是幼儿掌握基本阅读能力的关键时期。因此,我们要把握这个发展的时机,对幼儿的阅读活动给予充分的支持和帮助。通过本单元的学习,你将:

- 了解怎样指导幼儿自主阅读;
- 了解怎样指导幼儿读懂图画书。

实践与策略篇

1 怎样指导幼儿自主阅读

体验与思考

　　"阅读区"是幼儿园不可缺少的个别化学习区域。然而,有时教师虽然精心预设,幼儿的参与热情却往往不高。怎样让他们乐意走进阅读区域快乐地阅读呢?

案例分享

从"书签"到阅读笔记

上海市黄浦区奥林幼儿园　王炜戎

　　在各种区域活动中,阅读区域是更新最频繁的区域。但即使老师不断地变换形式、调整内容,孩子们仍常常是三分钟热度。怎样使孩子快乐地走入阅读天地,自主地阅读呢?

行为观察——我看过的书

　　早晨的区域活动中,孩子们都目标明确地选择了自己喜欢的区域。嘟嘟和晨晨来得晚,其余的区域都已经"客满",两人拿着学习卡来到了书屋,又几乎同时看上了老师刚更

新不久的《故事城堡》。晨晨说："我昨天看到一半,想好了今天看下去的。""谁知道你昨天看过了? 又没有记号,谁都可以看。"两人僵持了一会儿,最后晨晨选择了别的书。

区域活动分享时,我将刚才的一幕讲给了孩子们听,想听听他们会用什么办法解决刚才的问题。玥玥说："可以在看过的地方折一个角,这样人家就知道了,自己也可以下次接着看!""不行,这样书就坏掉了!"晨晨赶紧阻止道。"那有什么好办法呢?""可以在看过的地方夹一张纸,我爸爸看书就是这样的。"青青说。"嗯,这是一个好办法,这张纸有一个好听的名字叫书签,以后我们书屋也会有书签,你们可以用书签做标记!""太好了,明天我就去书屋!""我也去!"孩子们跃跃欲试。

思考与支持:

孩子们自己总结的经验更能为孩子们所接受,比老师精心预设的内容要好得多。在本次活动后,我精心准备了精美的书签,投放在书屋。在书签投放前只有9位孩子参与阅读,占全班30人中的30%;而书签投放后有21位孩子参与,占全班人数的70%。同时,还可以发现,书签投放后每次进入阅读区的人次也明显增多了。

行为观察——这是我的书签

这天青青和玥玥正在书屋里争论着:"玥玥,你手上的这本书是我昨天看的,我还放了书签呢?""是吗?"玥玥边说边翻到有书签的一页,"真的是你的,我昨天也看了这本书,也放了书签,但不是放在这儿的,到哪里去了呢?""你看的是这本吧!"青青拿起另外一本相同的书。"对的,谢谢青青!""书一样的,书签也一样的,所以搞错了!"青青听后就从自己的抽屉里拿了一盒蜡笔,然后在书签上画着。玥玥在一边说:"书签上是不能乱画的,等会儿老师会批评的!"青青听后就停住了笔,跟着玥玥来到了我这里:"老师,青青在书签上画画。""因为书签都是一样,会搞错的。画上小花我就知道是我的了!""这是一个好办法,等会儿和大家分享吧!"活动后的分享环节中,青青和大家分享了她的独特书签的制作故事。

思考与支持:

孩子们要的不是精致的预设,而是他们能够尽情创意的简单支持材料。于是我及时更新了精心预设的书签,为孩子们提供了彩色的长纸条和一个装着彩色水笔的笔筒。孩子们的参与度又一次小步提升,书签也变得个性十足。

行为观察——书签没用了

几周后的一次书屋图书更新时,我发现在书架的槽里有许多彩色纸团,打开后发现是书签。它们虽然颜色不同,但里面都有"√"或"×"的标记。于是,我问孩子们:"这么好的书签,为什么要揉成纸团呢?"天天一下子就回答了:"这本书我看完了!书签就没有用了呀!""书看完了,书签可以在看别的书的时候再用呀!""不行,这是看这本书的时候做的书签,有'√'和'×'。""那你这个书签上的'√'和'×'是什么意思呀?""看得懂的就画'√',看不懂的就画'×'。""有没有其他小朋友和天天一样在书签上做这样意思的标记呢?""我看得懂的画笑脸,看不懂的画哭脸。"苇苇分享着自己的经验。"那你的书签呢?""我放在抽屉里了!"

思考与支持:

我庆幸自己没有随意丢弃孩子们的创意,还从和孩子们的交流中找到了既能使孩子们走入阅读世界自主阅读,又能够让老师随时了解孩子们的阅读足迹的钥匙——读书笔记。接着我为孩子们提供了一个简单的书签粘板，粘板上及时更新图书的页面，孩子们可以将自己看完书后留有标记的书签贴到粘板上，至此由书签演变而来的读书笔记的雏形就完成了。图6-3至图6-6分别是由此而衍生出来的书签式笔记、图片对应式笔记、表格式笔记、符号记录式笔记。

图6-3

图6-4

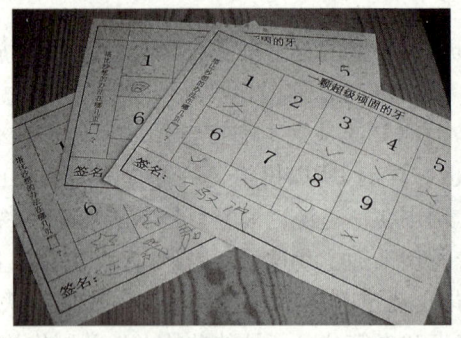

图6-5

图6-6

案例分析

　　案例中，教师通过引导幼儿记阅读笔记实现了对幼儿的指导，既提高了幼儿阅读的兴趣，又帮助幼儿掌握了一些自主阅读策略。

　　兴趣是最好的老师，有了阅读的兴趣，才能调动幼儿自主阅读图书的积极性，发挥阅读区的教育价值。仅靠频繁更换图书内容显然无法长期维持幼儿的兴趣，案例中的教师另辟蹊径，通过为幼儿提供书签、进而引导幼儿制作属于自己的书签，再到丰富记录阅读笔记的方式，增强了活动的新颖性，同时丰富了幼儿阅读时的活动内容。这一过程符合幼儿好奇、喜欢动手操作的特点，有效地调动了幼儿阅读的积极性，也使幼儿可以了解同伴的阅读状况，有利于长效地保持幼儿阅读的兴趣。

　　与此同时，书签的运用和记录阅读笔记本身就是有效的阅读方法，它们能帮助幼儿关注图书的细节，读懂图书内容，从而养成良好的阅读习惯，对幼儿将来的学习生活大有裨益。案例中幼儿通过制作、运用书签，记录阅读笔记增强了阅读的目的性，同时，这些幼儿的记录也成为教师了解每一个幼儿阅读经验和水平的重要资料，为有针对性的指导提供了可靠且科学的依据。

自主阅读活动不是放任自流式的阅读，否则阅读将流于形式。在本案例中教师给予幼儿适当的支持，从引导幼儿思考并用书签来解决"这是我看过的书"，肯定幼儿在书签上作画以区别书签所有者的做法，到当幼儿准备丢弃书签时及时引导幼儿保留书签形成阅读笔记，一次次积极支持幼儿合理地解决阅读中遇到的问题，而不是代替幼儿解决问题，真正体现了教师作为观察者、支持者、引导者的正确定位。

行为解析与指导提示

幼儿自主阅读存在的问题及分析

- 幼儿在阅读中的目的性不明确。

在对幼儿自主阅读情况的观察中，教师发现很多幼儿存在坐不住、看不进、无从下手、走马观花、随意翻翻的问题，甚至还有不少幼儿跳跃式看书，不是从头到尾看，而是翻到哪页看哪页。很多人把幼儿阅读方面的问题归咎于他们的好动、调皮。其实，幼儿的好动、调皮和阅读之间并没有明显的关系。究其原因，很重要的一点是我们没有很好地及时、适时引导幼儿进行科学有序的自主阅读活动。很多时候，教师只要给予幼儿一个启示、一个预先的提问，都足以让他们带着问题去书中探究答案。

- 幼儿的读图能力弱。

读图能力就是通过读图的方式理解图书内容的一种能力。通过观察画面的背景、色彩、人物表情、动作、神态及常用符号等，理解图与图之间有着内在的关联性。幼儿正处于"读图"的年龄段，他们喜欢听故事，看图画书，但缺乏细致的观察力。幼儿在阅读时，画面是他们最为关注的，但是在阅读画面时，有的幼儿并没有仔细地观察画面，只是粗略地看一眼就过去了，阅读的目的性不强。有的幼儿读图的方法不恰当，导致对画面内容的复述缺乏连贯性。也有的幼儿缺乏对图片的想象以及对生活的联想，这使他们的表达缺乏创意、内容单一。

- 幼儿阅读后自主提问的信息量少，答辩能力差。

在幼儿自主阅读后，教师发现幼儿自主提问的信息量少，答辩能力差。幼儿对于画面的认知和理解还停留在陈述和回答者的角色上，他们对于提问显得无所适从，当请幼儿尝试对画面提问时，他们回答的却是："我看了……"可见幼儿对于提问的方法和模式还没有形成一定的思考意识，他们的思维模式还停留在"老师问，幼儿答"的师幼学习互动方式上。因此，教师在鼓励幼儿在自主阅读的基础上主动提问和质疑时，还应教给幼儿适当的质疑方法。对故事画面提出疑问，是幼儿自主阅读能力发展水平提高的重要途径。幼儿对故事的画面提出疑问时,课堂的互动就不仅仅停留在单一的师幼间了,而是会更多地发展成幼儿之间的对问对答。通过让幼儿对画面产生疑惑,以提问的方式寻求同伴的帮助这一形式,可以激发活动中幼儿阅读的积极性,提高其阅读的有效性。

幼儿自主阅读的指导策略

- 选择适当的提问方式,提升自主阅读的效果。

教师的提问应从更好地促进幼儿自主阅读的角度出发,精心选择适当的提问方式。

① 创设探究性提问,让幼儿带着问题进行自主阅读。探究性提问是一种设置悬念,让幼儿结合自身的生活经验或操作进行简单的逻辑推理,以寻求答案的一种提问。幼儿都有好奇心,巧抓幼儿好探索的这一心理特点,可以吸引幼儿看故事。如在"动物绝对不应该穿衣服"的教学活动中,幼儿根据以往的认知经验,都知道动物是不穿衣服的。刚开始,可采用开放性的提问方式:"虽然小动物平时都是不穿衣服的,可是他们也和我们小朋友一样爱打扮。今天我们就来看看小动物是怎么打扮自己的? 小动物打扮自己的时候会发生什么有趣的事情呢?"这样的提问可以让幼儿的学习更有方向性、更具自主性,也更能激发幼儿的阅读兴趣。

② 创设开放性的问题,为幼儿提供阅读与提问的思路。在幼儿阅读的过程中,教师的提问不应该那么频繁,要以一些开放性的问题为主,为其自主阅读提供思路。例如在阅读绘本《幸运的一天》的教学活动中,可采用自主阅读的形式导入,同时给幼儿一个思考的方向:"幸运的一天,到底是谁遇上了幸运的事呢? 幸运的事情又是怎么发生的? 从哪里看出它是幸运的?"幼儿遵循这个线索,开展自主阅读。这种方式改变了以往教师泛读后的提问:"故事的名字叫什么? 故事里有谁? 发生了什么事?"避免扼杀幼儿的兴趣。

- 巧妙设问,帮助幼儿积累读图的方法。

绘本教学中,幼儿对画面的观察有时非常依赖教师的讲述和提问。因此,在绘本教学中,教师的有效提问将直接影响幼儿对图片的观察和理解。

① 猜想式提问法。猜想式提问法是指在幼儿阅读一本新书时,教师先忽略故事中的文字部分,以猜猜看的形式与幼儿共同看图进行猜想,之后再读出文字。在这一过程中,幼儿会逐渐意识到图与图之间具有一定的关联性。当某一页不知是何意思时,教师可引导幼儿看一看前一页,思考后一页与当前页的画面有何关系。活动中,教师有效的提问能帮助幼儿理解画面与画面之间的关系,提高幼儿的理解能力。

② 开放式提问法。开放式提问是指提出比较概括、范围较大的问题,对回答的内容限制不严格,给对方以充分的自由发挥的余地。在绘本阅读中,教师的提问要把握幼儿感兴趣的话题,引导幼儿展开讨论,让幼儿运用符合他们思维特点的表达方式去表达自己的感受、意愿、思想,从而体现提问的开放性,变单一的问题为多样的问题。

③ 递进式提问法。这是一种循序渐进、逐层深入的提问方式,对幼儿有一定的挑战性。幼儿在最初往往是被动看图,缺乏细致的观察与思考。教师在引导幼儿阅读绘本时,应注重对他们观察到的画面进行深入浅出的提问,以引导他们不断地在阅读中学习思考。因为只有将观察与思考结合起来,才能使观察变得更加深入,使幼儿的读图能力逐渐提高。在递进式提问中,教师应不断引导幼儿从整体到局部,从人物的动作到神态、表情,以

"为什么会这样"等语句,促使幼儿进行观察与思考。

- 强调阅读技能训练,提高幼儿的自主提问能力与答辩能力。

① 加强对画面的理解能力。从幼儿感知阅读开始,就要让幼儿对画面内容有正确的理解,也就是要指导他们边看边想,引导他们在自主阅读的过程中,仔细观察画面中人物的表情、动作、背景等,启发幼儿合理想象"画上的人物在干什么,将要干什么",让他们联系前后页来理解画面,并将之串联起来,认识到一个精彩的故事是由连续的画页构成的。

② 发展反思与质疑、预期与假设的能力。要使幼儿成为自主阅读者,除了引导他们热爱阅读、懂得书面语言的意义之外,还需要使他们掌握一项必要的阅读策略和技能——反思与质疑。当幼儿逐渐形成提问质疑的意识后,他们的无数个"为什么"也随之而来。但是,幼儿的问题往往五花八门、无奇不有,而问题是否关键、是否有效却是需要教师进一步进行梳理和指导的。在阅读的过程中,引导幼儿对阅读内容进行思考,有利于加深他们对阅读内容的理解。一切外部的信息,只有通过幼儿自己的分析理解,才能内化为其自身的东西。

③ 增强对情景的分析和记忆能力。阅读中的思维训练对幼儿的自主阅读是否有效、高效起着至关重要的作用。而阅读中的思维训练主要指的是对分析和记忆能力的训练,它们可以支持幼儿掌握阅读信息。因此在活动中,教师应通过多种方法了解幼儿对图书的记忆和分析情况,并及时加以引导。

(金凌伊)

 怎样指导幼儿读懂图画书

体验与思考

在指导幼儿阅读图书时,你认为帮助幼儿读懂图书最有效的方法是什么?

案例分享

你真的看懂了吗

上海市黄浦区复兴中路第二幼儿园　施琼

朱歆吟和水淼淼在米奇书吧一起看书,没一会儿就听到他们两个人的吵闹声。两人正在争抢漂流书的操作材料,都说自己已经看完了书要进行操作了,但是没有人肯让对方先玩。我想,他们才在米奇书吧中待了没有多少时间,看样子两人只是为了争抢这个操作材料,想先抢到再说,然后就可以一边翻书一边寻找答案了。

我走近两人问:"你们两个都把书看完了吗? 都看懂了吗?"两人异口同声地回答:"是!"于是我就随口问了一个问题:"那么你们还记得那个胖国王减肥用了几种方式吗?"

两个人凭着自己的记忆随便说出了两个：少吃肉、多运动。虽然这是生活中的减肥方法，但是绘本中的话显然不是这样。于是我就请他们重复一下厨师的话，说说哪些东西不能够吃，哪些东西要多吃。他们回答得零零落落的，显然没有仔细阅读画面。

我问："胖国王为什么要减肥？"

朱歆吟说："因为他太胖了，鞋带绑不到！"

我接着追问："哪张图片说了这件事情（绑鞋带）？"

她迅速翻动手中的绘本，指着图书说："施老师，在第 6 页！"

"那么除了这个，还有什么地方胖国王觉得不方便的呢？你可以帮我找出图片吗？"

水淼淼翻着手中的书本指着一张国王满头大汗的图片说："你看！他太胖了，走一会儿就出汗了！"

我接着指着国王给大家开会时睡着了的图片问他们："他们在干吗？"

"开会吧！"两个人摸着脑袋说。

"那么开会中发生了什么事情？"我接着请他们观察第二张图片。

"国王好像睡着了！你看他的眼睛都闭起来了！"两个人指着睡着的国王说。

"开会睡着和减肥有什么关系呢？"我继续追问。

"肯定是他太胖了，刚才爬了楼梯累死了！"朱歆吟说道。

"对啊！那么他怎么会那么胖的呢？"我问。

"他肯定喜欢吃肉！不喜欢吃蔬菜！"朱歆吟边笑边说。

水淼淼补充道："对啊！施老师，你看槟槟吃饭的时候也都是只吃肉不吃菜的，所以他也很胖！"

"那么书上有没有这种图片呢？"我请孩子们指出来。

两人同时像发现新大陆一般大声叫着："施老师，你看！就是这张！他还在吃鸡腿、蛋糕呢！"

"那么你们想想，除了吃肉不吃菜之外，还有什么原因会让人变胖！"我问了一个图片上没有表现出答案的问题，想考验一下孩子们。

"他肯定很懒吧！""他肯定不喜欢运动！""他很有可能天天睡懒觉！"……这个延伸问题反而引起了孩子们的兴趣，孩子们回答得格外热情。

"现在胖国王要减肥了，你们看他用了哪些方法减肥？这次要请你们自己看了。"通过之前的指导，我请孩子们自己看绘本的后半段。

有了刚才的经验，孩子们的阅读明显比之前仔细多了。当我再次在他们阅读后简单提问时，孩子们回答得又快又顺畅，并且马上就能够找到相应的页码。

案 例 分 析

早期阅读活动是幼儿语言教育的重要形式之一，其对学龄阶段的学习以及终身发展有重要意义，近年来越来越受到人们的重视。学会读懂图书是早期阅读的重要目标之一。由于幼儿心理发展的特殊性,幼儿在阅读时往往大而化之,粗粗阅读了事。因此,在早期阅读活动中,教师指导幼儿读懂图书就显得尤为重要。

首先,在早期阅读活动中,教师需要仔细观察幼儿的阅读行为,才能给予幼儿适宜的指导。如在案例中,教师在观察幼儿争抢绘本操作材料时,敏锐地意识到幼儿只是将操作材料当作一种新奇的玩具,而不知道读懂绘本是玩操作材料的前提,因此她及时地向幼儿提出了问题。这一帮助和支持的时机拿捏得非常好,是建立在教师对幼儿阅读行为的细致观察基础之上的。

其次,教师指导幼儿阅读时应对不同年龄班幼儿的阅读行为和特点有正确的把握,这样才能采用正确的指导方法,把握指导的重点。在案例中,教师意识到中班幼儿已经具有一定的阅读经验,但是阅读的目的性和有效性较差,在阅读中对成人还有一定的依赖性。所以针对幼儿阅读不仔细的情况,教师及时地介入,通过提问引导幼儿观察绘本前半部分中的小细节,比如开会和国王睡觉两张图片,促使幼儿去发现"国王眼睛闭着"这个细节,从而读懂绘本,激发了幼儿的兴趣,引导幼儿主动独立仔细地阅读绘本的后半部分。

行为解析与指导提示

早期阅读是幼儿成为成功阅读者的基础,同时也是幼儿成为终身学习者的开端。早期阅读教育应该注重对幼儿的阅读兴趣、读懂图书能力的培养,帮助幼儿掌握阅读图书的正确方法,养成良好的阅读习惯。在幼儿园中,我们应通过多种形式开展阅读活动,如开展阅读区阅读活动、教师组织的专门的阅读活动、阅览室阅读活动、亲子阅读活动、幼儿自发性的阅读活动等,尽可能多地为幼儿提供阅读的机会,为幼儿营造丰富的阅读环境,促进幼儿阅读能力,尤其是自主阅读能力的提高,为幼儿成为终身阅读者奠定坚实的基础。

不同年龄班幼儿的阅读发展水平

众多研究表明,幼儿阅读离不开成人的支持和引导。早期阅读教育应该时时以幼儿的阅读发展水平为起点,通过有效的师幼互动,促进幼儿阅读。因此,学前教育作为教育的起点,应准确地把握不同年龄班幼儿的阅读发展水平。

● 小班幼儿的阅读发展水平。

① 阅读目的不明确,盲目性大。由于小班幼儿思维的无序性较明显、目的性较弱,幼儿常常把一本图书打开后,一会儿翻到书的后面,一会儿又翻回书的前面,阅读的效率较低。

② 阅读的坚持性较差。由于小班幼儿集中注意力的时间最多为5—10分钟,他们不能长时间地集中注意力阅读。

- 中班幼儿的阅读发展水平。

经过小班一年的培养，中班幼儿有意注意的时间延长，阅读的观察能力和理解能力已有了一定的提高，但由于经验积累不多，对图画书的理解程度有限，主要表现在：

① 对画面的观察理解还不够深入。幼儿不能很好地观察每一页画面上的人物与背景，特别是与故事发展有密切关系的人物的动作、表情，因而往往无法透彻地理解关键性的故事情节。这是因为中班幼儿的思维过程常常呈现出一种无序化的状态，还不能将前后画面联系起来形成对故事的理解。此外，幼儿对画面的观察还十分依赖成人，理解也脱离不了成人的帮助。

② 阅读时注意力的稳定性不够。中班幼儿的有意注意在逐步发展，呈现出无意注意向有意注意转化的趋势，但注意的稳定性不够，部分幼儿仍未掌握翻书的基本顺序与方法。

③ 阅读的预期能力不够。中班幼儿活泼好动，并富于想象，但不能很好地根据前后画面变化进行比较，用想象补充故事发展中的空间。

- 大班幼儿的阅读发展水平。

① 出现阅读理解的断层现象，表现为大班幼儿虽能将前后画面联系起来阅读大部分的故事内容，但对故事情节的几个重要转折点难以解读。主要原因是幼儿缺乏对这些画面细致的观察以及合理的想象。这种阅读理解的"断层"阻碍了幼儿对整个故事的解读。

② 大班幼儿在阅读过程中的思维较之中班幼儿的更有序，表现为大班幼儿在阅读那些篇幅长且情节多的图画书时，能将故事中相同的几个情节点加以初步的归纳理解，但不能对故事的主题进行概括。

③ 大班幼儿有极强的求知欲，经常会生成许多问题，但他们不知道怎么寻找相关的阅读材料、通过解读并运用阅读信息来解决这些问题。

④ 大班幼儿识字的欲望不断增强，表现为大班幼儿开始对文字产生兴趣，他们在书中或广告招牌中看到自己认识的汉字时会非常兴奋，还时常缠着成人教他们认字，识字的积极性很高。

⑤ 阅读的个性化趋于明显，表现为大班幼儿经过两年的阅读培养，阅读能力逐渐显示出了差异，每位幼儿阅读理解的方式因人而异、各不一样——有的喜欢用绘画、歌舞表现自己的理解；有的喜欢用戏剧表演的方式进行表达。

不同年龄班幼儿阅读指导要点

- 小班幼儿阅读指导要点。
① 指导幼儿对画面进行仔细观察，并理解画面的内容。
② 帮助幼儿发现故事情节的变化，并对图书画面中的细节进行想象。
③ 让幼儿尝试用语言表述简单的阅读内容并能倾听他人讲述；知道图书要有序翻看才能看懂内容。
- 中班幼儿阅读指导要点。
① 指导幼儿对画面进行有序观察并将前后画面联系起来理解故事内容；指导幼儿使其能对图书画面中的空白点进行合理想象，并能比较阅读内容的不同点。

② 指导幼儿理解图书中有页码和文字，了解不同符号的对应关系并愿意编画情节简单的图画书。

③ 指导幼儿大胆地表述阅读信息并安静地倾听他人讲述的内容。

④ 指导幼儿掌握正确翻阅图书的方法。

● 大班幼儿阅读指导要点。

① 指导幼儿对故事情节转折处的画面进行细致的观察，并对故事情节的发展进行合理想象。

② 帮助幼儿提升归纳阅读情节以及概括故事主题的能力。

③ 鼓励幼儿尝试与同伴合作阅读，用各种方式表达阅读信息，提高解决问题的能力。

④ 帮助幼儿主动积极地认识常见的汉字。

⑤ 拓展多种阅读形式，推进幼儿阅读个性化的发展。

（金凌伊）

拓展资源

● 彭懿著：《世界图画书阅读与经典》，接力出版社 2011 年版。

该书是关于如何阅读和欣赏图画书的阅读指南。全书分为上下篇及附录，上篇是对图画书这一图书门类的介绍，下篇对已经在国内引进出版的 60 余部世界经典图画书进行了精彩解读，附录不仅包含对图画书重要奖项的介绍和权威推荐书目，还为读者的深入阅读和研究提供了主题索引。

● 艾登·钱伯斯著，许慧贞译：《打造儿童阅读环境》，北京联合出版社 2016 年版。

该书从"阅读过程"着手来探讨怎样为幼儿打造一个良好的阅读环境。作者通过解决如何掌握幼儿的阅读情况、如何做个有协助能力的大人等现实问题，告诉读者怎样才能让幼儿自动自发地拿起书本来阅读。

第七章　社会领域幼儿行为的指导

第 ① 单元
怎样培养幼儿的人际交往能力

单元导读

　　在幼儿园阶段,幼儿开始学习如何与他人相处,并通过不断练习以及与他人的积极相处来发展人际交往能力。幼儿逐渐从以自我为中心过渡到为他人考虑。学前阶段的主要目标之一就是帮助幼儿学习人际交往技能。在与同伴的交往中,幼儿有许多这样的学习机会。虽然社会化是一个自然的过程,但有时候幼儿在学习如何与其他幼儿互动的过程中会遇到困难。通过本单元的学习,你将:

- 了解怎样让幼儿愿意与人交往;
- 了解怎样支持幼儿与他人友好相处;
- 了解怎样培养幼儿的自尊自信;
- 了解怎样引导幼儿尊重他人。

① 怎样让幼儿愿意与人交往

实践与策略篇

体验与思考

　　如果你的班级中有孩子不愿意与人交往,你将怎样指导他们?

案例分享

我不害怕了

上海市黄浦区城市花园幼儿园　朱佳

行为观察

场景一

幼儿园"大餐会"开始了,由于可以自选餐厅,孩子们都兴高采烈地选择在隔壁中一班进餐。小涵来园后，当老师询问她是否要去中一班进餐时，她马上摇头："我不要去中一班，我要在自己班级。"说完忍不住哭了起来。小涵爸爸见状和我说道："朱老师，我们小涵从昨天晚上就开始担心了，她说她不要去别人的教室。"听到老师表示她可以留在自己班级进餐后，小涵才松开爸爸的手，慢慢走进了教室。

场景二

每次两个班级混班做游戏时，小涵都会躲在自己班级老师的身后。看到其他班级老师向她走来时，她都会哭着拉着老师的手说："你不要走开，你拉着我的手！"如果老师没有答应她的要求，她就会一个人躲在角落里哭闹不止。

场景三

在自由结伴活动时，小涵突然大声哭了起来，老师见状询问她怎么回事。小涵一边哭一边说："他们要玩我的玩具。"旁边的依依和嘉嘉则着急地告诉我："我们想要和她交换玩具，没有要抢她的玩具！"由于小涵的坚持，老师请这两名幼儿和其他幼儿交换玩具。可是过了一会儿又听到小涵大哭起来，一边哭一边说道："朱老师，她们一直在我的身后看我的书。我不想让他们看！你让他们走开。"

行为产生的原因分析

- 自身原因：小涵的性格比较内向，自我中心意识较强，有焦虑情绪。
- 家庭原因：小涵的父母很少带孩子外出活动，孩子也很少有机会与其他孩子一起玩。这样过度的保护使小涵缺少与别人交往的机会和能力，同时也影响了她的社会适应能力的发展。

指导目标

如何让小涵走出自己的小天地，融入幼儿园的集体生活中，与老师、同伴进行互动？最终，我决定从游戏着手，在游戏中培养小涵乐观、开朗的性格，同时引导她掌握与同伴交往的技能。

行为指导的策略与效果

策略一：我是小小摄影师

小涵的爷爷和爸爸都是专职摄影师，有一个摄影工作室。因此，小涵拿起相机时也有模有样的。根据小涵的这个特点，结合我们创设的"开心摄影棚"的游戏环境，我让小涵担任"摄影师"的工作。面对她熟悉的场景，小涵就像换了一个人似的。她不断地提醒同伴要换造型，要看着镜头微笑，每拍一组造型后还要求换衣服等。在游戏中，小涵与同伴的交流越来越多，也慢慢拥有了许多忠实的"粉丝"，很多孩子就指定小涵来为他们拍照。

策略二：我是能干的"小姐姐"

最初，我认为和开朗活泼的同伴一起游戏能够使内向的孩子也活泼起来，因此，我常鼓励班级中一些比较活泼开朗的孩子和小涵一起玩。可是观察了一段时间，我发现这样会因双方差异过大而形成更大的压力，使小涵变得更被动、更压抑。

有一次，小涵一个人在娃娃家做娃娃的"姐姐"。我见状说："彤彤也想来玩，你愿意和她一起吗？"彤彤是插班生，也是班级中年龄最小的女孩，在日常活动中彤彤很少主动和其他孩子交流。小涵想了想，点头同意了。我在一旁观察，发现小涵不再像平时那样一个人自娱自乐，而是一会儿给彤彤做饭，一会儿教她怎么给娃娃穿衣服，还对彤彤说："我现在是你的姐姐，你要乖一点哦，下次我带糖给你吃好吗？"第二天，小涵的妈妈带了两颗糖，说是小涵要带给妹妹吃的。小涵妈妈非常惊讶，因为小涵平时不愿意将任何东西与人分享。

策略三：幼儿园里朋友多

我尝试利用混龄混班游戏的形式，让小涵能多接触其他班级的老师和小朋友。当她对陌生的老师和小朋友有抵触情绪的时候，我利用循序渐进的方式来安抚她。

第一步：老师扮演游戏中小涵的妈妈，带着她一起做游戏，缓解她的焦虑情绪。

第二步：鼓励小涵和自己的好朋友结伴，一起做游戏。

第三步：尝试让小涵在混龄混班游戏中承担她自己有把握的角色。现阶段小涵还是有些抗拒，不愿意承担角色。

经过一个学期的努力，胆小内向的小涵渐渐敞开心扉，喜欢上了幼儿园，能和好朋友交往，脸上的笑容也增多了。在小涵成长的过程中，我们老师与家长也在共同成长。特别是我，通过这个案例发现：游戏对于培养幼儿的社会交往意愿和能力确实有着很大的作用。

案 例 分 析

案例中，教师用轶事记录的方法观察记录了三个不同场景下幼儿的行为。这些观察信息都反映出幼儿不愿意与他人（包括其他幼儿和陌生的教师）进行交往的行为特点。教师通过分析幼儿自身原因和家庭教养环境发现，父母的过度保护使得该幼儿在生活中缺乏与人交往的机会，因而幼儿没能形成与他人交往的意愿和能力，更不愿到陌生的环境中活动。为此，教师循序渐进为幼儿创设了三种与他人交往的机会。

首先，考虑到幼儿内向的性格特点和家庭成员的工作特点，教师让幼儿在游戏中承担"摄影师"的角色，这是幼儿熟悉和能够胜任的角色。在进行摄影师工作的过程中，幼儿有大量轻松自然的与其他幼儿交往的机会。同时，该幼儿通过自己的专业"工作"得到了同伴的认可，获得了良好的交往体验。

其次，教师鼓励班级中比较活泼开朗的幼儿和该幼儿一起游戏。不过通过观察，教师发现这种做法的效果并不理想。因为当该幼儿和活泼的同伴在一起时，她反而会因彼此交往意愿和能力的较大差距而感到压力，变得更被动。反之，当该幼儿和比自己年龄小、能力弱的幼儿相处时，则能够表现出分享、关爱等亲社会行为。可见，教师在为那些不愿意交往的幼儿安排玩伴时，要根据幼儿的反应及时进行调整，以免适得其反。

最后，教师让幼儿参与了她最不愿意参加的混龄混班游戏，这对幼儿来说是一大考验。当然，教师并没有要求幼儿立即加入游戏，而是通过三个步骤逐渐引导幼儿克服焦虑，尝试在陌生的环境中进行游戏。

行为解析与指导提示

观察幼儿缺乏交往意愿的具体表现

- 游戏活动中,该幼儿与其他幼儿互动时有什么表现?
- 当其他幼儿发起和他的游戏时,该幼儿有何反应?
- 当幼儿偶尔与其他幼儿产生互动时,这些幼儿是谁?

这些观察信息能够帮助教师更好地分析幼儿行为产生的原因,以便其有针对性地指导幼儿。

与家长沟通,寻求家长的合作

幼儿的社会性培养需要家庭和幼儿园保持一致,密切配合。因此,在对幼儿进行观察的同时,必须要和家长沟通,获得家长的支持。

- 让家长知道该幼儿在游戏活动中不和他人交往的情况和你目前的努力。
- 向家长询问该幼儿与其他人之间有什么互动。
- 与家长合作讨论指导幼儿,使幼儿学到与同伴进行互动的方法。
- 一旦你开始对幼儿进行指导,要常与家长交流,及时告知他们幼儿行为进步的情况。

分析幼儿行为,尝试解决问题的方法

- 考虑幼儿的发展阶段。年纪很小的幼儿社会化水平较低,他们比较喜欢单独游戏,还没有发展出参与集体游戏的兴趣或做好相应的准备是自然的事情。你需要反思你对幼儿行为能力的期待是否超出了他们的能力。给予时间和适当的引导,幼儿会从独自游戏开始,渐渐喜欢上群体性游戏。
- 如果幼儿刚刚进入新的班级,对新环境感到不适应,没有和其他幼儿互动,需要通过时间、耐心和适当引导,帮助幼儿融入集体。
- 如果幼儿是因缺乏与他人进行互动的机会而不愿意与人交往,你可以:① 增加幼儿与其他幼儿的社会交往。当幼儿参加集体活动或与他人进行交往时,你要肯定幼儿的行为,同时关注所有幼儿,而不是把注意力只集中在这名幼儿身上。② 增加其他幼儿与该幼儿的交往。鼓励其他幼儿多找这名幼儿玩,通过微笑、拥抱、简短的感谢语等增强其他幼儿找这名幼儿玩的动机。最好多找几个幼儿轮流去找这名幼儿玩,这样能使幼儿在群体中感到更自在。
- 如果幼儿因缺乏社会交往技能而不愿意交往,那么你应设法帮助幼儿学会社会交往的技能。在开始的几天中帮助幼儿观察其他幼儿间的互动。在游戏活动时,领着他在教室中走一走,解释其他幼儿在干什么,把重点放在幼儿的社交方面。如:佳佳是小吃店的营业员,米米是顾客,佳佳问米米要吃什么,米米要吃一份小笼包,所以佳佳正准备端

给他。

当幼儿适应观察者的身份后,试着让他稍稍接近其他幼儿的游戏。选择班级中一到两名你认为最容易接纳他人的幼儿,把该幼儿带到正在玩的他们身边,让他观看一两分钟后,和他一起在旁边坐下来。鼓励该幼儿参加游戏,告诉他游戏中每一个幼儿在做什么,强调他承担的角色。如果有需要,可以用肢体语言引导他。

带幼儿到其他组参观,陪他几分钟后问他:"你想和他们一起玩吗?"如果他愿意的话,就鼓励他去参加。你帮助他成为游戏中的一员后就不要过多干涉,但可以在开始时提供一些有助于该组游戏的支持,如给他一些小吃店的消费筹码,告诉营业员说:"这里又有一个新客人了!"

当幼儿自己参加群体游戏时,你可以给予他称赞、微笑。当该幼儿与同伴的交往增多时,他会从同伴交往中得到更多乐趣和满足,而这也会进一步增强他参与群体游戏的积极性。

- 如果幼儿不参加集体活动是为了得到教师的注意,你应该不理会幼儿这种寻求注意的行为。当你观察到他有意回避群体活动时,可以有意不理会他,当他出现交往行为的时候,就给予他关注。这样,他就知道你期望的行为是什么了。

(侯素雯)

2　怎样支持幼儿与他人友好相处

2.1　怎样指导幼儿解决人际冲突

体验与思考

1. 回忆你观察到的幼儿间的冲突事件,思考是什么原因引发了冲突。
2. 作为教师,你认为需要介入幼儿的冲突吗?为什么?

案例分享

我不再是小霸王了

上海市黄浦区城市花园幼儿园　任坚

背景

升入中班后,孩子们的角色扮演游戏从以自我为中心的娃娃家开始慢慢过渡到角色分配比较多的医院、理发店等。在游戏中,他们渐渐能够接受同伴的意见了。不过,当自己的游戏利益与同伴的利益发生冲突时,部分幼儿还是常常回归以自我为中心的世界。

行为观察

肯德基的游戏即将开始了,孩子们正在商量着角色分配。晨晨手里拿着取食物用的夹子,嘴里大声叫着:"我今天就是要做收银员,服务员我不想做。"旁边的丝丝说:"昨天你吵着要做服务员,结果你只顾着整理货柜,外面有那么多客人等着买都不来帮忙。我觉得你还是做服务员吧!收银员你肯定不会做的。"晨晨生气了,撑开双臂,把身体挡在了货架前,硬是站在货架前不走,其他孩子站在旁边伸手去拉他。营业的时间快到了,大家实在没有办法,只能妥协让晨晨如愿地当上了收银员。晨晨坐在收银桌前兴奋得很,他不看套餐的价格,只要有客人来购买,一律只收一元钱。因为晨晨的不负责,店里的收入受到了损失,店里其他服务员对他意见很大。

午餐后的自由活动里,晨晨不经同伴同意就随意拿同伴的玩具玩,而他自己带来的一个小玩具一被同伴拿在手上,他就大叫着过去抢。

第二天,在小医院,晨晨吵着要继续做医生,而不肯让其他同伴轮流做,只要同伴拿起听诊器他就上去和同伴争抢,不肯放手。

行为产生的原因分析

* 特殊的家庭环境。

晨晨的家庭情况有点特殊。他从小生活在一个单亲家庭,妈妈比较年轻,主要由外公外婆养育。老人对他宠爱有加,造成他以自我为中心的处事方法。

* 角色分配的自主空间。

教师创设的游戏氛围较宽松,角色分工以幼儿自主协商为主,没有硬性规定,每个孩子都可以说出自己的想法,这样就给有些孩子造成了想干什么就可以干什么的错觉。

* 晨晨还处在以自我为中心的阶段。

在整个游戏角色分配中,晨晨想的都是要做收银员,把收银机作为自己的东西,他就满足了,而收银员在游戏中应该做些什么,怎么和店员们一起招揽顾客,他并不关心。因此,可以看出,他的占有欲比较强,行为发展仍处于小班典型游戏行为的阶段。

指导目标

关注晨晨,引导他学会用正确的方式和同伴进行沟通,获得同伴的认可。

行为指导的策略与效果

第一阶段

实施策略:教师和晨晨一起参与游戏前的整理和角色分工。肯德基的游戏开始了,我有意识地参与了晨晨一组的角色分配:"晨晨你今天想要扮演什么角色?"晨晨高兴地说:"我还是要做收银员。""你知道这个角色要做哪些事情吗?"晨晨马上说:"我要按照价目表来收钱,还要把顾客给我的钱,放在收银机里,等游戏结束了给经理。"听了晨晨的话,我摸摸晨晨的头,告诉他:"如果小朋友都愿意,那么你就可以做。"同时,我和家长联系,希望他们在做事前养成和晨晨商量的习惯,并要求家长只满足晨晨合理的要求。

实施效果:因为教师的参与,且孩子们做到了游戏前先商量好,所以晨晨与同伴的争执少了。

遇到问题： 因为我的参与，大家都让着晨晨，晨晨提出的要求基本能得到满足。虽然他在游戏中没有和同伴争吵，但实质上晨晨还是不愿意与同伴分享。

第二阶段

实施策略： 提出角色分工的要求，给晨晨自己安排的机会。肯德基的游戏中一共有三个角色，而参与这组游戏的幼儿一共有五个，存在"僧多粥少"的情况。为此，孩子们制定了游戏规则，每天必须要有上班和休息的人员，晨晨可以在一周五天中自己安排先上班还是先休息，一旦决定了，就须自觉遵守。再观察晨晨的游戏行为，我发现他开始慢慢知道游戏是大家的游戏了，在游戏中他逐渐遵守大家协商制定的规则，开心地游戏。整理物品时，他也不再那么强势，而是根据自己的角色身份，整理自己该整理的东西。

实施效果： 虽然对商量的结果有些不情愿，但是晨晨已不再坚持一定要按照自己的方式进行游戏。

遇到问题： 教师在身边时，能接受同伴的建议；教师不在身边时，总是希望同伴让着他。

第三阶段

实施策略： 推出店长负责制，要求晨晨听从店长的安排。随着肯德基的游戏不断地推进，晨晨和同伴的相处也渐渐融洽。他在肯德基的游戏中能够胜任很多岗位。在孩子们的提议下，他们增设了店长的角色，并由店长来分配各个角色，店员必须要听从店长的安排。店长是大家根据每个人当天的游戏参与情况而选出的。晨晨由于游戏时的出色表现，也担任过几次店长。在分配角色时，同伴间有分歧，晨晨经常带领他的团队通过"剪刀、石头、布"的方式来解决。

实施效果： 游戏中，晨晨逐步出现与同伴商量着分配角色的情况，有几次与同伴想扮演一样的角色时还会让一让同伴。

案 例 分 析

案例中的教师观察记录了晨晨在游戏活动中的三个行为片段。教师首先详细记录了肯德基的游戏中晨晨与同伴的对话、动作、情绪等信息，这样便于深入分析晨晨在游戏中与同伴发生冲突的原因。随后教师简要记录了晨晨在另外两个不同游戏场景中的相似行为，基本了解了晨晨在游戏中与同伴交往的模式。

游戏活动中晨晨与同伴发生冲突，主要的原因是他没有很好地掌握角色游戏中角色分配、角色履行和角色轮换等基本概念。其一，角色分配。为了使游戏顺利进行，游戏开始前孩子们会先商量如何分配角色，而此刻的晨晨却一厢情愿地坚持"我今天就是要做收银员"。当其他幼儿指出晨晨不具备做收银员的资格时，晨晨则"霸道"地继续坚持，最后其他幼儿不得不妥协，让他得偿所愿。可见，他并不懂得游戏中角色分配不以个人意志为转移，而要经过商量决定的道理。其二，角色履行。从幼儿的对话可知,在前一天的游戏中晨晨"只顾着整理货柜,外面有那么多客人等着买都不来帮忙";而在当天的游戏中晨晨"不看套餐的价格",对顾客"一律只收一元钱",使"店里的收入受到了损失"。可见,晨晨没有理解身为收银员应承担的角色行为,更不要说角色行为的履行了。其三,角色轮换。收银员对肯德基来说是一个重要的角色,也是孩子们都向往的角色。因此孩子们通过协商讨论来实现角色轮换。但是,当同伴指出晨晨没有履行好收银员的角色,要求其让出收银员的位置做好服务员时,晨晨并不能克服自我中心、认识到自己的失职,而是继续用"武力"坚持自己的愿望。

此外,晨晨的"霸道"行为还与其家庭教养环境有一定的关系。晨晨生活在隔代教养的家庭中,外祖父母对他宠爱有加。到幼儿园后的晨晨并没有及时调整自己在家中"小霸王"的处事方式,继续以自我为中心。

案例中教师对晨晨行为的指导分成三个阶段。第一阶段,教师直接参与游戏,引导晨晨增强角色认知,了解收银员到底应该承担哪些责任。然而,教师的直接参与也使得幼儿都让着晨晨,并没有真正培养晨晨与其他幼儿友好相处的能力。第二阶段,教师从直接指导转为持续关注,让晨晨在真实情境中开始学习如何交往。根据角色特点,孩子们讨论制定了角色分工的要求,并给晨晨优先选择角色的机会,同时规定一旦决定了必须自觉遵守。这进一步加强了晨晨的角色意识,使他在游戏中更能够做出符合所承担角色的恰当行为。不过,这样也产生了新的问题:教师在和不在时,晨晨的行为表现不尽相同。第三阶段,在肯德基的游戏中,晨晨开始能够胜任很多的岗位。随着"店长负责制"的推出,晨晨不仅能够听从店长的安排,还能够通过游戏时的出色表现担任店长一职。在分配角色的过程中遇到同伴间存在分歧时,他通过"剪刀、石头、布"的方式来解决。可见,幼儿与他人交往的能力能够在游戏活动中得到切实提高。

行为解析与指导提示

幼儿之间产生冲突的原因

在幼儿园中,我们经常可以看到幼儿之间各种各样的冲突。在角色游戏中,幼儿之间产生冲突主要是由于:角色;游戏的内容和主题;角色的轮换;玩具或其他物品。

在开展角色游戏时,幼儿都很在意自己扮演什么角色。如果同时有几个幼儿想扮演同一角色,就会产生冲突。如在本书实况记录中的案例《娃娃家风波》详细描述了幼儿之间由于角色扮演而产生的冲突。幼儿产生冲突的行为表现不尽相同:打架、争吵或是哭泣都是冲突的具体表现形式。

在角色游戏中,游戏的内容和主题也可能引发幼儿之间的冲突。幼儿以自我为中心的特点使他们常常坚持自己的看法,以至于在创设主题、分配角色、执行任务等方面都可能产生意见分歧。

此外,在角色游戏中幼儿也会由于角色轮换和争夺玩具而发生冲突,你可能经常会听到幼儿说"轮到我了""这是我的玩具"。因为幼儿在多数情况下还是只关注自己的需要和感受的,如果他感到别人占有了自己希望的角色或物品,就会心生怨气。

观察幼儿对冲突的应对和处理

我们可以在日常生活中对幼儿进行观察记录,观察幼儿如何处理人际冲突:

* 使用身体的方式;
* 使用语言(积极/消极);
* 告状;
* 求助于他人;
* 逃避;
* 其他方式。

通过观察能够让我们了解到,哪些幼儿能够自己解决冲突,哪些幼儿不具备这种能力。

在冲突发生时,我们常常会看到一些幼儿采取向教师告状、求助、逃避、攻击对方等应对策略。告状和求助确实可以避免冲突的进一步升级,但是过多依赖他人解决冲突,并不能真正促进幼儿的社会化,甚至可能产生负面影响。而采用简单的逃避或是攻击对方的方法来解决冲突,则可能导致冲突升级和冲突反复发生,最终导致幼儿出现心理问题,影响幼儿的身心健康。

在观察幼儿时,除了注意幼儿在冲突过程中表现出的消极行为外,还要注意幼儿在尝试解决冲突过程中所表现出的积极行为。这样,教师也可以从幼儿身上学到很好的方法。在游戏过程中,幼儿解决冲突的积极方法包括说理、协商、合作、妥协等。

教师在幼儿冲突中的角色

作为教师应清楚地意识到:幼儿到幼儿园是来学习如何与他人相处的。幼儿真正学习这一技能的主要方法就是参与到人际冲突中去,并尝试培养应对和解决冲突的能力,即学会用积极的方式妥善处理和同伴之间的冲突。同时,教师也要相信幼儿有能力解决在游戏中遇到的冲突。因此,教师应该在幼儿发生冲突时做他们的支持者。

如果幼儿之间只是发生了一个普通的冲突,那么教师要尽可能给幼儿机会让他们自己解决。如果游戏失控,有幼儿大发脾气、破坏材料或伤害其他幼儿,则教师必须及时干预。教师要明确告诉他们,不允许发生彼此打骂或互相伤害的行为。然后,教师可以采取"他人自尊冲突转换法"(other-esteem conflict conversion)对幼儿进行指导,设法让幼儿感受到另一个幼儿的感受,由此将冲突转化为积极的情感。具体包括以下几个步骤:①

* 让幼儿平静下来,各自告诉你刚才发生了什么事情。在幼儿叙述的过程中,教师要始终抱以中立的态度,不要责备任何一个幼儿或让他们陷入互相指责和争吵之中。

---

① 贝蒂.幼儿发展的观察与评价(第七版)[M].郑福明,费广洪译.北京:高等教育出版社,2011:183.

- 问每个幼儿他所认为的另一个幼儿的感受是什么。当幼儿开始感受对方的感受，而非只关注自己的感受时，情感转换就发生了。

- 问每个幼儿应该怎样做才能让另一个幼儿感觉好一些，然后总结幼儿所说的方法。随后，也可以让幼儿相互拥抱。这时，幼儿都会感到如释重负，他们知道教师并不是要责备他们，也不会惩罚他们。更进一步，他们自己可以找出解决冲突的办法。

- 遵循达成一致的解决方法：不管教师最终如何解决冲突，都要保持前后一致。如果每次教师都用客观的方式处理幼儿间的人际冲突，那么幼儿就会信任你，并开始知道你会公平对待事件中的每一个人。这为他们自己处理问题提供了很好的基础，之后他们会尝试不同的策略看看哪个最有效。当幼儿在教室里的经验逐步内化为观念后，他们的社会行为将从自我中心转化为合作和对他人自尊给予关注。

（侯素雯）

2.2 怎样指导幼儿与他人分享

体验与思考

1. 当幼儿不愿与人"分享"自己的或幼儿园的物品时，你该如何引导？
2. 如何在日常生活中培养幼儿的分享意识？

案例分享

小于变大方了

上海市闵行区七宝中心幼儿园　马玉彩

行为观察

小舞台开张了，看着小舞台和里面各式各样的乐器，孩子们跃跃欲试。

游戏刚开始，宸宸、小董、小于就迫不及待地选择了小舞台。"你干吗要抢我的玩具啊？"小于对小董说。小董说："老师说过的，好玩的东西大家要一起玩、一起分享。"小于并没有退让，理直气壮地说："这是我先拿到的，你不能抢我的玩具……"

看到小于的强硬态度，我很想好好教育小于一番。但想到小于平时的表现，觉得他出现这样的行为也不足为奇。平时小于很少与别人分享。记得有一次过中秋节，每个小朋友都带了一盒月饼和大家分享，小于也带了一盒月饼。当大家都开心地和同伴分享月饼时，小于并没有参与，而是自己吃自己的。由于隔壁班级月饼较少，我就和小于商量能否把月饼和隔壁的小朋友分享，可小于坚决不同意，并且带着哭腔坚持说："我要带回家的，我不要和小朋友分享！"

针对小于在和同伴互动中分享意识和分享行为的缺乏，我和家长进行了多次沟通交流。对此，家长坦然承认孩子在家也很吝啬，尤其是不愿意和姐姐分享自己的东西。面对小于的这种行为,家长也不知道该如何引导孩子,让孩子变得大方些。

行为指导的策略与效果

首先,请家长帮小于准备一些零食、玩具等,并提醒小于带到幼儿园和小朋友分享。

其次,在日常活动中开展"我喜欢和大家分享"活动,让幼儿说说自己的分享趣事,激发小于主动与别人分享的欲望。

最后,关注小于和同伴互动交往的点滴,尤其是当他出现和别人分享的行为时,及时表扬他,让其体验和别人分享带来的快乐。

经过一段时间的努力,小于的分享意识在不断增强,分享行为也有了很大改进。比如,他开始乐意带一些食品来和小朋友分享(尽管数量不多),自由活动时能够主动和小朋友交换玩具了。最近过圣诞节,他更是把自己家高大的圣诞树带到幼儿园和大家一起分享。

案 例 分 析

案例中教师随机观察到小于在小舞台独占玩具的现象,并回顾了幼儿平时的表现,判断小于这次不愿与他人分享的行为并不是偶发行为,而是他在生活中的常见行为。从教师两次观察记录中可以发现,小于不分享的物品既有幼儿园的物品,也有自己带到幼儿园的物品。可见,物品的归属不是造成小于不愿分享的原因。由于信息不全,我们猜测小于的姐姐平时可能一直"霸占"着家里的物品,导致小于形成了强烈的自我保护意识,不愿与人分享。

值得肯定的是,当教师提议让小于把月饼和隔壁班级的小朋友分享而遭到幼儿拒绝时,教师没有强迫幼儿,而是尊重了他的意愿。这是因为,分享应该是自愿的,幼儿和成人一样有权利决定自己的物品的归属。

面对小于不愿分享的行为,教师积极与家长沟通,了解幼儿在家中的情况,并力求通过家园共育激发幼儿的分享行为。教师对幼儿行为的指导分三种方式:其一,为幼儿创设分享的机会,让幼儿带自己的物品来幼儿园分享;其二,让幼儿说说自己的分享趣事,激发幼儿主动分享的愿望;其三,持续关注幼儿,肯定与强化其分享行为。

行为解析与指导提示

分享行为及其对幼儿发展的意义

分享是幼儿在活动中表现出与他人共享某种物品的行为。在托幼机构中,分享是最常见的亲社会行为之一,这是因为在活动中,幼儿有很多机会学习与他人分享各种学习和游戏材料。同时,在各种亲社会行为中,分享也是比较容易学习的一种行为,因为分享让幼儿感受到失去是暂时的。幼儿需要放弃一些东西,但那只不过是暂时的放弃。

分享行为能够减少幼儿的自我中心行为,有助于幼儿社会交往能力的发展。乐于与人分享的幼儿,能够感受到别人的情感,会帮助遇到困难的同伴。从小形成这些良好的品质,将为幼儿今后成长为有爱心、宽容、谦让的人奠定良好的基础。因此,分享是幼儿发展过程中一项十分重要的亲社会技能。

通过观察,全面了解幼儿不分享的原因

教师可以通过对幼儿的观察,了解哪些幼儿已经知道如何与他人分享,哪些幼儿还需要帮助才会分享。如果你的班级中也有不愿意与人分享的幼儿,你需要花一些时间观察这名幼儿,以便了解他在什么情况下不和他人分享。

- 什么时间最容易发生不与他人分享的行为;
- 幼儿不与他人分享哪些物品;
- 幼儿不愿与谁分享;
- 幼儿如何拒绝与他人分享;
- 如果其他幼儿不与这名幼儿分享,他会怎样。

幼儿分享行为的影响因素

- 幼儿分享能力的发展,受到认知发展水平的制约。

不与他人分享是大多数幼儿必经的发展过程。研究表明,年龄较大的幼儿比年龄稍小的幼儿更容易与其他幼儿分享。在4—12岁期间,分享行为会迅速增多。而对2岁的幼儿而言,不与他人分享是符合年龄特征的正常行为,他们还不懂得"我的"和"他的"的意义,努力保护着自己的东西,同时又想要拥有别人的东西。因此,在幼儿能够与他人分享之前,必须有对自己拥有物品的安全感,即幼儿需要知道不论谁使用过,这些东西仍是他自己的。只有体验过自己物品的所有权后,幼儿才会了解别人的所有权。幼儿园中的物品大部分是"我们的",少数是"你的"或"我的"。这样的情况更为复杂,幼儿必须学会他有权玩一样物品,别人也一样有权玩。总之,幼儿需要在社会交往中去理解和发展与人分享的概念,并逐渐形成分享行为。

- 影响幼儿分享行为的其他原因。

① 如果物品是幼儿园的,幼儿较容易分享;如果物品是幼儿自己的,那么幼儿的分享意愿就没有那么强。

② 当幼儿园教室中物品匮乏时,幼儿也不愿与人分享幼儿园的公共物品,这可能是因为幼儿觉得必须用争抢的方式才能够玩玩具。

③ 幼儿的分享行为受到情绪的影响。一个生气的幼儿也许会打人或霸占玩具,而一个高兴的幼儿更有可能分享。

④ 分享经历对幼儿分享行为的影响。一项研究发现,一些29—36个月大的幼儿,假如他们在自己没有玩具时接受过同伴分享的玩具,那么当他们自己有好几个玩具,而同伴一个也没有时,他们就能以相同的友好行为回报同伴。但是,如果同伴在以前曾拒绝分享

玩具,那轮到这些幼儿控制玩具的时候,他们也几乎无一例外地拒绝出让。

⑤ 幼儿不愿意与他人分享从家中带来的物品,可能是因为有过带来物品却被别的幼儿弄丢了或者弄坏了的经历。

⑥ 幼儿不愿意与他人分享某一特殊物品,可能是因为该物品能够给予其安全感。

幼儿分享行为的指导策略

● 引导幼儿感受分享的意义。

① 及时描述幼儿的分享行为。要具体描述幼儿做了什么,这样使幼儿以后能够重复这样的行为。例如,你和玲玲一起玩积木,这样非常好。

② 评价幼儿分享行为对别人的影响,肯定幼儿的行为。例如案例中,当小于吃自己的月饼,没有和大家分享时,教师可以引导小于观察小朋友分享月饼时的开心表情,让他明白分享对于别人和自己的意义。

● 与家长沟通合作。

在收集观察信息的同时,与幼儿的父母进行沟通,了解不分享的行为是否已经是幼儿的持续行为,还是最近才有的行为。例如案例中的小于是否因为家中有姐姐而感到要时刻保护自己的物品。与幼儿的父母分享你想帮助幼儿让他学会与人分享的想法,同时了解他们是否有什么有效的策略可以帮助幼儿形成良好的行为。你还需要持续和幼儿的父母交流信息,特别是分享帮助幼儿改善行为的成功经验。

● 改善环境,促进幼儿的分享行为。

① 班级中应有足够的物品,以免幼儿因为同类物品过少而争吵。同时检查幼儿是否有同时舒适使用或单独使用的空间。当幼儿不会因为相互干扰而要争夺物品或空间时,与他人分享就变得容易多了。

② 活动环境的特定设计,可以鼓励分享。例如,美工活动时所提供的工具和材料应分装在数个小容器中,而不是一个大容器里,这样幼儿可以公平又快速地各取所需。

③ 当数名幼儿同时用几种物品时,有关分享的问题很可能会发生。这时需要教师细心地参与幼儿的活动,并及时给予指导。

④ 当幼儿园中的某些物品供不应求时,幼儿之间必须分享。当一名幼儿不愿与他人轮流时,教师可以使用一些方法鼓励分享。例如,由幼儿共同决定使用该物品的时间或次数限制,当限定的时间或次数到了,就轮到下一个幼儿玩。同时,教师也可以让幼儿主动参与、平等讨论关于分享的规则,最终制定大家都能接受和理解的规则。

● 创设机会,帮助幼儿学习分享。

① 幼儿需要在情境中多学习与人分享。例如,让平时不太愿意分享的幼儿和教师分享一个座位、一个玩具或某个活动。你可以走近幼儿说:“我可以和你一起玩吗?我想和你分享你的玩具。”如果幼儿同意并参与活动,你应让他知道你十分欣赏他能够与你分享,让他对自己的表现感到高兴和满足。如果他不愿意,则离开这名幼儿,但不要责备他——你要让幼儿知道分享是一种积极体验,而不是被强迫进行的。又如安排食物分享的体验活动,鼓励幼儿在郊游时将自己带的食物分享给小朋友。

② 相互展示和交流体验。将幼儿表现出的分享行为拍下并展示出来,和幼儿讨论。

同时,也可以让幼儿交流和他人分享的趣事,以及分享带给大家的积极愉快的情绪体验。

(侯素雯)

③ 怎样培养幼儿的自尊自信

3.1 怎样培养幼儿的自尊

体验与思考

面对需要被关注、赞赏的幼儿,你是如何让他们充分感受到被尊重、被接纳的?

案例分享

老师,我要抱抱

上海市黄浦区城市花园幼儿园　成敬秀

行为观察

中班是培养幼儿自我服务能力的最佳时机,为此,我们在日常教育实践活动中抓住此契机,以"穿脱、整理衣服"为切入口,逐步培养幼儿自主服务的意识和能力。班级中大部分幼儿都学会了自己穿脱和整理衣服。但是一段时间后,情况发生了变化……

实录一

起床时间到了,孩子们开始自己穿衣裤。不一会儿,大部分孩子都完成了自己穿衣服裤子的任务。为了检查孩子们穿衣服的情况,我说:"请大家把衣服、裤子整理整齐。"听到提醒,孩子们或独自或结伴检查自己的衣服穿得是否整齐。这时雯雯第一个站到了我的面前:"老师,请你帮我看一看。"紧接着月月也来到我的前面:"老师,你也帮我看看,我穿得好不好?"随后,又有几个孩子陆续来到我的面前,请求我的帮助。"老师,你帮我塞一塞衣服。""老师,你帮我翻一翻领子。"……在他们的请求下,我开始检查他们穿衣服的情况并给予了肯定:"你穿得很整齐,很棒!"……听到老师如此表扬自己,孩子们很开心并告诉同伴"老师表扬我了""老师说我穿得很好"。他们还会互相伸出小手击掌以示庆贺。

实录二

户外运动结束了,孩子们开始整理自己的衣服。彤彤在擦干汗水后马上来到我面前说:"老师,你帮我看看,我的裤子束好了吗?"站在一旁的红红也站到我的面前:"老师你帮我拉拉袖子吧。"这时站在一旁的程程伸出小手对红红说:"我来帮你拉。""我不要你拉,我要老师帮我。"不一会儿,我面前就排起了长长的等待检查的队伍。看到孩子们期待的眼神,我就利用短暂的"检查时间"和他们说说话、聊聊天:"玩得开心吗?""刚才为什么不开心啦?"孩子们在和我聊天时会一脸得意地拉起自己的外套,露出已经束好的裤子给我看。而我则会在他们的肚子上挠痒痒,或者在他们的小屁股上拍一拍。"哈哈哈……"孩子发出愉快的笑声。等在一旁的孩子也会一起跟着笑起来,并告诉我:"我也要!"

实录三

离园时间到了,孩子们开始整理衣服,教室里一片忙碌。浩浩拿着衣服边套袖子边朝我快步走来。豆豆也将衣服胡乱地塞入裤子,站到了我的面前。而雯雯则对着帮助她翻领子的小伙伴说:"我要老师帮我翻。"就连已经穿戴整齐的笑笑也加入了等待的行列。孩子们都站到了老师的面前,他们会得到老师的肯定和赞扬,还会得到老师一个离别时的拥抱。在回家的路上,孩子们会把老师的赞扬告诉爸爸妈妈,那是他们每天最快乐的时间。

行为产生的原因分析

对能力强的孩子来说,他们的行为是为了得到老师的肯定。在长长的等待检查的队伍中,我发现了好多日常活动中生活能力很强的孩子。我刚开始有点不解:他们为什么还会需要老师检查呢?通过观察我发现,这些孩子其实是想近距离、面对面地和老师说说话、抱一抱。有的孩子会利用这短短的时间对老师说一声"我喜欢你";有的孩子还能够从老师那里听到一句称赞,而这是对他们的一种肯定。

对能力较弱或胆子较小的孩子来说,他们这样做是为了得到老师的关爱。尽管他们还不会很好地自主整理衣服,不能自主做好一些事情,但他们同样需要得到老师的关注和帮助。在老师帮助他们整理衣服的那一刻,他们可以依偎着老师,摸摸老师的衣服,轻声地和老师说说话。

同样,对那些即使能够得到同伴帮助的孩子来说,他们也更希望得到老师的关爱。在他们看来,衣服的整齐程度和老师的关注程度相比,后者是他们更希望得到的。

通过以上的观察和分析,我逐渐意识到:到了中班,由于老师注重孩子自我服务能力的提高,更多关注的是孩子的自主行为,往往会忽视孩子情感上的需求,从而让孩子觉得和老师亲昵、交流的机会少了。

行为指导的策略与效果

为了让孩子们既能提高自我服务的意识和能力,又能获得情感上对老师的依恋的满足,我采取了多种方法:全程参与孩子们自己穿脱整理衣服的环节,并给予语言上的鼓励、行为上的支持,从而让孩子在能力提高的同时,也能获得心理和情感上的满足。

第一阶段:等一等,聊一聊

针对孩子们希望得到老师关注、肯定的行为,我适当延长了整理衣服的时间,这样不但给他们比较充足的自己整理衣服的时间,同时也让老师有时间行走在孩子中间,给予他们语言、行为上的支持,鼓励每个孩子自己的事情自己做。随后,我会在固定位置耐心等待,等待每个完成自我整理的孩子来到面前,并充分利用这一短暂时间,和孩子说说话,就自己整理衣服一事给予他们一个肯定,如"你很能干""今天的裤子束得真好",也可以是日常生活的交流,如"吃了什么""和谁一起玩",还可以是对孩子情绪的一个了解,如"你开心吗""为什么不开心"……根据不同的孩子提出的不同问题,我会提供不同的交流话题,注重个体的言语沟通,倡导主动应答的互动方式,使孩子们获得心理上的满足。

在孩子们的心理需求获得满足的同时,我发现孩子们整理衣服的水平在下降,他们会胡乱地将衣服塞好,马上来到老师的面前请求帮助,他们还是存有一种对老师的依恋。如何兼顾能力和心理两方面的需求呢?

第二阶段:看一看,抱一抱

我们采取"看一看"的方法,加强对孩子们整理衣服的情况的查看力度,了解他们整理衣服的能力,并提出可改进的建议:"请你扣子扣好再来老师面前。""你的后背露出来了。""请你下次先照一照镜子,看看领子翻好没有。"这个环节是对孩子们自我服务能力提高的一个引导和提醒,同时,它也潜移默化地提示孩子们必须将自己的衣服和裤子整理好之后才能接受老师的肯定或建议。随后,老师给每个自己整理好衣服的孩子一个拥抱,这是对他们最好的鼓励。

经过一段时间,我发现孩子们在自我服务能力提高的同时,也获得了情感上的满足。每次整理衣服时,他们自己会先主动将衣服裤子整理好,然后再来找老师。他们会主动拉起衣服,转个圈对老师说:"今天我自己穿好衣服啦!""老师,我的肚子没有露出来!"他们也会利用这一时间,和老师抱一抱或告诉老师一些自己的小事情。

案例分析

幼儿自尊的发展在很大程度上取决于在其生活中起重大作用的成人对他们的态度。如果成人能够采取接受的、关注的、肯定的态度,那么幼儿就会形成高水平的自尊;反之,如果成人采取了忽略的、贬低的、拒绝的态度,那么幼儿就会形成低水平的自尊。为此,在日常生活中,成人要时常鼓励幼儿,让他们感觉到自己是有能力的,并且能应对来自环境的各项要求。因为和成人一样,幼儿总是期望能胜任某项任务,期望获得成功、表扬和赞赏。在案例中,该教师针对中班幼儿的发展特点和需求,以"穿脱、整理衣服"入手,给予幼儿自我服务、自我整理的机会,鼓励幼儿自己的事情自己做,从而让幼儿意识到自己是有能力的。

同时,是否被同伴接纳、是否得到了教师应有的关注,将会影响幼儿产生满意感的程度和对自己是否有价值的判断。那些相信自己是能干的、受欢迎的幼儿通常会让自己的行为符合成人的期待,由此发展出积极的、高水平的自尊;反之,那些认为自己是无能力的、讨厌的和不被人关注的幼儿则会让自己的行为不符合成人的期待且不愿获得关注,由此他们自尊水平就会显得十分低下。

从案例中可以看到,尽管大多数幼儿都能够自己穿脱衣服,但他们仍找各种机会和理由来接近教师,以得到教师的关注。对此,教师一开始有点不理解。然而,教师并没有视而不见,而是分析了幼儿的行为及其寻求关注的原因,如:有些幼儿在特定时刻需要得到教师的关爱,有些幼儿希望得到教师的理解和接纳。了解了这些原因后,教师再给予支持和鼓励,从而让幼儿真正感受到被理解、被尊重和被接纳。如此一来,幼儿的自尊得到了增强,情感上也获得了满足,自我服务的意识和能力也越来越强。

行为解析与指导提示

自尊及其作用

　　自尊是自我评价中的一部分,是个体对自我形象各个方面的情感评价及对自身价值的主观判断,包括对自己的外貌、性别、在家庭中的地位和个人能力的感受。幼儿需要通过与周围人的交往,通过对自己及自己能做什么的判断来获得这种自我价值的感受,来感受到自己是重要的、成功的和有价值的。一个高自尊的人,承认自身的能力和价值,对自己充满信心,相信别人对自己的友好和信任;而一个低自尊的人,则常把焦点放在失败上,认为世界到处是危险、威胁和令人沮丧的黑暗。可见,作为自我意识的重要组成部分,自尊将影响一个人的个性和社会性的健全发展,甚至影响到心理健康的水平。

　　自尊的形成是一个持续的过程,随着幼儿的成长,自尊一旦形成便不容易改变,这是因为幼儿在与他人和环境的互动过程中,能感受到人们是怎样对待他的,感受到自己经历的成功或失败,而这些信息都会对他产生影响,使他不断强化对自己的已有看法。《指南》指出,要注重幼儿自尊、自信心的培养,要关注幼儿的感受,要以平等的态度对待幼儿,要让幼儿看到自己的优点和长处,切实感受到自己被关注、被接纳和被尊重。为此,教师要关注幼儿在日常活动中的表现,鼓励幼儿坚持自己的事情自己做,且无论他们做得如何都要予以支持和鼓励,这将有助于保护并增强他们的自尊心,提高他们独立做事的自信心。

观察幼儿自尊的具体表现

- 不惧怕陌生环境;
- 独立,不需要很多帮助;
- 喜欢体育运动和合作;
- 易交朋友,相信他人甚至是刚认识的人;
- 大部分时间比较快乐;
- 能自由交谈;
- 用新的材料进行实验;
- 具有创新性、想象力和独立的思想;
- 参与教师组织的各项活动;
- 合作并能够自我控制。

培养幼儿自尊的指导策略

- 尊重幼儿。

　　尊重幼儿是培养幼儿自尊的前提,因为只有感受到了来自别人的尊重,幼儿才会去尊重别人,自尊心才会不断增强。为此,成人要将"尊重幼儿"表现在行动中,当幼儿犯错误时要注意批评的方式、时间、地点及幼儿的可接受性,要让幼儿感受到成人是在帮助他们,保护他们的自尊心不受伤害。尤其是对于自尊心很强或容易产生抵触情绪的幼儿，如果公开指出他们的缺点，会伤害他的自尊心，即使成人的出发点是好的，结果也往往适得其反。

- 信任幼儿。

对幼儿来说，如果他们相信自己的能力，将会产生良好的自我感受，形成一个良好的情感氛围。为此，我们要信任幼儿，让他们相信自己可以学会某项本领或者完成某项任务，从而不断提高他们"我能"的水平，进而帮助其建立起与发展水平相联系的"我能"的概念。当幼儿出现"不能"的情况时，要注意引导，教给他们一些获得成功的策略，让他们意识到"我不能"这句话的真正意思可能是"我不知道如何去做"。

- 肯定幼儿。

幼儿健康、自尊的形成需要成人不断的肯定。一方面我们要做到对幼儿的表扬和赞美必须是真诚的、具体的、有事实支持的；另一方面要让幼儿以切实的方式认识到自己的成就，并且让他们学会自我肯定，即让他们自己认识到自己做得的确很好，防止幼儿过分依赖同伴或成人的外部的赞成意见和肯定。

- 接纳幼儿。

每个幼儿都是独立的个体，都有自己的发展优势和弱势，为此，我们要承认每个幼儿之间的差异，要接纳认同他们的个人品质和习惯，要意识到幼儿在各领域发展之间的不平衡。同时，要允许幼儿在做事的过程中犯错，并且表达出成人的态度，即犯错是可以的，让幼儿知道犯错误也是学习的一部分，成人也会犯错。再在此基础上和幼儿一起讨论如何进行新的调整，从而让幼儿意识到错误也是一个学习的机会。

（马玉彩）

3.2 怎样培养幼儿的自信

体验与思考

面对不自信的幼儿你是如何做的？回顾你帮助幼儿克服困难、树立自信的经验。

案例分享

"代理班长"引发的故事

上海市黄浦区蓬莱路幼儿园 邬健瑾

竞选班长对大班幼儿来说是一件新鲜事。为了让幼儿提前了解小学生活，从大班开始我们每周开展一次竞选班长的活动，每次让幼儿通过竞选演讲和选举，选出正副班长各一名，任期一周，不再重复。已经担任过班长的还可以由现任班长选聘为班导，以保持幼儿参与活动的积极性。

每次竞选的结果有人成功也有人失败，有些幼儿虽经历了一次次的失败，但他们初衷不改,继续努力着……也有些幼儿在遭遇几次挫折后失去了信心,放弃了。我认为如何帮助这些竞选"失败"的幼儿重拾自信、勇敢面对挫折,进而体验成功,是需要特别关注的。

班上有个叫清清的小女孩,她文静乖巧、比较腼腆,说话的声音也轻。第一次班长竞选活动时,尽管她勇敢地站到了小朋友面前,表达了自己想做班长的愿望,但是由于她的腼腆和不够自信,那次竞选她失败了。在接下来的几轮竞选活动中她还是没有成功。我发现在往后的几轮竞选活动中再也找不到她的身影了。

过了一段时间,全班大多数幼儿都担任过班长了,可清清仍然没有再参加竞选。我陷入了思考:我该怎样才能让清清再次站在这竞选的舞台上呢? 于是我在日常活动中不断寻找机会。

机会终于来了,那是在几天后的一次点名活动中,我发现本周担任班长的小朋友没有来,于是我问:"谁愿意做代理班长?"霎时,幼儿都争先恐后地举起了手。我环视四周,努力寻找着清清的小手。终于,我在一双双举得高高的小手后面,发现了一双犹豫不决的小手,那就是清清的。我连忙抓住这次难得的机会,向清清投去鼓励的眼神,微笑着向她点了点头,示意她将手举得高一点,然后我故意说:"清清也想做班长吧。"听到我这么说,清清使劲点了点头,并在我的示意下,离开座位,走到了前面。于是我宣布请清清暂时来做今天的代理班长,负责班里的一些工作。吃点心时,她忙着分饼干、放杯子;午餐时,她认真地分筷子……整个过程她都很开心、积极,主动做好每件事情,还时不时地提醒其他幼儿一些要注意的地方。放学前,我在全体幼儿面前表扬了她,大家也为她鼓起了掌。面对老师的肯定和大家的赞赏,清清露出了羞怯的笑容。

第二天自由活动时,我和清清聊了起来:"清清,竞选班长时你为什么不上台演讲呀?""我肯定选不上的。"清清低着头回答道。"谁说选不上,昨天你当代理班长不是很棒吗? 只要你对自己有信心,老师相信你一定会成功的。"

又一轮的竞选活动开始了,这次清清居然把手举得高高的,而且在大家面前大声地演讲着:"我是个狮子座的小女孩,虽然我的说话声音有点轻,但我很愿意帮助大家,相信我能成为一个优秀的班长……"话音刚落,班里响起了一片掌声,这次她终于成功了。

从那以后,我发现清清的积极性提高了,参加各类活动更加主动了,平时经常晚到的她不再迟到了,上课回答问题的声音也响亮了,还当上了班导呢。

案 例 分 析

对幼儿来说,其自信心是建立在对自己能力认识的基础上的,同时,来自他人的积极评价有助于其自信心的提高。出于这样一种考虑,案例中的教师组织开展了"竞选班长"的活动。透过观察记录可以看到,幼儿对活动很感兴趣,积极参与竞选,并且期待自己能够成功。大多数幼儿都能在经历过一次次失败后,仍坚持自己的初衷,最终通过不懈努力,竞选成为班长。但也有一些胆小、腼腆的幼儿在几次落选后就失去了信心、觉得自己不行，干脆放弃了竞选，就如案例中的清清。面对这样一种情况，教师思考的是：如何帮助这些竞选"失败"的幼儿树立自信、勇敢面对挫折，进而再次参加竞选，体验竞选成功的快乐。

为了帮助清清重新建立自信心，教师首先分析了清清竞选失败和不愿再参加竞选的原因，如比较腼腆、缺乏自信、害怕失败。然后，教师开始寻找机会，希望能够重新激发清清竞选班长的兴趣和信心。最终，教师发现了一个代理班长的机会，给犹豫不决的清清以鼓励支持，向她传递了"你能行"的信息，并在清清圆满完成代理班长的任务后及时予以表扬，让她感受到大家的肯定和赞赏。正是有了这个机会，清清意识到原来自己也很能干，也有机会当班长，于是她下定决心好好准备，最终竞选成功，成为了一名真正的班长。自此，清清的自信心得到了很大程度的提高，也乐意积极主动参与各项活动了。由此可见，幼儿自信心的提高有助于其独立性的发展，而当他们能够独立做事的时候，其自信心又会得到进一步的增强。

行为解析与指导提示

自信对幼儿成长发展的重要性

自信对一个人的成长发展乃至成功具有至关重要的作用。自信的幼儿能勇敢地面对生活中出现的挫折和困难，相信自己的力量，并能够采取积极的态度和方法来解决问题、克服困难、体验成功。因此，自信的幼儿往往给人能干、开朗的感觉，也会得到大家更多的赞赏。

观察幼儿自信心强的具体表现

幼儿的自信心表现在日常生活的各个方面，我们可以通过观察幼儿在各种活动中的行为表现来判断其自信心的发展状况。其中，自信心强的幼儿一般有以下表现：

* 自由活动时，喜欢选择有一定难度的活动；
* 喜欢带头做事情；
* 有愉快的心情和良好的情绪；
* 做事情时不轻易请人帮助；
* 学习新知识和技能时充满兴趣；
* 喜欢帮助别人解决问题；
* 讨论问题时积极发言，并有自己的见解；
* 有自我表现的欲望。

幼儿缺乏自信的原因

面对幼儿缺乏自信的表现，我们首先要观察幼儿在困难、挫折面前的表现，然后分析

其行为背后的原因,是缺少成功的体验还是自身能力不足等,具体如下:

- 缺少成功的体验。对幼儿来说,独立自主地做好某件事情,并得到及时的肯定和赞赏,对其自信心的增长很有帮助,因为在这个过程中幼儿体验到了成功。可在日常活动中,我们会经常发现一些胆小、不够积极主动的幼儿,他们参与活动的积极性本就不高,在经历了小小的挫折后便立刻放弃。正如案例中的清清,在经历了几次失败后,便放弃了竞选班长。随后教师意识到了清清的表现并给予了及时的引导、鼓励,帮助其体验到了"成功竞选、为他人服务"的良好感觉,进而让清清重拾自信。

- 自身能力不足。对身处集体中的幼儿来说,由于先天或后天的原因,一些能力相对较弱的幼儿在能力较强的幼儿面前往往感到自愧不如,会产生挫折感,对大班幼儿来说这点更为明显。这些幼儿倘若不能得到及时的关注和引导,往往会产生自卑心理,自信心不断下降,参与活动的积极主动性也不断降低,从而使得他们与别人的差距越来越大。

- 成人的偏见。每个人都有自己的强项和弱项,对幼儿来说同样如此。有些幼儿在大胆表达方面不错,可在动手操作、运动方面有些欠缺;有些幼儿参与活动的积极主动性很高,但坐不住、喜欢惹出一些小麻烦……面对幼儿不同的表现,成人会有不同的评判标准。倘若不能全面看待幼儿各方面的表现,对幼儿的行为给予有针对性的肯定和表扬,帮助幼儿意识到自己的优点和缺点,而是拿幼儿某方面的短处和其他幼儿的长处比,则幼儿的自信心会备受打击。长此以往,可能会导致幼儿觉得"自己确实不如别人"。

- 完美主义的要求。现在大多数家长在给了幼儿优越的物质条件、无微不至的关怀的同时,也对他们提出了完美、近乎苛刻的要求。尤其是崇尚完美主义的家庭,父母希望幼儿做到尽善尽美,无法容忍幼儿出现差错,否则便会批评、指责幼儿。几次下来,幼儿的自信心大大降低,在做事情时畏首畏尾,唯恐自己做得不好招来批评,以至于潜意识地认为:"我不行,我做不好,他们又要批评我了……"

提高幼儿自信心的指导策略

- 提供锻炼机会,让幼儿获得成功体验。很多幼儿习惯了成人的包办,缺乏的是独立做事、锻炼自己的机会。因此,当经历了一些小小的挫折或失败后,他们可能就会退缩,觉得自己做不好。面对幼儿的这种表现,教师一方面要引导他们坚持自己的事情自己做,培养他们独立自主的能力,另一方面要创设情景,让他们在战胜困难的过程中体验成功,让他们意识到自己能做很多事情,从而增强其挑战自我、战胜困难的决心和信心。

- 对幼儿好的行为给予及时的、有针对性的肯定和赞赏,如鼓励的眼神、赞赏的话语,甚至微笑、点头都可以让幼儿感受到莫大的鼓舞,使其意识到自己有能力做好事情,从而提高他们战胜困难和挫折的信心。经过这样的鼓励,幼儿不但自主做事的积极性、主动性会大大提高,而且自信心大增,对自己会有越来越多的正向评价。

- 注重幼儿自理能力的培养。幼儿自己动手做事情不仅可以锻炼手眼协调、小肌肉、平衡等各方面的能力,而且还有助于增强自信心。

(马玉彩)

4　怎样引导幼儿尊重他人

体验与思考

　　面对幼儿"自以为是"的行为,你是如何进行引导和教育的? 回顾引导幼儿关心尊重别人的有效经验和做法。

案例分享

选举班干部后

上海市黄浦区复兴中路第二幼儿园　丁吉

　　进入大班下学期,模拟小学生活的活动开始出现,选举班干部也是模拟的内容之一。每当这个时候,幼儿便会运用老师推荐的民主选举的方法各自推选心目中优秀的同伴成为小领袖。可以说,每个被推选的幼儿都是拥有众多粉丝的。这期模拟选出的班干部,基本上也都是平时本领学得特棒,并能跟同伴友好相处的幼儿。

行为观察

　　阳阳是模拟选出的班干部之一,负责的领域是班级里的文娱活动。她是一个平时表现比较优秀的幼儿,可是我发现当选后的阳阳开始有变化了。她经常迟到早退,有时和同伴说话的语气和以前也不一样,几乎是命令式地指挥同伴做这做那:"露露,去,帮我把小椅子搬过来。""乐乐,过来,这里有小纸片,捡起来。"看到阳阳变成这个样子,好多幼儿都开始远离她了。那时正值排练毕业典礼节目,好几个节目里都有她,可是她心不在焉,有时明明自己跳错了动作还怪其他幼儿没提醒她。如此一来,幼儿不但对她的好感少了,而且来告状的也多了:"老师你看,阳阳看见垃圾没捡起来,还让我们捡。""老师,阳阳又跳错了,还怪我们!"于是在第二次班干部改选的时候,阳阳落选了。

　　落选后的阳阳在班中有点尴尬,因为她不再佩戴那枚由老师亲手制作的闪闪发亮的徽章了。那几天她的情绪很低落,做什么事情都低着头,玩游戏的时候也不再那么起劲了,就连排练节目也没有了力度,回家后还哭了。妈妈看到阳阳如此伤心,愤然在网上发了一个帖子:"今天晚上回家后女儿伤心地哭了,原因是女儿曾经当选的文娱委员在这次改选活动中被'剥夺'了。我想问的是这次的改选活动有意义吗? 难道一定要打破这离园前的宁静吗?"这明显是一种质问,我想我必须和她妈妈进行沟通交流。好在阳阳妈妈也是一位通情达理的家长,因为护犊心切才会有这样的举动,在我将孩子选举前后的表现、教育公平性的理念与她进行沟通后,妈妈释然了,并表示愿意积极配合老师帮助阳阳改变现状。

行为指导的策略与效果

　　自上次与阳阳妈妈沟通交流后,阳阳逐渐发生了变化:不再拖拖拉拉和无故缺席。

在妈妈的配合下坚持天天来园彩排节目，而且还跟上了班级排练的进度。她不但自己在排练的时候非常认真，还帮助记不住动作的同伴，自由活动时也愿意和同伴分享玩具。渐渐地，来"告阳阳状"的声音少了，表扬、赞美的声音多了："阳阳今天借给我橡皮了，看我的小本子多干净。""看，阳阳今天提醒我舞蹈动作了，要不然我又要跳错了。""阳阳把她的娃娃借给我玩了。"虽然现在还未开始新一轮的选举活动，但是从幼儿的眼睛里，我已经看到了他们对阳阳的再次肯定。

案 例 分 析

对即将进入小学的大班幼儿来说，他们不但各方面的能力都有很大的进步，而且心理也在悄然发生着变化，既体现在待人接物方面的表现上，也体现在对周围人、事、物的观察和判断上。通过案例中阳阳的故事我们不难发现，一方面幼儿观察、选择、判断的能力在不断增强，都有自己的批判标准，另一方面，当选后的阳阳"自以为是"，非但没有认真履行自己的职责，反而辜负了同伴对她的信任，不尊重别人，让同伴非常反感，结果在改选时她毫无疑问地落选了。

面对阳阳落选后的情绪、行为表现以及家长的抱怨甚至质问，教师及时与阳阳妈妈进行了耐心、细致的沟通交流，让其意识到阳阳从当选到落选的整个过程，其实与阳阳自身的表现、变化是分不开的，其中最重要的一点就是阳阳不能以身作则、不能以友好的态度与同伴相处。对此，教师在分享感悟时提到，要关注幼儿心理的微妙变化，一方面要注意幼儿心理的敏感性，及时关注他们情绪的变化，另一方面要帮助幼儿预防自尊心膨大或萎缩，引导幼儿尊重、关心同伴，尊重别人的劳动成果以及对自己的信任，让幼儿意识到每个人都有自己的兴趣和特长，彼此间要相互学习，而不是骄傲自大、目中无人。

行为解析与指导提示

引导幼儿尊重别人的重要性

如今，一些幼儿以自我为中心，不懂得如何去尊重别人，自己想说什么话就说什么话，想做什么事就做什么事，很少甚至丝毫不会去考虑、顾及他人的感受。因此，教育幼儿尊重他人就显得尤为重要。

培养幼儿接纳、尊重、关心他人的态度，有助于培养幼儿健全良好的人格，提高其待人接物的意识与能力。因为只有学会尊重别人，才能更好地处理好人与人之间的关系，别人才有可能给自己建设性的意见或建议。

如何引导幼儿学会尊重别人

* 成人要以身作则、身体力行,以尊重、关心的态度对待幼儿和周围的人。看到别人有困难时要主动给予关心帮助,为幼儿做好示范、榜样作用,让他们在潜移默化中学会尊重、关爱别人。

* 引导幼儿在态度上尊重别人。比如要耐心倾听别人讲话,而不是随意插嘴或做出一些不礼貌的举动;尊重他人的意愿和想法,凡事不要强迫别人,尤其是当别人的想法跟自己的想法发生冲突的时候,不要强行将自己的想法强加到别人的身上,要学会尊重别人的意愿。

* 结合实际情境,利用生活机会和角色游戏,帮助幼儿了解不同的行业和相关的要求,引导幼儿尊重不同行业人员的劳动及其成果。

* 引导幼儿意识到每个人都有自己的优势和特长、兴趣和爱好,要以平等、接纳、尊重的态度对待同伴,并且要相互学习。

* 以特殊的节日为契机,开展感恩教育活动,让幼儿进一步体会家人对自己的关心和照顾,进一步萌发他们尊重别人的意识和情感,引导幼儿尊重和关爱他人。

* 对教师来说,要充分尊重每一个幼儿,要意识到尊重他人的教育只有在一种互相尊重的气氛中才能得以实现。如果没有教师对学生人格自尊的充分尊重,学生自尊的层次就不会提高,尊重他人的意识就不会得到强化。为此,教师要做到以下几点:

第一,蹲下来和幼儿说话。教师要以关怀、尊重、接纳的态度与每一个幼儿交往,关心和热爱每一个幼儿;倾听他们的想法和感受,敏锐地察觉他们的问题、困难与需要,并及时给予适宜的支持和引导。

第二,尊重幼儿的兴趣、需求。教师要站在幼儿的角度去理解、尊重他们的不同需求,甚至是与常规要求不一致的特殊需求,只要对幼儿发展有好处就应设法去满足。

第三,承认差异、尊重差异。就成人而言,差异构成多彩的、多样的、互动的人群,使每个人具有独特的价值。就幼儿而言,年龄越小,差异越大。当幼儿在各自不同的家庭背景中经历了人生最初的三年,带着初具倾向性的人格特征来到幼儿园时,教师所面对的是一个个活生生的、具有明显差异的个体。作为教师,要承认这种差异,更重要的是要做到认识和尊重这种差异。

(马玉彩)

拓展资源

* 贝齐·埃文斯著,洪秀敏译:《你不能参加我的生日聚会:学前儿童的冲突解决》,教育科学出版社 2012 年版。

该书运用大量案例帮助幼儿教育工作者和家长具体理解调解冲突的基本步骤。同时,该书在对学前教育和冲突调节等领域的诸多方法进行整合的基础上形成了"问题解决六步法",并对这一方法进行了较为详细的解释。

第 **2** 单元

怎样培养幼儿的社会适应能力

单元导读

　　社会适应是幼儿与环境建立起和谐关系的过程。社会适应能力是一种综合能力,包括对社会情境的判断力,对自己在群体、人际关系中的角色的认识能力,对群体规则的理解和接受能力,对自己行为的调控能力,以及融入新的人际关系时所需的交往能力等。社会适应能力是幼儿生存与发展的基本能力。在社会适应的过程中形成的归属感是幼儿的精神需要。幼儿的归属感一般来自他们对群体生活的直接感受和体验。通过本单元的学习,你将:

- 了解怎样使幼儿喜欢并适应集体生活;
- 了解怎样帮助幼儿做好入小学的准备;
- 了解怎样培养幼儿诚实守信的品质;
- 了解怎样培养幼儿的责任心。

1 **怎样使幼儿喜欢并适应集体生活**

体验与思考

　　面对幼儿不能适应集体生活的情况,你是如何进行引导的?

案例分享

“怀抱”圆圆

上海市黄浦区早期教育第二指导中心　蔡建蕾

行为观察

情景一

　　圆圆两岁了。初见她时,她趴在爸爸的肩上,双手紧握着拳头,我试图用玩具、笑脸娃娃吸引她,可她把头转向别处根本不理睬我。她爸爸试图把她放在小木马上,她立刻哇哇大哭。不管我用什么玩具吸引她,她只要一离开爸爸的怀抱就哭。我和她爸爸交流后得知:圆圆在家很少外出,即使出去也不跟同伴玩耍,而是躲在家长的怀里。

情景二

圆圆第二次来参加活动时,还是趴在爸爸的身上不愿参与。于是,我让爸爸来到海洋球池边上,抱着圆圆一起看海洋球池里的小朋友玩耍。当圆圆表情放松时,我示意她爸爸抱着圆圆走进海洋球池中。这次圆圆比较安静,背靠着爸爸的胸,小手抓着海洋球。当我拿着两个海洋球抛接时,她双眼紧盯着,接着就开始模仿。可当她爸爸起身站立时,她又开始哭了,双手紧抓住爸爸不放。于是,她爸爸又把她抱在了怀里。

看到圆圆的表现,我开始在她面前用力地拍打大龙球,她瞪大双眼看着。"圆圆来拍一拍。"在我的示意下,她爸爸蹲在她身后,握着她的手拍打起来,圆圆露出了笑容。

情景三

再次看到圆圆来参加活动,我发现她已经不那么紧张了。我说:"圆圆!我们来拍球。"爸爸非常配合地把圆圆放在大龙球前,圆圆则高兴地自己拍打起球来,还和我一起拍球、滚球。

趁着圆圆高兴之际,我示意爸爸把圆圆靠边放在海洋球池中,和同伴坐在一起。圆圆坐进去之后,情绪仍然很好,还模仿老师的各种动作。

行为产生的原因分析

- 孩子的原因。圆圆是个依赖感较强的孩子,对外面陌生的环境容易产生焦虑,如紧握拳头、趴在爸爸的怀里等行为都是圆圆缺乏安全感的表现。圆圆试图通过家长的怀抱,感受自己的存在与心理的安全。

- 家长的原因。家长与孩子都需要彼此的怀抱。怀抱是爱和亲子情感的直接表达,可家长过于享受怀抱孩子的温馨感觉,没有适时地将她的注意力转移到外部事物上,而孩子也喜欢这种温馨感觉,从而导致她习惯性地寻求家长的怀抱。

- 环境的原因。来到陌生环境中,圆圆坐在小木马上,放眼望去,看到的是不认识的人,这会影响到她的情绪。

行为指导的策略与效果

孩子的行为是心理投射的表现,教师和家长要了解孩子,用合理的方法引导孩子的发展,给他们以支持和力量。我主要从以下几个方面进行了尝试。

- 熟悉环境和同伴。圆圆是一个"怀抱宝宝",缺少与同伴的交往,而家长对其又特别保护。针对这一情况我建议:一方面,爸爸抱着圆圆先观看同伴的游戏,让她放松紧张的心情,感受同伴游戏的快乐。另一方面,提醒家长要经常带圆圆到小区走走,遇到熟人热情、主动地打招呼,给孩子做示范,或握住她的手引导她与他人打招呼。

- 家长带着孩子一起玩。情绪是可以传染的,因此当圆圆感受到其他小朋友快乐游戏的情绪时,即使在爸爸的怀里玩耍,她也能感到安全和快乐。对此我建议:爸爸抱着圆圆坐在海洋球池中,让圆圆敲敲球、抛抛球,并尝试以不同的方式激发她走近同伴。回家后,家长可把客人邀请到家里,也可带着圆圆去串门做客,让她接触更多的人。

- 寻找兴趣点，转移孩子的注意。当我发现圆圆对大龙球感兴趣时，我就与她一起玩，一来可以转移她的注意，二来可以拉近我和她之间的距离。同时我建议孩子的爸爸要善于在适当的时候放手。如当圆圆情绪愉快时，让她独自坐在海洋球池中，但爸爸要站在其身旁，使她在充满安全感的状态下适应环境。

三个星期后圆圆已经乐意与同伴一起参与游戏活动了。

案 例 分 析

针对圆圆的表现，教师并没有急于让她在很短的时间内就适应新的集体，而是通过观察，与家长交流分析了圆圆不愿离开爸爸怀抱参加集体游戏的原因，并从孩子、家长和环境三个方面进行了分析，然后采取了切实可行的策略，引导圆圆循序渐进、一步步地参与集体活动。

除此之外，为了提高圆圆的集体适应能力，教师还给家长提供了一些具体可行的建议，如：经常带孩子参加一些群体性的活动，让幼儿体会参加集体活动的乐趣；多放手，给孩子提供与同伴互动交流、一起玩耍的机会，从而进一步丰富其群体生活的经验。实践证明，这些举措对圆圆尽快适应集体生活有着重要的促进作用。

行为解析与指导提示

适应能力在个体成长中的普遍性

适应是我们在每个成长阶段都会遇到的问题，从一开始的入托入园适应到成年后的工作适应等，在每个阶段，我们都会面临不同的困惑和问题。就幼儿来说，入园适应可谓是他们的"第二次断奶"，因为无论是从心理上还是从活动的环境、接触的人及事物而言，这都是一个全新的开始。相关研究表明，婴幼儿在入托入园初期，存在着各种各样的适应问题，并且不同的幼儿会有不同的表现。有的幼儿基本上不存在适应的问题，能很快融入新的集体生活，有的幼儿则存在一些问题，需要一段时间乃至更长的时间来适应新的集体。

观察幼儿入园适应困难的具体表现

- 经常哭闹：在早上进入幼儿园、与原带养人分离时出现不同程度的哭闹行为。
- 拒绝活动：当家人离开后不愿意进行自由活动，不参加教师组织的集体教学或游戏活动。

- 情绪不稳定：出现时而开心、时而悲伤、时而愤怒、时而平静的情况。
- 难以午休：抗拒午睡，容易惊醒，午睡时间短。
- 进食困难：中午吃得不好；在幼儿园吃不饱，回到家肚子饿；把喂进嘴里的饭菜都吐出来；自己不肯吃饭，全部要教师喂。
- 依恋教师：特别依恋某位教师，要牵教师的手、衣角、裤子等，教师走到哪里跟到哪里；要求坐在教师旁边，要教师喂饭或陪着午睡等。
- 排泄异常：老是尿在裤子上；要大小便不敢讲；不停地说自己要小便，真到厕所了又尿不出。
- 攻击同伴：经常打人，抢别人的玩具。
- 沮丧少话：情绪低落，不愿与他人交流。
- 生病增多：身体抵抗力下降，生病次数比以前多。

除了在园适应障碍的表现之外，入园适应困难的幼儿在家中的表现也有变化。具体包括拒绝来园、反感提及幼儿园、食宿变化、情绪波动等。

幼儿入园适应困难的原因分析

- 生态学分析。

① 生态环境与入园适应。首先是日常生活环境的变化，从家庭到幼儿园虽然只是生活环境的改变，但对两三岁的幼儿来说却是巨大的变化，其内心感受也是完全不同的。种种不习惯和前所未有的生活体验，必然会让幼儿产生不适应的感觉。

② 生态平衡与入园适应。大多数幼儿在家庭生活中已形成了相对稳定的活动范围和活动方式，在家庭生活及亲子关系中形成了自己特定的地位。幼儿入园时，原有的生态平衡被打破，新的生态平衡还没有建立起来。面对新的生态环境，幼儿不知所措，不知如何与同伴交往，更不理解教师的社会角色以及自己与教师的关系。因此，幼儿入园后的不适应是很自然的。

- 社会学分析。

① 从家庭生活到群体生活。幼儿在家中往往是自我中心的，缺乏群体生活的经验和概念，对群体生活感到陌生，这是幼儿入园后产生不适应的重要原因。

② 人际对象和关系的变化。入园后，幼儿的交往对象变得不固定，并且相互之间的关系无法像在家庭中与家人的关系那样密切。因此他们需要一段时间的适应，才能与教师、同伴产生情感、建立信任。

③ 对环境的敏感。到一个新的环境，如果幼儿的注意力能够被环境所吸引，那么他就容易适应这个环境。反之，他们会选择拒绝并试图逃避。因此，许多幼儿入园时表现出的不适应与他们对环境变化的敏感性有关，而在群体生活中难免会出现个别幼儿被忽视的现象，被忽视的幼儿如果对环境比较敏感，就必然会加剧入园的不适应。

- 心理学分析。

① 分离焦虑。是指幼儿与家人分离形成的烦躁、忧伤、紧张、恐慌、不安等情绪，这是幼儿入园适应的最大障碍。相关研究表明：幼儿对家人的依恋程度越高，就越容易因分离而产生的焦虑情绪。

② 安全感的丧失与恐惧。幼儿与家人在一起是安全的、自信的、可以得到满足的。离开家人后一些幼儿会感到不安,变得情绪不稳定、茫然不知所措。多数幼儿会抗拒或哭泣,不主动与人交往、不玩耍、表情淡漠。

提高幼儿入园适应能力的策略

● 教师的指导策略。

① 幼儿入园前的家访很重要,教师要掌握好家访的时间和内容。从时间上来说,在开学前十天左右进行家访会比较好,既能让幼儿对教师留有印象,又能让家长有时间来准备幼儿入园所需的物品等。从内容上来说,要告知家长幼儿在入园时可能会哭闹甚至不愿来园,强调这些都是幼儿适应新的集体生活的必经阶段,也是培养幼儿适应能力的机会。

② 教师要观察幼儿在入园时的表现,尽可能做到关注每个幼儿的表现,无论是适应能力强、不哭不闹的幼儿,还是适应能力较差、大哭大闹的幼儿,教师都要给予关爱,使他们对教师产生信任,逐步放松心情参与到活动中。

③ 针对幼儿不适应乃至哭闹的现象,教师要耐心对待,安抚他们的情绪,并及时与家长沟通交流,分析幼儿不适应的原因,寻找策略,如:转移注意力、适时的拥抱、及时的鼓励等,帮助幼儿顺利度过适应期。

● 家长的指导策略。

① 不能心太软。每到入园时,也是新生家长比较担心、焦虑的时刻,尤其是看到幼儿早上来园大哭大闹的情景或者听到幼儿央求"不要去幼儿园"时,一些家长往往会迁就幼儿。这样非但不能帮助幼儿尽快适应新集体,反而会延长幼儿的适应期,得不偿失。因此,家长一定不能心太软,而是要鼓励幼儿,相信幼儿一定能尽快度过适应期。

② 不要黏。早上送幼儿来园时,时常会看到一些家长恋恋不舍,甚至躲在门口看,这对稳定幼儿的情绪非常不利。尤其是若被幼儿看到,往往会再度引发他们想念家人的情感,继而让教师的安抚工作完全失效。因此,家长在送幼儿来园后,要爽快地与幼儿告别。

③ 要多带幼儿出去玩,要敢于放手。家长要经常带幼儿一起参加集体活动,让他们体会集体活动的乐趣,在活动中要敢于放手,鼓励、支持幼儿与不同的同伴一起游戏、玩耍,丰富其集体生活的经验,进而为其适应能力的发展奠定基础。

(马玉彩)

 2 **怎样帮助幼儿做好入小学的准备**

体验与思考

1. 帮助幼儿做好入小学的准备有哪些意义?
2. 你是如何支持幼儿做好入小学的准备的?指导效果如何?

案例分享

从如厕看"幼小衔接"

上海市黄浦区城市花园幼儿园 褚燕

行为观察

情景一：我们不要上蹲厕

一天午睡前，突然有三个孩子要大便。于是，我像平时一样，对孩子们说："自己去吧，看看厕纸有没有？大便好了厕纸扔在垃圾筒里，记得洗手哦。"于是，三个幼儿就一直等候在女生座便器旁。等了许久，其他幼儿都已经出来了，她们三人还没有出来。我进去看了看，只见一个孩子坐在了座便器上，另外两个孩子仍然在等候。而女生座便器有两个，一个是马桶式的，另一个是蹲式的。

这时，我就对她们说道："旁边不是有空的么，为什么不去呢？"两个孩子异口同声说道："我不要。"我又问道："为什么呢？那憋着多难受啊！"其中一个孩子说道，"老师，蹲着很累的，而且我穿的是裙子，会弄脏的。"

情景二：小学里的蹲厕，我们也不要上

在参观小学时，部分孩子想要上厕所，于是我带着他们来到小学的厕所。刚进门，孩子们就大呼："啊？怎么是这样的？"几乎每个女孩子都是在老师的搀扶下上完厕所的。回到幼儿园之后，孩子们讨论起幼儿园和小学不一样的地方时，女孩子就说到了厕所，并且纷纷反映小学里的蹲厕比幼儿园的高，中间的沟也蛮大的，去上厕所时战战兢兢的，生怕一不小心就会掉进去。更有一个胆子小的孩子说："以后我还是回家去上厕所吧。"

第二天早晨，有些家长，特别是女孩子的家长来问："老师，小学里的厕所都是蹲的啊？听说蛮高，中间的沟蛮大的？"我点点头："是呀，小学里都是蹲厕，没有马桶的。"于是，这些家长一脸惆怅："哎哟，那怎么办？我们家囡囡不习惯蹲的，这样以后不上厕所怎么办呀？"我安慰她们说道："我们幼儿园也有蹲的厕所，以后尽量让她们上蹲厕好了。"家长们听了，还是不放心地说："以后上小学要是大便的话不知道怎么办好了。"

行业指导的策略与效果

- 通过活动"不一样的学校"，引导孩子们尝试蹲厕。

在参观小学之后，我们随即开展了学习活动"不一样的学校"，其中就聊到了关于小学厕所和幼儿园厕所的问题。于是我请孩子们来说说两个地方的厕所的不同之处。孩子们首先发觉的是男孩女孩的厕所分开来了，其次就谈到蹲厕的问题。女孩子说："小学里的厕所都是蹲的，没有马桶可以坐。"于是我借此追问："哦，可我们家里、幼儿园里都有马桶的。那你们进入小学之后上厕所会怕吗？"一开始孩子们都大声地说道："不怕。"于是，我又将前几天发生的事情跟孩子们进行沟通："喏，现在都说不怕。可前几天，有几个孩子要大便时，就一直等在马桶旁，不肯上蹲的厕所。"孩子们听了，自己都笑了起来。"那这样吧，从现在开始，不管你们是要大便还是小便，只要看到有空的厕所就去，尽量试试蹲的厕所,好吗？小便大便憋着对身体可不好哦！"

通过这个活动,孩子们逐渐开始使用蹲厕了。对于男孩子来说,他们在使用后发觉原来蹲厕还是很方便的;但对于女孩子来说,当她们穿上美丽的公主裙或者是新皮鞋时,她们就一点都不愿意使用蹲厕,生怕把衣服鞋子弄脏。

● 三位一体,重点关注使用蹲厕的孩子。

我和其他两位老师讲述了家长们关于厕所的担忧,也提出鼓励孩子们使用蹲厕的要求,其他两位老师都很乐意配合。

于是,每天盥洗时,总有一位老师在盥洗室门口,关注使用蹲厕的幼儿。遇到穿裙子的小姑娘时,我们会主动示范如何避免将衣物掉落在地,提高她们使用蹲厕的信心。另外,保育员一旦发现蹲厕附近比较湿滑或脏了,就马上用拖把拖干净,尽量保持蹲厕附近的清洁,让爱干净的女孩子能放心使用。

对想大便的孩子,我们也适时地提供一把小椅子,可以让孩子们用手扶住椅子如厕。这样一来也能提高孩子们使用蹲厕的积极性和自信心,避免孩子因为害怕而不使用蹲厕。

在这些活动之后,基本上孩子们都能选择空的厕所如厕了。

● 建议家长带孩子们外出游玩时可尝试使用蹲厕。

在实施了这一系列的措施之后,我们也和家长进行沟通,将目前孩子们的如厕情况告知家长,消除他们过分的担忧。我们也向家长建议,和孩子们外出游玩时,可让他们在大人的陪同下试着使用较大的蹲厕,这样也有助于孩子们尽快适应小学里的厕所。

案 例 分 析

"培养幼儿对小学生活的好奇和向往"是提高大班幼儿社会适应能力的重要途径之一。在案例中,参观小学后不少幼儿由于生活环境即将发生变化而产生了焦虑的情绪。在接下来的活动中,教师通过与幼儿的谈话,激发了幼儿对小学生活的好奇和向往,引导幼儿理解通过调整自身的态度和提高能力是可以适应新的集体生活环境的。同时,教师在幼儿园一日活动中鼓励幼儿大胆尝试、帮助和引导幼儿积极学习,让幼儿练习一些小技巧,以应对未来的集体生活环境的改变。此外,教师还积极与家长沟通,消除家长的担忧,并请家长在家中配合教师,保护好幼儿对小学生活的好奇和向往,帮助幼儿巩固已习得的技巧,引导幼儿喜欢并适应即将到来的新的集体生活。通过几方面的共同努力,幼儿的焦虑情绪最终得到了有效的化解。

这个案例也让我们了解到幼小衔接的内容不仅包括幼儿学习方面和人际关系方面的适应,也包括生活方面的适应。因此,教师要根据小学生活的特点,设计与实施系列化的幼小衔接活动,并敏锐地捕捉幼儿在活动中产生的入学适应方面的问题,通过多种途径有效地解决这些问题,才能让幼儿全面做好入学的准备。

行为解析与指导提示

　　我国教育部和联合国儿童基金会曾历时 5 年合作进行"幼小衔接研究",对幼儿入学前半年和入学后半年的连续实验研究显示,做好入学前的准备,能够使幼儿入小学后在身体、情感、社会性适应和学习适应等方面都有良好的发展,从而顺利地实现由幼儿园向小学的过渡。

观察幼儿是否已做好各方面的入学准备

- 入学愿望:喜欢学校生活,有入小学的愿望和积极、自信的情感体验;
- 学习兴趣:对周围的事物有好奇心和探索欲望,对学习活动感兴趣;
- 学习习惯:有倾听、专心阅读的习惯,有初步的任务意识等;
- 语言能力:有自主表达的愿望,能大胆、清楚地说清一件事;
- 生活能力:会整理自己的物品,有自我服务和保护的能力,有初步的时间概念;
- 行为习惯:能初步辨别学习习惯与生活习惯的好坏,并有一定的控制能力;
- 交往能力:愿意与同伴、教师和周围的人交往,对人有礼貌,能与他人友好相处。

如何帮助幼儿做好入学准备

- 开发课程。

　　根据幼儿园课程中"我要上小学"的主题,通过平时观察发现本班幼儿的实际问题,积极开发课程资源,丰富主题内涵。一方面,可以带幼儿参观小学,在幼儿园开辟一个专用教室布置成小学教室,定期带幼儿到那里体验小学学习生活等,帮助他们对小学的校园环境、作息时间、教室环境等有个初步的印象,激发他们入小学的愿望。另一方面,加强与小学的互动,形成幼小联系的机制。

- 培养幼儿全面适应小学生活的能力。

　　① 任务意识和责任心的培养。幼儿参与活动往往从兴趣出发,进入小学后,课程科目繁多,仅从兴趣出发调动幼儿的积极性肯定不够,还需要幼儿有一定的任务意识。可以通过让幼儿每天背小书包上幼儿园、完成教师的口头作业等方法,培养幼儿初步的任务意识和责任心。

　　② 习惯培养。培养幼儿的学习习惯,例如:不迟到、早退,认真倾听的习惯,正确的读写姿势等。

　　③ 自我管理能力的培养。不少幼儿在入小学之初,都会发生各种不适应的现象,最多的现象之一是丢三落四。这种现象反映了幼儿自我管理物品的能力薄弱。

- 指导家长共同帮助幼儿做好入小学的准备。

　　① 慎重考虑,解决焦点问题。利用家长会指导家长理智慎重选择兴趣班。教师可以建议家长根据自己孩子的特点扬长补短地选择兴趣班。当家长从孩子的整个人生去考虑时,他们就不会只关注孩子在知识上的衔接,可能会更多地开始考虑其在兴趣、习惯和能

力上的衔接。

② 潜移默化，解决普适问题。教师应积极利用网络媒体、家园小报、家园联系手册等形式，开展丰富、有效的幼小衔接宣传活动，让家长充分了解幼儿的成长规律以及幼儿园和小学教育的不同要求。同时，教师要引导家长合理安排幼儿入学前两个月的暑假生活，使幼儿巩固已经形成的良好行为习惯，真正做到家园共育，切实提高幼小衔接活动的有效性。

③ 善用契机，解决个性化问题。教师要善于利用来园接待、离园接待、网络平台等契机，针对个别幼儿所发生的问题，与家长进行及时的交流，提出专业的分析和建议，以便更加有效地解决个性化问题。例如，对个别情绪特别焦虑的幼儿，教师要主动同家长一起开展具有针对性的教育，从而使每一个幼儿都能顺利地、愉快地度过幼小衔接阶段。

（耿薇）

 怎样培养幼儿诚实守信的品质

体验与思考

当你发现幼儿出现说谎或偷拿东西的行为时，你会怎样指导他们？

案例分享

好孩子的烦心事

上海市黄浦区荷花池第二幼儿园　李艳

行为观察

小迪一直是我们班级里的好孩子：要做游戏了，她是示范人选；要上课了，她是榜样第一人；有时她还能代替我当一回小老师。可是今天却发生了一件烦心事。

午餐后孩子们在操场上交换玩具自由活动，小迪突然说她的玩具在教室里要去拿。当发现她好久没有回来时，我也跟到了教室。踏进门时，正好看到她从堆放杂物的小房间里走出来。我疑惑地问她："玩具拿好了么？ 怎么到小房间去了？"她看到我一愣，神情有些不自然，手也下意识地放进了裙子的口袋。"杨老师让我帮她放东西。"她的神情让我起了疑。

"你的玩具呢？ 今天带了什么？"

"是个小玩具。"她嘴上不情愿地回答我，手放在口袋里迟迟不肯拿出来。

"把玩具拿出来给我看看吧！"在我又一次的询问下，她无奈地掏出了口袋里的东西，是个熊猫的小指偶，一眼看上去很像是我放在小房间里的东西。

"这是你带的玩具？ 真好玩。哪来的？"我想给她个说实话的机会。

"是我妈妈帮我买的。"没想到她居然面不改色、镇定自若地回答了我。我相信了她，因为这个玩具的确很容易买到。

回到操场上，她拿着熊猫指偶融入孩子们中，我则和杨老师交流了小迪在教室里的行为。杨老师说她并没有让小迪回教室放东西，而这时小迪一边玩一边还在偷偷关注我们。我想，那指偶很可能是她从小房间里拿的。

"这么好玩的熊猫是哪来的呀？杨老师也想玩哦。"杨老师说。

"是我妈妈给我买的。"小迪看了看我，肯定地回答了杨老师。

我开始不确定自己的判断了。如果指偶是小迪的，那她为什么那么关注老师？如果指偶不是她的，那她的回答为什么很坚决？在我心目中，小迪是个好孩子，应该不会做这样的事情，我决定放学时向她妈妈求证。

放学时间到了，当我请小迪妈妈进来时，我发现小迪变得很紧张，手紧紧捂着口袋，眼神不停地在我和她妈妈身上打转。这时我可以肯定那个熊猫指偶就是我的了。

行为产生的原因分析

- 自我意识的发展。

① 大班幼儿的自我意识已经有所发展。小迪认识到自己在班级中的位置——老师喜欢我，我是老师的小帮手。也就是说，她能够意识到自己的外部行为和内部活动，并形成对自我的某种看法——我是好榜样。

② 大班幼儿的自我意识发展还包括能够评价和支配自己的认识活动、情感态度和动作行为。小迪两次三番撒谎说是妈妈买的指偶，就是因为她通过自我评价知道自己的这个行为是错误的。

- 教师的偏爱。

① 因为她是好孩子，获得老师的认可，所以她比其他小伙伴多了进入到小房间的特权。

② 因为她是个聪明的好孩子，老师有时对她就有些纵容：一样是上课讲话，老师对其他孩子可能是批评，而对她只是用眼神提示；一样是吃饭慢，老师对其他孩子可能会反复催促，对于她则是轻声提醒……于是她认为这件事情也应该能得到原谅。

行为指导的策略与效果

- 等一等，给予幼儿认错的时间和空间。

小迪是个聪明的好孩子，我相信她能够感受到老师对她的期待。只不过孩子还是需要时间和空间来渡过自己心里的那道关。所以，我暂缓了对她的批评，等她主动来认错。

- 看一看，让幼儿通过文学欣赏感受诚实的魅力。

寻找和诚实相关的文学作品，如《种花的孩子》《列宁的故事》《诚实的咪咪》，将它们投放在图书角中，引导小迪去看看、讲讲、议议。鼓励她向大家讲述故事，说说故事中的主人公为什么会撒谎？当主人公承认错误时，得到的是批评还是肯定？我认为当孩子们从文学作品中认识到说实话没有坏处时，他们会本能地更加乐意做一个诚实的人。渐渐地，我从小迪的眼神中看出了她想要承认错误的想法。

● 聊一聊，充分体现家园共育。

鉴于小迪平时一贯乖乖女的表现，我觉得需要和她妈妈好好聊聊。我没有当场点出小迪做的事情，而是用电话告知了小迪妈妈。和她妈妈的沟通中我了解到：小迪回家和妈妈聊天时会说今天×××做错事情，被老师批评了；×××拿了小朋友的玩具，老师找了好久也没有找到；她也会很自豪地告诉妈妈，今天老师表扬我上课好，奖励我五角星了……而小迪妈妈在和小迪的沟通中也发现了小迪的撒谎行为，因为小迪说指偶是小伙伴送给她的。通过交流，我们一致认为小迪其实是知道自己做错了，可是她平时对自己要求很高，她不想让一直表扬她的老师和妈妈批评、责备她，所以只能撒了谎。

我和她妈妈都认为，需要营造一种宽松的环境，让小迪感受到说真话并不会给她带来灾难，做诚实的人其实更幸福。于是妈妈给她讲了自己小时候犯错的故事，讲了关于诚实的故事，还一起上网寻找好看的、有趣的指偶……在妈妈温和的情感感染下小迪终于说了实话："那个熊猫指偶是从老师的小房间里偷偷拿的，因为我很想拥有它。"

后来，小迪悄悄找到我，鼓起勇气，轻声说："李老师，那个指偶是我拿的，我错了。"看到小迪终于认识到自己的错误，敢于承认了，我会心地笑了。我蹲下身轻轻摸了摸小迪的头，告诉她："做错了事情没关系，敢于承认错误才能做真正的好孩子！老师相信你以后肯定不会再犯同样的错误了。"小迪用力点了点头。

在那以后，我始终和小迪的妈妈保持着联系。小迪依旧是老师喜欢的好孩子，而且是一个诚实的好孩子。

案例分析

案例中，教师心目中的好孩子小迪出现了两个问题行为。首先，想拥有指偶的愿望促使小迪未经教师同意就悄悄拿走了班级中的指偶。其次，为了隐瞒自己偷拿指偶的事实，小迪说是另一名教师让她去储藏室放东西，并一再坚持说指偶是妈妈买的，又对妈妈说指偶是小朋友送给她的。作为大班的孩子，又是班级里的小能人，小迪其实知道偷拿东西是不对的，但是为了保持自己在教师和妈妈心中好孩子的形象，她选择了一再说谎。

案例中的教师对幼儿的观察是敏锐的、细致的。教师敏锐地捕捉到偶然发生在好孩子小迪身上的"烦心事"。从教师与小迪之间的几次对话，以及教师对小迪的神态、动作的生动记录，可以看出教师在事件发生后对小迪的行为进行了细致深入的观察。教师并没有在发现小迪拿指偶时立即草率地指出她在说谎，而是通过询问搭班教师、与家长沟通、继续关注小迪的行为表现等方法进行多方求证，最终综合判断小迪到底有没有说谎。从教师怀疑小迪拿了教室里的指偶后与幼儿进行的几次对话，以及教师后续对幼儿行为发生的原因的分析中，我们都可看出她是非常了解幼儿心理的。

值得肯定的是，教师将对小迪说谎行为的指导目标定为"让小迪感受到说真话并不会给她带来灾难,做诚实的人其实更幸福"。幼儿对道德的遵守需经历一个内化的过程,对于小迪而言,让她感到诚实会让自己感觉很棒,进而从内在需求上主动地承认错误,比让她屈从于成人的权威被动承认错误有更长远的价值。

最后,教师后续对小迪行为的处理方法也有许多可取之处。为了保护小迪想继续做教师、家长心中的好孩子的愿望,教师没有急于指出小迪偷拿物品的错误,而是采取家园合作的方法为小迪自己主动承认错误创造了良好的心理氛围。一方面,教师在阅读区投放了有关诚实守信的图书,引导幼儿在阅读过程中感受到诚实的魅力,激发其主动承认错误的意愿;另一方面,教师积极和家长沟通,促使家长与幼儿共情交流,最终使得幼儿敞开心扉,主动承认错误。

行为解析与指导提示

幼儿说谎行为分析及指导策略

幼儿的说谎行为不是天生的,也不是在某一时期突然出现的,而是在身心发展的过程中渐渐形成的。对于幼儿是否在说谎,教师要认真观察分析幼儿的谈吐表情、话语内容与实际是否相互矛盾。同时要结合当时的背景,如幼儿年龄、一贯表现、能力水平、说话动机等进行认真分析。

幼儿说谎从动机上来看可以分成无意说谎和有意说谎两类,仔细观察幼儿的说谎行为,分析原因,才能更好地指导他们的行为。

- 无意说谎。无意说谎是由幼儿的心理发展特点造成的,主要表现为以下几方面。

① 满足愿望的心理。幼儿有时会把幻想、愿望与现实混在一起。他们为了满足某种心理需要,常常无意识地和不自觉地"说谎"。面对这种"美丽的谎言",教师不能简单责备幼儿,而应给予正确引导。例如,对从没去过迪士尼却滔滔不绝讲自己去迪士尼经历的幼儿说:"老师知道你很想到迪士尼去玩,可现在还没有去过,对吗?"在幼儿意识到并点头承认后,再进行鼓励:"你讲去迪士尼玩的经历讲得很好,今后你一定会有机会去迪士尼玩的。"

② 理解性心理错觉。幼儿常因认识不足和理解错误产生心理错觉,用想象的情节代替记忆里不确切的情节,于是便出现了"说谎"现象。教师应采用适当的方法帮助他们理解有关概念的真正含义。

③ 自信心的萌动。幼儿由于理解问题的简单化和不善于分辨想象与现实,往往不切实际地说"大话",夸"海口"。在注意保护、鼓励幼儿自信心的同时,应给予其积极的引导,让幼儿逐步学会客观地看待自己所想所说与现实的差距,使他们懂得要实现美好的愿望,必须从小好好学习的道理。

- 有意说谎。有时,幼儿为达到某种目的会有意说谎。这类说谎与品行有关,反映了幼儿品德发展中存在的问题。

① 取悦家长、虚夸成绩。幼儿有时想取悦家长而又没有实际成绩,往往会出现有意

说谎的现象。幼儿的这类说谎,属于有意编造事实骗人,是错误性质较为严重的一种,多发生在五岁以上的幼儿身上。这种错误的产生,多与成人的教育不当有关。作为教师,应当注意经常和家长取得联系,交流情况。一旦发现这类说谎现象,必须家园配合,正确把握对幼儿的期望。

② 谎造优越感,满足虚荣心。自我表现是人的一种需要,幼儿对这种需要更为迫切。为了表现自己,引起成人和同伴的注意,使自己显得很了不起,幼儿就会出现这类说谎行为。对此,应给幼儿创造一些自我展示的机会,让幼儿在展示自己的能力时获得满足感。同时,应教给幼儿一些人际交往的技巧,让他们巧妙地表现自己优秀的一面。此外,可通过讲故事等形式让幼儿体会到说谎的不良后果,比如会失去小朋友的信任,让幼儿明白吹牛是一种不好的行为习惯。

③ 开脱责任,逃避惩罚。幼儿的这类说谎,往往由恐惧心理所致。这种恐惧心理往往是由滥施惩罚所导致的。因此,幼儿做错了事或有行为过失时,为了开脱责任,逃避家长、教师的惩罚或打骂,便有意说谎。作为成人,尤其是教师,更应当认识到幼儿说谎的实质都是在恐惧心理的支配下所采取的一种自卫措施,其错误和责任应更多地归咎于成人而不是幼儿。所以,不论是教师还是家长,处理这类错误的要领在于首先反省自己给幼儿心理造成的影响,而不是一味地严厉指责他们。

④ 成人说谎对幼儿的负面影响。有些幼儿说谎,往往与成人的影响有关。特别是家长的说谎行为,常是造成幼儿说谎的直接原因。教师不兑现对幼儿说过的话,也往往被幼儿视为骗人。家长和教师是幼儿心目中的权威人物,如果他们在幼儿面前说了谎,就会使幼儿产生"说谎不为错"的错觉,起码为幼儿的说谎骗人壮了胆。

幼儿偷拿物品行为的分析及指导策略

- 造成幼儿偷拿物品行为的原因。

① 幼儿有时会把误认为是自己的东西拿回家。家长应该把幼儿自己的东西拿出来让他看,让幼儿明白他拿的不是自己的东西而是别人的,然后告诉他不是自己的东西不能要,应向别人道歉并把东西还给别人。

② 幼儿对所有权的了解仍然是不清楚的。有时候,拥有物品的欲望是幼儿把物品拿走的主要原因。应告诉幼儿这样做是不对的,不能随便拿集体和别人的东西,想要别人的东西一定要经别人允许才可以。

③ 幼儿的自我控制力不强,懂得拿别人的东西不对,也不光彩,但看到别人的东西好玩,又控制不住自己。教师和家长要着重培养幼儿的自制力,警惕幼儿的行为发展成为"偷"。

- 减少幼儿偷拿物品行为的方法。

幼儿从家里带物品到幼儿园分享,可能会产生问题。玩具的主人拥有物品的所有权,他可以选择谁可以玩,谁不可以玩。这就使得被拒绝的幼儿可能会很生气,更想要玩该玩具,于是容易发生偷拿物品的行为。为了减少由分享而造成的偷拿,可以采取以下措施:

第一,规定幼儿从家中带物品到幼儿园分享的时间。如一周中的某一天,或一天中的某一个时间段。提供一个场所,在非分享时间,让幼儿安全地存放这些从家中带来的物品。

第二,和幼儿一起制定分享个人物品的规则,如规定每个人至少玩到一次玩具。

第三,如果某个幼儿常常随意拿走幼儿园的物品,那么教师要对教室中的物品进行良好的归整,每一件物品在教室里存放在固定位置,并且清楚可见。这样对幼儿来说,增加了拿走物品的难度。如果幼儿只拿走教室中特定的一个或一类物品,在该物品对教学影响不大的情况下,教师可拿走或者严密看守这些物品,以防止其被幼儿再次拿走。

总之,幼儿的偷拿物品行为,其实也是一种条件反射。幼儿开始偷拿,主要是在外界诱因的驱使下,通过自身的心理活动而形成的。长此以往,条件反射如得不到抑制,则可能受到强化,形成"动力定型"。改变坏的"动力定型",比在一开始塑造好的品德及行为习惯要困难得多。成人应预防幼儿的偷拿行为,但绝不能因偷拿行为而羞辱幼儿。

(侯素雯)

 4 怎样培养幼儿的责任心

体验与思考

回忆培养幼儿责任意识和责任心的经验,思考指导效果如何。

案例分享

"责任之星"诞生记

上海市黄浦区城市花园幼儿园　周英

行为观察

镜头一:角色游戏的小银行里

"老师,老师,银行里没有人,怎么取钱呀?"正在娃娃家里做客的我,听到磊磊的声音后,赶紧来到小银行:"咦?今天谁是小银行的工作人员呀?"磊磊说:"是兜兜,他又走了,现在在理发店里呢!"说着,磊磊就跑到理发店,对兜兜说:"兜兜,你怎么来理发了啊,快回到银行去,我们要取钱的。"兜兜不耐烦地说:"好好好,我马上回去。"兜兜回到了小银行,开始接待顾客、分发银行代币等,游戏又恢复了正常。

镜头二:盥洗室门口

孩子们正在排队跟着老师一起到餐厅吃点心。兜兜排在了第一个,其他孩子依次跟在后面。这时候,佳佳跑到队伍前面对兜兜说:"兜兜,你今天是小蜜蜂呀,你是安全员,要排在最后看大家有没有走在队伍里面,你怎么排到第一个来了呢?"兜兜说:"哼,我已经换牌子了!我不做安全员,现在是检查员,看小朋友睡觉时有没有带小东西的,不用排在最后了!"佳佳说:"你怎么可以这样呀!"然后气呼呼地走了。

镜头三：区域活动整理环节

表示区域活动结束的音乐信号响起来了，兜兜马上拿过小椅子坐了下来，其他孩子都在认真地整理自己的操作材料。我问兜兜："兜兜，你刚才玩的材料收拾好了吗?""哎呀，我忘了。"然后，他心不甘情不愿地去整理材料了。

这些是兜兜在幼儿园活动中的一些小片段，从中可以看出兜兜缺乏责任心。当同伴指出他的问题时，他常会出现争吵、不服气的情况。这样不仅影响班级各项活动的开展秩序，也在一定程度上影响了他与同伴的关系。在游戏分组时，有很多孩子说："我们不要跟兜兜一组吧，他总是随便走开。"

行为产生的原因分析

- 幼儿自身原因。

① 缺乏责任意识，对角色的认识不够充分。兜兜对自己所扮演的角色可以做什么、不可以做什么、应该做什么、不应该做什么，了解得不够透彻。比如在镜头一中，兜兜很随意地就离开自己的岗位去做别的事情，就是他对自己的角色认识不够导致的。他不知道自己所扮演的角色应该做些什么，随便走开会对别人造成什么影响。

② 好强、想争第一的心理。孩子们都特别喜欢做第一名，特别是排队的时候，他们认为和老师手拉手是一件非常光荣的事情。因此，在某些时候，特别是在转换环节、整理环节，孩子们为了争第一可能会马马虎虎地对待正在做的事情。

- 外部原因。

① 家长宠爱，导致幼儿在生活中也缺乏责任心。兜兜是家里的小太阳，爷爷奶奶爸爸妈妈都围着他转。有时候，兜兜忘记把亲子调查表带到幼儿园来，会跟我们说："是奶奶忘记的。"奶奶不但不教育他自己的事情自己做，还帮着他说："对对，是我不好，年纪大了容易忘事情。"长此以往，兜兜就认为不需要为自己的事情负责任。

② 教师对幼儿责任意识的培养比较忽视，没有给予适时的引导。反思教师的教育工作，在责任心的培养力度上相对比较薄弱。虽然我们创设了一定的环境与活动培养幼儿的责任心，但在日常活动中我们发现幼儿出现不负责任、擅自离岗的行为时，没有及时地给予引导，这在一定程度上也放任了兜兜的这种行为。

行为指导的策略与效果

其实，在我们班级，缺乏责任心的孩子并不只有兜兜一个。有的孩子是因为对所承担工作应负的责任不清晰，有的是由于好动的性格导致坚持性较差，有的是为了争第一，也有的是由于家长和教师的忽视。中班是幼儿责任心培养的重要阶段，虽然他们擅自离岗的原因是不同的，但是我们必须将对幼儿责任意识的培养渗透到一日活动之中。以下是我采取的一些策略。

策略一：加强幼儿对扮演角色的认识

实施方法1：集体讨论，对游戏角色的语言与行为进行分析。在新游戏开始前，以及游戏结束的讲评环节，我都会将幼儿的角色语言和行为作为讲评的重点内容之一。组织幼儿讨论，小超市的收银员、小医院的医生、地铁站里的安检员应该做什么等，加强幼儿对所扮演角色的认识。但是，这样讲评的方法，对兜兜似乎并没有效果，他依然时不时地从自己的岗位上走开。

实施方法2：最有责任心的服务员评选活动。针对兜兜好强有进取心的心理特征，我们开展了"最有责任心的服务员评选活动"，即每天每个游戏小组推选一个有责任的服务员参加班级评选，每次产生一名"责任之星"。这个活动推出后，兜兜的积极性提高了不少，在活动中还对同伴说："有时候我忘记又走了，你们要提醒我一下哦！"

策略二：强化规则，明确违反规则后的惩罚措施

为了进一步巩固兜兜的责任意识，我们进一步细化游戏的规则，和幼儿商量违反游戏规则的惩罚措施，最后一致认同"如果谁在游戏中途擅自离岗，则他一周不可以参加'责任之星'的评选活动"。这一措施推出后，兜兜在游戏中更加自觉，有时能够连续几天坚持在自己的岗位上。不久后，兜兜第一次被评为"责任之星"，他开心极了。

策略三：家园共育，自己的事情自己做

兜兜的爸爸妈妈得知兜兜评上了"责任之星"非常开心，决定在家里也要开展"小小服务员"的活动。如果兜兜每天愿意为爸爸妈妈做一件事情，坚持一周就可以实现兜兜的一个小愿望。慢慢地，兜兜的责任意识增强了，参与各项活动时也更加积极了。

案 例 分 析

案例中兜兜为排第一，自作主张地从"安全员"换到"检察员"，忘带调查表说是奶奶不好……这些行为都反映了幼儿缺乏责任心。

在本案例中教师通过仔细的观察，深入分析了幼儿缺乏责任心的原因，其中既有幼儿自身缺乏对在角色游戏中如何履行角色职责的认知，也有家长、教师对幼儿行为的迁就和疏于引导。随后，教师有针对性地采取了一系列做法，取得了事半功倍的效果。首先，家园共育。幼儿责任心的培养不是一朝一夕的事情，需要教师和家长在平时的生活中、教育中一起合力帮助幼儿。其次，抓住细微。从细节做起，从小事开始培养幼儿的责任意识。再次，正面强化，适时引导，不断鼓励，逐步培养。最后，活动整合。幼儿园一日活动皆为课程，只有活动与活动之间相互渗透、相互促进，才能发挥最大化的价值。

行为解析与指导提示

培养幼儿责任心的重要作用

责任心是指个体在社会生活中对自身的社会角色以及角色所应承担的责任的认知、情感体验及相应的行为。责任心是个体重要的心理品质之一，是社会公民必须具备的核心品德，体现着一个人的心理特征和人格特征。

幼儿责任心的分类和发展特征

幼儿责任心包括任务责任心、自我责任心、承诺责任心、他人责任心、集体责任心和过失责任心。每种责任心又都由责任认知、责任情感和责任行为三个维度构成。其中,责任认知是基础因素,责任情感是动力因素,责任行为是落实因素,三者相互联系、相互作用。

不同年龄幼儿的责任心发展的要点:

- 3—4岁幼儿主要发展自我责任心和任务责任心,即开始对与自身有关的事(如自己的生活、学习、游戏、行为等)、自己的任务负责。

- 4—5岁幼儿的他人责任心和承诺责任心会逐渐发展。他们开始关心集体、为集体出力、关心他人、帮助他人。同时,幼儿能记住自己说过的话,答应了别人的事情也愿意尽力做到。

- 5—6岁幼儿的过失责任心会快速发展。幼儿会对自己的行为感到内疚或因自己没有把事情做好而产生内疚,发展出过失责任心。

幼儿责任心培养的策略

- 提出明确要求,强化幼儿的责任行为。

培养幼儿对自己的事情负责的态度。对应当是幼儿自己做的事,教师和家长必须给幼儿一个明确的要求和范围。如要求幼儿用完东西放回原处;答应别人的事要努力做到;凡是自己做的事,要负责任地做完;做错了事情不逃避责任,勇于承担后果和弥补过失等。特别需要注意的是:在培养幼儿责任心时,一定要注意力所能及,不能提过于超出他们能力范围的要求,否则,即使幼儿主动承担一些责任,完不成任务也会打击他们的积极性,从而影响对其责任心的培养。

- 适当实施后果教育,培养幼儿的担当能力。

幼儿一些不负责任的行为,常常会伴随产生一些不良后果,如答应别人的事没做到,就会导致别人的不信任等。教师和家长可以采用自然后果法开展对幼儿的教育,让幼儿体会到责任的重要性。在处理幼儿的过失时,也要注意观察"孩子是否尽力",防止冤枉他们。

- 把握年龄特点,有针对性地培养幼儿的责任心。

小班幼儿的责任心发展处在依从阶段,对责任的意义并不理解,因此对小班幼儿责任心的培养要突出对责任行为的训练,用榜样的力量来培养幼儿的责任心。

中班幼儿的责任心发展处在认同阶段,对责任有一定的认识,但还不深刻,因此中班幼儿的责任心培养要以责任认知的训练为主。同时,应考虑幼儿思维具体形象的特点,在活动中主要采取幼儿观察学习、幼儿亲身实践以及幼儿讨论和教师引导等相结合的策略。

大班幼儿的责任心发展处在信奉阶段,已有自身的价值标准,基本摆脱了对成人权威的畏惧,但还缺少情感力量的支持。因此,在巩固深化幼儿责任认识的基础上,要重点培养幼儿产生稳定积极的内部情感体验,如运用移情训练法激发幼儿内心的过失情感体验等。

(耿薇、侯素雯)

第八章　科学领域幼儿行为的指导

第 ① 单元
怎样培养幼儿科学探究的兴趣和能力

单元导读

　　好奇、好问、好探索是幼儿的年龄特点。在幼儿探索大自然和生活中真实的事物与现象的过程中，教师要保护幼儿的好奇心，激发他们的探究热情。通过本单元的学习，你将：

- 了解怎样培养幼儿亲近自然、喜欢探究的态度和行为；
- 了解怎样支持幼儿自发的探究活动。

1　怎样培养幼儿亲近自然、喜欢探究的态度和行为

体验与思考

　　大自然是幼儿科学教育中重要的对象，你所带班级的幼儿是如何亲近自然的？他们在亲近自然中有什么样的表现？你又是如何支持他们的呢？

案例分享

我和草娃娃是好朋友

上海市黄浦区重庆南路幼儿园　朱瑛

行为观察

　　小班幼儿对教室里的自然角不关注，自然角里的植物是由家长提供的，平时都是老师在照料，小班幼儿几乎不会主动去关心自然角。

行为指导的策略与效果

　　成成奶奶给自然角送来了一个草娃娃。自由活动时，成成很自豪地对元元说："瞧，这

是我带来的娃娃。""它为什么要站在水里啊?"元元不解地问。"奶奶说,它会长草的!""怎么长啊?""我也不知道。"成成摇摇头。自由活动结束时,我请成成向大家介绍了这个草娃娃,当大家听说它会长出草时,都表现出了惊讶与好奇。为了让孩子们的好奇转化成对草娃娃的生长的主动关心,我设计了一系列活动。

- 亲身体验。

根据小班"小花园"主题中的儿歌《绿头发》,我设计了在户外草地上进行的集体学习活动。当孩子们光着脚和小草零距离接触时,他们一下子兴奋起来,这个说:"啊呀,我的脚好痒呀!"那个说:"小草好软呀!"也有的孩子跳起脚来:"有点痛痛的。"通过这一活动,孩子们感受到了小草是软绵绵的,小草的尖尖头碰到脚底时有点刺刺的、痒痒的。

- 激发兴趣。

有了和小草零距离接触的体验,孩子们开始盼望草娃娃能长出绿绿的头发。元元也让妈妈买了一个带到幼儿园。可是,草娃娃的慢生长让孩子们开始渐渐失去兴趣。孩子们不再像前几天那样,每天一来园就去看看草娃娃,交流中也不再出现"草娃娃"这个词了。

于是我的另一个想法悄然而生:让每个孩子都带一个草娃娃来,和它做好朋友。我

图 8-1

给每个草娃娃都贴上了一个名牌(见图8-1),便于孩子们能找到自己的好朋友。随着名牌的出现,孩子们又开始关注起了草娃娃。"咦,你的草娃娃怎么到现在还不长头发啊?""我的好朋友怎么变得干干的?"……面对这些问题,我深入浅出地进行引导:"是不是你的好朋友没有喝水呀?""今天你带好朋友出去玩过了吗?(晒太阳)"有时我也会像发现新大陆一样叫起来:"瞧,这里好像有一点点绿颜色喽!"在一个个问题中,孩子们知道了草娃娃和小朋友一样,每天要喝足够的水,还要多晒太阳,这样才能长得又快又好。每当一个草娃娃长出一点头发时,我们都会为它高兴,为它拍照留念。渐渐地,孩子们会主动来告诉我:"我的好朋友今天又长高点了。""我的草娃娃的头发变得更绿了。""我的草娃娃是不是更好看了? 给我们拍张照吧!"

- 经验迁移。

随着草娃娃不断长大,我给自然角的一部分装上了篱笆围墙,把它布置成了小花园的场景,让已经长大的草娃娃住进小花园里。我告诉孩子们:草娃娃喜欢更多的好朋友。于是,孩子们纷纷从家里带来了其他的花草、小乌龟等动植物,自然角一下子变得丰富起来。在"我们是好朋友"的约定下,从只有草娃娃一个好朋友到有几个好朋友,孩子们逐渐学会了主动观察自然角里的动植物,每天都会来关心一下好朋友的生长情况。当发现自己的好朋友长大长高时,孩子们会马上要求我给它们拍照留念;当发现自己的好朋友和平时不一样时,他们会问我:"这是怎么了? 它是不是不舒服啊?"

案 例 分 析

《指南》中建议:"应经常带幼儿接触大自然,激发其好奇心与探究欲望。如:

为幼儿提供一些有趣的探究工具,用自己的好奇心和探究积极性感染和带动幼儿。"认识自然环境中的事物一直是过去自然常识教育中的重要内容,但随着幼儿科学教育的不断变革,幼儿对自然的认识不再停留在孤立地认识单个自然事物上,而是越来越强调在生态的背景中去认识自然,强调了解自然环境和人们生活的关系,强调热爱自然、保护自然、人与自然和谐相处的生态观点。在这个案例中,教师表现出了对引导幼儿亲近自然的重视,以小草为主题,带领幼儿到草坪上真实地接触小草,并且通过让幼儿观察小草萌发成长的过程,向幼儿渗透了热爱自然、保护自然的理念。

对于幼儿(特别是生活在城市里的幼儿)来说,接触自然的机会不多,自然角可以在一定程度上弥补这一不足。在自然角中,幼儿通过与植物的互动,可以了解生命的多样性,感受生命的细节特点,近距离地了解生命诞生、生长、繁殖和死亡的周期。在这个案例中,本来忽视自然角的幼儿,通过观察和探究草娃娃,对教室里的自然角提高了关注。但由于草娃娃的萌发期长,自然角的人气聚焦了一段时间后又降低了。为了增强幼儿和自然角之间的互动,教师给每一个幼儿都找了一个特定的草娃娃朋友,这一举动建立了幼儿和草娃娃之间的情感联系,极大地激发了幼儿观察的兴趣。亲自照料草娃娃让幼儿对生命有了更加直接和深刻的认识,对生命的感情自然生发。教师用自己的思考和努力,引导幼儿与小草长时间接触,使幼儿能够主动亲近自然、探究自然。

行为解析与指导提示

在学前阶段的科学教育中,幼儿的好奇心和探究兴趣是我们应该首先给予重视的。幼儿天生好奇好问,喜欢动手探究。我们可以看到,幼儿常常被周围的、熟悉的事物吸引,为各种现象惊叹,进而提出各种各样的问题。好奇是他们探究的动机基础,好问是他们主动探究倾向的表现。当幼儿对这些自然的、身边的、生活中的东西产生了兴趣后,我们应该因势利导为他们提供有趣的、适宜的探究工具,引导他们进行探究活动。相较而言,现在的幼儿接触自然的机会减少了很多,周围各种人工环境影响了幼儿亲近自然的步伐。在这样的背景下,我们在平时的科学教育中,更要注重让幼儿形成对自然的探究兴趣,使他们主动亲近自然,产生探究行为。因此,提供各种可用于探究的自然对象就成为科学教育中的重要内容。一般而言,我们可以让幼儿从以下方面进行探究。

- 认识常见动植物,了解它们的生活习性及特征,探索动植物的多样性。通过观察动植物(特别是真实的动植物),幼儿可以认识常见动植物的典型特征,了解它们的生活习性,迈出亲近自然的第一步。
- 尝试探索和初步发现动植物与环境的关系。我们可以在教育活动中渗透动植物的多样性、形态结构、生长与环境等内容,使幼儿可以探索动植物与季节变化的关系,感受动植物之间以及它们与人类的关系,获得相关的经验。

- 了解自然界中的非生物及其与人和动植物的关系。自然界中的无生命物质同样是幼儿应该与之亲近的对象,如沙石、水、空气等,幼儿应了解它们的特点,感受它们与我们生活的关系。

- 感受人与自然的关系,培养初步的环保意识。人与自然的和谐相处是我们强调的自然生态环境理念,幼儿不仅要从小懂得人与自然环境中的事物是朋友的关系,还要了解周围生活环境中的污染及其危害,参与环境保护的实践活动,从小关注周围的环境,保护周围的环境。

(张世唯)

2 怎样支持幼儿自发的探究活动

体验与思考

有人说,幼儿是天生的科学家,他们的日常活动都是他们自发探索这个世界的足迹。你是否注意到了他们的这些表现? 你是如何抓住这些机会,支持幼儿自发探究的呢?

案例分享

勺子的秘密

上海市黄浦区重庆南路幼儿园 顾静

午餐的时候,我注意到在一个餐桌上吃饭的鹏鹏和缘缘吃到一半悄悄地停了下来,两个脑袋凑在一起,好像在讨论着什么,还轻轻地发出咯咯咯的笑声。我决定轻轻地走到他们的身后一探究竟。只见他俩都低下头对着自己的小勺子看,缘缘压低了声音说:"看! 我的脸好大!"虽然很轻,但是能够听得出他为自己的发现而感到很惊奇。鹏鹏凑上前去,看了一眼,又看看自己手里的勺子,有点疑惑地说:"咦? 我的脸怎么倒过来了?!"缘缘凑过小脑袋一看:"真的呀! 我们不一样的!"两个小家伙热烈地讨论着,我有一点生气,心想本来吃饭就不快,竟然还在玩勺子。于是我用比较严厉的口气说:"快点吃饭! 吃到最后一个就不要玩玩具了!"只看见他们两个赶紧头一低,拨动着饭碗里的饭粒,似乎有一点难过和失望。我看着他们,心里犯起了嘀咕:"他们到底在看什么呢?"

第二天,刚到开饭时间,两个孩子就飞快地洗好手,坐到位置上。拿起勺子不是立马吃饭,而是又偷偷地看了起来。这次我没有打断他们,而是站在一旁观察。只见缘缘拿起勺子就像照镜子一样对着看,对鹏鹏说:"昨天我看见的明明是我的脸变大了,今天怎么变成倒过来了?"鹏鹏对着自己的勺子看了看,点点头:"对啊,我的脸也是倒过来的。真好玩!"突然,缘缘的声音变大了:"看! 我的脸又变大了!"勺子有凹面和凸面,凹面照出来的人脸是倒的,凸面照出来的人脸是像哈哈镜里的一样放大且有点变形的。两个孩子是无意中发现了一个科学小秘密啊!为了不影响他们吃饭,我轻轻地跟他们说:"快点吃饭了,吃完了玩玩具的时候给你们两把勺子玩吧。"两个孩子吃得比平时都要快,那天午后的自由活动时间,他们还把这个小秘密告诉了班级里的其他孩子。

孩子们在不断地操作和玩耍中发现了有趣的科学小知识,如何进一步让孩子们了解这个科学小常识呢?我想这也许是一个很好的机会,可以让孩子们初步接触哈哈镜,了解一些关于凸透镜和凹透镜成像的特点。第二天,我在探索角创设了"镜子里的我"的个别化学习活动,投放了以下材料:平面镜、放大镜、反光镜、不锈钢碗、不锈钢勺子等,希望孩子们可以通过自己摆弄操作,发现不同的镜子成像的不同。我跟孩子们说:"照一照这些特殊的镜子,看看镜子里的你有什么不一样?"正当我满心欢喜等待孩子们有所发现的时候,我发现很多孩子过来看一眼就走了。有的孩子坐下来,拿出镜子来照一照,放下来;有的孩子拿起放大镜往远的地方看一看,放下来;他们似乎也不认识反光镜,看了一眼,放下来了;还有的孩子把勺子和碗放在一起玩起了过家家。

为什么孩子们在自己随机的探索活动中兴趣盎然、非常投入,但是对于教师设计的个别化学习活动却摆弄几下就草草离开?这也许就是游戏和教学之间存在的复杂关系吧!游戏是一种不受外力约束的、幼儿自发自选的活动,而教育则是一种有目的、有计划的、由教师对幼儿施加影响的活动。我将幼儿自发生成的科学游戏中的关键知识点提取出来,转化为个别化学习活动,希望幼儿能够在与不同的操作材料互动的过程中学习,但效果并不尽如人意。是不是这些材料离他们太远了?对孩子们来说难度和挑战性性太大了?我发现了一个关键问题:这个个别化学习活动的设计目标是什么呢?似乎我只是看见孩子们感兴趣,就将这些类似的操作材料都收集过来,但是我并不清楚要让孩子们探索什么,只是让他们主动去看一看、玩一玩、感知一下,这个要求对于中班的孩子们来说显然是低了。而在个别化学习活动中,孩子们只看到现象,没有办法自己提升相关的认知经验。这就需要集体教学活动来解决问题了。

想到这些,我决定将探索的操作材料,限定在孩子们最初探索的勺子上,并改用集体教学活动的方式,让孩子们感知不锈钢勺子凹凸面成像的不同及有趣,初步了解哈哈镜影像变化的原因及其在生活中的运用。于是,我设计了科学探索活动"勺子里的哈哈镜",提出了下面两个教学目标:

(1)感知不锈钢勺子凹凸面成像的不同及有趣,初步了解哈哈镜影像变化的原因及其在生活中的运用。

(2)尝试用集体记录、个体表述等方式交流操作的过程及结果,体验动手探究的乐趣。

在活动中,孩子们用勺子作镜子,不断地操作,发现了两个不同的面照出来的人的模样是不一样的,我适时解释了勺子有"凹面"和"凸面"两个面,拓展了孩子们的知识经验,并向孩子们提问:"勺子凹面照出的人像是倒立的,凸面照出的人像是正立的,凹凸两面照出的人像都有些变形。为什么平时我们照普通的镜子时,没有这样的现象呢?"从而引发幼儿的思考,从而引出了哈哈镜。最后通过 PPT 展示孩子们平时身边常见的一些凹凸镜,如反光镜、放大镜等,让他们了解凹凸镜在生活中的运用。孩子们在活动中非常投入,勺子凹凸面显像的变形特点,都是孩子们通过自己的操作观察发现的。在集体教学活动结束后,我再将原先的那些操作材料投放到个别化学习活动中,孩子们探索的兴趣明显比之前高了,都喜欢拿各种各样的物品当镜子相互照一照。

案 例 分 析

　　幼儿园一日生活的各个环节都蕴含着教育的契机,作为教师,我们要善于把握住这些契机,以此形成由幼儿发起的活动。教师和幼儿作为互动的两个主体,都有发起互动的机会。教师发起的互动自然有其价值所在,但并不一定能引起幼儿的积极回应;但幼儿发起的互动,必定是他们感兴趣的现象,教师的积极回应能够产生更好的科学教育效果。

　　在上述案例中,教师敏锐地注意到了幼儿在平常活动中的不平常之处:天天都用到的勺子,幼儿竟然发现了其中成像的一些特点。这个片段没有发生在传统的教学时段里,而是在午餐时间这样的寻常时刻。难能可贵的是,教师具有敏感性,关注了幼儿的各种表现,发现了幼儿感兴趣的现象所在,并将这些寻常的表现转化为科学教育的契机,根据幼儿的需要展开了各种各样的活动。这些活动可能并不存在于教师的计划中,它们的出现还有可能打乱原有的安排,带来一系列的调整,但是教师的细心和投入支持了幼儿的继续探索活动。

　　尽管发现了教育的契机,但是如何支持幼儿进一步开展相关的探索活动是教师必须面对的难题。我们可能面临案例中教师的境遇:精心设计和准备的活动得不到幼儿的理解和喜爱,达不到期望中的效果。当遇到这种情况时,教师不能气馁,而是应如案例中的教师一般,抓住幼儿的表现,反思活动的过程和效果,调整活动的内容和形式,这不仅支持了幼儿的探究活动,更是提升了教师的专业素质。

行为解析与指导提示

　　世界是多姿多彩的,对成人如此,对幼儿更是如此。生活中充满着各种各样的科学内容,幼儿周围的世界充满着他们可以去探索和学习的内容。好奇、好问、好探索是幼儿与生俱来的特点,他们对生活中的各种刺激会有注意、提出问题、操作、摆弄等表现,这是他们探究的基础。很多时候,这种好奇是表面的、不稳定的、容易波动的,但如果这种好奇在科学活动中得到满足,就会逐渐变成内在的、稳定的、持久的倾向。毫无疑问,教师的支持和引导在这方面具有重要的作用。教育契机通常是随机出现的,作为教师,我们应当如何对待这些一闪即逝的机会呢?

　　首先,教师要善于发现寻常时刻中的科学教育契机及其价值。当幼儿专注于观察某个事物时,当幼儿提出意想不到的问题时,当幼儿突然中断正在进行的活动注意转移时,教师应该思考是不是教育的契机来了,而不是先想到常规被打乱了。

其次,教师应静静地观察幼儿的行为,判断这一寻常时刻的价值在哪里,不要置之不理,或者以简单的方式干预幼儿,让他们进入教师预设的轨道上来,更不能指责幼儿不遵守常规。教师的批评和指责将产生消极影响,抹杀幼儿今后的探索行为。

最后,以多种行为支持幼儿的科学发现,如鼓励幼儿自己探究,鼓励幼儿将问题带到班级上与教师及同伴一起讨论或回家请教家长。当然,也可以根据需要设计科学区活动或科学集体教学活动。

(张世唯)

拓展资源

● 凯林·K.林德著,夏婧译:《儿童科学教育探究(第4版)》,四川少年儿童出版社2015年版。

该书聚焦于儿童科学教育,介绍了儿童在科学教育中所具有的独特性,展示了如何以一种与儿童发展水平相适应的方式开展科学教育,呈现出一幅处于家庭、学校和社会文化中的儿童科学教育的全景图。

第 **2** 单元
怎样指导幼儿进行科学观察和实验

单元导读

　　观察是人类认识世界的重要手段之一。在幼儿的科学学习中,科学观察活动是最重要、运用最普遍的活动类型。在科学观察活动中,幼儿不仅直接与周围世界接触,获得直接、具体的科学经验,学会科学的观察方法和技能,还能够提高感觉器官的机能,锻炼大脑的信息加工能力。

　　科学实验活动离不开观察。在科学实验中,幼儿以问题为导向,操作实物材料,探究对象的变化过程,发现其中存在的各种联系。因此,科学实验活动能够培养幼儿发现问题、解决问题的能力,同时也能够在实验的过程中培养幼儿观察、分析等能力。

　　通过本单元的学习,你将:
* 了解怎样引导幼儿进行科学观察;
* 了解怎样引导幼儿进行科学实验。

1 怎样引导幼儿进行科学观察

实践与策略篇

体验与思考

　　幼儿科学教育的价值之一是培养幼儿的观察能力。回忆以往的经验,你是如何做好幼儿科学观察活动的引导者的?

案例分享

帮蚕宝宝搬家

上海市黄浦区重庆南路幼儿园　蒋瑛

　　清明节刚结束,浩浩从乡下老家带来了一张粘有很多黄色圆点点的小纸片。"这些圆点点是什么呀?"孩子们好奇地围上去问。"这是蚕卵,过两天就会孵出蚕宝宝的。"浩浩得意地说。"蚕宝宝是什么样子的? 你见过吗?"孩子们问浩浩。"我也没有见过! 不过妈妈说卵的颜色变黑了,蚕宝宝就会孵出来的!""真的吗?"孩子们表示怀疑。听到这里我也凑了上来:"那我们一起来观察圆点点的变化,看看孵出来的蚕宝宝是什么样子的,好吗?"我的建议得到了大家的一致认同。于是,我们成立了饲养小组,共同收集关于蚕宝宝的资料。

接下来只要有空,孩子们就会围在圆点点的旁边,小声议论着:"咦,有的圆点点变黑了!"才一天的时间,孩子们就惊奇地发现了圆点点的变化。"明天蚕宝宝会出来吗?"放学的时候,孩子们还一直在想着这个问题。

过了一段时间,孩子们发现一条条黑黑细细的蚕宝宝从卵壳里探出了脑袋,伸着懒腰慢慢地爬了出来。望着蠕动着的蚕宝宝,孩子们显得既兴奋又紧张,七嘴八舌地说开了。

"老师,这就是蚕宝宝吗? 像蚂蚁一样,那么小!"依依问。

"太可怕了!"朵朵吓得跳了起来,跑到了远处。

可可则担心地询问:"老师,蚕宝宝现在可以吃东西了吗?""为什么它总是抬着头,摇来摇去啊?"

"蚕宝宝的脑袋转来转去在找吃的呢!"我笑着回答,并赶紧从冰箱里取来了这两天收集的桑叶,把嫩桑叶剪成条。"蒋老师,为什么要把桑叶剪成一条一条的呢?"孩子们好奇地问。"你们猜猜看?""因为蚕宝宝喜欢吃长长的叶子。""可能是叶子太大蚕宝宝吃不下。"……孩子们又议论开了。听着孩子们的猜测,我笑着说:"因为蚕宝宝实在太小,还咬不动桑叶,它只是吮吸桑叶上的汁水。桑叶被剪开的地方,就会渗出汁水,这样蚕宝宝就能吃得饱饱的啦!"孩子们恍然大悟。

"蚕宝宝那么小,爬不到叶子上,怎样才能让它吃到叶子呢?"在剪好叶子后,我又抛出了一个让孩子们讨论的话题。"把叶子塞到蚕宝宝下面。""轻轻地把蚕宝宝抓到叶子上。""用嘴巴把蚕宝宝吹到叶子上。"……"那我们来试试吧!"

孩子们根据自己成立的饲养小组,为各自的蚕宝宝准备了新家,并开始了帮蚕宝宝搬家的活动。

第一组的贝贝很小心地用大拇指和食指轻轻地去捏蚕宝宝。"蚕宝宝呢?"贝贝看着手上空空的,奇怪地说。原来蚕宝宝太小了,贝贝害怕伤害到它,都没能把它捏起来。

第二组的琪琪用嘴巴对着蚕宝宝用力地吹着,可是它摇晃着脑袋怎么也不挪地方,急得旁边的可可忍不住用食指将一只蚕宝宝用力地推向旁边的桑叶。可是这只蚕宝宝移到桑叶上后,一动也不动了。"可可真讨厌,把蚕宝宝压死了。"第二组的孩子们纷纷责怪可可。

"蚕宝宝太小了,用什么方法可以既不伤害它又能让它搬到新家里呢?"在看到可可把蚕宝宝压死后,我提出了新的问题。第三组孩子陷入了思考,并没有急于尝试。

第四组的依依和文文各自拿了一片小桑叶,轻轻地拨弄着蚕宝宝,在蚕宝宝翻了好几个跟头后,终于有一只蚕宝宝安全地搬到了新家里,第四组传来一阵欢呼。

"刚刚第四组请了桑叶帮忙,一只蚕宝宝搬到了新家。还可以找什么来帮忙呢?"我追问道。第一组和第三组的成员选择用桑叶进行尝试,第二组选择用软软的餐巾纸来帮忙。再次帮蚕宝宝搬家,孩子们显得格外小心,不停地相互提醒:"慢点啊! 轻点哦!"最后,孩子们都成功地将蚕宝宝搬到了新家。在活动后的集体交流时间,孩子们根据自己刚刚动手实践的经验,积极地分享自己的做法和想法,我顺势提议将今天的活动记录到蚕宝宝日记里。于是,孩子们开心地在各自的日记里用数字和图画记下了×月×日,蚕宝宝出生了,以及自己用了什么方法帮助蚕宝宝搬家。

案例分析

养蚕这项历史悠久的经济劳作活动,传承着我国古老的文化。观察蚕宝宝的成长是幼儿园经常进行的科学观察活动。幼儿在教师的指导下自主观察、体验,获得了动物成长的相关经验,培养了观察能力,还了解了我国古老的文明。

对于蚕宝宝的观察是一个长期、系统的过程。在这个案例中,教师及时抓住幼儿将蚕卵带来幼儿园的机会,激发幼儿观察的兴趣,引导幼儿亲眼看到了"蚕卵——孵化——幼虫"的过程,获得了直接的经验。在教师的鼓励和支持下,幼儿开展了细致而持久的观察活动,圆点点变黑这样的小变化也能引起他们的关注,出生后蚕宝宝的奇特外貌更是引发了初次看到它们的幼儿的巨大的兴趣。相对于观看图片、视频等方式而言,这样的经验是直接、连续的,是多感官探究的结果,能不断激发幼儿持续的关注和进一步的探究。

案例中的教师重视幼儿提出的各种问题,思考让幼儿探索每个问题的答案的必要性和可能性。当幼儿提出"蚕宝宝吃什么"的问题时,教师引导幼儿观察蚕宝宝吃桑叶的行为,进而提出"帮蚕宝宝搬家"的探究问题。幼儿的观察行为从此得到进一步升级:将自身的操作行为与观察相结合,在自己的动手操作中不仅接触了真实的蚕宝宝,还体验到了生命的脆弱,体会到了淡淡的怜悯,感受到了过程的紧张,获得了成功的喜悦……这些收获和心情都是幼儿观察和操作的可贵成果。在幼儿分组操作的过程中,教师始终处于观察者和引导者的位置,用提问的方式引起幼儿对一些问题的关注与思考,引发幼儿下一步的行为。例如,教师在看到幼儿在搬运过程中不慎将蚕宝宝压死时,及时提出了在不伤害蚕宝宝的前提下进行搬运的问题,提醒幼儿在搬运过程中注意这一点。如果幼儿的探究行为进行顺利(顺利搬家),教师不会干预(如第四组),只是在探索行为成功后对幼儿的行为进行总结和提升,提出用工具辅助的方法,引导幼儿继续探究,尽力扮演好一个引导者与支持者的角色。

行为解析与指导提示

幼儿科学观察活动的对象包括周围的事物、各种现象等,一般可分为对个别物体和现象的观察、比较观察及长期系统的观察三类。一般而言,小班幼儿能够尝试运用多种感官感知事物特征,认识观察对象的显著特征及对象的多样性,并能运用语言大胆讲述自己在观察中的发现;中班幼儿则能有顺序地观察事物的特征,能对事物进行长期系统的观察,还能对不同的对象进行观察且认识到这些对象的异同,并能运用完整的语言讲述自己在观察中的发现;大班幼儿的观察能力得到进一步提升,除了进一步掌握基本的观察技能外,还能探寻观察对象的变化规律,同时能用图画、数字等多种方式记录自己的观察结果。幼儿的观察活动需要教师的支持,在指导幼儿观察时,教师应注意:

- 尽可能引导幼儿用多种感官感知观察对象,不仅用眼睛看,也可用鼻子闻一闻、用耳朵听一听、用手摸一摸……多种感官的刺激能增加幼儿观察的兴趣,使他们获得更全面的直接经验。

- 幼儿对新奇的事物具有好奇心,尤其是事物的显著特征能引起幼儿观察和探究的兴趣,所以教师应引导幼儿观察事物的显著特征。

- 幼儿是活动的主体,教师在活动中要给幼儿留有自由观察的空间,让其主动地学习。但活动的时间有限,教师不能放纵幼儿毫无目的地观察,而是要通过不断提问,引导幼儿全面、系统、有序地观察,控制幼儿观察的方向和深度。

- 在观察中增加幼儿操作的机会,帮助幼儿更全面地观察物体,并使其能直接感受到观察对象的变化。

- 教师要鼓励幼儿大胆表达,与同伴分享信息,并在倾听的基础上给予适当的反馈。同时,教师要纠正幼儿表达的问题,提醒幼儿继续思考和改善不合理的地方。

- 在观察活动的后期环节,教师应当指导幼儿用绘画、录音、图表等方式记录自己的观察发现。对于教师来说,幼儿的记录是非常重要的研究材料,既能检验幼儿的学习成果,又能反省自己的教学,为以后组织开展学习活动打下基础。

(张世唯)

怎样引导幼儿进行科学实验

体验与思考

科学小实验是近年来幼儿园常用的科学教育形式。你是否与幼儿一同进行过科学实验?你在活动中扮演了什么角色?效果如何?

案例分享

黄豆宝宝发芽记

上海市黄浦区重庆南路幼儿园　时茹贞

在大班"有用的植物"主题活动中,当我提出"黄豆可以种在哪里"的问题时,孩子们产生了争论。有的说可以种在水里,有的说可以种在沙里,还有的说可以种在泥土里,等等。

孩子们对于彼此说出的答案议论纷纷："在水里它会淹死的。""沙里也能活吗？不可能吧。""木屑里也能长东西吗？这可没有听说过。"……我没有想到孩子们会有这么多疑问，于是抓住他们的兴趣点和关注点，创设了"黄豆宝宝发芽记"探究活动，有趣的师幼探索之旅开始了。

猜想与记录

"如果把黄豆分别种入你们所说的沙、土、水、木屑四种不同的环境中，最后哪里的黄豆会生长出来呢？"围绕这个问题孩子们进行了大胆的猜想和假设。同时，我设计了猜想记录表，让孩子们用"√"和"×"的形式记录自己的猜想。对于孩子们的猜想我没有进行评判，而是引导他们想一想采用什么方法来证明自己的猜想是正确的。围绕这个问题，孩子们展开了激烈的讨论。大家都纷纷提议种黄豆，看看黄豆长在不同的地方会有什么变化。

种植与观察

我们利用两天时间，收集了种植的器皿、黄豆以及沙、土、水、木屑。一天午后，我带领孩子们来到自然角。孩子们很兴奋，已经开始行动了。他们有的在盒子里装沙，有的和潘妈妈一起挖土，有的去取水，还有的在装木屑。回到教室后他们总是跟在我后面追问："它们什么时候长出来呀？""老师你说我猜的答案会对吗？"我想应该先安定孩子们的情绪，引导他们养成耐心观察的习惯。于是，我和孩子们一起商量设计了观察记录表。

孩子们根据自己选择的种植环境分成水组、土组、沙组、木屑组展开了观察。三天后，水中的黄豆变"胖"了，水组的孩子们觉得自己的黄豆应该是第一个长大的。这细微的变化更激起了孩子们的观察热情，他们用绘画的形式记录下了黄豆的点滴变化。吃完午饭，孩子们都会去看看自己的小黄豆，倍加小心地捧着自己的黄豆宝宝，三三两两地凑在一起观察着、交流着。昊昊是个小调皮，只见他用手指使劲地在盆中掘着。"老师，快看，昊昊用手指掘黄豆了！"眼尖的成成叫了起来。昊昊赶忙解释："我是想看看黄豆长了没有，怎么一点变化都没有呢？"欣怡赶紧告诉他："这样黄豆会死的，你要耐心一点呀！"听到他们的交流，我会心地笑了。在观察中孩子们不但学会了探索知识，更学会了耐心地等待。

由于周末休息，孩子们担心天气变化，没人照顾小黄豆，于是提议这个休息天把黄豆带回家。星期一黄豆陆续被孩子们带进了教室。结果出乎孩子们的意料，沙里、泥土里、木屑里种植的小黄豆陆续开始发芽了，嫩绿的小叶吸引了所有的孩子。为了让孩子们能够仔细观察，我提供了放大镜。此时，水里的黄豆没有长出小嫩芽，有一部分还开始出现黑斑，几天下来就烂了。孩子们利用放大镜把黄豆长出的绿芽和黑斑点进行了比较。经过两个多星期的观察，孩子们在猜想记录表的实验栏里写下了实验结果。

其实，实验结果并不重要，重要的是引导孩子们在亲历亲为的探究过程中学会观察与思考，懂得通过探究实践来让事实说话的道理。为了让孩子们分享这次探索经验，我又组织了一次实验后的交流会。在讨论中，他们有理有据地发表着自己的看法。

欣怡说："泡在水里的黄豆是没法呼吸空气的，所以就烂掉了。"

成成认真地说："在水里的黄豆见不到阳光，它总是泡在水中，怎么能长高呢？"

嘉嘉接着说："在土里、沙里、木屑里的黄豆都能呼吸到新鲜的空气，晒到太阳，我们还天天给它们水喝，所以它们才发嫩芽长高了呀！"

最后最初选择在水中种植黄豆的孩子们纷纷决定把那些没有烂掉的小黄豆种入沙、

土或木屑中。

过了一段时间,孩子们再去看望种在土里、沙里、木屑里的黄豆宝宝时,发现在不同材料里的黄豆生长情况又有了不同的变化,又一个值得探究的问题出现了……

案例分析

在幼儿科学教育中,实验是一种重要的教育方法,它能帮助幼儿理解一些简单的科学现象和知识,激发幼儿对科学的兴趣和求知欲。探究植物的生长条件是常见的幼儿园科学活动内容,这个案例的亮点是教师运用了科学小实验的方式,激发了幼儿探究黄豆生长环境的兴趣。

在这个案例中对黄豆发芽条件的探究是一个简单的小实验,大年龄的幼儿完全有能力完成实验,并在较短的时间周期内看到结果。让幼儿直接参与大大提升了他们探究的兴趣和积极性,使其展现了自己实验的能力。尽管最初实验的题目由教师提出,但幼儿的兴趣和行动才是推动实验继续进行的关键动力。从开始对不同情况结果进行踊跃猜想,到积极将黄豆宝宝装进各种生长环境,从在过程中持续细致地观察,到最后对结果的思考,都表现出幼儿对实验步骤的逐步熟悉和适应,展现了其良好的科学探索素质。

教师表现出了对幼儿科学小实验的支持和鼓励。从问题的提出、材料的提供、实验的组织、每个步骤的安排到围绕结果的讨论,每个细节都体现出教师指导幼儿开展科学实验活动的经验和能力。更难能可贵的是,教师很好地抓住了幼儿的年龄特点,在幼儿对问题进行了天马行空的想象后,教师控制了实验的变量,仅仅保留了种植基础材料这一变量,使实验结果更为鲜明。此外,教师采用的是对比鲜明的比较性实验,让幼儿能直观地观察到黄豆在四种材料中的不同生长情况,从而在比较中更清楚地获得直观的感受。

此外,幼儿的实验与观察记录密不可分,教师清楚地意识到了这一点,在实验开始前引导幼儿进行猜想和讨论,并将结果记录在猜想记录表中,在实验过程中也不断引导幼儿用绘画的方式进行记录。在这个过程中,幼儿的思考不断得到启发。教师提出了问题,没有直接给出答案,而是让幼儿通过自己的实验行为验证自己的猜想,获取较为准确的经验。

行为解析与指导提示

科学实验的基本过程

科学实验在科学研究中极为重要,是人类获得知识、检验知识的一种实践形式。由于发展阶段的限制，幼儿尚不能在逻辑的基础上理解事物之间的因果关系。因此，幼儿的科学实验还谈不上严密的逻辑，对变量的操纵和控制比较简单，所揭示的也是事物之间显而易见的因果关系。即便如此，幼儿的科学实验还是要经历观察探索、思考猜测、调查验证、收集信息、得出结论等过程，以促进科学思维的萌发。

- 观察探索。观察探索是科学实验的第一步，是幼儿常用的最基础的探究方法。常用的观察方法包括简单观察、对比观察、长期跟踪观察等，根据观察的任务和对象的不同，使用的观察方法也会不同。

- 思考猜测。思考猜测是对要解决的问题的答案、结果，以及探究的过程和要使用的方法进行预测。这是一个运用思维和进行推理的过程。

- 调查验证。这是幼儿解决问题、寻求答案的过程，幼儿需要根据探究的任务和猜测的结果，选择适宜的观察、实验、测量方法，制定研究的计划和调查的方案，并根据探究的具体情况进行适当的调整。

- 收集信息。收集信息是指幼儿能够根据探究的问题和任务有意识地收集有助于解决问题和完成探究任务的信息，包括幼儿在探究过程中的记录行为。其中，记录是幼儿收集信息的有力工具，是幼儿探索历程与认识发展真实客观的呈现，是幼儿自我调整建构知识经验的见证，也是幼儿表达个人发现和意见的依据。幼儿在记录时可能会用到简单的图画、数字、图表或其他符号。

- 得出结论。在科学实验后期，幼儿会根据探索的过程、发现的现象，形成自己的解释。这是幼儿综合思考的阶段，需要幼儿思维和语言的高度参与。

幼儿园常见的科学小实验

- 常见的物理、化学现象的实验，如物体在斜坡上滚动、淀粉遇碘变色等。
- 常见的种植、饲养实验，如乌龟的食物、黄豆发芽等。
- 常见的自然测量练习，如称水果、比比谁高等。
- 常见的科技产品的操作练习，如手电筒发光、电池放在哪等。

教师在科学实验活动中需注意的事项

- 保证充足的材料和时间，允许幼儿反复地操作。
- 引导幼儿学习用文字、数字、标记或图画等方式记录自己的想法和操作过程中的发现。在活动过程中，教师要不断提醒幼儿仔细观察物体的变化，然后加以记录，这样可以使幼儿的观察更细致，也便于记忆和比较。
- 鼓励幼儿边做边问，但不要急于给出答案，如果遇到教师自己也不能回答的问题，则可以大方地表现出自己的困惑，以开放的态度与幼儿一同学习。
- 在操作过程结束后，教师应鼓励幼儿分享自己观察到的现象和发现的问题，尝试解释实验的结果。

（张世唯）

- 刘占兰编：《有趣的幼儿科学小实验》，教育科学出版社 2011 年版。

该书结合幼儿科学教育中的一些关键的科学经验，精选了一些国内外成功的幼儿园探究活动的案例，以教学案例文本的方式呈现。每个活动后有温馨提示，提醒教师注意互动细节的处理。

- 蔡志刚主编：《童心玩科学——基于主题核心经验的幼儿园科学区活动：幼儿园科学游戏 50 例》，少年儿童出版社 2017 年版。

该书是针对幼儿园科学区活动的教师指导手册(分为小班、中班、大班 3 册)。书中围绕上海市二期课改 3 个年龄班共 44 个主题设计了 3 220 个活动方案，每个方案中都罗列了"主题核心经验""科学知识与内容""科学方法与能力"3 个方面，让教师能直观了解活动在主题和科学领域中的具体指向，并将其落实在活动方案的材料、玩法、观察要点和提示等环节。

第  单元

怎样指导幼儿的数学学习活动

单元导读

我们的生活中充满了数学。在数学学习活动中,幼儿不是简单地学习数学知识,更是通过数学学习促进思维能力的发展,为进入小学学习做好准备。通过本单元的学习,你将:

- 了解怎样引导幼儿感知生活中数学的有用和有趣;
- 了解怎样引导幼儿在区域活动中学习数学。

1 怎样引导幼儿感知生活中数学的有用和有趣

体验与思考

幼儿学习的突出特点是学习生活化。教师该怎样在生活中捕捉时机,帮助幼儿感知数学的有用和有趣呢?

案例分享

分调羹中的数学①

上海市静安区小棋圣幼儿园　张华华

行为观察

刘麓尧是今天的值日生,午餐环节他为每个餐桌放上相应数量的调羹。他一边拿调羹一边在嘴里数着:"一只碗,两只碗……"有张桌上只有三只碗,但是他仍旧放了四把调羹。到外面一间餐厅分调羹时,桌上有两叠碗,每叠各有三只碗,他很明确地在两叠碗里各放了三把调羹,然后把剩下的一把调羹放到了另一张桌子的一只碗前。教师要求他检

———————————

① 原文曾在 2012 年 6 月发表于《幼儿教育》,编者及原作者对文章标题和呈现格式进行了修改。

实践与策略篇

查一下是否分对了,他数了一遍第三张桌子上调羹的数量,在教师的提醒下再数了一遍碗的数量,马上发现不对,拿走了一把调羹。然后再检查旁边一张桌子,又拿走一把调羹,教师要求他再数一遍碗,他数了几次以后发现碗有四只,所以又放回了拿走的调羹。他又检查了第二张桌子碗的数量,数了两遍发现是四只,最后目测检查了第一张桌子,检查好后结束了工作。

背景

刘麓尧本学期搬家至学校附近,因此来园天数明显多了。同时他对围棋十分感兴趣,已经考出了围棋七级证书。应该说他的逻辑思维和空间知觉发展得很好,在摆围棋定式的过程中可以发现他对空间方位十分敏感,但是在和数字有关的领域他的表现仍旧低于班级平均水平,点数五以内的物体有时还会出错,在点数时自信心也不足,区域活动或者集体游戏环节不会主动地去参与数字游戏。

行为产生的原因分析

生活化的情境可以唤起幼儿用生活经验来解决问题的能力。在分调羹的过程中,刘麓尧首先使用的是一一对应的方法,所以他发的是调羹,但是嘴里念叨的却是"一只碗,两只碗",一般幼儿可能用目测碗的数量或者数数的方法来确定几只碗以后再放相应的调羹,他则用对应的方法本能上回避了数数,采用了自己比较有把握的方式来解决问题。因为我们进餐时一般一张桌子就坐四个孩子,分四把调羹对于他来说是生活经验,所以他分得很顺利。但是,他根本没有发现第三张桌子上其实只有三只碗。更有趣的是在外面的桌子上他根本没有数就分了三把调羹,而且是两叠碗各三只,所以我认为他还是利用了自己的生活经验,因为他进餐的位置就是在外面的,他知道每桌有三个人,因此他取出调羹时是一把一拿,最后还把剩下的调羹放到了另一张桌子上,很熟练,根本没有放里面桌子时观察的动作。在教师要求他检查以后,他采用了点数的方法,数的对象是调羹,而不是碗,说明他确信碗是四只,所以他检查的是调羹,而且数了几遍。在教师要求他数碗时,他才去数旁边的碗,点数后发现碗是三只,他马上拿掉了一把调羹,而且主动去检查旁边的一张桌子,这次他没有采用点数的方法,而是目测碗的数量,因此出现了错误,也拿掉了一把调羹,教师要求他再数一次,他重新点数几次后才发现是四只碗。点数时第一次他就用手指点着碗数,没有数清楚后他把碗掀起来,发现应该数碗沿才可以数清楚,所以在检查下一张桌子的过程中他就点数碗沿,最后一张桌子他是用目测的方法检查的。

行为指导的策略与效果

- 幼儿在熟悉的生活环境中能有效地运用自己的已知经验。

在这则案例中教师关注的是幼儿在分发调羹过程中表现出的一种策略:他是利用自己原有的数学经验在解决问题,他在发调羹的一开始没有点数碗的数量,而是用碗和调羹对应的方法进行分发的。在班级中多数幼儿都能够运用点数来感知物体的数量的时候,他还是采用自己最有把握的对应方法来解决问题。从后面他进行验证时的情况也可以发现他对于数数的经验还是比较缺乏的。在分调羹的过程中他一共使用了三种策略:对应,点数和目测。从他的表现可以看出他目测的能力是最弱的,所以他把这个策略使用在自己最有把握的验证第一张桌子的过程中。在教师提示有错误以后,他就采用点数的策略去验证。点数调羹是因为他对每张桌子有四只碗有生活经验,所以他认为问题肯定是出在调羹上,而不会出在碗的数量上,经过教师再三的提醒后他意识到了应该数一下碗的数量,因此他采用点数的方法数碗,发觉错误后马上拿掉了一把调羹。可能在实际运算中幼儿不理解"4-1=3"的意义,但是在实际生活中遇到类似问题时他们能解决,其中生活经验是主要因素。只有大量地汇集类似的信息以后才能帮助幼儿形成概念性的经验,如理解数的实际意义。幼儿的数学经验除了对抽象的数字的经验以外还包含逻辑、空间等方面的经验。刘麓尧除了数字以外,其他方面都表现出较强的能力,说明他只是在和数字有关的方面表现出有困难,可能是因为心理因素对数字有排斥的意识。因此,教师要多鼓励他在熟悉的环境中活动,这对他自信心的增强以及能力的提高都是有帮助的。

- 教师应该多关注幼儿在生活环境中的表现。

刘麓尧在担任值日生分调羹的过程中,教师观察到他有效地进行了经验的迁移。当教师示意他出现错误的时候,他采用点数的方法去验证,说明他有点数的能力,只不过对对应更有把握。在点数验证的过程中他出现了困难,这时他进行了自我纠正:把最上面的一只碗拿起来,最后用了点数碗沿的方法来数数。随后他马上迁移了这个方法,用这个方法去验证另一张桌子上碗的数量,这说明幼儿的能力还是很强的。观察刘麓尧在区域以及集体活动中的表现,他总的态度就是回避,遇到提问也好、游戏也好,态度都比较消极,但是在今天的生活环节中,他不但主动地运用自己的已知经验去探索,还能积极地去修正自己的方法,并且能迁移自己的经验去解决问题,表现出了积极的态度。教师在观察到这样的现象以后就要调整自己的活动策略,多提供类似的宽松、熟悉的环境,让其轻松地习得经验。

下一步的引导策略

- 利用值日生环节,多提供类似的生活环境,如让幼儿分发饼干、餐具等,帮助幼儿积累数数的经验。
- 增强幼儿对于数学活动的自信心,及时表扬肯定,激发他参与活动的兴趣。

案例分析

幼儿的身心发展特点决定了幼儿的一日生活皆课程、一日生活皆学习。一方面,幼儿的认知发展水平充分地体现在生活活动之中;另一方面,幼儿在生活之中不断建构着自己的认知和概念,生活活动是幼儿学习的途径。

(1) 在生活中,幼儿的学习看得见。

案例中的教师在观察、记录中解读和把握幼儿的学习。刘麓尧在担任值日生分调羹的过程中,充分显示了他的计数能力、数概念发展水平,以及抽象的逻辑思维能力的发展水平。刘麓尧可以采用一一对应、点数、目测等方式进行计数,说明他的计数能力达到了一定的水平。而他在每一张桌子上放置相同数量的调羹(虽然每张桌子上碗的数量是不同的)的原因不仅仅在于计数能力的欠缺,更主要地在于其思维的片面性和注意范围的局限性。

(2) 在生活中,教师的指导有意义。

教师目睹了幼儿操作的整个情景,并给予了恰当有效的指导。首先,当教师发现幼儿出错以后,及时提醒其进行检查;在检查过程中,幼儿正确进行点数,但是点数的对象不对(应该数碗,却数了调羹),至此,教师明确地给予了提示,即要求他数碗,终于推进了问题的解决;而后,幼儿在主动检查的过程中,采用了目测(而非点数)的计数方式,导致计数失败,教师提醒他重数一遍。教师在指导的过程中,每一次提示都是基于对幼儿活动的观察和对问题根源的把握、理解,因此相同指导形式下指向的问题是不同的。

行为解析与指导提示

众多的理论研究和实践经验都证实了幼儿数学学习是一个社会建构的过程。幼儿数学知识的形成是在一定社会文化背景和已有知识结构的基础上,通过社会实践和合作互动而动态生成、共同建构的。

幼儿的数学学习表现特点

- 情境性:即把数学学习镶嵌在真实的应用情境中。案例中的教师提供诸如值日生环节的生活环境,以便幼儿通过分发餐具、食物等,积累数数的有益经验。如案例中教师分析的那样,幼儿不理解"4−1=3"的抽象意义,但我们相信幼儿在情境中所积累的相关经验、所接受的刺激,对他以后掌握数学减法运算的抽象意义一定是有帮助的。

- 社会互动性,即作为学习者的幼儿,作为一个能动的建构者,在与他人和环境的交流互动中,建构起数学知识和意义。案例中的生活环境和教师的提醒都是幼儿建构知识的重要合作者。生活环境是变化的——并非每张桌子上都有四只碗,这为幼儿建构知识创设了问题情境和思考的契机;教师是能动的——提示不仅要数调羹,还要数碗,这将帮助幼儿建构数学新知识。

学前期数学教育实践的关注点

- 进行基于生活活动、基于情境的数学学习。

数学是关于客观世界中数量关系和空间形式的科学,具有高度的抽象性。数学概念的建立必须以充分的感性体验为基础,对于幼儿来说更是如此。而感性体验的获得必然与具体情境紧密相连。基于情境的学习,不仅是与物体发生互动和经验型操作,更是在一定情境下与他人的互动和交流,这种互动和基于交往的认知冲突可以更加有效地帮助幼儿建构概念和发展思维过程。由此,教师不仅要利用并抓住生活活动中的教育契机,创设恰当的学习情境,还应该在情境中以参与者、合作者的身份,通过制造冲突和提供建议的方式帮助幼儿建构知识。

- 强调问题解决,学习应用型数学。

兴趣和需要是幼儿智力活动最重要的激发因素之一。当学习者在应用过程中,面对有待解决的问题和认知冲突时,其学习动机是最容易被激发起来的。另外,运用数学知识解决实际问题,也是数学教育最重要的能力目标之一。

- 重视非正式的数学能力的培养。

所谓非正式的数学能力主要包括:数数能力、数学比较、简单运算和数概念掌握等,它能够有效加强学习者对正式数学知识的理解和对数学知识的实际运用,对于学前期幼儿尤为如此。限于认知发展水平,幼儿不可能掌握很多数学概念和知识,但是获得相关的实践经验不仅是可能的,而且是必要的、有益的。教师应积极创设一个与日常生活和真实生活环境相类似的环境,或者将基于情景的非正式数学学习迁移到幼儿园的数学教育之中,促进幼儿早期数学能力的进一步发展。

(王增收)

2 怎样引导幼儿在区域活动中学习数学

体验与思考

你花费大量精力在区域中投放的数学学习材料是否都受到了幼儿的欢迎? 你是怎样根据幼儿的反应调整区域中的数学学习材料的?

案例分享

"大树"有多粗

上海市黄浦区重庆南路幼儿园　唐育冬

孩子们进入大班后,我曾经提供了关于测量的区域材料,并组织开展相关活动,如引导幼儿观察测量植物的生长变化。在"每天一观察,每周一比较"活动中记录下数据后,细心的幼儿通过观察数据,发现了植物生长的秘密。渐渐地,幼儿不再满足于短距离、小范围地测量植物,他们对同伴的身高产生了兴趣,开始对人体进行测量。但是他们在测量过程中屡屡碰到问题,不是测量工具没选好,就是测量技能没掌握(如不知道以短距离材

图 8-2

料为测量工具时要注意首尾相接）。

为了帮助幼儿掌握正确的测量技能，我创设了"量量大树有多粗"的区域活动。新材料的投放，吸引了大部分幼儿的关注，刚开始几天每天都有好几名幼儿跑来尝试。但随着时间的推移，选择这一活动的幼儿越来越少了。有一次，在乐乐选择活动材料时，我建议他："量树正好没人，你可以去试试呀！"他望了一眼材料，摇了摇头，走开了。

实录一：没什么意思的游戏

某天的区域活动时间，缘缘和阳阳经过大树，缘缘拿出吸管在大树上比量了一会儿，阳阳则蹲在旁边看。一分钟后，缘缘说："我们还是去下棋吧！"阳阳点点头，两个人跑开了。又过了一会，噜噜拿起皮尺在大树上比量了几下又想离开，于是我走过去问他："你怎么不玩了，不好玩吗？"噜噜皱着眉头说："我已经玩过了，这个游戏好像没什么意思，就是一个尺子和几根吸管，我不想玩了。"

为了进一步了解幼儿在这一活动中的活动情况，我进行了两周的观察记录，把每天游戏的人数记录在案。

表 8 - 1　幼儿游戏人数记录

日期	4.8	4.9	4.10	4.11	4.12	4.15	4.16	4.17	4.18	4.19
人数	5	3	4	1	2	0	1	0	0	1

从上述内容中可以看出，教师想通过设置量树的具体情境来激发幼儿对于测量的持久兴趣。然而，是什么原因造成幼儿对该材料的反应与教师的预设大相径庭？测量是相对枯燥和封闭的游戏，的确不易激发幼儿主动探索的欲望，教师在活动的设计和材料的投放上一定有所欠缺。

实录二：身体变大树

有一次，妮妮拿着测量大树的皮尺在给王晋宁量腰围，边量边说："我妈妈就是这样给我量的，她一量就能知道我要穿多大的裤子。"她把皮尺在王晋宁身上反复比量，王晋宁也十分配合地原地不动，并举起了双手，两人玩得很尽兴。于是我上前问："你们在干嘛？"妮妮说："我给他量量腰有多粗，再量量他有多高。"于是，我对她说："你可不可以把他当成一棵大树，来量量他有多粗？"妮妮一听，马上说："好啊！王晋宁，你来当大树，我来量。""那么大树应该有树枝呀？"我说道。他们想了想，王晋宁就把自己的手臂高高地举起，这下真的有点像大树的样子了。

在这段实录中，教师通过观察，发现了幼儿区域活动的特点——合作、模仿。随后教师让一名幼儿用自己的身体模仿大树，让另一名幼儿来测量。这样既增加了活动的趣味性，又创造了幼儿

图 8 - 3

合作活动的机会。测量概念和技能的获得需要幼儿的直接感知、亲身体验和实际操作。但是，操作材料往往单调、枯燥，难以激发幼儿的操作兴趣。因此，教师应提供形象的操作物体，并创造合作游戏的机会，以增加活动的乐趣。

实录三：大树究竟有多粗

幼儿对这一活动材料的兴趣逐渐回升。随着游戏的推进，大部分幼儿都能熟练地用自己的好办法来玩游戏了。某天，黄迎晨和余明星在用回形针测量，于是我上前询问："测量结果是什么？用了多少个回形针？"黄迎晨抓抓脑袋，一脸迷茫。我这才意识到，部分幼儿对测量根本无意识，只是单纯地用工具去围合大树。我尝试引导他数一数所使用的回形针的数量。随后他们互换角色，并统计了回形针的数量。余明星兴奋地叫道："黄迎晨，我比你多两个回形针，哈哈，我这棵大树比你粗。"

玩了几轮后，余明星可能是感觉有点热，于是他脱掉了厚厚的羽绒服。这下，可有新

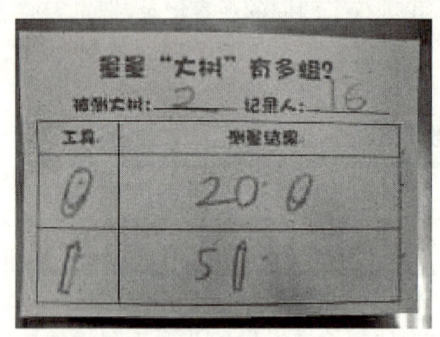

图 8-4

发现了！测量结果统计出来后，黄迎晨抓了抓脑袋，指着回形针说："怎么这次回形针变少了？"余明星说："你数错了吧？我来数。"再次清点结果还是一样。这是怎么回事呢？两人不约而同看着旁观的我。"对呀，同一棵树，怎么会变细了呢？"我问道。沉思片刻后，余明星的眼睛一亮："因为我把衣服脱了呀，当然变细喽！不信你也试试。""这是你们的新发现，很棒哦！"我在一旁赞许地望着他俩。于是，两个好朋友又开始了新一轮的探索。

在这段实录中，个别幼儿在不经意之间有了新发现：人有胖瘦之分，而衣服也有厚薄之别。在隆冬季节，穿上或脱下厚厚的棉服都能让测量结果发生变化。所以，同一棵"树"的测量结果也不是固定不变的。接下来，教师进一步推出了记录表，让幼儿尝试记录自己的测量方式和测量结果。这样做的意图是想给幼儿一个暗示，将材料的作用凸显出来，间接告诉他们材料的玩法。

实录四：讨厌的记录表

记录表的推出帮我们解决了测量数据的问题。但是，问题又随之而来。大树跟前的人气再次不足了，我找来几名之前特别喜欢这个游戏的幼儿询问原因。有的幼儿说："老师，我很喜欢玩这个游戏，但是我不太会记录，我可不可以不要记录呀？"也有的幼儿说："老师，我还没量过呢，某某老是想让我来记录。"听了幼儿的一番话，我终于发现了症结所在。

从这段实录中可以发现，记录对于班级部分幼儿来说一直是个挑战，幼儿认为记录是个麻烦事，谁都更愿意玩，而不愿意记录。幼儿希望没有负担地探索符合幼儿的年龄特点，而一旦他们把记录表看成是"负担"，自然敬而远之。但记录表作为帮助幼儿理解和比较测量结果的手段又必不可少。那么，怎样让幼儿喜欢上记录呢？

教师进一步推出了记录表展示区，利用原有的 KT 板大树树干，增设了展示卡槽，让

幼儿把记录好的表格插入卡槽内。当幼儿看到这一张张的记录表,他们会开心地告诉小伙伴,这是自己的记录表,记录的是哪棵树。幼儿还发现了新问题:为什么我们记录的是同一棵树,但是记录结果却不一样?当发现不同后,教师会利用分享时间,一起和幼儿验证到底谁的测量结果是正确的。

教师支持幼儿与同伴合作探究并分享交流,引导他们在交流中尝试整理、概括自己探究的成果,体验合作探究和发现的乐趣。和同伴一起讨论并分享自己的问题与发现,一起想办法验证猜测和收集资料,这才是幼儿自己的游戏。

案 例 分 析

区域活动是幼儿园一日生活当中极其重要的组成部分,对于幼儿的成长有不可替代的作用。而投放什么样的材料、如何投放材料才能既尊重幼儿的自主性又彰显和实现材料应有的教育意义?这是很多教师面临的问题。案例中的教师遇到了同样的问题:精心设计、旨在支持幼儿掌握测量技能的活动却屡次面临幼儿兴致不高的尴尬。最终,这位教师通过耐心观察、准确把握幼儿的需求和兴趣、抓住时机及时调整,重新激发了幼儿对活动材料的兴趣,并在这个过程中成功实现了材料应有的教育意义,帮助幼儿练习测量技能,建构测量的概念。

教师在指导幼儿开展数学区域的活动时,循序渐进地采取了几种策略:

(1) 追随式的互动策略。

案例中"量树"的区域材料由教师投放,但教师并没有在投放后就置之不理,而是仔细观察、记录了幼儿与材料的互动情况。在发现幼儿兴趣缺乏后,教师结合幼儿的行为表现,将材料中的静态大树换成幼儿的身体,使活动区的受欢迎程度回升。但教师并没有停止观察和反思的步伐,而是通过继续观察,及时增添了记录表格,并结合幼儿之后的表现变换了记录的形式。一系列的调整使原本看起来略显枯燥、玩法单一的测量活动变成了一个颇具趣味、玩法丰富的活动,这是教师积极追随、互动的结果。

(2) 及时捕捉和解读幼儿数学学习需要及兴趣。

幼儿都存在着"习惯化"的心理现象,即对于区域材料的兴趣会随着时间的推移而不断淡化。教师在观察过程中,不断根据幼儿的反馈,或进行语言引导,或调整活动材料,使得幼儿操作材料的活动一步步深化。幼儿的主体性得到充分发挥,他们的测量概念和技能的建构也获得了启发和促进。

(3) 借助材料和同伴的间接指导。

与数学集体教学活动相比,数学区域活动最大的特点在于幼儿在活动中的自主性和教师指导的隐蔽性。在区域活动中,教师的指导往往借助于材料和同伴的"间接指导"。案例中的教师通过引导同伴合作、设立展示卡槽、组织集体验证等方式,帮助幼儿实现了相互协作、集体建构。

行为解析与指导提示

区域活动是教师利用游戏特征创设环境,让幼儿以个别或小组的方式,自由选择,自主操作、探索、学习,从而在和环境的相互作用中积累、修正和表达自己的经验与感受,在获得快乐体验的同时获得身体、情感、认知及社会性等各方面发展的一种教育组织形式。我们知道,幼儿数学概念的建构是一个渐进的过程,是社会建构和自我建构协同并进的过程。基于此,区域活动对于幼儿数学概念的建构具有特别的意义。

较之集体教学活动,区域活动是以幼儿为主的活动,教师以间接的方式给予指导。投放活动材料以引导或帮助幼儿通过操作材料建构相应的数学概念,是教师间接指导的重要方式。教师投放在活动区的操作材料往往是经过精心设计的,但也会遇到幼儿不感兴趣的尴尬局面。对于这样的现象,教师需要分析背后的原因,再采取恰当的应对措施。一般而言,这种现象的背后可能有以下几个原因:

- 数学活动材料或任务太难了,主要是指幼儿不了解材料如何操作、如何使用,或者操作的方式过于复杂,幼儿难以理解。
- 相对于幼儿的年龄水平,数学活动材料或任务过于简单,对幼儿来说没有挑战性。
- 投放的数学活动材料操作过于单调,功能单一、结构单一、层次单一、玩法单一,没有留给幼儿足够的自主探索、发挥主体性的空间。

针对以上原因,教师可以采用以下几种方式对数学活动材料进行调整。

首先,教师在原有材料的基础上增加一部分新材料,使游戏出现新的转机,产生新的含义,激发幼儿新的探索兴趣。其次,教师在原有材料的基础上减掉一些材料,使游戏出现新的问题情境,从而产生新的游戏。最后,教师有意识地重复投放之前的一些材料,这将会收到意想不到的效果。当幼儿的知识经验发生变化时,这些相同的材料对幼儿的价值也会发生相应的变化,并且这些材料在与当前其他材料的组合中也会产生新的价值。

(王增收)

拓展资源

- 安·S.爱泼斯坦、苏珊娜·盖斯莉著,霍力岩等译:《我比你大,我五岁:学前儿童数学能力的发展》,教育科学出版社2012年版。

该书通过具体的案例介绍了高宽数学教学法的主要内容。高宽数学教学法将幼儿园的数学分为五个方面:分类、排序、数、空间、时间,每个方面下又有具体的关键经验以及观察记录项目。为了帮助幼儿获得这些关键经验,帮助教师对幼儿进行观察记录,该书每一部分的作者都设计了十个活动案例,用以支持幼儿数学能力的发展。这些活动案例体现了高宽课程的一贯追求:在生活化、游戏化的活动中学习。

第九章　艺术领域幼儿行为的指导

第 1 单元

怎样引导幼儿感受和欣赏美

单元导读

　　幼儿对周围世界的审美感知是他们进行审美创造的基础。作为教师要引导幼儿有目的地感受和欣赏日常生活中所蕴含的丰富的美的元素，使他们形成深刻的审美体验。通过本单元的学习，你将：

- 了解怎样引导幼儿感受和欣赏周围环境中的美；
- 了解怎样引导幼儿感受和欣赏经典的美术作品；
- 了解怎样引导幼儿感受和欣赏民间艺术之美。

1　怎样引导幼儿感受和欣赏周围环境中的美

体验与思考

　　生活中无处不蕴藏着美好的事物。作为教师，你如何引导幼儿欣赏周围环境中的美？

案例分享

关于"风"的那些事

上海市黄浦区思南新天地幼儿园　王婧

背景

　　散文诗《云彩和风》是大班"春夏秋冬"主题中的内容素材点。在幼儿欣赏散文诗《云彩和风》、知道云会变的基础上，我设计了集体美术活动"云朵的故事"，并在美术区中开展后续活动。我引导幼儿尝试根据云朵的外形进行添画，续编诗歌制作"云朵故事集"。

行为观察

在这天的美术区活动中，鑫鑫的行为引起了我的注意。他非常专注地在画面中央画着螺旋形的线条，我没有打断他的创作，继续关注他后续的行为表现。只听他嘴里念念有词：

图9-1

"天上的风儿真能干，吹呀吹，吹呀吹……" 鑫鑫一边在重复着"吹呀吹"，一边不停地重复画着螺旋形线条。

我轻轻靠近他，用散文诗中的语言和他交流："天上的云朵真有趣，天上的风儿真能干，云朵和风发生了什么有趣的故事呀？"鑫鑫显然对他的作品很满意："我在画风，这风可大了，把云都吹散了。"接着他又投入到他的创作中。

区域活动交流的时候，我请鑫鑫和大家分享了他的作品。我先请幼儿猜猜这是什么。有的幼儿说是棒棒糖，有的说是陀螺。鑫鑫有点着急地叫着："这是风！它在吹云。"这时有个幼儿说："风是看不见的，看不见怎么画呀？"于是，我提问："看来风儿很会捉迷藏，哪些地方能找到它呢？"这下，大家你一言我一语，讨论变得热闹了。

"怎么画风"的问题显然已经在讨论中发展成了"风在哪里"。美术区活动的重点自然而然地从云朵变成了风儿，"风儿故事集"的诞生顺理成章。幼儿开始热衷于画风，但接下来几天他们的作品中大多是简单和重复的线条。

行为指导的策略与效果

根据幼儿的情况，我设计并组织开展了"关于风的那些事"系列活动。

● 欣赏感受。为了帮助幼儿认识风的表现形式，我在益智区中以游戏的形式组织开展了名画欣赏活动"画里的风"。我将《星空》《秋叶》《奔马图》和《几米图画》等塑封成册，鼓励幼儿把画面中藏起来的风找出来。同时我在语言区组织开展"书里的风"阅读活动，投放《风到哪里去了》《风从哪里来》《风喜欢和我玩》和《好大的风》等绘本故事，引导幼儿在故事

情境中认识风的特性。在幼儿对风有了感性认知后，我组织进行"生活里的风"外出活动，让幼儿在马路边、草地上、操场中积累有益的直接经验，了解风与人们生活的密切关系。

● 经验分享。在幼儿积累了丰富的经验后，我们通过集中展示的形式进行了经验的分享。幼儿各自从家中带来了自己收集的关于风的资料。有的幼儿带来了风车、扇子、打气筒，他们积极探索着"风从哪里来"。有的幼儿带来了在生活中寻找风的照片，如飞扬的裙摆、飘动的国旗……他们用心寻找着"风的足

图9-2

图9-3　　　　　　　　　　　　图9-4

迹"。还有的幼儿诵读着"夜来风雨声,花落知多少""野火烧不尽,春风吹又生",那是他们和爸爸妈妈一起收集的"风的诗歌集"。我将这些资料布置在区域墙面上,形成了"风的故事"素材墙,为幼儿下阶段的表达表现搭建支架。

图9-5

● 梳理提升。有了经验分享的基础,如何梳理并提升幼儿零星的经验成了我思考的重点。于是,"有趣的风"集体活动诞生了。活动目的在于让幼儿运用多种感官了解风的存在和特性,尽可能地调动他们的已有经验,帮助幼儿回忆和梳理。活动中幼儿通过听一听风的声音,知道风看不见也摸不到,但是能感觉到;通过看一看风的视频,讨论风的作用,了解风的好处和危害;通过找一找风的足迹,尝试运用扇子、气筒、塑料袋等多种材料制造风,感受空气流动产生的风。活动后,幼儿感知了风的存在,并在操作活动中,初步理解了风的形成。

"风儿故事集"还在美术区中继续绘编着,我欣喜地发现幼儿不再用简单的线条表现风的形态。在幼儿的故事中,风儿一会儿在和晾衣架上的衣物打招呼(图9-6,作品1),一会儿在和女孩子的长发跳着舞(图9-6,作品2),一会儿还带着秋叶去旅行(图9-6,作品3）。在这一幅幅的作品中，幼儿表达着对风的新的认识和体验。

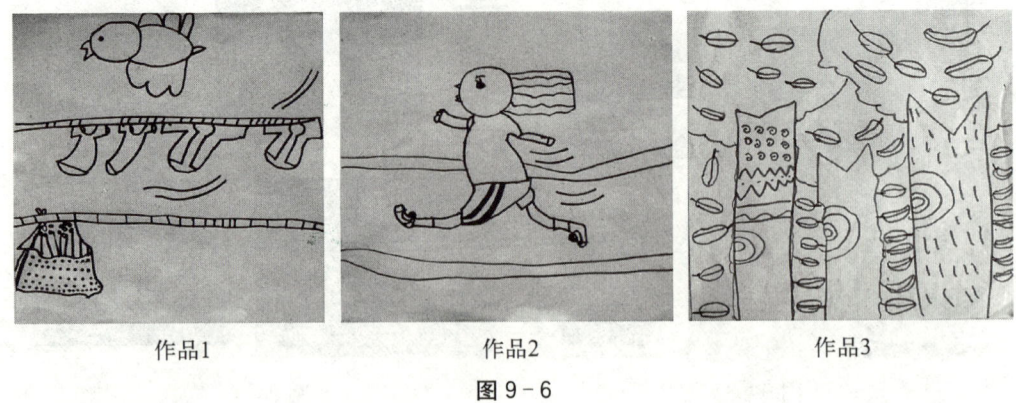

作品1　　　　　　作品2　　　　　　作品3

图9-6

案例分析

风是我们在日常生活中经常感受到的一种自然现象。风是看不见摸不着的，所以"如何画风"是对幼儿知识经验和表现技能的双重挑战。案例中，教师及时捕捉到了幼儿的想法——"风是看不见的，看不见怎么画呀？"并对幼儿的想法给予支持，推进了让幼儿感受、体验风的存在的系列活动。

教师首先捕捉到幼儿在美术区中画螺旋形线条的独特表现方式，并在对话中了解到幼儿画风的艺术冲动。在集体交流的环节，教师在幼儿的讨论中及时捕捉到了幼儿"风是看不见的，看不见怎么画呀？"的想法，并将其引到"哪些地方能找到它"的问题上。教师顺应了幼儿的表现兴趣，同时为了化解如何"画风"这一挑战，通过各种途径丰富幼儿对于风的审美体验。具体来说，教师通过引导幼儿看名画、绘本中如何表现风，找找生活中风的足迹，诵读关于风的诗歌，动手实验感受风的形成原理等，为幼儿后续自由表现风搭建了支架。从幼儿前后两次对风的表现中，我们可以清晰地感受到，在幼儿积累了丰富的审美体验后，他们的艺术表现能力也有了显著的提高。

行为解析与指导提示

成人的引导对于提升幼儿审美感受的重要作用

世界的每个角落都有美，美无处不在，等待着我们注意到它。幼儿由于自身的年龄、知识经验、思维发展水平的局限，难以自己发现美，需要成人经常有意识地带领、组织和引导他们进行感知和体验，帮助他们更好地认识和辨别周围生活中的美的元素，提升他们的审美感受。

和幼儿一起感受、发现、欣赏自然环境与人文景观中的美的事物

- 和幼儿一起欣赏大自然的景色,到大自然中寻找美、发现美。大自然是艺术之美的源泉,自然界中的湖光山色、花草树木、鸟叫虫鸣、四季变迁都蕴含着无尽的美。
- 带领幼儿参观园林、名胜古迹等人文景观,讲讲有关的历史故事、传说,与幼儿一起谈论和交流对美的感受。
- 城市生活中同样充满了美好的事物,只要善于细心观察,就会发现宽广的马路、雄伟的高楼、变幻的霓虹灯、琳琅满目的橱窗等都是培养美感和审美能力的丰富内容。

和幼儿一起发现事物的美的特征,感受和欣赏美

- 让幼儿观察常见动植物和其他物体,引导幼儿发现它们的美,如形状、色彩、空间等。
- 让幼儿倾听和分辨各种声响,引导他们表达对声音的音色、强弱、快慢等的感受。
- 支持幼儿收集自己喜欢的物品,并和他们一起欣赏。

在欣赏美的过程中,注重幼儿自主的感知、想象和感受

和幼儿一起谈论他们见到的、听到的事物,尊重和鼓励幼儿用语言、动作、表情等方式表达,并支持幼儿与别人分享自己的感受。

(侯素雯)

 2 ## 怎样引导幼儿感受和欣赏经典的美术作品

体验与思考

1. 你是如何引导幼儿感受和欣赏经典的美术作品的?

2. 当幼儿欣赏大师的经典之作时,教师应该尊重大师创作的本意,还是尊重幼儿的感受?

案例分享

孩子眼里的"马蒂斯"

上海市黄浦区思南新天地幼儿园　顾雯怡

我在班里的美工角投放了很多材料,供幼儿自由创作。自从投放了各色即时贴后,我发现幼儿很喜欢剪剪贴贴。一开始只是很随意地贴,后来幼儿渐渐贴出些造型来,比如圣

诞树、小房子等。这让我想到了一位艺术大师——马蒂斯。我想，马蒂斯的作品色彩艳丽、大胆，也有许多剪贴作品，或许会让幼儿很喜欢。于是我将马蒂斯的各类作品投放于区角中（包括剪贴作品、油画）。果然，这引起了孩子们热烈的讨论。

美工区幼儿的自主欣赏

我在美工区准备了《国王的悲伤》《舞蹈》《戴帽子的女人》等几幅作品。

图9-7

图9-8

图9-9

通过几天观察，我发现幼儿非常喜欢这些色彩艳丽、人物动作夸张的作品。几个人常在一起互相议论，猜测画面中的内容，对其中的颜色和线条以及一些与众不同的表现手法充满了好奇。尤其是《国王的悲伤》，幼儿更是对作品里的人物产生了兴趣。悦悦指了指作品中间黑色的东西，说："我觉得这个黑黑布里头一定装着一个小宝宝！旁边白白的像白马，在照顾着小宝宝。"一旁的童童笑着说，"我觉得这个不是白马，应该是个人。你看他好像在拉琴。"雯雯想了想，表示同意："这里面一定有个有趣的故事。我觉得是个七彩城堡的故事。"一旁的童童和悦悦都开心地大笑起来。

童童看到了旁边的《舞蹈》这幅作品，歪着头想了想："他们在围着圈圈跳舞吧。"悦悦也被吸引过去，点了点头："我也觉得是，他们的身体都歪歪扭扭了。"

相比之前两幅作品，幼儿对《戴帽子的女人》这幅作品的兴趣不大。很多幼儿只是在一开始好奇地看一看，但并没有过多地就作品展开对话。

集体教学活动的开展

由于发现幼儿对《国王的悲伤》更感兴趣，于是我收集了相关资料，开设了一节集体的美术欣赏教育活动。我设计的活动目标为：（1）欣赏马蒂斯的作品《国王的悲伤》，感受色彩的深浅、冷暖变化与作者心情之间的联系。（2）尝试通过让幼儿为大师的作品命名，加深其对马蒂斯作品的感受和理解。

活动环节一：说一说，你喜欢马蒂斯的作品吗

在活动的导入环节，我先向幼儿简单介绍了画家，然后出示了《国王的悲伤》这幅作品。从幼儿的兴趣点出发，我问道："你喜欢这幅作品吗？喜欢作品的什么地方呢？这幅画给了你什么样的感觉呢？"大部分幼儿都喜欢这幅作品。来来说："颜色很多，很漂亮。"琪琪说："我觉得颜色很鲜艳。"于是，我顺应幼儿的回答，先从作品艳丽而夸张的色彩的角度欣赏，引起幼儿的共鸣，逐步带领幼儿走进马蒂斯的艺术世界。

活动环节二：与马蒂斯的色彩对话

我问道："你都发现画面中有哪些颜色？你喜欢哪种颜色？为什么？"乐乐说："我看见了黑色，我觉得黑色像是黑黑的夜晚，让人觉得很害怕、很孤单。"俊俊说："我看到了白色，想到了鸽子，因为鸽子象征着和平。"小宇说："我看到了很多蓝色，还有点黄色。我喜欢黄色，很好看，很像是树叶。"然后我再提问："马蒂斯爷爷在这幅作品中哪个颜色用得最多？为什么？他心情怎样？"童童说："我觉得蓝色也很多。蓝色像大海，冷冷的。"贝贝说："我觉得黑色最多。黑色让人看着有点害怕，可能他心情是难过的吧。"

活动环节三：一起为作品取名

"你们觉得这幅画里面会有什么样的故事呢？试试给它取个名字。"幼儿一下子来了兴趣，纷纷把自己的猜想说了出来，能力强的幼儿还编起了小故事。有的将作品取名为"舞台"，我回应道："这是根据场景来取名的。"有的将作品取名为"难过"，我回应道："这是根据画里的心情来取名的。"看到雯雯若有所思的样子，我特地请她来说一说。雯雯想了想说："里面有个很难过的故事。可能黑黑的那个小婴儿在哭吧，因为大家都不要他。所以，我给它取名为'要加油'。"我对她的善良抱以微笑，同时我对雯雯能转变自己的想法表示鼓励。然后，我介绍了作品的名字——《国王的悲伤》。由于名字和幼儿的理解有些不同，大家都有些惊讶地看着我。我慢慢把作品背后的色彩知识告诉了大家。幼儿渐渐从作品的细节中体会到了作品名字的由来。我小结道："很多时候，作品里的色彩是可以反映画家的心情的。红色、黄色、橘色这些暖暖的颜色代表着快乐的心情，蓝色、紫色、黑色这些代表着难过的心情。"

活动环节四：色彩反映了作者的心情

最后我提问道："现在你能知道马蒂斯爷爷画画的心情是怎样的吗？从哪里看出来的？"乐乐说："黑黑的颜色是冷冷的颜色，说明作家爷爷画画时心情不好。"天天说："里面蓝颜色也很多，也代表着难过的心情。"还有的幼儿想法不同，贝贝认为："马蒂斯爷爷画画时的心情有些难过悲伤的，难过让树叶也飘落了下来。"小宇说："中间那个原来是国王呀，他两手举起，好像在求救一样，一定遇到了难过的事。"我结合幼儿的回答，总结道："很多时候，除了颜色可以表达出心情，画里的动作、景物也能表现出画家的心情。"

美术活动结束后，我又鼓励幼儿试着将欣赏经验结合到别的抽象画作品中去，找找除了色彩、动作、景物外还有什么地方可以反映画家的心情，同时，我也鼓励幼儿试着为马蒂斯爷爷别的作品命名。

案 例 分 析

本案例中的集体教学活动来源于幼儿在个别化学习活动中的共性问题，充分体现了教师正确的儿童观和课程观。只有心中有幼儿、仔细观察幼儿如何与材料进行互动的教师，才能够及时捕捉到幼儿的兴趣与问题，并以此作为集体教学活动的内容。来源于幼儿兴趣的活动才是真正的课程。

在设计活动目标时，教师将活动定位成美术欣赏活动，并以感受作品色彩与情感之间的联系作为活动重点，较为符合中班幼儿的年龄特点、审美趣味和欣赏水平。活动中，教师能够给幼儿充分的时间进行审美感受，通过询问幼儿是否喜欢这幅作品、为什么喜欢充分给予幼儿话语权，让他们发表属于自己独有的审美感受，并为后续的引导欣赏环节做好铺垫。当幼儿说出与画家创作原意不符的意见时，教师并没有立即否定幼儿的表达，而是引导幼儿通过观察、联想、想象进行充分的情感体验，在幼儿与作品充分对话的基础上，给予相应的暗示，提升幼儿的审美能力。整个活动建立在开放、自由、平等的审美情境中，教师不再是权威和专家，而是与幼儿组成学习共同体，同幼儿一起共同学习、共同成长。

行为解析与指导提示

源于幼儿兴趣的活动才能激发幼儿的欣赏意愿

兴趣是最好的老师。只有幼儿真正感兴趣的活动内容，才能激发起幼儿的学习动力。作为一名幼儿园教师，要学会引发幼儿的兴趣，更要学会发现幼儿的兴趣。例如上述案例中的教师，通过在个别化活动区里投放的各类美术材料，为幼儿创设了自由表达的机会；与此同时，她也能积极观察幼儿，通过及时的反思分析幼儿的审美兴趣，并以此作为集体教学活动的内容。那么，究竟如何引发、发现幼儿的兴趣呢？首先，教师需要降低活动结构。越是高结构的活动材料，越容易让幼儿根据教师预设的目标进行自主学习，而越是低结构的活动材料越能够为幼儿提供无限的创想空间。尤其是在艺术活动中，丰富的材料和轻松的氛围更容易激发幼儿学习和创作的兴趣。其次，教师需要学会观察儿童。观察时，教师不仅要明确观察目标、掌握观察技巧、记录观察信息，而且需要怀揣一颗宽容、尊重的心。当发现幼儿的"低级错误"时，不急于介入；当发现幼儿的焦点问题时，要能及时捕捉。只有这样，教师才能真正了解幼儿的学习方式，才能有效激发幼儿的学习兴趣。

尊重幼儿声音的对话才能体现互动的价值

接受美学告诉我们，艺术的魅力在于它的留白，因为，正是这些留白给每位欣赏者无限的遐想空间。由于每个欣赏者的审美倾向不同、审美能力有别，不同的人在感受同一幅作品的美时，他们所获得的审美体验会产生很大的差异。因此，欣赏艺术应该是世界上最没有标准的活动之一。作为一名幼儿园教师，需要懂得艺术的多元性，并运用艺术的审美特性为幼儿营造宽松、活跃的学习气氛，让幼儿能够主动、大胆、自由地参与活动，以提高学习效果。尤其是当幼儿在和大师作品进行对话时，切勿因为幼儿的感受与画家的原意不符，就急于否定幼儿的回答。要知道，只有尊重幼儿声音的对话，才是真正意义上的互动。

（陈莉）

怎样引导幼儿感受和欣赏民间艺术之美

体验与思考

生活中有哪些适合幼儿欣赏的民间艺术？如何引导幼儿欣赏民间艺术的独特之美？

案例分享

月亮姑娘的新衣裳

上海市黄浦区复兴中路第二幼儿园　郭苑

行为观察

在大班主题活动"我是中国人"中，有一个学习内容"蓝印花布"。活动的目标是通过欣赏各种蓝印花布制品，让幼儿尝试蓝印花布的制作，感受民族手工艺的美。蓝印花布是什么？幼儿带着这样的疑问，在教学过程中出现了以下情景。

老师："孩子们，你们知道什么是蓝印花布吗？"大多数幼儿只是愣愣地看着我。"那你们猜猜，蓝印花布会是什么样的呢？"我接着提醒他们。"是蓝颜色的。"一个比较聪明的幼儿好不容易憋出了一句话，而其他的幼儿还是愣愣地看着我。

老师为幼儿找来了一些蓝印花布："瞧，这些就是工人叔叔做好的蓝印花布。你们快来看看上面有些什么图案？"

幼儿仔细观察着："有花、有鱼……""那你们觉得在布上可以画些什么图案呢？""嗯，我要画爱心。""我可以画一个小女孩。""我要画一个机器人。"幼儿只想着要把自己喜欢的图案呈现在布上，可这样的图案适合中国特有的蓝印花布吗？

行为产生的原因分析

我认真分析原因，之所以出现这样尴尬的局面，主要是由于幼儿缺乏关于蓝印花布的知识。他们不知道蓝印花布是什么，更不了解蓝印花布上的图案是具有中国元素的图案。在这样的情况下进行集体教学活动，显然不行，我必须帮助幼儿积累先期知识。按照以往的做法，我会让幼儿收集各种有关蓝印花布的图片和实物，可这样一来又增加了家长的负担。有什么更好的办法吗？语言区域中的绘本《月亮姑娘做衣裳》引起了我的注意。

行为指导的策略与效果

《月亮姑娘做衣裳》是一本中国风格的绘本，在书中的每个角落，都能发现中国元素，屏风、服装、器皿上都能看到蓝印花布的影子。于是，我打算在讲述故事的同时，引导幼儿细致观察图书中各种用蓝印花布做成的物品，以及这些蓝印花布上不同的花纹与图案，从而让幼儿发现蓝印花布的美。

老师："孩子们，你们觉得月亮姑娘做衣服的布漂亮吗？"幼儿都表示同意。

"哪里漂亮呢？"幼儿仔细地观察着、讨论着。

贝贝说："衣物上有许多漂亮的花纹。"

雨婷说："有大朵的花，还有长长的枝条，这些枝条弯弯曲曲，也很漂亮。"

"月亮姑娘做衣服的布有什么特别的地方吗？"

小兢观察了一会儿说："我们平时看到的布有各种颜色，这本书里的布只有蓝和白两种颜色。"

"是呀，这种布有一个好听的名字——蓝印花布，布上有哪些花纹呢？"

"有小鸡的脚印。""有像鱼鳞的花纹。""这个花纹有点像云。""你看你看，这里像不像梅花。"

"这些花纹和我们平时画的花纹一样吗？"

"布上的花纹是重复的、左右对称的。""花朵下的树枝都是弯来弯去的。"

这时，我适时地告诉幼儿：这种云、鱼鳞、波浪，以及各种花卉的图案都是我们中国的传统图案，是古时候的人们将各种简洁的形状和自然界的动植物组合起来并加以美化而形成的，大多具有上下、左右、四周对称的特点。这些图案具有吉祥如意的含义，比如：花瓶代表着平平安安，帆船寓意一帆风顺，乌龟象征长寿等，老百姓在衣服上使用这些花纹表达了他们对生活的美好祝福。随着我的介绍，幼儿渐渐感受到了蓝印花布上的中式纹样的特点。正在这时，我提出了创造的要求："在故事中，最后月亮姑娘没有做成衣裳，她想请你们帮助她，每人设计一块蓝印花布，做成不同大小的衣裳，这样不管月亮姑娘变大变小，都能有衣裳穿了。"在创作过程中，大部分幼儿首先按照老师的提示用白色蜡笔在图画纸上进行绘制。有的在纸的中间画上了自己喜欢的图案，再在四周装饰细小对称的几何图形；有的是直接在纸上绘画具有情景的内容；还有的参照图书中的样子，绘制各种花卉……

图 9-10

图 9-11

当幼儿完成作品后,出现在大家面前的还是一张白纸,上面的花纹也模糊不清。怎么让画纸变成蓝色,呈现出美丽的花纹呢?有些孩子已经准备拿出蓝色蜡笔进行涂色了。我笑着对他们说:"今天,老师来变一个魔术。让这张白色的纸一下子变成蓝色。"于是,我将画纸慢慢浸入蓝色颜料水中,利用水油分离的原理,使作品呈现出蓝白两色的效果,幼儿绘制的花纹也出现在画纸上。这一神奇的方法引起了幼儿的浓厚兴趣,他们纷纷抢着亲自动手试一试,有些幼儿为了体验水油分离的过程还反复绘制、浸染。

最后,具有中国特色的"蓝印花布"呈现在幼儿、老师的面前。大家一起动手用这些"蓝印花布"剪出各种样式和大小的旗袍、手提包等服装、用品。

案 例 分 析

(1) 经验影响了幼儿参与活动的积极性。

经验是从多次实践中得到的知识或技能。对于幼儿来说,经验就是他们在一日生活中通过观察、倾听等方式所获得的直接经验和间接经验。但是,无论是哪一类经验都会影响幼儿参与活动的主动性和积极性。例如,在本案例中,当教师提出"什么是蓝印花布"这一问题时,幼儿的表现是"愣愣地看着"教师,在"猜猜蓝印花布会是什么样的"的提示下,聪明的幼儿也只能"好不容易憋出了一句话"。可见,当幼儿缺乏相关认知经验时,就无法接过教师抛来的球,即使再聪明、再积极的幼儿也或许只能无奈地愣住。

(2) 经验决定了幼儿在活动中的表达方式。

美术活动中的表达是建立在幼儿充分感受和体验的基础上的,因此幼儿的认知经验和技能水平往往会决定他们最终的表达。在本案例中,虽然教师再三强调了蓝印花布上"中式纹样"的特点,但是最终幼儿呈现出来的依旧是他们平时画的几何图形、花、衣服和月亮等,而教师展示的花瓶、乌龟、帆船、鱼鳞等具有特殊寓意的图案却无一展现于幼儿的作品中。可见,幼儿的创造性表现是建立在其认知经验和美术技能的基础上的。他们虽然通过绘本对蓝印花布有了一些直观感受,但是从他们的作品来分析,绘本《月亮姑娘做衣裳》留给他们的只有蓝印花布中"对称、重复"等构图技法的要求,而那些具有祝福寓意的花瓶、帆船、乌龟等图案,由于不属于他们的审美趣味,很难在一次活动中引起他们的审美体验,因此,这些图案没能成功地展现在他们的作品中也属于合理情况。

行为解析与指导提示

面对冷场,先考虑活动内容是否适合

一般而言,大班幼儿都能够积极地参加各类活动并愿意接受活动中的挑战。一旦在

活动之初就出现冷场,多半都是由于活动内容的不适宜而导致幼儿无法应对。教师生推硬拉或许也能完成整个活动,但是往往这样的活动会成为教师的"一言堂",只有教师的演绎而缺乏了师幼之间的有效互动,用教师的教代替了幼儿的学。因此,活动开展之前首先需要对活动内容做慎重的筛选。选择活动内容时应注意两点:第一,与主题完全匹配的活动内容。教材中所提供的点是最直接的内容来源,可以根据教材的主题核心经验和教材中的素材点设计出本班幼儿感兴趣的活动内容。第二,与主题相关的活动内容。有些内容或许不是教材里的,但是和教材有着密切的联系,这样的内容是否可用往往需要考虑幼儿的认知经验和技能水平。例如,案例中的蓝印花布很明显不属于本班幼儿的认知范畴,如果是有民俗特色的幼儿园或者幼儿去过印染坊,那么开展这样的活动或许就不会出现如此的尴尬局面。

巧用绘本,在情境中渗透对新事物的介绍

活动的组织方式往往会影响活动的有效开展,因此组织的设计也会成为关键问题。要介绍一个幼儿没有直观感受过的新事物,利用单纯的语言描述可能会枯燥无味,使幼儿越听越觉得味如嚼蜡,但是如果能够巧用绘本来进行介绍,让幼儿在一定的情境下一边欣赏一边学习,则能够有效激发起幼儿对新事物的学习兴趣。另外,艺术的欣赏不仅仅包括美术欣赏和音乐欣赏,借助绘本的欣赏也是审美活动的重要组成部分。在美术活动中有机地整合语言的素材,既能给予幼儿双重的审美享受,又能够以润物细无声的方式向幼儿介绍新的事物,使得一次活动的价值最大化。

欣赏为主,弱化对幼儿技能的要求,鼓励幼儿自由创造

在一次美术活动中,尤其是以非主题素材为内容的活动中,最关键的是要明确其价值定位。例如本案例中的活动,由于幼儿是第一次接触蓝印花布,活动的重点可能需要放在欣赏上。当然欣赏也有侧重点,究竟是欣赏蓝印花布的色彩、造型还是构图,最终会决定幼儿将以何种方式来进行表达。若幼儿缺乏对审美对象的认知经验,建议少关注幼儿的表现技能和结果,多关注幼儿在活动中的主动性、兴趣性等学习品质,让幼儿在自由、轻松的氛围中愉快地审美。

(陈莉)

实践与策略篇

拓展资源

- 屠美如主编:《儿童美术欣赏教育研究》,教育科学出版社 2001 年版。

该书主要研究对儿童进行美术欣赏教育的基本原理、课程框架及具体实施。该书不仅提供了美术欣赏的基础知识,而且在大量实践的基础上,提出了全套的美术欣赏设计方案和一些典型的教学实录,可供教师直接参考使用。

第 2 单元
怎样引导幼儿喜欢并大胆地进行艺术表现

单元导读

艺术是幼儿的一种语言。当幼儿还不善于使用语言的时候,他们已经会用肢体语言、声音或图画来表达自己的意愿和感受了。呵护幼儿艺术表现的天性,培养幼儿艺术表现的兴趣是早期艺术教育的重点。通过本单元的学习,你将:

- 了解怎样激发幼儿艺术表现的兴趣;
- 了解怎样鼓励幼儿大胆地进行艺术表现;
- 了解怎样回应幼儿艺术表现中的"意外"。

1 怎样激发幼儿艺术表现的兴趣

体验与思考

1. 幼儿喜欢进行哪些艺术表现活动?
2. 当幼儿不愿意参与艺术表现活动时,你会怎么做?

案例分享

我是英雄猫

上海市黄浦区松雪街幼儿园 常菁

活动背景

经典动画《猫和老鼠》深受孩子们的喜爱。我设计的大班音乐活动《猫和老鼠》以此为素材,讲述有关爱开玩笑的老鼠和爱臭美的猫之间的故事。活动设计以游戏情境为背景。第一个环节让幼儿在听辨音乐的过程中感受老鼠悄悄地跟在爱臭美的猫身后的有趣形象,并引导幼儿自发地模仿老鼠学猫走路的样子。第二个环节让幼儿聆听老鼠被猫识破、猫开始戏弄老鼠的有趣音乐,并引导他们进行猫抓老鼠的游戏。我觉得贴近幼儿生活经验的音乐活动肯定会引起他们的兴趣,活动一定会取得成功。

行为观察

在活动导入环节,我以一个小老鼠想和猫开个玩笑的简短故事,引起了孩子们的兴趣。于是,孩子们跟着音乐扮作老鼠开始学猫走路的样子。到第二次模仿的时候,杰杰却没跟大家一起游戏,我问:"这只小老鼠,你刚才为什么不出来呀?"杰杰看了我一眼,坚定地回答:"我不想做爱臭美的猫的动作,像小姑娘一样。"

我回应道:"小老鼠肯定也觉得这只爱臭美的猫的动作有点滑稽,所以是在跟它开玩笑啊!"杰杰听了没有说话。虽然他在我的鼓动下,还是和同伴共同参与了活动,但我注意到,在第二个环节中,当其他孩子积极举手想要扮演那只爱臭美的猫时,他始终没有举过手。游戏中,我用眼神、语言启发他,也未能改变他的想法。自始至终,杰杰都不愿做那只让他觉得有些别扭的猫,只是扮演小老鼠。

行为产生的原因分析

音乐游戏是每个幼儿都喜欢的活动,我在选取活动素材的时候,分析了素材是否符合幼儿的年龄特点、是否会引起幼儿的兴趣、是否与主题吻合等一系列相关因素,却忽视了幼儿是否有经验基础。

同时,这次律动活动模仿的对象是猫。猫的步态本身十分妩媚,尤其是我还把猫定义为爱臭美、爱跳舞的猫,再配上我示范时的优美动作,使得猫的形象更趋向于女性化。而大班幼儿的性别意识逐渐增强,在选材和示范中我忽略了男孩的感受,他们自然不愿模仿。

因此,我应该在活动之前先丰富幼儿的经验。为什么只有爱臭美的猫呢?为什么不可以出现些孩子们认识的、感兴趣的或喜欢的其他类型的猫呢?于是,我在活动中增加了不同角色类型的猫。

行为指导的策略与效果

首先,增强感受欣赏。

① 在个别化活动中,提供各种不同猫的视频,供幼儿欣赏。在幼儿面前展现各种不同形态的猫的形象、动态,引起他们观察与模仿的兴趣。

② 剪辑不同题材的有猫的跳舞动作的动画,丰富幼儿的动作经验。用舞蹈视频拓展幼儿对猫的动作的了解。幼儿在欣赏的同时,也在丰富着自己的动作经验。

其次,调整核心问题。

我将让幼儿模仿爱臭美的猫调整为让幼儿自由选择自己喜欢的猫进行表现。我请幼儿扮演不同的猫,启发幼儿想出不同于老师设计的猫的动作,让幼儿在"感受欣赏"的基础上,进行"表现与创造"。

活动再次开展时,活动不再是女孩子的天下。特别是当我问到"谁愿意来做小猫"时,男孩们也都非常踊跃。杰杰这次也大胆地举起了手。我问道:"我是一只爱臭美、爱跳舞的猫，你是一只什么猫？"他自豪地回答："我是一只英雄猫。"我追问："英雄猫是一只什么样的猫？"随即，杰杰就昂起头，充满力量地伸出双手往旁边一抓："英雄猫力气很大，能保护其他的猫，是很酷的猫。"我又问："刚才爱臭美的猫做了四个动作，你有四个动作吗？"他点点头。其实，这个要求对他来说是很大的挑战，但已经融入英雄角色的他，还是决定尝试。

案例分析

(1) 幼儿在艺术表现上存在着性别差异。

每个幼儿都是独特的。教师通常会关注幼儿性格的不同、生活经验的不同，却往往忽视了幼儿性别的差异。案例中拒绝参与活动的幼儿是名男孩，教师通过观察，发现大班幼儿有了一定的性别意识，因而他不愿意表现女性化的形象。之后，教师对活动要求做出调整，激发男孩积极参与活动的兴趣，这是非常值得学习的。

(2) 幼儿感兴趣不等于会表现。

幼儿只有感知真实的事物，并由此积累起感知经验，才能进行艺术表现，从而提高表现能力。案例中的教师通过反思，发现猫虽是幼儿熟悉与感兴趣的对象，但幼儿在活动前却没有进一步感受与体验的机会。于是，教师在个别化学习活动中给予了幼儿大量感受艺术作品的机会，丰富他们的体验。当然，教师引导幼儿感受的内容可以再丰富些，除了艺术作品之外，还可提供真实的猫与老鼠的图片、视频等。感受的途径可再多样些，除了音乐感受外，还可以通过美术活动区感受，如画画猫、鼠及它们之间有趣的故事，通过生活中的随机感受，观察家里或小区里的猫等。只有通过多渠道多手段充分感受，幼儿的体验才能更真实与强烈。

行为解析与指导提示

幼儿不愿意进行艺术表现的原因

- 幼儿缺乏经验无从表现。幼儿是在与外界的不断接触与互动中，形成审美心理意向，再进行艺术表现的。若缺乏亲身的感受与真切的体验，则如巧妇难为无米之炊，很难进行自我表现。

- 在教师的统一要求下，幼儿不能自由表现。幼儿的艺术表现是自发的、稚拙的且不按教师预想进行的。同时幼儿的艺术表现存在很大的个体差异，这些差异常常是由幼儿的认知水平、已有经验、表现机会、兴趣个性等多种原因造成的。而在集体艺术活动中教师往往提出统一的要求，忽视了幼儿艺术表现的差异，较大程度上限制了幼儿的想象力与创造力,使得幼儿不能、也不敢自由表现。

激发幼儿艺术表现兴趣的策略

- 创设丰富的生活环境让幼儿多感受、愿表现。

生活是艺术的源泉,与其让幼儿机械地模仿,不如多让幼儿感受生活、体会生活,积累感性经验与素材,这样幼儿才会以自己的方式对印象深刻的事物进行表现。教师在艺术活动选材时要变"从教材出发"为"从幼儿出发",即通过观察,找到幼儿在感受过程中感兴趣的内容后再来选材,这样才能获得事半功倍的效果。引导幼儿感受美的途径与内容有:在幼儿园的春秋游活动、每日的散步活动中让幼儿欣赏自然界美丽的景色,关注景物的色彩、形态等特征;让幼儿欣赏自然界美好及有特点的声音,使其乐意模仿并产生相应的联想等。结合主题活动,通过家园间的一些亲子活动等,让幼儿参观人文景观(园林、名胜等),对其讲讲有关的历史故事、传说,并与幼儿一起讨论交流对美的感受。通过区角等活动提供多种适宜的艺术作品丰富幼儿的感受体验,激发幼儿艺术表现的意愿。

- 营造宽松的心理环境让幼儿放轻松、敢表现。

幼儿天生是爱模仿的,但不能要求幼儿进行整齐划一的模仿,因为艺术是个体的感悟与体验,被动地模仿不但不利于幼儿的自我表达,而且还会扼杀他们大胆的想象力与创造力。以"花"为例,不同个性特点的幼儿对花的关注点是不同的,其表现也是不同的,如:关注花的形态的幼儿可能会用肢体动作进行表现;关注花的色彩的幼儿可能会用色彩或符号进行表征;还有的幼儿可能会用歌唱的形式表达自己对花儿的感受。所以在同一目标指向下的集体艺术活动中,教师要相信幼儿"能"表现,并关注个体差异,营造让幼儿"敢"于运用多种方式表现的氛围。与其"请你照我这样做",不如引导"你想怎么做""还可以怎么做"。如可以设置开放性问题,让幼儿自由表现;也可以在一段时间内对幼儿的表现不作评价,而是给予其足够的空间与时间,激发其富有童趣童真的创意。

(钱双)

2 怎样鼓励幼儿大胆地进行艺术表现

体验与思考

1. 幼儿不能大胆地进行艺术表现的原因有哪些?
2. 你如何支持幼儿自信地进行艺术表现?

亮亮，走进属于自己的音乐世界

上海市黄浦区星光幼儿园　曹丛岭

行为观察

- 集体音乐活动中的行为观察。

音乐欣赏活动"乘小船"开始了，孩子们开始听着音乐表现"摇着船桨乘小船"的情境。"怎样摇船桨呢？"我的话音刚落，孩子们就开始了积极的尝试。只见亮亮站在教室一边，看着同伴们活动。音乐响起时，亮亮左顾右盼，一会儿模仿身边同伴的动作（双手摇桨）、一会儿学着另一位伙伴的动作（交叉摇桨）……

- 个别化音乐活动中的行为观察。

个别化学习活动的时间到了，亮亮来到了音乐区选择坐在台下，看着小舞台上的伙伴。我对他说："你怎么不到小舞台上？""要自己设计动作，我想不出，做出来的动作很难看！"亮亮回答道。说完，他继续边看边手舞足蹈地学着台上的同伴的表演。

行为产生的原因分析

从两个活动的情况来看，亮亮是一个比较喜欢音乐的男孩子，但在音乐欣赏中很少表现自己。亮亮缺乏艺术表现与创造能力的原因主要有以下几方面。

- 缺乏表达的自信。

亮亮在对于音乐的表现方面缺乏自信心，"我不会""我的动作难看""想不出"等借口是亮亮给予自己的心理暗示。因此每当听完音乐需要用自己的方式表现音乐时，他就退缩了。当要求他用独特的方式表现音乐时，他缺乏自信，不知所措。

- 缺少表现的基本方法。

从亮亮平时的表现看，在音乐活动中的感受音乐环节他非常投入，情绪高涨，但每当需要跟着音乐用自己的方式表现时，亮亮总是摆出同一个动作，当老师要求变换表现的动作时，他就会不知所措。他最常用的方法就是用眼神瞟着身边同伴的动作表现，然后悄悄地跟着模仿。可见，亮亮对音乐活动是感兴趣的，但是他缺乏的是表现音乐的基本动作与方法，这使亮亮对于音乐的表达与创造受到了一定的阻碍。

- 个性循规蹈矩，思维习惯定式。

亮亮较为谨慎、乖巧、拘谨，这种个性限制了亮亮对于音乐内在的想象与表达。乖巧的他常常会揣摩教师的心理，这也使他缺少想象与创造的勇气。

行为指导的策略与效果

面对这样一个热爱音乐却缺乏表现能力与创造能力的男孩，我该如何开启他的音乐表现力？我为他量身定制了一套行为指导方案。

- 创设多种机会，从心理上给予幼儿积极的暗示。

在歌唱活动中，我常常请亮亮担任领唱。起初亮亮有些害羞，但随着同伴的掌声响起,亮亮的歌声也逐渐坚定。

班级的"我是小歌手"活动开始了,亮亮主动报名,参加竞选。经过自选歌曲、指定歌曲轮轮筛选,最后剩下六名孩子,亮亮就是其中之一。最后一轮筛选就是听音乐即兴表演。只见亮亮脸蛋涨得通红,听着音乐表现"风儿的故事",赢得了大家的赞许,最终竞选成功!亮亮在音乐唱歌方面的优势与自信逐渐迁移到对于音乐的表现与创造中。

● 家园携手合作,增加幼儿感受多元艺术的机会。

我向家长推荐了一些适合亮亮听赏的 CD。同时,我也请家长常带亮亮参加在音乐学院附小定期举行的小型音乐会,增加亮亮在家中感受音乐的机会,让他接触各种类型的音乐。家园合力一同增强亮亮的音乐感受力,音乐逐渐走进了亮亮的内心。

● 从模仿入手,让幼儿逐渐获得表现音乐的勇气。

我采用先模仿后创造的过程,让亮亮在音乐活动中从结伴表现音乐逐渐过渡到自己独立尝试表现,允许亮亮模仿自己喜欢的音乐表达方式,并及时给予其肯定与鼓励。在此基础上,我激励他逐渐尝试自己表达乃至创造,亮亮逐渐感受到了表现音乐的乐趣!

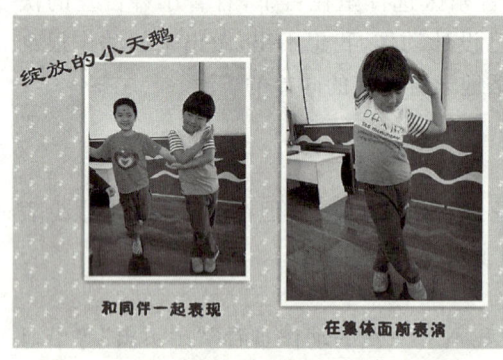

绽放的小天鹅

和同伴一起表现

在集体面前表演

图 9 - 12

● 追随兴趣,点燃幼儿大胆表达的热情。

我尽力地提升自己寻找音乐欣赏活动内容及设计音乐欣赏活动的能力,让音乐欣赏的内容源于幼儿的兴趣。我设计了"天鹅""解放军""吹泡泡"等音乐欣赏活动,由于这些音乐活动来源于生活,亮亮表现起来更为轻松。同时,在活动中我以更为开放的心态给予亮亮自由表现音乐的机会,用欣赏、接纳的方式评价亮亮的表现,开启了他的音乐想象力。

一个学期以后,亮亮在音乐欣赏活动中,再也没有了左顾右盼,他快乐地用自己的方式表现着自己听到的音乐。

案 例 分 析

当亮亮在集体音乐活动中只是模仿同伴的动作,在个别化音乐活动中只是欣赏同伴的表演时,教师并没有武断地为这个幼儿贴上"不喜欢音乐"的标签,而是透过幼儿的行为表象分析幼儿出现这种现象的原因:缺乏自信、缺少方法、个性谨慎。针对以上原因,教师首先从幼儿的音乐强项——歌唱入手,在邀请其做领唱的过程中帮助他树立自信;又根据他爱模仿他人的特点,在活动中对其降低要求,允许他尽情模仿、学习同伴动作;同时找到贴近其生活与兴趣的题材,鼓励他在模仿的基础上进行创造性表现。

在这个案例中,教师在观察中等待、在理解中分析、在接纳中激励,最终使亮亮找到了属于自己的表现音乐的方式。值得学习的是,教师还注重发挥了家园共育的作用,向家长推荐适合幼儿在家欣赏的乐曲,并请家长带领幼儿欣赏音乐学院附小定期举行的小型音乐会等。这一切对于丰富幼儿的音乐感受、激发幼儿表现的欲望都具有积极的作用。

行为解析与指导提示

活动前——选材是首要的

音乐欣赏的乐曲应是曲式简单的、旋律明快的、音乐形象鲜明的作品,如《狮王进行曲》《水族馆》等。音乐欣赏的内容应是与幼儿生活贴近的、能够激发幼儿表现兴趣的活动。只有积累了丰富的生活经验,幼儿才能在音乐欣赏活动中产生相应的联想与迁移。案例中的教师就选择了"天鹅""解放军""吹泡泡"等幼儿熟悉并能够理解的主题。

活动中——接纳是必要的

在音乐欣赏的表现环节,教师要为幼儿创设宽松的心理氛围并做好接纳所有幼儿的表现的准备。一是要接纳幼儿的模仿行为,因为模仿是创造的基础。对不同表现水平的幼儿,教师要设置不同的表现要求,对于大多数幼儿的模仿行为,不应阻止而应鼓励。二是要在接纳的基础上给予幼儿一定提升。如,当大多数幼儿都用花朵来表现春天时,一个幼儿做了只稚拙的青蛙,此时教师应及时肯定幼儿的独特表现:"让我也来学学你这只可爱的青蛙吧!"教师可以用各种动作模仿青蛙,让幼儿了解表现一个事物可以用多种方式。对于原创的幼儿来说,他获得了自信;而对其他幼儿来说,则提升了动作表现能力。

活动后——丰富是重要的

音乐欣赏活动的目的是为了让幼儿通过欣赏音乐作品,感受音乐形象、理解音乐语言,使幼儿萌发感受美、表现美的审美情趣,获得精神愉悦。音乐欣赏不能仅仅局限在集体教学活动中,就如案例中的教师,打破了"一节课"的局限,将音乐欣赏活动拓展到了家庭和社区中,让幼儿无论身在何处都能欣赏到音乐、感受到音乐,时时产生联想,并能够与教师以外的人交流自我对音乐的感受与体验,这对丰富幼儿的音乐表现力有非常积极的作用。

(钱双)

怎样回应幼儿艺术表现中的"意外"

案例分享

一条"死鱼"

上海市黄浦区奥林幼儿园　宋燕

行为观察

一次音乐活动中,我引导幼儿通过听、唱、拍、舞的方式表现对三拍子旋律的理解。其中有一个环节是让幼儿通过模仿小鱼游感受乐曲的强弱拍。幼儿在音乐声中自由地游动。男孩小炼先是别扭地走了两步,接着站在原地一动不动地看着周围的同伴,最后他索性躺在了地上。我连忙走上前去,问道:"小炼,你这条鱼怎么不游呀?"小炼看着我,一本正经地说:"我是条死鱼。"

"死鱼"的出现是我设计活动时完全没有想到的。如何"拯救""死鱼",让小炼继续参与活动是我的当务之急。我若有所思地说:"对呀,河里是会有死鱼的。可惜死鱼是要被渔网带出池塘的,就不能参加后面开心的游戏了。"小炼对着我眨巴着眼睛,显出些许后悔的神情,因为他是个特别喜欢玩的孩子。我接着说:"不过很奇怪,死鱼刚才还在说话?好!我这张网开始工作了!"我边说边用夸张的动作张开双臂扮成一张大渔网,准备要捕起小炼这条"死鱼"。他本能地避让,一边笑嘻嘻地对我说:"我刚才是假死的。我在睡觉呢!"我顺着他的话:"哦!我就知道你是假装的。让鱼妈妈帮助你一起游吧。"我顺势拉起了小炼的手,他先是跟着我"游"了一圈,随后就自由地参与到了活动之中。

图9-13

图9-14

分析与反思

在班级中,小炼是一个聪明的孩子,他的语言发展极好,而动作发展相对较弱。在今天的活动中他可能对完成小鱼游动的动作还不是很有把握,于是他把自己装成一条"死鱼",回避了做小鱼游的动作,使我无法反驳。可是,如果小炼不参与游戏,他的动作协调性和乐感将得不到发展。同时,如果我鼓励他扮演"死鱼"的行为,也可能促使其他幼儿竞相模仿。

因此,在活动中为了让"死鱼复活",我采用了以下几个方法。

- 面对。敢于面对发现的问题,不让幼儿游离于活动之外。
- 信任。相信小炼不是故意捣乱活动的,从幼儿的角度设想,这是幼儿爱玩的天性或是他已深入情境之中。死鱼在生活中是存在的,指责只会使幼儿离我越来越远。
- 互动。我运用了情境化的语言"河里是会有死鱼的。可惜死鱼是要被渔网带出池塘的,就不能参加后面开心的游戏了",同时我用形象的肢体动作扮成渔网状,使幼儿感到不能继续游戏的无趣,从而自愿回归到活动中,让"死鱼"活了过来。

尽管在音乐教育活动中幼儿经常会做出些教师意料之外的事情,但这种意外,正是考验教师教育智慧的好时机,如何有效与幼儿互动,引导幼儿投入到音乐活动中,需要教师用心思考。

案例分析

教师在开展集体艺术教学活动时,时常会碰到个别幼儿的"突发状况"。案例中的男孩因不会做小鱼游的动作而称自己是一条"死鱼",为自己不参与活动找到了合理的理由。看似意料之外,实则情理之中。

对于幼儿在艺术表现中的"突发状况",通常教师会采取以下几种做法。一是强制。其常用运用的语言是:"快去游,我们现在都是小鱼!"于是,幼儿不情愿地做小鱼。这种方式往往会扼杀幼儿的想象力,更会使幼儿产生抵触情绪。二是放任自流。这类教师的想法是:随他去吧,只要大多数小朋友跟随我就行了。三是温柔对待。这类教师的常用语言是:"和鱼妈妈一起游呀,我们都在游。"结果可能有两种,一是幼儿顺从做小鱼游,另一种则是幼儿依旧我行我素。

案例中的教师通过观察幼儿的行为,分析原因机智应对。教师观察到该幼儿在自己先行尝试着"别扭地走了两步"后,运用比较同伴动作的方法进行了自我评价,最后认为自己的动作不一定能达到成人的评价要求,便索性躺在地上称自己是"死鱼"。同时教师根据自己日常对该幼儿的了解,判断出该幼儿是因为动作发展相对较弱,对动作还不是很有把握,才做出此举的。根据观察和分析,教师联系生活实际运用"死鱼是要被渔网带出池塘的"这一情境化语言激励,用"张开双臂扮成一张大渔网"的动作暗示,抓住幼儿想继续参与游戏的心态,恰当回应了幼儿的"突发行为",促使"死鱼复活"。难能可贵的是,教师拉起了幼儿的小手鼓励其继续参与活动,对幼儿回归游戏正轨、树立自信心等起到了积极作用。

幼儿在艺术表现中出现"意外"行为的原因

- 经验缺乏、不会表现。

经验是指从多次实践中得到的知识或技能,也指人的亲身经历。如案例中的幼儿出现的"意外",可能是其对小鱼动作缺乏亲身体验所致,也可能是其动作发展的协调性欠缺所致。

- 有独特感受、有非凡创想。

有些幼儿的"意外"则是由于自身对事物有着深刻的感受而产生了"与众不同"的想法与表现。如一次中班活动中,大家都用两只手握方向盘的形式表现开车的情景,有一个幼儿却用一只手开车,另一只手握拳放在了头顶。面对孩子这样的"意外"表现,教师没有制止,而是耐心地询问:"你为什么这么开车?"原来这个幼儿的父亲是警察,他在模仿警车,那个小拳头表示的是警灯。

- 想引起别人的注意。

随着年龄的增长,大班幼儿的自我意识逐渐觉醒、独立意识逐渐加强,在活动中他们常常会跟教师"唱反调",以显示自我的存在。我们常常会看到个别幼儿在艺术表现活动中"不走寻常路",用有别于同伴的动作来引起周围人的注意,在他人的高度"关注"下,他们能获得自我满足感。但由于还是孩子,他们往往不能很好地控制自己的行为,于是他们这种行为在成人看来就成了故意"捣蛋"。教师要认识到幼儿的这种"寻求关注"并非坏事,而是意识独立、自我主导的可喜表现。

教师回应幼儿在艺术表现中的"意外行为"的策略

在应对幼儿在艺术表现中的"意外行为"之前,教师首先要反思自己"意料之中"的目标是否能真正涵盖不同幼儿的发展水平,从而才能制定出具有层次性的要求,并预设"百种回应"。教师可以这样做:

- 尊重理解幼儿的"意外"。

要认识到不同年龄段、不同个性的幼儿,其"意外"的表现是不同的。教师要通过对幼儿日常行为的了解及对现场活动的观察,分析幼儿做出"意外"行为的动机,在理解的基础上实施有针对性的对策。

- 巧妙化解幼儿的"意外"。

① 情境化语言化解。当幼儿因想引起关注而产生"意外"行为时,教师可运用融于生活、游戏的情境化语言来化解,这是最易被幼儿接受的。如案例中的教师运用了这一方法,让幼儿欣然回归活动。再如,一次律动活动中,幼儿跟着教师在音乐背景中有节奏地走路、踏步,可是就有一个男孩故意走出队伍,并不按节拍用力踏步,教师说:"哎呀,不好了,你走歪了,一定是掉进路边的水沟里去了!"男孩马上调整了自己的脚步,重新回到了队伍中。

② 暗示性动作化解。当幼儿因缺乏经验不会表现而出现"意外"时,教师可扮演玩伴的角色,运用动作暗示的方法化解。如音乐游戏"大雨小雨"中,幼儿根据音乐的强弱用肢体动作表现大雨和小雨,可就有一个幼儿的动作老是跟不上音乐。教师走到他身边,拉起他的小手和他一起表现雨滴。在教师的带领下,幼儿逐渐感受到了音乐与肢体的和谐,动作开始变得自然、合拍、丰富。

(钱双)

拓展资源

● 安·S.爱泼斯坦,伊莱·特里米斯著,冯婉桢等译:《我是儿童艺术家——儿童视觉艺术的发展》,教育科学出版社 2012 年版。

该书重点介绍了高宽课程模式中的视觉艺术教育理念和实践。高宽课程模式基于"儿童是主动的学习者"这一基本理念,认为儿童在成人的支持和引导下按照自己的兴趣进行探索时,学习效果最佳。该书首先探讨了视觉艺术教育在儿童发展中的价值,指出视觉艺术教育的功能不仅仅在于发展儿童艺术方面的能力,对促进其语言与社会性的发展也有重要价值。随后,该书揭示了视觉艺术教育的规律、方法,介绍了一种新的视觉艺术教育法——单项深度法。

第 **3** 单元
怎样培养幼儿的艺术表现和创造能力

单元导读

　　在足够的帮助下,幼儿的艺术表现和创造水平能够比他们单独操作时更高。因此,教师要为幼儿创设良好的创作空间,尊重幼儿自发的表现和创造,并给予适当的指导。通过本单元的学习,你将:

- 了解怎样支持幼儿的美术表现和创造;
- 了解怎样支持幼儿的音乐表现和创造;
- 了解怎样回应幼儿艺术表现中的趋同现象。

1 怎样支持幼儿的美术表现和创造

体 验 与 思 考

　　在幼儿的美术活动中,你采取了哪些方法为幼儿搭建"支架",促进他们的艺术表现与创造能力的发展?

案例分享

我们的创意稻草人

上海市黄浦区思南新天地幼儿园　谢舫

　　秋天,幼儿园的种植园丰收了。孩子们每天都会来看看自己班级的菜田。有一天,种植园里飞来了几只麻雀,在种植园里啄来啄去,孩子们纷纷驱赶麻雀。可是不一会儿麻雀又飞回来了。强强说:"我看到老家爷爷的田里都是用稻草人的!"

　　许多小朋友去过农村,看见过田里的稻草人。"稻草人"这个名词立即引发了大家的热烈讨论:"站个稻草做的人,就能够吓走麻雀。"

用什么材料做稻草人呢？大家讨论后认为需要许多稻草和棒子。于是，孩子们和老师、爸爸妈妈一起利用休息时间寻觅稻草和棒子。制作稻草人的基本材料收集完成后，老师和孩子们又一起讨论做什么样的稻草人、怎么做稻草人、还需要哪些材料。大家收集了许多稻草人的图片资料，制作创意稻草人的活动拉开序幕。

行动一：设计不一样的稻草人

大家不满足于制作一个生活中见过的稻草人，纷纷提出要设计一个与众不同的稻草人。商议后，大家觉得需要两人合作，这样可以互相帮助。于是，孩子们用两两结伴的方式设计了"国王稻草人""魔鬼稻草人""博士稻草人""爱心稻草人"等。（如图9-15）

作品1　　　作品2　　　作品3　　　作品4

图9-15

行动二：完成材料明细表

完成设计稻草人的工作后，老师开始和孩子们讨论制作稻草人需要什么材料。于是，材料明细表诞生了。孩子们以表格的形式记录下了自己制作稻草人所需要的材料，如：稻草、棒子、绳子、胶布等。（如图9-16）

行动三：师幼共同创设材料库

老师仔细观察了孩子们拟定的材料明细表后发现，孩子们的预计材料有的太多、有的太局限、有的还可以用更好的材料来代替。于是，在最后材料的现场投放中，老师和孩子们通过再次讨论，对材料进行了筛选。孩子们认为：双面胶、玻璃胶、扭扭棒、绳

图9-16

子可以用来粘贴与固定，彩色布、色纸、即时贴要做衣服和帽子等，这些是必备材料；金属丝、瓶盖、旧手套、旧袜子、电线、回形针、纸芯筒等材料是可供选择的材料。有了材料清单，老师和孩子们就开始了材料收集工作，连家长也一起参与了进来。

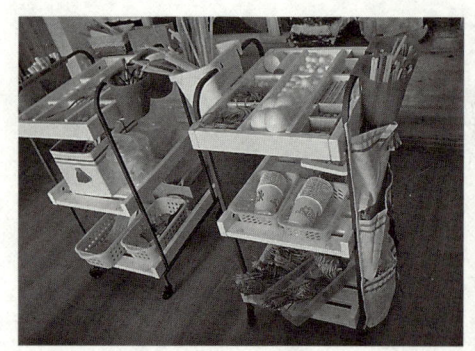

图 9-17

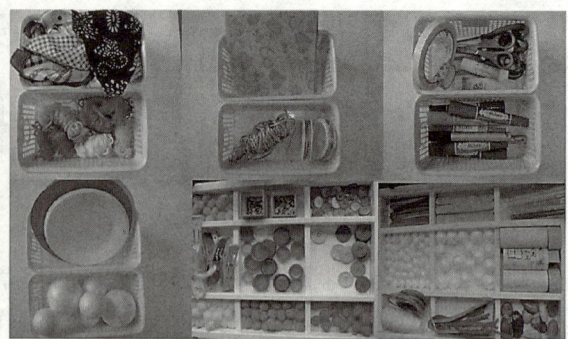

图 9-18

图 9-19

图 9-20

行动四：在创作中调整所需的材料

在制作中，当孩子们决定要用材料来辅助固定稻草时，难题出现了。稻草质地较硬，不易变形和黏附，有的小组用细胶带固定，一松手就散了，有的小组用绳子扎，但是打结时系不紧，结还未系好，又松了。

有的孩子开始留意别的小组的动向，发现有些材料比自己原先预计的材料更合乎制作的需要。"咦？那组用扭扭棒缠绕的，一会儿就固定好了，快点换材料！"

这个小小的变化促使各组孩子采取不同的行动：有的小组坚持要使用自己的材料；有的小组因找不到自己表上注明的材料而采用了其他的替代品；有的小组马上改用旁边小组选用的更好的材料；还有的小组综合各种方法，用三种材料来固定。最后，孩子们用绳子、布条、电线、扭扭棒、即时贴等多种材料固定了稻草。老师及时鼓励孩子们修改、调整自己的材料明细表，使原先的材料明细表变得更加完整和具体。孩子们在整个制作活动中经历了多次自我否定和自我调整的过程，充分体验了自主制作的乐趣。

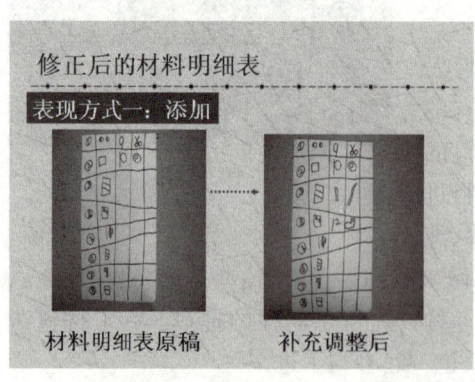

图 9-21

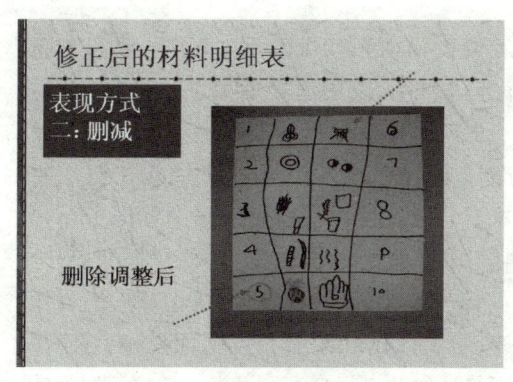

图 9-22

绳子　　　布条　　　电线

扭扭棒……

图 9-23

行动五：欣赏我们的稻草人

在孩子们的作品完成后，他们不由自主地开始评价起来："我最喜欢公主稻草人，它的裙子好漂亮！""我最喜欢博士稻草人，眼镜做得好！"……"老师，你说哪个最好？"我说："让我们请稻草人设计师们来介绍一下他们的作品中最棒的地方。"于是，每一组孩子都信心满满地介绍起来："我们的公主稻草人用白纱布做了头纱，还剪了皇冠，公主的项链是用环形针连起来的。""我们的博士稻草人，带了黑色的博士帽，是用纸芯筒做的，眼镜是用电线拗出来的。"……

最后，大家针对不同稻草人的特点评出了"最佳色彩奖""最佳创意奖""最可爱奖""最佳合作奖"……

图 9-24

图 9-25

案例分析

上述案例中的美术创作活动来源于幼儿的一日生活。幼儿在生活中能够自然地萌发创作的冲动。

第九章　幼儿艺术领域行为的指导

案例中的教师仔细观察幼儿自行拟定的制作材料明细表后，发现了他们在选材设计中出现的问题，进而和幼儿讨论筛选材料，形成更适合后期创作的材料库。同时，教师为幼儿的美术创作活动搭建了"支架"，促使他们的创作活动得以深入开展。教师设计了材料明细表让幼儿尝试有计划地使用材料，规避了幼儿在制作中常见的拿到什么材料就用什么材料的现象。幼儿在使用材料的过程中发现了部分材料在使用中的问题，自主地修正了材料明细表，使后续的创作更为顺利。

幼儿喜欢展示自己的作品，并愿意和同伴一起分享。在幼儿完成稻草人的制作后，他们欢呼雀跃，不由自主地相互评价起来。当有的幼儿提出"老师，你说哪个最好"时，教师没有用美术技能的高低评判作品，而是让幼儿进行自评和互评。这样可以促使幼儿相互欣赏，发现自己的优点，也看到别人的长处，培养起初步的审美及评价能力。

行为解析与指导提示

艺术教育有两个极端。一个极端认为艺术发展是一个自发的过程，应将幼儿放在各种材料之中；另一个极端认为要为幼儿提供现成的示范供他们模仿。在两个极端中间的地带则是维果斯基所谓的最近发展区。在教师和更有能力的同伴的帮助下，幼儿可以达到他们独自操作时所不能达到的水平。维果斯基把这种帮助称为"支架"，就像工人师傅粉刷外墙时需要脚手架的帮助才能够完成任务一样，幼儿也需要来自外界的帮助。在幼儿进行艺术创作活动的过程中，教师要注意以下几个方面。

为幼儿提供丰富多样的工具和材料

幼儿需要多样化的材料来探索各种媒介的特征与表现潜能。多样化材料是艺术创作最基本的要求，这样幼儿才能选择那些吸引他们感官、并且能够表现他们想表现的形象的材料。需要注意的是，不能一次性给幼儿提供过多材料，否则容易缩短幼儿的探索过程，从长远来看还可能会削弱他们的创造力。因此，一开始要让幼儿探索有限的材料和工具。通过这种方式，幼儿能够深入学习使用这些材料时所需要的技能。这些工具材料分为二维材料（如：水彩笔、蜡笔、粉笔、油画棒、印泥、水彩颜料、刷子、纸张等）和三维材料（如：黏土、湿沙、厚纸板、豆子、吸管、纸杯、树叶等生活中的常见物品）。

重视幼儿的创作过程而非创作结果

尽管教师都认同幼儿的艺术创作过程重于创作结果，但是在实际工作中，很多教师仍然注重教授幼儿使用材料的方法，出示成人的示范作品，并要求幼儿按照教师的预期进行创作。这种成人主导的艺术指导模式降低了幼儿的创造性，削弱了他们独立解决问题的能力。因此，为了培养幼儿的创造性，教师应重视幼儿创作作品的过程，及时肯定幼儿独特的表现方式,唤起幼儿对艺术内在趣味的探索和关注。同时,教师要允许幼儿在创作过程中出现的"意外"的情况。

倾听幼儿对作品的解释

教师不能想当然地认为自己了解幼儿使用材料的方法和创作意图。教师要观察幼儿的创作过程,倾听幼儿在工作中的谈话,或者问一些问题来了解幼儿正在做什么。当然,教师要注意提问的时机。一般来说,当幼儿围绕他的作品来接近你,并且你对此作出回应时,提问的效果是最好的。这样能够让幼儿感到你对他创作的重视,适当的提问还可以促进幼儿的创作向深入发展。

为每个幼儿提供展示作品的机会

展示幼儿的艺术作品,让幼儿知道他们的艺术活动是受重视的。看到自己的作品被展示出来,能够帮助幼儿认识到自己就是艺术家。同时,展示幼儿的作品能够鼓励他们对自己和他人的作品进行反思,促进他们的相互学习。需要注意的是,教师要给每个幼儿展示作品的机会,不能只展示教师认为的好的作品,这样容易让没有展示作品的幼儿丧失创作的兴趣和信心,也容易让有展示作品的幼儿产生盲目的优越感。

（侯素雯）

2 怎样支持幼儿的音乐表现和创造

2.1 如何引导幼儿学唱歌曲

体验与思考

歌唱活动对幼儿歌唱技能要求较高,你是如何给予幼儿充分的时间与空间学唱歌曲的?

案例分享

小小歌唱家

上海市黄浦区城市花园幼儿园　赵洁茹

行为观察

班级里来了几位实习老师,为了让幼儿和实习老师尽快熟悉起来,我们举行了一个小型欢迎会。除了请实习老师进行才艺展示以外,我还邀请孩子们上台来表演,许多孩子都主动上台来唱歌。这时,我发现丁丁也想上台,但是似乎缺乏勇气。于是我便发出邀请,丁丁有些难为情地走了上来。她唱起了在幼儿园学的歌曲《娃哈哈》。丁丁的声音比较清脆,音准也较好,一开始的两句唱得真不错。唱到第三句时,她一下子停住了,不知所措地说:"后面歌词忘记了。"于是我便和她一起唱完了这首歌。在我加入以后,丁丁才渐渐地恢复自然,但是后面的演唱基本是以我为主,丁丁只是在旁跟随。

另一次,在歌曲《小黑猪》的教学中,我运用整体欣赏、分句听辨、讨论记忆的方式让幼儿在活动中熟悉歌词。在学习的过程中我发现,每一次示范演唱丁丁都显得非常认真,能理解歌词的内容,但是对于歌词的正确听辨以及即时记忆相对较弱。在听辨了第一段歌词以后,我提问:"歌曲中小黑猪睡到了什么时候?"丁丁举手回答说:"小黑猪睡到了天亮。"(歌词是:睡到大天亮)于是我引导:"是的,小黑猪睡到了天亮,你听到歌曲里的歌词是怎样唱的?"丁丁就说不清楚了。因为歌曲有三段,在理解三段后,我们开始演唱,丁丁虽然积极地和大家一起唱,但是她不能将歌词准确地唱出,时常一句歌词能跟着唱开始和结束,中间的部分就不知所云了。

行为产生的原因分析

在一次集体教学中新授一首歌曲,幼儿只能大致了解歌曲,要做到熟练演唱几乎不太可能。因此在独立表演时孩子们唱的常常是在幼儿园以外学会的歌曲,有家长教的,也有外面兴趣班学的。只有丁丁唱的是幼儿园老师教的,但她由于对歌词的不熟练而无法独立演唱。

学唱歌曲必定要经历熟悉旋律、理解记忆歌词的过程,是需要一定时间才能学会的。而在目前集体音乐教学活动每周只有一次的情况下,常常是幼儿刚开始熟悉歌曲,活动就结束了,在接下来的时间里,幼儿复习歌曲的机会不多,等到下一周,随着主题活动的推进,又要进行新的内容,这便是丁丁不会完整演唱歌曲的原因之一。

另外,每一个幼儿的记忆能力不同。相对于其他幼儿来说,丁丁的记忆力不是很强,所以需要花更多的时间才能将歌曲唱熟练。

行为指导的策略与效果

为了让丁丁能够大胆地在大家面前完整演唱歌曲,我采取了以下具体措施。

● 加强歌唱教学的设计,让幼儿在活动中尽快熟悉歌曲。

为了让幼儿在教学中能更积极主动地理解记忆歌词,我根据歌曲的性质,结合幼儿的年龄特点以及学习特点,采取图片提示、实物演示、故事情境、游戏贯穿等多种方法,让幼儿觉得歌词的记忆不再枯燥。所以,我首先对歌曲的难点进行分析,如果歌词较难,就从歌词入手,先帮助幼儿掌握歌词,再听辨旋律。有时,我也会在活动前先让幼儿熟悉旋律,然后在活动中学习歌词。对于歌曲的选择,我也多留了一份心。刚唱过一首轻快的歌曲,接下来就选一首优美抒情的歌曲;一直唱二四拍的歌曲,下次就换一首三拍子的歌曲。不同的歌曲风格,每一次都给幼儿不同的感受,也激发了幼儿学唱的兴趣,提高了新授歌曲的实效性。

通过以上这些方法的运用,丁丁在歌唱教学中除了表现出极大的兴趣外,还变得更加积极主动了,对于歌词的掌握也明显优于以前。活动后她基本能跟着集体较完整地演唱歌曲。但是,毕竟歌词的记忆需要一个内化的过程,所以要她熟练地独唱还有一定的困难。

● 创设"小小歌唱家"区域,为幼儿提供自主熟悉歌曲的机会。

考虑到每一个幼儿对歌词的记忆程度有所不同,整首歌曲中记忆困难的部分也因人而异,我创设了"小小歌唱家"区域,让幼儿能够对学过的歌曲进行自主练习。

我为每一首歌曲准备好伴奏录音,制作了操作插放机器的步骤图示,还提供了一个仿真话筒。在操作时,幼儿可以自由选择自己想要演唱的歌曲,找到相应的伴奏带和歌谱,然后就可以跟着伴奏带、看着歌谱提示进行歌曲演唱了。对于不熟练的歌曲,幼儿可以根据自己的需要反复练习,直至学会演唱。这种方式完全是幼儿自主操作进行的,就算唱得不好也没有关系,可以反复尝试,所以幼儿一般都不会有很大的负担。幼儿在经过集体教学对歌曲有些熟悉以后,再通过这样的方式进行个别的练习,可以巩固所学歌曲直至熟练演唱。

图 9-26　幼儿根据图示歌谱演唱

在观察中我发现,喜欢唱歌的丁丁会经常去这个区域独立练习。她逐渐掌握了歌词,好几次我都听见她在完整熟练地演唱《小黑猪》这首歌曲。但是,我也发现就算她已经熟练掌握了歌曲,在集体面前演唱时她还是显得有些胆怯。

● 开展"大家来唱歌"活动,帮助幼儿树立在集体面前演唱的自信心。

为了让丁丁习惯在大家面前进行演唱,我在班级中组织开展了每周一次的"大家来唱歌"活动。活动采用自由报名的方式,旨在鼓励幼儿在集体面前登台演唱。幼儿可以独唱,也可以和好朋友一起唱。因为有了区域的练习,幼儿对幼儿园教的歌曲也变得熟悉起来,唱的人越来越多。这样的演唱会形式,丁丁非常喜欢。一开始,她找到好朋友翔翔一起唱《春雨》,得到了同伴们热烈的掌声。后来有好几次她都是一个人独立演唱的。

案例分析

幼儿记忆的精确性和巩固性较差,表现为易记也易忘。让幼儿在一次集体教学中就记住歌词并熟练演唱歌曲几乎是不可能完成的任务。案例中的教师通过观察发现幼儿"对于歌词的正确听辨以及即时记忆相对较弱"后,运用了以下策略让幼儿成为"小小歌唱家"。

(1) 集体学习优设计。

首先,教师在歌曲的选择方面进行了深入思考,每次选用不同风格的歌曲来激发幼儿学唱的兴趣。其次,在活动中,针对幼儿形象记忆占优势的记忆特点,采取了图片提示、实物演示的方法帮助幼儿记忆歌词;针对幼儿机械记忆占优势、理解记忆逐渐发展的特点,采取了故事情境、游戏贯穿的方法帮助幼儿在理解的基础上记忆歌词。

(2) 个别学习重自主。

教师在观察幼儿学习状态、需求的基础上给予适时、适度的指导,既有语言指导,也有材料的支持。在个别化学习活动中,教师创设了让幼儿能够自主学习的环境材料,如播放器、音乐伴奏,制作了能帮助幼儿记忆歌词的材料,如乐谱、图片等,投放了能激发幼儿自主学唱的材料,如话筒、各种装扮材料等。

(3) 特色活动树自信。

针对幼儿缺乏自信的情况,教师采用了幼儿喜闻乐见的演唱会形式激发其大胆参与、自信展示的意愿。

行为解析与指导提示

歌唱是幼儿表达自我思想、宣泄自身情感的一种方式。在幼儿园音乐教育中,歌唱活动是一项重要的内容。它对幼儿情操的陶冶、心智的启迪、品格的完善都有着独到的作用。

幼儿在歌唱各方面的特点

- 歌词的掌握。3—6岁幼儿的语言发展迅速,已经能够完整掌握简短的句子,但由于认知的局限,对词义的理解还存有一定困难。在选择教学歌曲时要注意,歌词内容应有趣、贴近幼儿生活、为幼儿所理解并易于用动作表现,歌词结构要相对简单并含有一定重复的成分。

- 音域的表现。3—4岁幼儿的音域一般为 $c_1—a_1$,其中唱起来最轻松的是 $d_1—g_1$ 之间;4—5岁幼儿的音域一般为 $c_1—b_1$;5—6岁幼儿的音域一般为 $c_1—c_2$。当然,幼儿的发展存有很大的差异性,个别幼儿的音域或高或低,会有所偏差。

- 旋律的感受。在乐器或录音的伴奏下,大多数幼儿基本能唱准旋律适宜的歌曲,但在个别幼儿身上,旋律感、音准的把握仍然是较为困难的。

- 节奏的把握。3—4岁的幼儿基本能做到比较合拍地歌唱,尤其是对与心跳、呼吸等相对应的节奏——四分音符、八分音符所构成的歌曲节奏更易感受与掌握。随着听觉分化能力的逐步提高,他们还能比较正确地再现二分音符的节奏及带附点的节奏,并建立初步的调式感。

- 呼吸的控制。随着幼儿肺活量的增加,其在歌唱活动中保持气息的时间会不断加长、音量会不断增强,并能较自然地换气。

- 歌唱的形式。随着幼儿合作演唱时协调性的增强,他们开始对接唱、对唱、轮唱、合唱等不同的演唱形式产生兴趣。

- 歌唱的创造性。创编歌词、创编即兴小曲等。

幼儿歌唱活动的观察要点

- 歌唱的意愿。

喜欢自己唱,也愿意和同伴一起唱歌;喜欢在集体中歌唱;能独立大胆地在集体面前演唱。

- 歌唱中的音乐素养。

① 节奏感。指对歌曲中节奏和节拍的感知及表现。

② 旋律感。指对歌曲中关于声音高低的感知和表现。

③ 结构感。指对歌曲乐句和乐段的起止、过程、重复与变化,及对主要部分与附加部分的理解、感知与表现。

④ 速度感与力度感。对歌曲中快慢、强弱的感知与表现。

⑤ 创造力。可创编符合歌唱内容的表演性动作,也可创编符合歌曲旋律的节奏性动作;可以替换的方式创编某句歌词,也可以语言节奏的形式创编一句歌词。

(钱双)

2.2　怎样支持幼儿的舞蹈活动

体验与思考

当你兴致勃勃地播放音乐,信心满满地要教幼儿舞蹈,却突然遇上"我和小伙伴们都不想跳"的情况时,你该如何继续活动呢?

案例分享

和奶牛玩在一起,就会跳舞啦

上海市黄浦区荷花池幼儿园　赵妍

本次集体教学活动是在"大中国"主题背景下的一个音乐活动,目标是让孩子们萌发跳蒙古族舞蹈的兴趣,初步了解蒙古族的一些风土人情,学习简单的提压手腕的舞蹈技能。

问题一:如何找准幼儿艺术表现的兴趣点

在该环节中,我想通过草原上奔跑的骏马吸引孩子们的注意力,让孩子们学习各种骑马的动作,在骑马的快乐律动中开始今天的蒙古草原之旅。我提供了音乐《赛马》和骏马奔腾的图片作为媒体背景。

我兴致勃勃地问孩子们："孩子们，你们会骑马吗？我们一起听着音乐快乐地在草原上骑马吧。"孩子们有的说会，有的说不会。偶尔有个孩子回应我："我看见过电视里的人骑马，是举鞭子的！"

接下来，孩子们和我一起学做了各种骑马的姿势，听着音乐的节奏，整齐地骑马律动。孩子们的表情一般，大都因急于跟上我变化的动作而紧张地模仿着。我第二次再问："还有谁会更帅的骑马姿势？"几乎没有孩子站出来表演，偶尔有孩子站出来做的，也是刚才我带领着他们学的几个类似的动作。更有个孩子，当我请他单独表演时，他吐了吐舌头说："我忘了！"

疑问与思考：为什么他们忘了

孩子们的表现不温不火，没有融入到我营造出的情景中来，最主要的原因就是：没有把马当成是自己的马。在孩子们的眼中，这些马还是画面中离他们距离远远的草原上的马，和他们没有建立起丝毫的情感联系。因此，他们只是在模仿动作，并未在快乐地骑马舞蹈。当音乐一停，这种机械的模仿不会在孩子们头脑中留下很深的印象和情感，所以有的孩子会在活动后告诉我"我忘了"。

指导对策：观察孩子们真正的兴趣，激发其表现的主体意识

于是，我尝试调整了我的指导策略，指着画面上有许许多多马在奔腾的背景图问大家："孩子们，你们看，草原上这么多的马，你最喜欢哪一匹？"

这时孩子们一下打开了话匣子："我喜欢那匹白的，像白龙马一样的。""我喜欢黑色的黑马。""我喜欢四个脚是白色的那匹，还喜欢头上毛很长的那匹。"……当孩子们对这些马有了情感上的喜爱之后再来骑马，他们的动作和表情就更加丰富和生动了。

于是，我的回应也顺势更加情境化了："赶快骑上你最喜欢的马，我们出发咯，看看你是怎么骑马的？"

有了情感体验，这次表演中孩子们的动作明显丰富了许多：有的孩子跪着压低身体骑马；有的手不停挥舞鞭子，嘴里还喊着"驾驾"；还有的边跑边拍自己的屁股……没有哪两个孩子的动作是相同的，也没有哪个孩子再说他忘了自己的动作。

问题二：如何引导幼儿学习舞蹈技能

在重点学习舞蹈技能的环节，我提供了音乐《挤奶舞》并准备了一张绘有可爱的奶牛的背景图。我问："你们知道平时我们喝的牛奶是从哪里来的吗？"为了激发起孩子们对奶牛、挤牛奶的兴趣，我出示了许多草原上人们挤牛奶的图片，孩子们非常喜欢这个话题。他们纷纷说："是从奶牛妈妈的肚子里挤出来的。""奶牛的奶奶里面来的。"还有的孩子激动地站起来指着图片大嚷："就是从这个涨起来的地方挤出来的……"

我继续引导："那我们一起来给奶牛妈妈挤挤牛奶吧，带给更多的小朋友们喝！"我卷起袖子，放慢节奏示范提压手腕的动作，一边示范一边用语言提示："手腕提起来，提得高一点，小拳头握紧，轻轻一挤……"一段时间后，我请孩子们配上音乐练习。

孩子们的表现开始出现常见的练习倦怠。大部分孩子一边盯着我的手，一边紧张地模仿；有的孩子开始东张西望，看别人的动作；有的孩子大喊"老师，我的手好酸呀"；还有的孩子干脆胡乱按照自己的想法，两手交替乱挤一通，一边挤一边嘻嘻哈哈笑出声来，觉得很有趣……虽然我提醒孩子们："大家脸上的表情要开心一点，笑嘻嘻地挤牛奶。"但效

果甚微。

疑问和思考：为什么不会跳、不喜欢跳

在平时的教学中，我也常常碰到类似的情况。我选择了很好的音乐，也做了非常投入的示范，可是孩子们的表现却没有预料的生动和有趣。最大的原因也许是我剥夺了孩子们创造的权利。一味模仿相同的动作，他们能觉得有趣吗？如何激发幼儿舞蹈表现的兴趣，让他们自然地学习民族舞呢？我采取了以下的办法。

策略一：贴近生活，展现舞蹈的震撼力

这次，我的提问变成了真正从孩子们的生活经验出发："孩子们，你们喜欢奶牛吗？怎样才能让奶牛妈妈觉得高兴，为你们产更多的牛奶呢？"

孩子们结合自身的生活经验，滔滔不绝，比如"让奶牛听着音乐，带好耳机产奶""我给奶牛讲个笑话""我给奶牛按摩""我给奶牛跳个舞""我会学它叫的声音，这样它就以为我是它的好伙伴了""我会牵着它出去散步""给它吃很多的草和水，就可以挤很多牛奶了"……

面对良好的互动和回应，我不忘从音乐表现的角度继续追问："那你们把自己刚才想的这些方法用动作做出来，我们看看谁对自己的奶牛最好。"

孩子们纷纷创编出许多有趣的动作：有的提压手腕主动为奶牛按压背部；有的牵牛来回散步；有的轻轻抚摸，眼神里净是温柔和爱护；有的男孩一个劲地在地上拔草；还有的蹲下身子，双手捧起水来喂奶牛喝水……每一个孩子都投入地表演着、舞蹈着，没有人说"我不会"或者"手酸"之类的话。

策略二：重视情感的开发和提升

当孩子们在学习提压手腕挤牛奶的动作时，我利用反向思维、探究思维方式来提升孩子们对舞蹈的进一步的内在的情感。活动中每当一段挤奶的音乐结束后，课件中奶桶里牛奶的数量就增加一次，这样逐步递增。我再次提问："为什么牛奶不够多？"以激发孩子们自己思考。

幼儿开始自主地反思，寻找动作上的原因。有的以为是"因为我们不够用力"；有的以为是"不对，是太用力了，奶牛妈妈疼了，就逃走了"；有的以为是"我们表情不太好，奶牛不喜欢我们"；还有的以为是"大概是要慢一点挤，才会有的"。

有了这些直接或间接的启示和讨论后，孩子们就容易学会用恰当的情感来表现舞蹈中的动作，产生情感的共鸣。在下一次的舞蹈中，可以看到孩子们更加细致、更加愉悦地在挤牛奶。自然习得舞蹈的技能，使孩子们学习起来轻松自如。

案 例 分 析

传统的舞蹈教学忽视幼儿内心的情感与体验，幼儿如牵线木偶，观者味同嚼蜡。正如该案例的问题一中的情况：并不是每个幼儿都骑过马，即使有的幼儿骑过，他们也只对即时体验过的东西有感受，因为他们的思维特点是具体形象。所以，教师在仅仅让幼儿看过一些"马"的图片后就让他们进行表现，是不符合幼儿的认知特点的,结果当然是幼儿忘了。当教师改变策略,从情感入手,让幼儿"骑上自己喜欢的马"后,幼儿的兴趣才被激发出来。

在问题二中,教师又在教幼儿学习提压手腕的挤奶动作时遇上了坎儿。因为挤奶的生活经验远离幼儿,所以幼儿练习倦怠了。于是,教师再次调整策略,从幼儿的生活经验出发进行提问:"怎样让奶牛妈妈高兴?看看谁对自己的奶牛最好!"于是幼儿将对自己亲人的情感迁移到情境中,创编出了许多有趣的安抚奶牛的动作。同时,教师还利用课件材料,逼真地显示出在幼儿每次为奶牛挤奶后奶桶里牛奶的变化,激励幼儿自主地思考自己的动作是否适宜,真正做到了"情感激励""舞由心生"。

行为解析与指导提示

幼儿舞蹈的特点

舞蹈是人体动作的艺术,是运用动作、表情来传达信息和进行情感、思想交流的一种方式。在日常生活中,人们并不是时时刻刻都在舞蹈的,只有在用语言和声音难以表达,情感迸发出一种内在的生命力时,人们才会舞起来。幼儿舞蹈具有以下特点。

在动作发展方面,幼儿动作发展的规律是:从大到小,即遵循"身体、躯干动作——手臂动作——手腕动作——手指动作"的顺序;从上到下,即从上肢动作到下肢动作;从简单到复杂,即从单一动作到上下肢配合的复合动作、从单纯动作到更为复杂的连续动作等。随着幼儿动作分化的逐步精细,其动作发展的协调程度(与音乐的协调一致)也逐步发展。

在动作表达方面,从动作的表达过程看,幼儿从以自我为中心到开始注意用动作与同伴进行合作、交流,再到主动追求与同伴一起参与舞蹈活动的快乐。从动作的创造性表现看,随着幼儿认知能力的发展、情感的逐步丰富与深化、动作语汇的不断积累,他们主动创造的意识明显发展并不断增强,会逐渐运用已有的表达经验,努力使自己的动作与别人不一样。

幼儿舞蹈的观察要点

- 参与舞蹈的积极性。听到自己喜欢或熟悉的音乐,会自发地跟着音乐做出拍手、跺脚等肢体动作;主动邀请同伴共舞;喜欢改编动作或进行简单的创编。
- 身体运动能力与协调性。平衡能力与动作的控制能力开始增强,动作的速率开始均匀,并逐步能够根据音乐的特点,自如地运用与控制自己的身体动作,努力使自己的动作与音乐的节奏、形象等相一致。
- 音乐感受力、表现力与创造力。感知、理解动作与音乐的关系,用动作来表达对音乐的感受,如:音乐速度快,则动作加快;音乐舒缓,则动作放慢。同时,还能用自己想出来的动作模仿、表现日常生活中所熟悉的具体事物,如动植物或所经历过的生活场景等。

以感知体验为中心的舞蹈教学

传统的幼儿舞蹈教学往往处在以"技巧为中心"的教学模式中,教师常常依赖口令、让幼儿反复模仿成人的方式来进行教学,忽略了幼儿的创造力,幼儿无法通过舞蹈表达内心真实的感情。因此,教师应引导幼儿通过肢体语言去深层次地感受生活中的美、认识生活中的美,引导幼儿将事物的表象融入舞蹈动作之中,使幼儿较准确、细腻地表现舞蹈所蕴含的情感,真正做到知乐有感,唯舞熟蹈。

(钱双)

 怎样回应幼儿艺术表现中的趋同现象

体验与思考

在你引导幼儿进行艺术表现时是否遇到幼儿表现趋向同一化的尴尬?思考造成这一现象的原因,并说说你会怎么应对。

案例分享

画得一样,怎么办

上海市黄浦区思南新天地幼儿园 张艳蕾

背景介绍

随着主题活动"夏天真热呀"和"好玩的水"的开展,幼儿对夏天的体验和感受也愈加深入、丰富。在阅读活动中,我和幼儿一起欣赏绘本《池塘》。在欣赏阅读结束后,杰杰跑过来大声说:"张老师,我们之前养的小蝌蚪变成青蛙,最后去哪里了? 池塘里有吗?"我恍然大悟,他们还记挂着小蝌蚪和青蛙呢! 在接下去的几天,我开始捕捉幼儿对于青蛙的关注点,并设计了美术教学活动"小青蛙",将目标定位于让幼儿用简单图形和线条表现青蛙的外形特征。

行为观察

第一次活动时,我按照惯常的教学思路,引导幼儿欣赏 PPT,唤起幼儿的已有经验,帮助他们梳理青蛙的主要外形特征:圆圆头、大嘴巴、圆圆身、身穿绿衣、四条腿、四只脚以及脚蹼等。然后,我引导幼儿观察我的绘画步骤:"画笔兜一大圈,圆圆的脑袋变出来;再兜两个小圈,圆圆眼睛长出来。呱呱呱,大嘴巴变出来;抓害虫,圆又圆的肚子长出来喽！四条腿跳跳跳！粗粗的长腿长出来！"

接着，我引导幼儿找一张方方的池塘形状的画纸，去请出小青蛙。幼儿找到"池塘"后很快拿起水粉笔开始画了。有的画出来的是圆圆的大脑袋，有的画出来的是圆圆的小脑袋，我有些得意：今天的目标达成度肯定挺高。然而，在我巡回指导的过程中，我的自信逐渐消失了。绘画的12名幼儿中有10名幼儿的作品都画的是圆圆的脑袋、圆圆的身体、圆圆的大眼睛、大大的嘴巴、四条腿的青蛙……他们画出来的青蛙显然是我示范画的翻版（见图9-27）。从幼儿创作作品的生命力角度来评价，这次活动肯定是失败的。

挥去懊恼，活动后我及时进行了反思，并询问了几名幼儿："你们说青蛙脑袋长什么样子？"参与过试教的杰杰马上就说："圆圆的！"接着我拿出一张青蛙实景图："看看这只青蛙的脑袋是什么样子的呢？"没有参加过试教过程的洋洋说："有点尖尖的。"妍妍说："有点扁扁的。"同样的青蛙图片，为什么幼儿会有完全不一样的说法呢？原来我第一课时试教的时候引导幼儿欣赏的是卡通版青蛙，就是圆圆的脑袋。而现实生活中的青蛙的脑袋则是有点尖、有点扁、有点像半圆的。我没有给幼儿提供观察青蛙的机会，而是将卡通版的青蛙形象植入了他们的大脑。幼儿对青蛙的特征感知并不是很深刻，如何能创作出生动多彩的青蛙形象呢？

行为指导的策略与效果

我对PPT进行了修改，选取了真实的青蛙图片给幼儿欣赏。同时我取消了"示范"环节，引导幼儿在荷塘的情境中充分地观察，了解青蛙的各种本领。我设置了以下关键提问，帮助幼儿从了解青蛙的本领到关注青蛙身体的基本特征：

青蛙的脑袋像什么？（像圆盘、像小山……）

青蛙的四条腿是什么样子的呀？（一节一节的、粗粗的、壮壮的）

我们一起学小青蛙跳高吧！（幼儿在动静交替中观察、表达、体验青蛙四条腿的形状、功能和做小青蛙的快乐）

小青蛙的四只脚像什么？（像扇子、像棒棒糖）脚趾是怎样的？（有短短的、有长长的）

青蛙身体上还有什么？（白白的肚皮、一条条的花纹、一块块的图案）

在我的逐步引导下，幼儿对青蛙的形象了解得更加清晰。每位幼儿都按照自己的经验和理解形成了青蛙的形象。

在颜料的提供上，我也不是像第一次试教时那样"和盘托出"，而是根据幼儿的创作情况及时跟进式地提供。当我看见幼儿基本上完成青蛙画的时候，我拿出了蓝色的水粉颜料，同时辅助提问："蓝色的颜料可以帮助小青蛙做什么呢？"有些能力强的幼儿马上就说："可以带小青蛙去游泳！""可以给小青蛙送荷花。"幼儿在使用材料上有了自我的思考和尝试。

在第二次试教的12名幼儿之中，4名幼儿请出了圆圆的青蛙，3名请出了尖尖脑袋的青蛙，1名幼儿的青蛙有着长长的脑袋，1名幼儿的青蛙有着方方的脑袋。另外，有2只青蛙脸上还涂着漂亮的腮红，5名幼儿还帮助青蛙添画了美丽的荷花背景，9只青蛙长着大大的脚蹼，1只青蛙还躲在荷叶后面……看着荷塘背景中一只只个性十足、特征明显的大青蛙（见图9-28），我不禁豁然开朗，多感知、重欣赏才是美术活动的生命力所在，有些时候改变思路就会柳暗花明又一村啊！

图 9-27

图 9-28

案例分析

(1) 正确评价才能及时发现问题。

本案例中的教师能够及时发现教学中的问题,当看到大部分幼儿作品中的青蛙都是圆圆的脑袋、圆圆的身体、圆圆的大眼睛、大大的嘴巴、四条腿时,教师并没有认可自己的教学成果,而是进行了及时的反思并做出了正确的调整。这种敢于对自己说"不"的态度,基于教师对审美价值的正确判断。艺术活动中幼儿的表现,并不应该是对教师作品的临摹和复制,而应该是在充分借助自己感官的基础上进行感受,在结合自己生活经验的基础上进行体验,并利用艺术语言自由地表达自己的情感。因此,绘画活动中的表达应关注幼儿是否具备表达美、创造美的能力,要关注幼儿创作出的作品是否具有生命力。

(2) 有效互动才能引发创造性表现。

在第一次活动中,教师采用了示范的教学方法,幼儿虽然都能够根据教师预设的目标画出小青蛙的形象,但是由于教师提供了模板,大部分幼儿的作品和范本十分相似,创作的过程中幼儿自身的思考很少。相比而言,在第二次活动中教师呈现的是小青蛙的真实形象,并且通过启发式的提问让幼儿对小青蛙的外在形象有了充分的认识,因此每一个幼儿在表现环节都会依据自己对小青蛙的观察和自己的生活经验创作出属于自己的小青蛙。可见,在绘画活动中,教师的示范并不是幼儿能否顺利表达的必要条件,有时甚至会阻碍幼儿的创造性表达。

行为解析与指导提示

《指南》中明确指出:"教师不能用自己的审美标准去评判幼儿,更不能为追求结果的

'完美'而对幼儿进行千篇一律的训练。"感受与欣赏美才是艺术教育的重中之重,因此,示范环节就自然而然地被抛弃或者被弱化。那么,教师如何在摒弃示范的同时,还能保证幼儿创作出彰显自我认同的生机勃勃的作品? 如何才能携手幼儿踏入和感知炫彩斑斓的世界、迈入和欣赏风格迥异的艺术王国? 下面借助存在主义哲学的视角,谈谈对教师在重感知欣赏中的角色转变的思考。

"陌生的返乡人"——发现美

发现意识是教师专业成长的必备能力之一,是教师意识觉醒的首要任务。教师缺乏发现意识,就缺乏了对幼儿发展的敏感性,缺乏了对幼儿发展的"惊异"。存在主义认为,"惊异是存在者的存在在其中敞开和为之而敞开的心境",惊讶于"人与存在的契合"。如果教师的言行和思路只是围绕目标展开,幼儿的存在就演变成虚无的泡沫。与此同时,教师也失去对外在美的"惊异",过多地被外在目标所束缚,无暇去顾及与幼儿存在之间的契合。

那么,如何提升教师在感知欣赏中的发现意识呢? 教师就要成为一个陌生人——让自己成为返乡的陌生人。对日常的感知欣赏美采取陌生人的观点,意味着教师以探究、怀疑的眼光,来发现其所生活的教育世界中的美。换句话说,教师将自己陌生化,不是与幼儿疏离,也不是将自己的存在视为虚无,而是用"陌生人"的眼光和敏感的意识去思考原先习以为常的教育现象,从而获得一双发现美的眼睛,捕捉教育世界的美。

"无遮蔽的人"——敞开美

发现美只是第一步,对于教师而言,引导幼儿走进美的世界,将美的事物向所有幼儿毫无偏见地"敞开"是需要教育智慧的。需要说明的是,这种"敞开"是没有"遮蔽"的如其所是,"凡呈现出来的东西,就像它从本身显现出来那样,可以从其本身加以考察","让存在——即让存在者成其所是"。

那么,如何提升自己在感知欣赏中敞开美的能力呢? 第一个智慧是教师首先要成为一名无所遮蔽的人。这样的教师在幼儿面前是澄净的,是将自己的自身认同与自我完整都融入"场域"的人。海德格尔曾说:"存在是一种显现,一种绽放。"在感知欣赏美的时空中,教师与幼儿真实的教育性交往赋予了教师从事实践的"场域"。在这个"场域"中,教师与幼儿在"遭遇"的过程中使自身显现和绽放,生成鲜活的教育生活世界中的美。第二个智慧则是教师把自己看成来自"大地"的人,因为工作现场才能带给教师实践智慧,这种实践智慧是感知欣赏美的灵感与策略,是难以教、难以学的,是一种典型的"缄默知识"。只有教师身处"大地",面临各种情景的挑战,才能碰撞出感知欣赏美的火花,诞生出感知欣赏美的"即兴作品"。

"非理性的人"——沉醉美

教师与幼儿共同感知欣赏美是在共同构建教育生活,这时需要教师融入整个的生命和情感。我们不妨扪心自问:我是感知欣赏美的导演还是沉醉其中的参与者? 是形式上的参与其中还是情感上的参与其中？很显然，我们提倡的是教师的情感投入状态，只有教师完全投入自己的情感，全身心地忘我地进入感知欣赏美的现场，才是真正意义上的"沉醉"式参与，其教育才是具有"非理性"精神的教育。感知欣赏美不是冷漠的，需要教师的激情与热情，需要教师的"沉醉"式参与。

"我们认知美的事物，不是通过征服它，而毋宁是通过让它成为它所是，并且在让它成为它所是的同时，允许它如它所是地显现它自己。"当教师具备这种"非理性"的精神时，就可以看到真实的教育场景中的多变的需要，就能真正地聆听美的心声，进而走进丰富的美的世界，从而实现真正的"沉醉美"。

（张艳蕾、陈莉）

拓展资源

- 琳达·卡罗尔·爱德华兹著，冯婉桢译：《音乐与律动：创造儿童的另一种生活方式（第 7 版）》，机械工业出版社 2015 年版。

该书详细地介绍了从婴儿期开始到小学低年级，不同年龄阶段的儿童适宜的音乐和律动活动，包括歌曲（曲谱）、手指游戏、律动活动等。这些儿童歌曲和律动活动来自世界各地，对于增进儿童的文化理解很有帮助。同时，该书专门介绍了特殊儿童如何参与音乐和律动活动，音乐和律动教育对改善儿童肥胖问题的作用，以及儿童音乐和律动教育的相关研究。

第十章　游戏中幼儿行为的观察与指导

第 ①1 单元
怎样观察幼儿的游戏行为

单元导读

观察是了解幼儿游戏的重要途径。教师在游戏中观察什么,如何从观察到的幼儿行为中作出准确的判断,都是一个专业幼儿园教师的必备技能。通过本单元的学习,你将:

- 了解如何选择观察幼儿游戏行为的方法;
- 了解如何确定观察幼儿游戏行为的内容。

1　如何选择观察幼儿游戏行为的方法

体验与思考

根据观察经验,说说你通常如何选择观察幼儿游戏行为的方法。

案例分享

家具店角色游戏中的幼儿行为观察记录

上海市松江区小昆山幼儿园　石文禹

观察对象: 冰冰(男孩,中班)

观察地点: 角色游戏中的家具店

观察记录者: 上海市松江区小昆山幼儿园 石文禹

观察者的身份: 旁观者(观摩老师)

观察记录 1:家具店准备开张

游戏开始,女孩丽丽在材料区推了一辆超市车开始选择"家具",冰冰在游戏区选择了店址,并开始整理餐具。其间,男孩彤彤来买东西,直接拿了桌上的茶壶和平底锅。冰冰说:"欢迎光临。"但是,冰冰没有看着客人,只是忙着整理柜台上的物品。彤彤拿着买好的东西走了。接着,男孩威威来买东西,丽丽推着车开始整齐地摆放货柜上的物品。冰冰也边招呼客人边摆放物品。6分钟后,货柜上的"家具"摆放整齐了。

观察记录 2:为商品定价

明明来买东西,他没有说话,冰冰主动拿了个炉具塞给他。这时明明看上一个小锅,问:"这个多少钱?"冰冰一边说:"看看你有多少钱?"一边拿过明明的"钱盒"走到里面,背对着明明打开钱盒,拿出四五张钞票,转过身给明明看了看他拿了几张钞票,再把钱盒还给明明。然后,冰冰把钱放进自己的钱盒里,又继续整理物品。

这时,丁丁走过来拿起苍蝇拍说:"我要买电蚊拍。"冰冰说:"免费送一个盘子。"丁丁边说边将手里的一叠钞票给了冰冰,同时接过盘子。接着男孩君君来了,他对丁丁说:"我家里又没有蚊子。"说着,就把丁丁手里的苍蝇拍放了回去。冰冰接过苍蝇拍,递给君君一个盘子,继续把苍蝇拍放好。而君君看着柜面上的物品,拿走了一叠盘子、一摞碗和杯子。冰冰没有说话,马上把刚刚收到的钱放回自己的钱盒。

3分钟后,丁丁又来了,手里拿着好多硬币。他把硬币全部放在家具店柜台上。冰冰说:"我来数,1、2、3……8块就够了。"冰冰看到丁丁手里有一张纸币,接着说:"再加一百就够了。欢迎下次光临。"丁丁说:"我要的东西还没拿呢。"冰冰顺手递给他一个汤勺,丁丁说:"我不是要这个。"于是,丁丁自己拿了三个彩色勺子走了。冰冰又赶紧把钱收到自己的钱盒里。

观察记录 3:关门出游

游戏开始大约20分钟后,冰冰离开了自己的店,到了材料区。约4分钟后冰冰回来了。他给家具店贴上了一个自己画的关门的标记。他拿了一张100元的纸币、一个盘子、一个勺子,手里还有自制的一张"船票"。他再次离开自己的店,到轮船上去了。我问:"老板,刚刚你不在,有几个客人想买东西呢。你去哪了?""我关门了,我要去坐轮船了。"说着他就跑开了。

幼儿游戏行为分析

* 自主程度高、精神愉悦。

在活动中幼儿冰冰游戏的积极性高,精神愉悦。他自主选择角色、材料,能自主控制游戏的过程。同时,他的专注力较好,能比较持久地扮演角色。虽然游戏后期他转换了游戏地点,但没脱离家具店老板的角色。

* 再现原有经验、缺少替代行为。

幼儿冰冰在游戏中取材料、摆放材料、招呼客人、收钱,这些游戏行为可能来源于他的生活经验。但是,幼儿在角色扮演中很少出现替代行为,例如在材料使用上幼儿主要使用真实的物品。

* 角色行为和社会交往能力有待改善和提高。

在游戏中,幼儿冰冰会用礼貌用语和客人打招呼,但是幼儿在游戏中的角色意识还有待增强：他同客人打招呼时没有看着客人，会随意给客人物品，客人随意拿物品他也没有制止，同时他在物品定价上较随意。

- 较好的规则意识。

幼儿遵守班级活动规则，如：不争抢游戏材料，使用剪刀时注意安全等。同时他也能自定游戏规则，比如他准备离开家具店时画了一个小标志表示家具店关门了等。

思考与推进

- 幼儿很少出现替代行为与材料区中的玩具都十分逼真有关，幼儿不需要进行相关替代。
- 幼儿在交往中缺少与游戏同伴的互动，建议后续观察和丰富幼儿的语言及社会交往经验。

案例分析

案例中教师对幼儿的角色游戏行为采用了定点观察，教师在观察中的角色定位是旁观者。

教师确立了男孩冰冰为重点观察对象，记录下冰冰在角色游戏中行为发展变化的三个阶段：家具店准备开张、为商品定价、关门出游。幼儿在家具店进行了20分钟左右的游戏，可见他对游戏是充满兴趣的，体现出较好的坚持性。即便后来他准备离开家具店，他也采用了与游戏主题相联系的关门出游的形式。从教师的观察记录中可以发现，幼儿有一定的角色意识，他表现出整理物品、销售、收钱等与游戏角色相符合的行为。但是，幼儿在游戏中似乎对收钱更感兴趣，而和同伴的互动性有待提高：一方面冰冰缺乏与家具店店员的互动；另一方面作为家具店老板，其创设的家具店角色游戏的情节还比较简单，教师在后续活动中可以引导幼儿增加招揽顾客、合理定价、与顾客讨价还价、清点收款等更复杂的游戏情节。

行为解析与指导提示

观察幼儿游戏的常用方法有以下三种。

① 扫描观察。扫描观察一般用在幼儿游戏的开始和结束时段。扫描观察能够帮助教师大致了解全班幼儿游戏的基本情况。首先，了解幼儿游戏的水平，即幼儿在游戏中使用了哪些材料，开展了哪些游戏主题，扮演了哪些角色，体现了怎样的认知水平，反映了哪些生活经验，等等。其次，了解幼儿游戏中的各游戏主题的受欢迎程度。扫描观察能为教师创设游戏环境、投放材料、指导幼儿游戏提供很大的参考，使教师最大程度地顾及所有的幼儿。教师运用扫描观察法观察幼儿游戏时，一般可以用表格记录下观察

的结果(如下表所示)。

表 10 - 1 幼儿游戏扫描观察记录表

日期：	班级：	参加游戏的幼儿人数：	观察者：

游戏主题	参加人数	游戏主要情节记录

　　② 定点观察。定点观察是指在游戏中教师选取一个固定的区域观察幼儿。凡是被选择并进入到观察区域的幼儿,都是教师的观察对象。而一旦幼儿离开了观察区,就不再被观察。定点观察通常采用叙述的方法进行记录。在定点观察中,教师可以根据自己的兴趣和能力,事先确定一个最想了解或最擅长的观察主题作为观察重点,进行有目的、有针对的观察。定点观察能够反映幼儿游戏情节发展等动态信息,还能够帮助教师发现介入幼儿游戏的时机。

　　③ 追踪观察。追踪观察可以理解为定人不定点观察。教师需要事先确定一两个幼儿作为观察对象,幼儿走到哪里,教师就追踪到哪里。教师全程观察他们在游戏中的全部行为。追踪观察适合于观察个别幼儿的游戏情况,教师能够全面、细致地把握幼儿游戏的兴趣、需要、能力。在进行追踪观察时,教师需要与幼儿保持适当距离,以免干扰幼儿游戏。追踪观察时可以采用图示法将幼儿游戏的行为轨迹记录下来,同时配合实况描述,详细具体地记录幼儿游戏的过程。

　　上述三种方法在实际运用中各有所长。缺乏观察经验的新教师可以从扫描观察入手,了解班级幼儿游戏的全貌。随后选择定点观察,了解某主题或领域下幼儿的游戏水平。最后,教师采用追踪观察,对个别幼儿的游戏情况进行深入观察,为更好地指导幼儿游戏提供依据。当教师熟练掌握三种方法后,也可以进行综合运用,形成稳定的幼儿游戏观察模式。

2　如何确定观察幼儿游戏行为的内容

体验与思考

　　观察幼儿游戏时,你具体观察幼儿行为的哪些方面?

迪士尼城堡搭建记

上海市虹口区小不点幼儿园　姚欣

行为观察

今天轮到我们班级到建构室活动,孩子们十分期待。建构室有班级里没有的大型软积木,孩子们对这一材料充满兴趣。依岑和朋友们一进建构室就在地上收集了许多大型软积木,她对大家说:"我们一起搭个迪士尼城堡吧!"朋友们马上响应:"好啊!"三个人很快忙碌起来。

不一会儿,三个人就搭好了一个长方形底座。依岑跑到我身边说:"姚老师,我们搭好啦! 你快来看!"我一看说:"哎哟! 如果下雨了怎么办呢?"依岑说:"那我们搭个屋顶吧!"我笑着点点头。"我们怎么也不能把城堡封顶,"依岑又说:"姚老师,我们想搭一个三角形的屋顶,可是没有那么大的三角形积木。"我说:"我这里也没有,你们自己想办法吧!"见我没有帮忙的意思,他们三个围着城堡转来转去。忽然,意枫说:"有了! 我们在城堡上搭金字塔吧!"依岑拍手叫好。他们把软积木一圈一圈往里收,一点一点搭出三角形的屋顶。看到自己的作品,三个孩子欢呼起来。

依岑在搭金字塔屋顶时踮起脚尖,想把屋顶搭好,但努力半天还是够不着,又怕自己把城堡弄坏。于是,她对旁边高个子的泽宸说:"你帮我放上去吧!"泽宸很快就放了上去,三人一圈一圈往上搭,屋顶一点一点变尖、变小,都快超过他们的头顶了。依岑开心地大叫起来:"姚老师,快来看我们搭的屋顶,快搭好啦!"

我看了夸奖道:"哇! 你们的城堡真漂亮啊! 不过,你是怎么搭得比你还高的?""因为泽宸帮忙了,他是班里最高的。"我笑着点点头。

城堡的屋顶很快就要封顶了,可是无论怎么搭,最后几块积木就是搭不上去。因为那几块积木太大、太重,下面积木给的支撑力则太小。依岑又跑来说:"姚老师,你来帮我们一下。积木总是掉下去,怎么也搭不好。"我为难地摇摇头说:"我也没有搭过迪士尼城堡,

图 10-1

图 10-2

你再想想办法吧！可能那几块积木太重了。"依岑有些失望,回到朋友那里。只见他们又继续试,可是积木总是松开,依岑对泽宸说:"你扶着这些积木吧！我和意枫搭。"搭上后还用手敲一敲,生怕积木又掉下来。他们一个人手伸进积木里顶着,另两个人继续搭。最后,他们成功了。泽宸激动地说:"Oh！Yes！"

行为产生的原因分析

• 前些日子秋游时,孩子们看了迪士尼城堡。从孩子们建构城堡的游戏中可以看出,他们在自主的状态下发挥想象力和创造力对城堡进行了表征。游戏结束时,他们的城堡造型丰富生动。

• 在建构屋顶时,孩子们遇到了困难。这时,我"放手"和"示弱",给他们提供了独立解决问题的机会。虽然建构室中没有可以让孩子们搭建城堡屋顶的三角形积木,但他们想到了之前在班级中搭过的金字塔结构。可见,孩子们将已有的搭建经验成功地迁移到了新的情境中,解决了问题。

• 依岑两次遇到困难都向我求助,而我适当"示弱",继续观察她是如何解决问题的。这时,她开始向同伴求助,也增强了语言表达能力。

行为指导的策略与效果

• 适当示弱,让孩子们独立面对问题。

依岑平时喜欢和我分享琐碎的小事,遇到什么事都要告诉我,遇到困难总是向我求助,对我有一点依赖。在平时对她的观察中,我发现其实她是可以自己解决一些问题的。因此,在后续活动中我继续给她自己解决问题的机会。

• 丰富材料,帮助孩子们进行建构活动。

虽然孩子们今天顺利实现了建构城堡的愿望,但由于建构室材料有些单一,他们有的好的建构想法无法实现。例如今天孩子们想搭三角形房顶,却始终没有找到合适的材料。在后续活动中,我将尝试带班级里的建构材料进入建构室进行补充,例如投放纸板引导孩子们通过为纸板做造型来替代屋顶。

案 例 分 析

在案例中,教师将女孩依岑作为重点观察对象。在建构游戏中幼儿不仅反映出搭建能力,同时也反映出和同伴的交往能力。在教师对后续跟进的思考中,我们可以看出,教师之所以在游戏中始终坚持旁观、不介入幼儿的游戏,是基于平日对幼儿行为观察的评估。教师认为幼儿是有能力自己尝试解决问题的。事实证明,教师两次"示弱""后退"对幼儿独立面对问题起到了积极的作用,幼儿开始寻求同伴帮助,并在与同伴的合作中,最终成功搭建了迪士尼城堡,获得了满足感。此外,教师还反思了幼儿建构能力发展受限于活动室的材料种类的情况,并拟在后续活动中丰富建构材料,使之更有利于幼儿在建构活动中的创造性表征。

行为解析与指导提示

在幼儿游戏中到底观察什么，是很多教师，尤其是新教师最希望了解的。[1] 以下列举一些可供教师在观察幼儿游戏行为时参考的内容，它们可以作为教师观察时的抓手：[2]

① 幼儿行为的目的性（无目的/先动作再思考/有目的/有复杂的构思）。

② 幼儿的兴趣。

③ 幼儿的情绪体验（积极的/消极的）。

④ 幼儿对情绪的控制（适当控制/过分控制/不易控制）。

⑤ 幼儿行为的坚持性。

⑥ 幼儿行为反映出幼儿的哪些已有经验；幼儿又扩展了哪些经验。

⑦ 幼儿行为包含的发展层面。

⑧ 幼儿的装扮行为。

　　a. 游戏主题（由材料引发主题/按照意愿创设主题）。

　　b. 游戏情节（简单情节/复杂情节）。

　　c. 角色扮演（角色意识是否清晰，是否出现统一性角色和关联性角色）。

⑨ 幼儿的替代行为（使用真实物品、尝试使用替代物、灵活使用替代物）。

⑩ 幼儿的操作行为（建构能力：堆高、平铺、重复、拼摆、架空、围合、填充、对称、间插、模拟、象征、修补、修改；精细动作的发展情况）。

⑪ 幼儿的交往行为。

　　a. 幼儿在游戏中的角色（无角色；追随者：听从别人的领导/与他人合作；指挥者：建议他人/命令他人）。

　　b. 幼儿与他人合作的技巧（表情、动作、语言等）。

　　c. 幼儿对同伴的接纳性（接纳/排斥）。

　　d. 将别人的行为整合到自己的行为中。

　　e. 幼儿表现出的亲社会行为（轮流、分享、助人、对其他幼儿的感觉做出反应）。

　　f. 幼儿处理与同伴冲突的方式（退缩、攻击、求助、协商等）。

　　g. 幼儿对规则的遵守（遵守日常规则、遵守游戏规则、协商创造规则）。

⑫ 影响幼儿行为发展的因素（动作技能、表征的复杂性、经验等）。

（侯素雯）

[1] 华爱华. 幼儿游戏理论[M]. 上海：上海教育出版社. 2015：233—234.
[2] 托尼·W. 林德. 在游戏中评价儿童——以游戏为基础的跨学科儿童评价法[M]. 陈学锋，江泽森等译. 上海：华东师范大学出版社，2008：93—94,133—134.

第 **2** 单元

怎样尊重幼儿的游戏发展

单元导读

　　游戏是幼儿自主的活动。教师需要观察幼儿的游戏,并做好幼儿游戏的支持者,鼓励,帮助和推进游戏的进展。通过本单元的学习,你将:

- 了解如何了解幼儿的游戏意愿;
- 了解怎样创设支持幼儿游戏发展的环境;
- 了解怎样从经验上推进幼儿的游戏发展。

1 如何了解幼儿的游戏意愿

体验与思考

1. 根据你的观察经验,说说幼儿在游戏中常常反映出哪些需要?
2. 当幼儿选择了那些看似不合情理的游戏主题和情节时,你是怎样做的?

案例分享

喜欢做小狗的男孩

上海市松江区泗泾第七幼儿园　王燕

行为观察

　　角色游戏开始了。孩子们迫不及待地选择了自己喜欢的区域开始游戏。教室里一下子热闹起来。作为老师,我眼观六路耳听八方地忙碌着。突然,我的裤脚被扯了一下。我低头一看,原来是男孩奇奇在咬我的裤子。

　　"奇奇,你怎么了?"我问他。

"我是娃娃家的狗狗,我要吃肉肉。"奇奇奶声奶气地回答我。"汪汪汪!"奇奇还模仿狗的叫声。

我摸摸他的头说:"狗狗乖,快回家吧!"

他点点头,四肢着地爬回去了。

……

接下来的几天中,奇奇一直在扮演小狗,而且越演越像。他四肢着地满教室爬,时而伸出舌头,时而原地打转"汪汪"叫两声。其他孩子时不时假装牵着奇奇出去遛遛,丢东西出去让他叼回来,还准备了食物喂他。奇奇也享受着这样的待遇,吃东西的时候趴在地上假装舔着吃。有的孩子看不过去,递给他勺子,他却推开,继续舔着吃。

在日常的带班中,我发现孩子的游戏行为会随着游戏的开展而不断变化。但是奇奇扮演宠物狗已经一个星期了,似乎没有改变的想法。我应该干预奇奇长时间扮狗的行为吗? 奇奇持续扮狗背后的原因是什么?

行为产生的原因分析

午餐后,我和奇奇坐在午睡室的小床上聊天。(T 为我,C 为奇奇)

T:奇奇,你今天在玩角色游戏的时候玩了什么?

C:我是娃娃家的狗狗。(一脸淡定和坦然)

T:你已经扮演了好几天的狗了。为什么你这么喜欢做小狗呢?

C:因为我喜欢狗。(微笑着告诉我)

T:你为什么喜欢狗狗呢? 是因为它们可爱吗?

C:是啊,我们家有两只狗狗,叫嘟嘟和佳佳。它们都很可爱的。

T:跟我聊聊它们呗,我好想认识它们哦。

C:它们是金毛,很大的。它们跟爸爸妈妈住一起,我跟外婆外公住一起。妈妈有时会带着嘟嘟来外婆外公家。可是最近佳佳生病了,妈妈就在家照顾佳佳了。(说着他嘟起小嘴,没有了刚才的骄傲)

T:原来是这样啊,妈妈在家照顾佳佳很久没来看你了?

C:是啊,佳佳的病老是不好,医生的药没什么用。

T:生病是个漫长的过程。宝宝生病吃了医生开的药,也不是马上就好的呀,何况是狗狗呢。那你爸爸呢?

C:爸爸老是打游戏,爸爸很凶,他要打我。他只喜欢嘟嘟,一点都不喜欢我。

T:爸爸妈妈有事要忙,宝宝在幼儿园有小朋友有老师。等他们忙好了,就来看你了。

C:好的,妈妈,我知道了。(奇奇在幼儿园一直称呼我为妈妈,称呼搭班男老师为爸爸,称呼生活老师为奶奶。)

奇奇入园一段时间后便改口称呼班级里的三位老师为"妈妈""爸爸"和"奶奶"。他见到我们会主动叫,并且喜欢拥抱我们,和我们非常亲昵。这是因为在幼儿园里他才能够拥有一个"完整的家"。同时,每次我和孩子聊天,只要话题中涉及他的爸爸、妈妈,奇奇的眼神和态度就会有 180 度的转变。

在和奇奇交流后,我终于明白奇奇的父母因热衷于养狗而忽略了奇奇,奇奇坚持扮演狗的行为背后反映出的是他对爱的极度渴望。

行为指导的策略与效果

从教以来，我从未碰到过孩子在游戏中连续一周时间坚持扮演小狗的情况。面对奇奇扮演小狗的游戏意愿，我到底该不该介入？我怎样介入才能够真正帮助到孩子？……这些问题已经超出了我的能力范围。带着这些困惑，我敲开了园长室的门，把事件的前因后果原原本本地告诉了园长。

- "园长外婆"来帮忙。

交流后，园长朱老师以"园长外婆"的身份在游戏时间进入班级。从请奇奇介绍班级游戏墙的内容入手，随时寻找介入机会。园长与奇奇的对话如下：（Y为园长，C为奇奇）

Y：听说你们班角色游戏玩得不错，请你来给外婆介绍一下你们的游戏墙。

C：这些都是我们扮演过的角色，老师拍照拍下来了。

Y：你们都玩过哪些游戏？

C：有小司机、理发店、小医院、花店、奶酪店，还有好多好多。

Y：你玩了什么游戏？

C：我玩的是狗的游戏。

Y：你玩的游戏我在游戏墙上没有找到。班级里是不是只有你一个人在玩这个游戏？你的想法很特别哦，我好想知道你怎么想到的？

C：狗狗是我的好朋友，和我最好。

Y：爸爸、妈妈也是你的好朋友啊。

C：爸爸玩电脑、妈妈上班忙。狗狗是我最好的朋友，我想让狗狗来幼儿园。

Y：原来你有这么好的朋友。你扮成了你最好的朋友是吗？

C：嗯。（马上点点头）

Y：请你答应外婆一件事情。当你扮成你的小狗朋友时，你不能低着头在地上吃东西，因为这样很不卫生。

C：我是假吃的。

Y：你一个人太孤单了。你能做一些狗狗朋友吗？

C：要怎么做？用桶？

Y：可以，我帮你记下来。一会儿你可以请老师帮忙。除了桶，你还需要什么材料？

C：剪刀、纸头、线、笔、胶带、双面胶。

- 持续观察，推进游戏。

在园长介入后，我更坚定了不用独断粗暴的方式中止奇奇扮演狗狗的游戏意愿。回到班级后，我调整观察目标继续观察孩子的游戏。

"园长外婆"和奇奇交流后的第二天，游戏开始后奇奇习惯性地跪地扮狗。我走过去悄悄说："奇奇，你忘了和外婆的约定了？"他一听，马上回答道："对，答应外婆的。"说着，他马上去材料超市找昨天说的做狗的材料，认真做起了自己的宠物狗。他用大瓶子做狗的身体，两个瓶盖做狗的眼睛，还在瓶颈处绕了根绳子说是狗绳，整个角色游戏活动中，他都全神贯注地做着自己的小狗，膝盖始终没有落到地上。

- 和孩子的爸爸妈妈聊一聊。

我用微信请奇奇妈妈哪天有空来幼儿园交流孩子的事情。他妈妈很快就回复了，说

当天下午会来接奇奇，正好可以聊。下午，奇奇的爸爸妈妈如约而来，我们的对话如下：（T为我，M为奇奇妈妈，F为奇奇爸爸）

T：很难得你们一起来接孩子。

M：老师找我们肯定有事情要说，我就把他爸爸拉来了。

F：是不是奇奇在学校闯祸了？我回去要好好收拾他。

T：听奇奇说，你们最近很忙，已经很久没去看他了。

M：我们的狗生病了，我要照顾狗。奇奇就一直跟我妈住。

T：你照顾狗，儿子就没有时间管了，直接给老人带了？

M：是啊，儿子总会长大的。狗也不能不管呀！

T：我给你看看奇奇前几天在幼儿园的情况。（听了家长的话，我很吃惊。我强忍住情绪，给家长看了前几天录的奇奇在角色游戏时扮演狗的视频）

M：他在干吗？他在扮演狗狗吗？我们家嘟嘟就是这样的，真好玩！（听到她说这话，我的眼泪再也没忍住流了下来）

T：你知道奇奇为什么扮狗吗？

M：为什么？

T：他说妈妈不和奇奇住一起，和狗狗住一起。妈妈不管奇奇，只知道狗狗，狗狗生病了，妈妈会带狗狗去看病，奇奇生病了，外婆带去看病。孩子想做一只你们喜欢的宠物狗，那样才能得到你们的关爱！

听到这里，奇奇妈妈流下了眼泪。

在接下来的聊天中，我了解到奇奇所说的都是真的：一直都是祖辈在照顾奇奇，父母只在周末才把孩子从老人身边接回，周日再把孩子送回老人身边。奇奇对爸爸妈妈的依恋感非常强，渴望得到父母的关爱。通过进一步的交流和引导，奇奇的爸爸妈妈一起承诺，要承担起对孩子的责任，多陪伴孩子。

一段时间后，我发现奇奇不再满教室爬、"狗"态百出了。他积极参与到游戏中，不断创新，作品连连。

有一次看见我进班，奇奇向我飞奔而来，说："妈妈（指我），我爱你，我的妈妈搬来泗泾跟我一起住了！"我知道，奇奇妈妈答应我的做到了，奇奇有更多的爱了，我的内心感到无比欣慰。

案 例 分 析

　　观察是教师尊重和支持幼儿游戏的重要环节。案例中的教师在观察到幼儿在角色游戏中产生扮演小狗这一看似不合情理的游戏行为时，并没有急于介入幼儿的游戏，而是尊重了其在角色游戏中的需要，对幼儿的游戏进行了持续观察。在后续观察中，教师发现幼儿对扮演小狗始终兴致盎然，扮演行为也越发逼真。教师继而和幼儿展开谈话，结合幼儿平日生活中的其他表现，进一步了解了幼儿扮演小狗背后的原因——希望获得父母的关爱。

在幼儿游戏的时候教师是否需要介入指导、如何介入指导，实际上是一种价值判断、得失比较。案例中，教师对幼儿扮演行为的价值判断是需要介入，但是如何尊重幼儿的游戏意愿，支持幼儿游戏行为的发展？教师遇到了前所未有的挑战。这时候，寻求专业支持显得尤为重要。案例中园长在介入幼儿游戏时仍然维持幼儿游戏的情境，用语言进行指导和鼓励，引导幼儿在用材料制作小狗的过程中进行情感的迁移，使幼儿在体验成功和快乐的同时，减少单纯扮演小狗的行为。这一做法属于转移幼儿注意的介入方法。

案例中，教师还积极和孩子的家长沟通，通过语言交流、回放视频，让家长了解幼儿在幼儿园中不断扮演小狗的游戏行为，并向家长分析幼儿行为背后的原因。教师的这一做法值得称道。幼儿在游戏中模仿小狗行为的根本原因是渴望获得父母的关爱，因此，只有让家长意识到父母缺位对幼儿行为造成的负面影响，多给幼儿一些关爱，才能从源头上改变幼儿模仿小狗的行为。

行为解析与指导提示

了解幼儿游戏意愿的途径

观察是了解幼儿游戏意愿的主要途径。通过观察，教师可以了解幼儿在游戏中的情绪是积极的还是消极的，幼儿在游戏中的情绪是适当控制的、过分控制的，还是不易控制的。

在观察之余，教师还可以在游戏后和幼儿展开对话，进一步了解幼儿在游戏中的意愿。教师需要创设轻松的交流环境。在交流中，教师要做到积极倾听幼儿的想法，用心感受幼儿的情感体验，这样能更好地让幼儿袒露心扉，走进幼儿的心灵世界。

此外，为了更好地了解幼儿在游戏中的意愿和需要，必要时教师还要和幼儿的家长进行积极沟通。教师和家长之间的交流应建立在彼此相互信任的基础上。在交流的过程中，教师应正面、友好地向家长表达自己对幼儿情况的关注。家长能够为教师提供丰富的幼儿行为的背景信息，如家庭教养方式、家庭背景、亲子关系、家庭变化等。教师可以从中找到幼儿游戏中所反映出的情感需求背后的线索。

教师介入幼儿游戏的价值取向

教师是否介入幼儿的游戏取决于教师对幼儿游戏所持的价值取向。不同的价值取向下，教师会进行不同的判断。教师介入游戏一般而言有两种取向：第一，教师认为游戏是幼儿的自发行为，在游戏中要满足幼儿的意愿和需要。因此，在幼儿游戏中教师会观察了解幼儿的游戏情况，基本不介入，或很少干预幼儿的游戏。第二，教师认为游戏要促进幼儿的发展，在游戏中教师为幼儿的游戏行为预设了目标。因此，当发现幼儿在游戏中出现低潮、重复、退化行为时,教师就会介入幼儿的游戏,推进游戏的发展。

在幼儿园中,教师对幼儿的游戏指导是尊重幼儿游戏意愿和促进幼儿发展之间的平衡。教师既要满足幼儿游戏的需要,发挥幼儿的主动性,又要贯彻教育的意义和安排,发挥教师的主观能动性。教师介入幼儿游戏的关键在于:如何发挥教育智慧将外在的要求转化为幼儿内部的需要。

(侯素雯)

怎样创设支持幼儿游戏发展的环境

体验与思考

1. 游戏的空间和材料对幼儿的游戏有怎样的影响?
2. 你是如何调整空间和材料来支持幼儿游戏的发展的?

案例分享

小龟壳,大玩法

上海市松江区大学城幼儿园　钱珍珍

行为观察

幼儿园的后花园添置了新的运动材料"乌龟壳"。每次轮到我们班进入野趣区时,孩子们都直奔"乌龟壳"而去,丁丁每次都冲在第一个。今天又轮到我们班在野趣区开展定点区域运动了,丁丁第一个冲到了"乌龟壳"材料区。他搬了一个"乌龟壳"到草地上,爬进"龟壳",坐在里面,双手抓住"乌龟壳"的两边,用力摇晃。他一边摇一边开心地对我说:"钱老师,我又做了一个'乌龟船'。"我走到他身边说:"丁丁,你每次玩都是把它变成了'乌龟船',能不能想想其他玩法?"丁丁看着我,想了想说:"他们也是这么玩的。"我看了看旁边大部分孩子都在玩"乌龟船"或者把身体藏在"乌龟壳"中,都没有探索出材料的新玩法。

于是,我对孩子们说:"我们一起来想想,还有哪些玩法?"孩子们听了之后,立刻行动起来了。丁丁把"乌龟壳"推来推去,竖起来又放下去,抓抓头,走过来对我说:"钱老师,我真的想不出来。"

行为产生的原因分析

进入大班后,孩子们和材料的互动能力逐渐增加,愿意尝试探索材料的不同玩法。由于"乌龟壳"体积庞大,不易搬动,且与真实的乌龟壳外形相似,容易使孩子们产生固定的思维。

行为指导的策略与效果

此后,我对孩子们和"乌龟壳"的互动情况进行了多次观察。我发现孩子们逐渐开始探索"乌龟壳"的不同玩法,但是无从下手。于是,我开始思考如何推动孩子们运用"乌龟壳"做一些拓展的运动。

第一,改变活动的组织形式。为了进一步激发孩子们的探究欲,我组织孩子们开展了翻"乌龟壳"的比赛。在比赛中,孩子们通过比赛翻"乌龟壳",体验了"乌龟壳"不同玩法带来的快感,逐渐萌发出探索的欲望。在后续观察中,我发现孩子们逐渐探索出了跳上"乌龟壳"、跳下"乌龟壳"、坐在"乌龟壳"上转圈等玩法。

第二,改变"乌龟壳"的摆放形式。我将单人玩"乌龟壳"变成多人游戏,将"乌龟壳"连接成一条长长的路,引导孩子们用不同的方式通过"乌龟壳"造的路。一段时间后,我发现孩子们能用走、跑、跳、爬、撑跳、骑坐等方式通过"乌龟壳"小路了。在过程中,我将"乌龟壳"改成间隔摆放,中间留一段空隙,让孩子们采用S形绕行、双手支撑跳、转圈跳、跨跳等方式通过"乌龟壳"小路。在后续观察中,我发现孩子们开始尝试把"乌龟壳"摆成方阵,圆面向上,在上面行走,两人间进行避让、交错走,并且为游戏赋予了情境,取名为"海上乌龟壳",掉下"乌龟壳"则游戏失败。

第三,改变"乌龟壳"的游戏场地。以往我们都是在小花园开展"乌龟壳"游戏。小花园草地不平整,具有较大摩擦力,对孩子们和材料互动造成了一定的困难。于是,在定点区域活动的过程中我把部分"乌龟壳"放到了塑胶场地上,引导孩子们尝试用"乌龟壳"进行锻炼。我发现孩子们出现了正反翻滚、侧面滚、背着走、拉着走、推着走、踢着走、坐着推等多种与"乌龟壳"互动的方式。在后期的观察中,我发现孩子们还玩起了合作游戏,如两个人一起向前推"乌龟壳"、两个人站在"乌龟壳"两边进行力量对抗、两个人抬"乌龟壳"等。

案例分析

教师在观察中发现,幼儿在和新游戏材料互动时始终都在玩"乌龟船"或者把身体藏在"乌龟壳"中,没有探索出材料的新玩法。幼儿一再重复自己原有的游戏行为,而对游戏玩法的拓展存在困难。这正是教师介入幼儿游戏的好时机。为此,教师通过改变活动的组织形式、改变材料的摆放,以及改变游戏场地,支持幼儿对游戏材料的探索。

教师创设比赛,符合大班幼儿喜欢竞争的心理特点。比赛的紧张气氛激发幼儿想出了跳上"乌龟壳"、跳下"乌龟壳"、坐在"乌龟壳"上转圈等多样的玩法。同时,教师改变了"乌龟壳"的摆放,采用间隔摆放、中间留出空隙等方式,引发幼儿探索出多种行进的方法。同时,教师营造了幼儿多人游戏的情境,幼儿可以采用避让、交错走等多样化的行走方式。最后,教师还反思了小花园场地的地面粗糙、摩擦力大的特性对幼儿游戏的限制,将活动场地调整到相对光滑的塑胶场地上,化解了幼儿探索游戏材料中的困难。

在游戏中，幼儿自发自主地和空间、材料、玩伴互动。因此，游戏环境是影响幼儿游戏行为的最直接的因素之一。教师的重要工作就是创设一个支持幼儿游戏的环境。

游戏前进行环境创设

不同的游戏空间引发的幼儿游戏是不同的。在户外，幼儿多进行运动游戏和想象游戏；在室内，幼儿多进行想象游戏和建构游戏。

① 户外游戏的场地和材料。

首先，户外游戏场地应该是富有变化的。幼儿可以在平整的塑胶场地上跳跃、奔跑，在松软的草地上追逐、翻滚，在沙地上挖、掏、垒高，在木桩上练习平衡、勇气和控制力。

其次，游戏的器材和材料应该多样化。轮胎、纸箱、条板、低矮的长凳……不同材料的组合能够产生不同的功能，激发幼儿的多种游戏行为，让幼儿在游戏中不仅发展动作技能、获得运动经验，还能提高想象力、创造力，以及社会交往的能力。

② 室内游戏的场地和材料。

首先，充分利用室内空间。根据室内空间的特点，巧妙选用区隔物，统筹有限的空间，充分满足幼儿游戏的需求。

其次，根据游戏类型投放合适的材料。角色游戏的材料投放：由于小班幼儿思维直观形象，形象逼真的物品能促进幼儿产生装扮行为；中、大班幼儿能够根据自己意愿和兴趣去寻找材料，并能够使用替代物进行装扮。因此，教师应根据幼儿的思维特点，注意形象玩具和非结构材料投放的比例。结构游戏的材料投放：小班幼儿手部精细动作尚不完善，搭建意图不明确，以无意搭建为主，因此宜投放大块的积木和插塑，并和形象玩具一同使用。中班幼儿有一定的搭建意识，但目的性不强，作品较为简单，宜投放单色积木和插塑，以便幼儿整体感知结构，同时配合少量形象玩具，激发其搭建的动机。大班幼儿搭建意识强，能够有自己的独立构思，因此教师除了积木外，还可以提供纸、盒、罐、绳等材料，便于更好地满足幼儿搭建的愿望。

游戏过程中及时调整空间和材料

教师观察幼儿游戏的发展，根据幼儿游戏中的需要及时调整游戏空间和材料，推进幼儿游戏的发展。

① 根据游戏的发展，及时调整游戏场地。例如案例中教师发现"乌龟壳"体积大，幼儿游戏需要更大的场地，同时，草地不平整，有较大的摩擦力，对幼儿和材料互动也造成了一定的困难。因此，教师将"乌龟壳"投放在塑胶场地上，降低了幼儿探索材料的难度。

② 当材料不能满足幼儿游戏的需要时，教师可以增加一些新的材料。如案例"迪士尼城堡搭建记"中幼儿搭三角形房顶的游戏意愿受制于材料的缺乏，教师在后续活动中可以投放纸板等材料进行补充。又如案例"小龟壳，大玩法"中，教师可将"乌龟壳"和轮胎、

垫子等变换出多种组合,发展幼儿的运动能力、合作性和想象力。

③ 当幼儿只是在低水平重复材料的玩法时,教师可以展示材料的多种玩法。如幼儿在游戏初期受"乌龟壳"形象的限制,大部分幼儿玩法单一。教师示范翻"乌龟壳"的玩法,启发幼儿拓展与材料的互动方式。同时,教师也可以改变材料的空间位置、摆放方式、形状,引发幼儿对材料新玩法的探索。

(侯素雯)

3 怎样从经验上推进幼儿的游戏发展

体验与思考

在幼儿的游戏中,应当怎样从材料和观察等方面推进幼儿的游戏发展?

案例分享

飞机场的发展史

绿世界实验幼儿园 殷风

我们幼儿园中班的角色游戏创设了一个全留白的游戏环境,给予幼儿思考、交流的时间和空间,让幼儿能够在留白区发挥自主性和创造性。

在对班级幼儿创设"飞机场"游戏主题的观察中,我采用了新西兰学习故事的记录方式。这种记录方式是一种过程性评价,老师更多的是用欣赏的眼光关注幼儿各方面能力的发展,思考如何推动幼儿能力的提高,并对所采取的策略做进一步的观察记录,验证老师策略的有效性,这样连续性的观察最能够反映出幼儿在游戏中的发展轨迹。

第一阶段:我在开飞机

• 发生了什么:

角色游戏的时间到了,岑岑先将两张桌子拼在了一起。岑岑在材料区拿了手工纸和记号笔,在桌上认真地画起来。画完,她拿着纸盘在桌子上开起了飞机(原来那是仪表盘)。这时晨晨走过来,问:"我能和你一起玩吗?""可以,我是开飞机的。"岑岑点点头。两个人一起在桌子后面摆了好几把椅子。一切准备就绪,可是一直到游戏结束都没有人来坐飞机。但是两个小朋友似乎并不在意,岑岑一直沉浸在自己的驾驶员操作中。

• 幼儿学到了什么:

① 岑岑具有乘坐飞机的经验,对开飞机的过程有一定了解。她将平时生活中观察、体验到的经验迁移到游戏中,创设了"飞机场"的游戏新主题。

② 她能按自己的想法愉快地进行游戏,愿意和同伴共同游戏。

③ 她具有初步的探究能力,能用图画或者符号进行记录。

④ 她具有文明的语言习惯，别人对她讲话时她能有所回应。

● 教师下一步怎么做：

① 肯定幼儿关于"飞机场"游戏主题的创意。

② 在分享时询问还有哪些幼儿也坐过飞机，将幼儿的生活经验在班级里共享，将游戏情节变得更丰富。

第二阶段：飞机上迎来了第一位乘客

● 发生了什么：

岑岑又来玩开飞机的游戏了。不同的是，这次她在椅子一边摆了三张桌子。她说她坐过的飞机就是这样的。这时候，石头来了，他要做飞机上送东西的人。于是，他去材料区拿来了一次性杯子、盘子、蔬菜、水果等。玩了一会儿，一直没有人来坐飞机。岑岑邀请我坐飞机，我说："我都不知道这里可以坐飞机哎？"她想了想，用手工纸画了一个太阳和飞机，告诉我："太阳是在天上的，所以我的飞机是在天上飞的。"接着她还问我："你想去哪里啊？"石头邀请我坐下，并给我送来了好吃的食物。

● 幼儿学到了什么：

① 幼儿能够表现出物体之间对称的关系。

② 幼儿能用较连贯的语言清楚地表达自己的想法。

③ 当老师提出问题时，幼儿能够想办法解决。

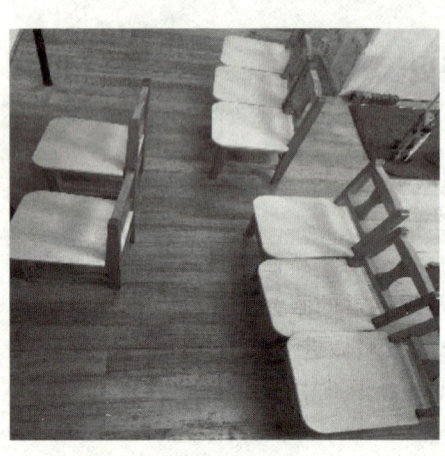

图 10 - 3

④ 当没有人光顾时能主动询问邀请客人，体验交往的乐趣。

⑤ 幼儿在第一次的游戏基础上增加了新的游戏情节，如空少为客人服务，端上好吃的食物，驾驶员有了驾驶的目的地。

● 教师下一步怎么做：

① 分享幼儿的新的游戏情节，如：驾驶员有了目的地、空少在飞机上服务，进一步激发幼儿在游戏中的创造性行为。

② 在观察中，我发现飞机场区域与其他的区域相隔较近，彼此有干扰，可提醒幼儿将飞机游戏的地点迁移到卧室这样狭长的空间里。

第三阶段：机场诞生了

● 发生了什么：

游戏开始了，今天有四个幼儿在卧室里参与了"飞机场"的游戏。他们很快确定了自己的角色，有的负责开飞机，有的进行安检，有的做空姐和空少。他们各自到所在的区域进行场地布置。有个空少走出教室去招揽客人，他连续问了好几个小朋友，但小朋友都不要坐飞机。最后在娃娃家的爸爸答应了他，还跟他一起来到安检处进行安检。安检员用手在乘客身上摸了摸，表示安检完成。安检通过后，空姐端上了好吃的饮料和美食。不一会儿，飞机起飞了。

● 幼儿学到了什么：

① 游戏过程中，幼儿的角色意识非常明确，游戏行为也比较连贯，出现了具有行为意

图的游戏情节,而且还出现了合作和分工。

② 出现新的替代行为,幼儿自己想办法用纸箱代替飞机头。

● 教师下一步怎么做:

① 在阅读区投放关于飞机的书籍,帮助幼儿丰富经验。

② 通过讨论,帮助幼儿进一步丰富关于飞机场的经验。

③ 投放低结构材料,鼓励幼儿自主寻找替代物,丰富幼儿的游戏内容,促进情节的丰富。

第四阶段:热闹的飞机场

● 发生了什么:

飞机场来了七个幼儿。他们首先商量角色,很快进行工作分工:有安检员、检票员、机长、空少和空姐等。

接着,他们从材料区拿来了很多酸奶罐、兵乓球、毛线等。空姐选择了靠窗户的地方进行配餐。检票员拿来了一筐插塑积木站在了卧室门口,安检员手上拿了两根吸管,坐在了卧室的门口处。机长画了一张地图,放在了机头的箱子上。

这时,来了两位客人。检票员从积木框里拿了两张"票"递给她们,告诉他们快去安检。客人来到了安检的地方,安检员拿着吸管在客人两侧胳膊和胸前都自上而下"扫"了一遍,并告诉客人安检通过。接着,空姐、空少请客人入座,并给客人介绍好吃的食物,为客人配餐。

安全检查员站在飞机旁边说:"这边是南方航空,现在飞机还不能开,我要检查好了才能飞。"他从机头走向机尾的位置,突然说:"着火啦!"于是,空姐空少赶紧从配餐室拿了养乐多的瓶子,对着"着火"的地方"灭火"。空姐还跑回配餐室拿出养乐多的瓶子放在耳朵旁说:"喂,119吗? 我们飞机场着火了,快来。"这时,隔壁消防局来了两位小伙伴拿着吸管将"火"扑灭,其他人都捂住口鼻往外逃。

最后安全检查员说:"好了,好了,火灭了,飞机快要起飞啦!"机长听到后说:"飞机飞往巴厘岛,请系好安全带,起飞。"

● 幼儿学到了什么:

① 幼儿产生了新的替代行为,他们用插塑积木替代飞机票,用吸管替代了安检的扫描仪,用养乐多的瓶子替代了灭火的水管和电话,用吸管替代了消防水管。

② 角色意识和职责的明确,比如安检员、空少、空姐、机长的语言和动作都非常符合各自所扮演的角色。

③ 在游戏中幼儿觉得飞机上应该有个配餐室,于是他们利用卧室的一角,摆放了一个梯形积木当桌子进行配餐活动。在整个过程中,幼儿都能从自己扮演的角色出发与乘客进行互动。

④ 在游戏中幼儿关于飞机场的经验不断丰富,同时能够将生活经验(拨打119火警电话、逃生等)迁移到飞机场情境中。

● 教师下一步怎么做:

① 介入游戏推进游戏发展。教师可以提问:"我坐飞机了,那我的行李怎么办?""哎呀,我的朋友上飞机了,怎么行李还在这里?""飞机飞往哪里?"这些问题可以引发幼儿思考,推动游戏情节不断地深入。

② 与家长取得联系,让家长在假期带孩子外出坐飞机的过程中,有意识地和幼儿一起观察飞机,积累生活经验。

学习故事的记录方式让我看到了幼儿游戏行为背后的价值,让我学会更好地欣赏幼儿。在了解幼儿丰富的生活经验的基础上,我尝试着大胆放手,让幼儿更自主愉快地进行游戏。在游戏中,我也不急于介入帮助,而是在观察中找到恰当地推动幼儿认知、语言、社会性、科学等各方面发展的契机。看到幼儿在游戏中的发展,我觉得做幼儿园老师特别幸福快乐!

陆战队的那些事

上海市松江区九亭第三幼儿园　张君磊

九月进入大班后,我们的第一个主题活动是"我是中国人"。我和孩子们一起观看了国庆大阅兵,向孩子们讲解了各种武器和部队的名称。在国庆假期回来后的游戏中,孩子们对军队和武装力量非常感兴趣,开始了陆战队的游戏。

片段一:萌芽的陆战队

清清是陆战队的指挥者,他安排朋友去材料超市拿大型积木、橡皮泥等材料,而他则在区域内摆放桌椅。接着,孩子们用三张桌子围出一个区域,并在桌子上架上用大型积木自制的大炮。然后,孩子们安心地在部队里用橡皮泥做起了各种小吃。整个游戏过程中除了在拿取材料的时候有孩子走动外,其他时候孩子们一直沉浸在制作食物中。

分析:

幼儿有搭建陆战队场地的意识,在搭建中能够较好地合作。但是在完成场地搭建后,他们都专注于和材料的互动,游戏水平反而有所下降。他们的游戏主题来自国庆观摩阅兵式,但是他们对陆战队的生活经验比较缺乏。同时,游戏材料也没有很好地帮助推进游戏。

我的策略:

游戏中的指挥者清清是个耐挫力相对较弱的男孩。如果我直接把他还不是很成熟的游戏进行分享交流的话,他会觉得有挫败感。所以我选择在午餐后和孩子们一起聊一聊陆战队要做些什么,并通过组织幼儿看视频、照片来增加孩子们的经验。此外,我拓展了隔壁的运动器械室作为材料选择的地点,让孩子们有更多的选择材料的空间,进一步推进他们的游戏。

片段二:忙碌的陆战队

今天,清清邀请桐桐和哲哲来和他一起建立陆战队。他们三人协商游戏区域、材料和分工:清清来占位,其他两位小朋友拿取材料。游戏开始了,清清站在探索区的区域内,用周围的几个柜子围合建造部队基地。桐桐和哲哲在运动器材室选择材料。三个孩子合作搭建好了游戏场地,完成后清清拿木架子组合成训练器材,铺好垫子,接着就开始训练啦!桐桐匍匐爬,然后爬木梯,清清则倒吊着爬过木梯,开启了体能训练。

图 10-4

图 10-5

分析：

孩子们在观看视频和照片后知道要通过运动来锻炼身体，让自己的部队力量更加强大，并且能够主动运用器械室的材料来满足游戏的主题需求。游戏过程中，幼儿虽然在游戏刚开始时出现了高水平的合作游戏，但是游戏区域建构完成后他们又开始了自顾自的平行游戏，沉浸在和器械的互动中。

我的策略：

我请清清说一说自己的游戏想法，然后让小朋友帮助他出谋划策，使游戏主题更丰富深入，参与游戏的人也更多。我还和孩子们一起观看关于部队生活的短片，让他们了解军人在部队会一起做些什么。

片段三：武力交火的陆战队

游戏开始后，清清和几个伙伴继续到运动器械室搬运自己需要的材料。这次清清从器械室搬来了很多空心的大纸筒和海洋球。孩子们将高低架一个个平铺摆放在自己区域的最前列，接着将大纸筒架在高低架上。清清指导着战友要瞄准前面，把海洋球塞进纸筒。随着孩子们嘴里发出了"突突突""咚咚咚"的声音，纸筒里会不断送出塞进去的海洋球。游戏热烈地进行着。过了一会

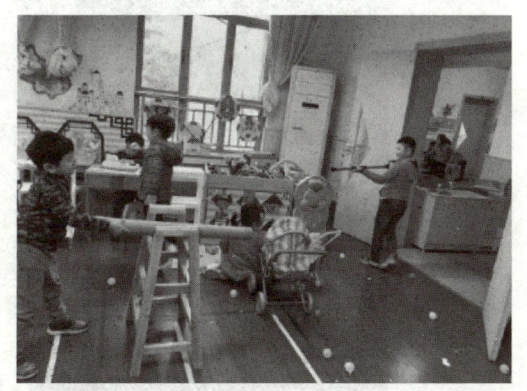
图 10-6

儿，清清带着战友持枪持炮走出自己的部队基地。几个孩子一会儿跑到小吃店，一会儿跑到酒店，拿着自制的枪射击，神气极了！其他区域的孩子也拿起自己区域的材料进行抵抗战斗。

分析：

前期对部队中军人生活的了解使得孩子们的游戏内容有了一定的丰富。游戏中孩子们的替代能力有了进一步的提高，能够进行组合式替代等。游戏过程中孩子们之间的互动也多了，并且能够主动走出区域和其他区域产生互动。但在游戏中孩子们对自己的角色认知还不够，做了一些和自身角色不符的行为。陆战队这一个主题离孩子们的生活较

远，很多孩子只能从照片和视频中看到一些相关的内容，所以我相信只要再给孩子们一些时间、空间和知识的支持，孩子们会做得更好。游戏后半部分，孩子们持枪持炮走进每个区域，对于这一点应该给孩子们一个正面的引导。大班的孩子们应该了解军人的作用，萌发爱祖国的情感。

我的策略：

我对清清的想象力进行了表扬。但我也让孩子们对比了游戏区军人持枪进入各个区域的照片和现实生活中军人的照片。在交流分享时，我让孩子们聊一聊军人的作用，让孩子们了解军人会保护我们的安全，在发生灾害的时候会协助我们抗震救灾等。然后再将问题抛还给孩子们："军人要加强自己的本领该怎么做？"这些策略能使孩子们发挥自身的想象力，扩充自身的经验积累。

片段四：游戏中的战狼

游戏开始前，清清和战友们花了很长时间商讨。达成一致后，他们开始了游戏。孩子们分成了两队：一队是清清队（没有胸牌），还有一队在胸口贴上红色标记。清清在区域内放上一张桌子，桌子上摆上一个水杯，并在手工纸上画着迷宫一样的图，然后认真地告诉他的组员该怎么走才能避开大炮，怎么走才能穿越坦克。另一队也认真地在黑板上画着作战图。大约商量了五分钟之后，就见两队人员匍匐前进，相遇后开始作战，嘴里不断发出"突突突，啊"的声音。两军实力相当，不断有队员负伤就医。游戏后，我了解到这是他们的军事演习，清清的一队是蓝队，另一组贴了红色标记的是红队。

图 10 - 7

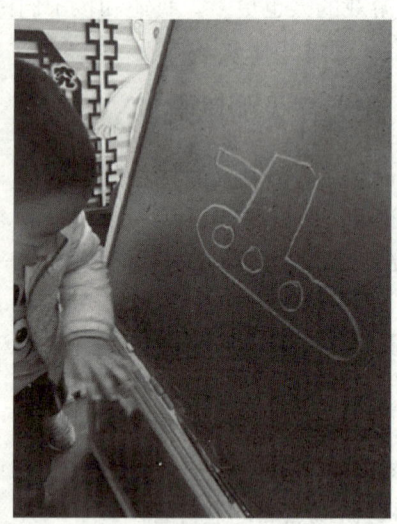
图 10 - 8

分析：

孩子们经过一次次的游戏和交流分享获得了更多关于部队的经验和游戏经验。他们学会有目的地选择材料，让自己的游戏主题内容更加丰富，情节更加精彩。孩子们对游戏情节的推进离不开材料的支持以及经验知识的积累。从一个想法到真正能够开展游戏需要时间、空间的支持。清清是一个敏感的孩子，我每次在点评时都要关注他的情绪以及游戏的兴趣。我坚信兴趣是良师,所以我充分尊重孩子们的学习兴趣,并且在关键的时候给予孩子们知识的补充,让孩子们的游戏得到更多的支持。

行为解析与指导提示

    在幼儿游戏中,教师除了给予孩子们游戏场地和材料上的支持外,更多的是给予语言上的支持。教师如何运用语言会影响到幼儿游戏中的情绪体验。因此,教师使用语言指导幼儿时,应十分谨慎。

通过观察,发现幼儿游戏中的困难和问题

    教师需要仔细观察,发现幼儿在游戏中出现的困难和问题,分析这些问题是由于游戏材料的不足造成的,还是由于幼儿缺乏相关生活经验造成的。例如案例"陆战队的那些事"中,教师发现幼儿搭建陆战队的游戏区域后,就沉浸在和游戏主题无关的建构游戏中。教师分析原因:这是由于幼儿缺乏陆战队的生活经验。

拓展幼儿的游戏经验

    如果幼儿在游戏中的困难和问题反映了幼儿缺乏相应的生活经验,教师可以通过组

织幼儿实地参观、访问、阅读图书、观看视频，邀请社区成员或家长参与等方式，帮助幼儿丰富经验。例如，在游戏中，教师请幼儿观摩部队生活的影像资料，丰富幼儿的经验，促使幼儿丰富游戏情节和角色扮演行为。

教师还可以在游戏前、游戏后让幼儿分享和交流有关游戏的信息，补充和丰富幼儿关于游戏的经验。例如在"飞机场的发展史"案例中，教师在分享时询问哪些幼儿也坐过飞机，并请这些幼儿将自己乘坐飞机的生活经验与班级幼儿共享。

通过提问，帮助幼儿发现和解决问题

在游戏结束时的分享中，教师不仅可以引导幼儿讨论分享游戏经验，也可以引导幼儿发现问题、解决问题。例如在飞机场游戏中，当幼儿游戏情节不断丰富后，教师可以在游戏结束的分享环节提问幼儿"乘坐飞机时，行李怎么办"等问题，启发幼儿进一步拓展游戏情节。在第二个案例中，当教师看到幼儿"持枪"进入其他游戏区扫射这一违背陆战队队员职责的行为时，教师组织幼儿对比了游戏区军人的游戏行为和现实生活中军人活动的照片，在对比中引发幼儿思考"军人到底应该做什么"，进而启发幼儿自觉调整自己的游戏行为。

（侯素雯）

拓展资源

- 秦元东等著：《幼儿园游戏指导方法与实例——游戏自主性的视角》，中国轻工业出版社 2018 年版。

该书结合大量的幼儿园游戏案例阐述了游戏指导的时机、方法以及与幼儿互动的节奏，并从游戏时间、游戏空间、游戏材料投放、教师扮演的角色等多个角度给出了具体的指导策略。

- 董旭花等编著：《幼儿园创造性游戏区域活动指导：角色区·建构区·表演区》，中国轻工业出版社 2014 年版。

该书围绕教师在开展创造性游戏区域活动中最关心的五大方面，即区域活动内容与关键经验、区域活动的一般流程、评价要点、问题与对策以及活动案例，进行了生动阐述，全书图文并茂、案例丰富、实操性强。

主要参考书目

1. 芭芭拉·安·尼尔森著,叶平枝等译:《一周又一周——儿童发展记录(第三版)》,人民教育出版社 2011 年版。

2. 贝蒂著,郑福明、费广洪译:《幼儿发展的观察与评价(第 7 版)》,高等教育出版社 2011 年版。

3. 华爱华著:《幼儿游戏理论》,上海教育出版社 2015 年版。

4. 黄意舒著:《儿童行为观察法与应用》,心理出版社 1998 年版。

5. 黄意舒编著:《儿童行为观察及省思》,心理出版社 2008 年版。

6. 贾妮斯·J.比蒂著,稽珺译:《学前教师技能》,江苏教育出版社 2011 年版。

7. 姜勇、庞丽娟、梁玉华著:《儿童发展指导》,北京师范大学出版社 2004 年版。

8. 科恩等著,马燕、马希武译:《幼儿行为的观察与记录(第五版)》,中国轻工业出版社 2013 年版。

9. 李季湄、冯晓霞主编:《〈3—6 岁儿童学习与发展指南〉解读》,人民教育出版社 2013 年版。

10. 李跃儿著:《谁了解孩子成长的秘密:关键期关键帮助》,广西科学技术出版社 2009 年版。

11. 李跃儿著:《谁误解了孩子的行为:0—7 岁教养困惑 90 问(第二版)》,华东师范大学出版社 2018 年版。

12. 刘晶波著:《社会学视野下的师幼互动行为研究:我在幼儿园里看到了什么》,南京师范大学出版社 2006 年版。

13. 刘云艳著:《幼儿心理素质教育的理论与实践研究》,教育科学出版社 2009 年版。

14. 刘占兰、廖贻主编:《聚焦幼儿园教育教学:反思与评价》,北京师范大学出版社 2007 年版。

15. 龙吟、孙诚主编:《幼儿心理与行为透视》,安徽人民出版社 2002 年版。

16. 罗德著,毛曙阳译:《理解儿童的行为——早期儿童教育工作者指南》,华东师范大学出版社 2008 年版。

17. 莎曼等著,单敏月、王晓平译:《观察儿童·实践操作指南(第三版)》,华东师范大学出版社 2008 年版。

18. 施燕、韩春红编著:《学前儿童行为观察》,华东师范大学出版社 2011 年版。

19. 托尼·W.林德著,陈学锋等译:《在游戏中评价儿童——以游戏为基础的跨学科儿童评价法》,华东师范大学出版社 2008 年版。

20. 王化敏主编:《给幼儿园教师的一把钥匙》,教育科学出版社 2008 年版。

21. 王振宇、庞建萍编著：《幼儿心理学新编教师参考用书》，人民教育出社 2010 年版。

22. 沃伦·R.本特森著，于开莲、王银铃译：《观察儿童——儿童行为观察记录指南（第二版）》，人民教育出版社 2016 年版。

23. 希拉·里德尔-利奇著，潘月娟、王艳云译：《观察：走近儿童的世界》，北京师范大学出版社 2008 年版。

24. 伊萨著，周天赐译：《幼儿行为与辅导：幼儿行为改变技术（第四版）》，心理出版社 2011 年版。

25. 朱家雄等编著：《学前儿童卫生学（第 3 版）》，华东师范大学出版社 2015 年版。

26. 朱家雄等编著：《纪录，让儿童的学习看得见》，福建人民出版社 2018 年版。

27. 朱小娟主编：《幼儿园教师适宜行为研究》，教育科学出版社 2008 年版。

28. 朱小娟主编：《幼儿园教师反思能力培养研究》，教育科学出版社 2008 年版。

后　记

　　2008 年在华东师范大学王振宇教授的引领下，我开始承担"幼儿行为观察与指导"课程的教学。借此机会，我逐渐关注幼儿行为观察领域的研究，并先后在 2009 年承担了上海市高校优秀青年教师课题"高职院校'幼儿行为观察与指导'课程建设的研究"，在 2012 年承担了上海市高校青年科研骨干培养计划课题"基于观察的幼儿行为指导的研究"。感谢王振宇教授在课程建设和研究中给予我的教诲，让我真正了解到观察对于幼儿园教师工作的重大意义，以及承担课程与教材建设所肩负的责任。

　　感谢华东师范大学黄瑾教授，是黄老师的一席话让我改变了仅为学前教育专业学生编写教材的初衷。对于一线幼儿园教师而言，他们更迫切地需要关于幼儿行为观察与指导的实践指南。在黄瑾老师的引荐下，我结识了一同编写本书的合作伙伴——黄浦区教育学院的林建华老师，这本书之所以能够如期呈现在大家面前，有赖于我和林老师之间的默契合作。

　　感谢和我一同进行课题研究的上海市黄浦区城市花园幼儿园、复兴中路第二幼儿园、重庆南路幼儿园、思南新天地幼儿园的园长和教师们，上海市黄浦区学前骨干教师专业发展研修组的教师们，2017 年上海学前教育年会"研读幼儿"分会场发言的教师们，以及在幼教岗位中成长起来的我的学生们。感谢你们在幼儿行为观察与指导中的努力探索！你们用自己的实践智慧为本书"基于观察的幼儿行为指导"理念做出了富有生命力的诠释。

　　感谢与我志同道合的朋友们：上海市闵行区七宝中心幼儿园马玉彩老师，上海行健职业学院金凌伊老师、张世唯老师、盛婴老师，上海市松江区教育学院钱双老师、陈莉老师，上海市浦东新区教育发展研究院胡意慧老师，上海市静安区教育学院耿薇老师，拓维信息系统王增收老师。感谢你们从各自的专业特长出发富有卓见地为本书实践与策略篇中各个领域的幼儿行为观察与指导付出的宝贵智慧。

　　最后感谢我所在的单位——上海行健职业学院的领导对本书编写给予的鼎力支持；感谢华东师范大学出版社的余思洋编辑，感谢她的耐心等待，以及对书稿编辑工作付出的辛劳。

　　本书由侯素雯和林建华主编，负责确定本书的整体框架和写作体例，并对全书实践案例进行组稿和统稿。理论与方法篇（第一章至第四章）除注明外均由侯素雯编写，实践与策略篇（第五章至第十章）为全书编委会全体成员共同编写，具体分工均已在书中注明。全书案例除注明外，均由参与合作课题研究的幼儿园教师撰写。全体编写人员通力合作，为编写本书付出了巨大努力，但由于能力、水平有限，在此敬请广大读者和同仁批评指正！

侯素雯

2019 年 4 月